묵시록 해설 [6]

―묵시록 7장 1-17절 영해(靈解)―

예 수 인

묵시록 해설 [6]
―묵시록 7장 1-17절 영해(靈解)―

E. 스베덴보리 지음
이 영 근 옮김

예 수 인

THE APOCALYPSE EXPLAINED

by

EMANUEL SWEDENBORG

차 례

옮긴이의 머리말[1] · 13
옮긴이의 머리말[2] · 17

묵시록 7장··21
　제 7장 본문(7장 1-17절) · 21
　제 7장 상세한 영적인 해설(7장 1-17절) · 23

옮긴이의 머리말[1]

작금의 기독교계에서 이해하기 가장 어려운 성경책이 있다면 아마도 ≪묵시록≫일 것입니다.
많은 교회들이나, 그 교회에 속한 사람들은 ≪묵시록≫이 성경의 편집 구조상 "마지막 책"이기 때문에, 앞서의 성경책의 내용의 결론처럼 생각하고 있습니다. 따라서 이른바 그들의 말세사상(末世思想)에 입각(立脚)해서 묵시록서를 이해하고, 해설하고 있습니다. 우리가 잘 알고 있듯이, 그들의 "말세사상" 또는 "말세론적인 가르침"은 한마디로 "이 세상이 끝이 나고, 새로운 세상이 도래(到來)한다"는 것입니다. 뿐만 아니라, 여기에다 말도 되지 않는 이른바 "세상창조 6,000년 설"을 꿰맞추어서 ≪묵시록≫의 말씀을 해석하기 때문에, 그들은 온갖 그릇된 교리(敎理)를 날조(捏造)하게 되었습니다.
이와 같이 날조된 허무맹랑(虛無孟浪)한 종지(宗旨)나 미망(迷妄)은 소위 사이비기독교(似而非基督敎) 또는 사이비교회(似而非敎會)를 양산(量産)하는데 일조(一助)하는 결과를 빚고 말았습니다. 이런 고약한 짓을 서슴치 않고 자행(恣行)하는 자들을 우리 주님께서는 "교회의 마지막 때"(=시대의 종말)에 창궐(猖獗)할 "거짓 그리스도들" "거짓 예언자들"이라고 말씀하셨습니다(마태 24 : 24).
저자 스베덴보리 선생님께서는 이 책 즉 ≪묵시록 해설≫에서 이런 것들이 야기(惹起)된 근본적인 원인들로 크게 "두 가지"를 지적하고 있는데, 그 첫째는 성경말씀(聖言)에 대한 그릇된 이해의 오류(誤謬)이고, 그 둘째는 교회에 대한 그릇된 신념(信念)이라고 하였습니다.
먼저 성경말씀에 대한 근본적인 이해의 오류에 관해서 말씀드리겠습니다. 저자는 그의 수많은 저서 곳곳에서 언급, 주장하고 있듯이, 성경말씀은, 그것의 겉뜻인 문자적인 뜻(文字意)과 그 문자 속에 숨겨져 있는 영적인 뜻(靈意)으로 이루어졌다는 것입니다. 이 두 뜻의 관계는 마치 우리 사람의 경우에 비교한다면, 바로 전자는 우리의 육체이고 후자는 우리의 영혼이다는 관계와 같다는 것입니다. 성경말씀(聖言)이 그와 같이 이루어져야만 하는 것은, 태초 전부터 존재한 말씀(聖言)이 이 세상, 즉 시간(時間)과 공간(空間) 안에 존재하기 위해서는 반드시 시공(時空)적인 매체(媒體)를 사용할 수밖에 없었는데, 그 매체가 바로 문자

(文字)요, 문체(文體)이기 때문입니다. 이런 사실을 요한복음서는 "말씀이 육신이 되어 우리 가운데 사셨다"(요한 1 : 14)고 선포하고 있습니다. 그리고 저자는 이 책 여러 곳에서 주님께서는 "모든 것들 안에 존재하는 모든 것"이라고 하였고, 그리고 주님께서는 궁극적인 것 안에 존재하신다고 설파(說破)하였습니다.

이 책을 읽는 독자들께서는 저자가 이 책에 기술한 이른바 성언(聖言)의 문자적인 뜻과 영적인 뜻에 관해서 밝히 아시겠지만, 한마디로 성언의 영적인 뜻은 성경말씀의 문자들이나 문자적인 뜻 안에 숨겨져 있으며, 그리고 성언의 영적인 뜻은 시공(時空)을 초월(超越)한 이 세상 너머의 뜻으로, 영들(spirits)이나 천사들의 사회에서 통용되는 뜻이라고 하겠습니다.

또한 저자는 다른 책에서 이러한 뜻, 즉 영적인 뜻은 성경말씀에 속한 대응(對應)·표징(表徵)·표의(表意)의 지식이나, 그 어떤 낱말이 가지고 있는 고유의 뜻에 관한 지식에 의해서만 알 수 있다고 하였습니다(저자의 저서 ≪새로운 교회의 사대교리≫ 중 제 2편 "성경에 관한 새 예루살렘의 교리" 참조).

그럼에도 불구하고 작금의 기독교계는 성경말씀의 문자적인 뜻에만 매달려서, 그리고 그들의 잘못된 교리적인 신조(信條)에 얽매여서, 다시 말하면 그들의 그릇된 미망(迷妄)이나 종지(宗旨)에 사로잡힌 채 성경말씀을 이해하고, 해석하려고 하고 있습니다. 우리가 경험하였듯이, 그 결과는 무가치(無價値)한 것이고, 혹세무민(惑世誣民)적인 신기루(蜃氣樓)였습니다. 그 대표적인 예를 든다면 "붉은 용"(묵시록 12 : 3)이 소위 "공산당"이나 공산주의자들의 괴수인 "소련"이라는 것이고, 그리고 "666"(묵시록 13 : 18)을 마귀의 숫자로 규정하고, 그것을 이른바 '바·코드(bar code)화'해서, 그 칩을 사람의 머리에 삽입(揷入)시켜, 마귀들이 그 사람들을 자신들의 의도대로 이끌고 간다는 매체로서 해석한다는 것 등등이 되겠습니다.

밝히 말씀드리지만, 저자는 성경에 기록된 모든 것들을—그것이 낱말이든, 인물이든, 지명이나 나라이든, 심지어 금수(禽獸)에 이르기까지, 또는 그 어떤 역사적인 사건들까지도—높게는 주님에 관해서, 낮게는 주님의 나라나 교회에 관해서, 아주 낮게는 우리 사람에 관해서 서술하고 있다는 것입니다. 그러므로 묵시록서에 서술된 것들도, 그것이 어떤 것이든, 바로 위에 언급된 것들에 관한 것입니다.

그리고 저자가 지적하고 있는 두 번째 원인인 "교회에 관한 그릇된 신념"에 관해서 말씀드리겠습니다. 우리가 잘 알고 있듯이 "교회"는 어떤 사람들이 정의하고 있듯이, 이른바 가시적인 "하나의 공동체"를 뜻하는 것은 아닙니다. 여기서 가시적인 것들이라고 하는 것은 교회의 건물을 비롯하여, 그 건물에서 행해지는 예배의 예전이나, 그 예배에 속한 사람들과 그 예전에 사용되는 수많은 집기(什器)들의 공동체를 가리키는데, 사실 이런 의미의 공동체가 교회일 수는 없습니다. 굳이 공동체라는 말을 한다면, 예배 받는 주체인 우리 주님과 예배하는 객체인 우리 사람의 공동체입니다.

본질적으로 교회는, 주님께서 요한복음서에서 여러 차례 말씀하셨듯이, "주님께서 사람 안에, 사람이 주님 안에 존재할 때, 그 사람이 교회"인 것입니다. 이런 교회를 가리켜 우리 예수님은 자기 자신을 성전(聖殿)이라고 말씀하셨습니다(요한 2 : 19-22). 그리고 서간문은 여러 곳에서 우리 사람이 곧 하나님의 집, 또는 성전이라고 설파하였습니다(고린도 전서 3 : 9 ; 3 : 16 ; 6 : 19 ; 고린도 후서 6 : 16 ; 베드로 전서 2 : 5). 그리고 출애굽기서는 사람이 주님을 만나는 곳(會幕)이라고 하였습니다(출애굽 33 : 7).

따라서 진정한 교회는, 단순한 예전적인 예배나, 그 예전이 집전되는 건물이 아니고, 우리 주님을 창조주요, 구원주로 고백하고, 예배하며, 그리고 그분의 말씀(=가르침·진리)에 순종하는 삶이 있을 때, 교회입니다. 이 두 초석—주님의 시인과 그의 말씀에 순종하는 삶—이 바로 묵시록서에서 언급된 "두 증인" 즉 "두 그루의 올리브 나무"요, "두 개의 촛대"가 뜻하는 것입니다.

그럼에도 불구하고 이 두 초석은 시간과 공간 속에서, 시간의 경과와 더불어 변절(變節)되었는데, 이것이 바로 저자가 말하는 "교회의 종말과 시작"입니다. 그리고 또한 교회의 종말과 시작의 연속적인 역사가 우리 주님의 인류구원의 대업(人類救援 大業)입니다.

저자가 기술하고 있는 내용은, 묵시록서에 기술된 모든 예언적인 사건들은—개별적인 것이든 전체적인 것이든—바로 우리 주님의 인류구원의 대업에 관한 것이다는 것입니다. 말세론적인 말로 표현된 것을 빌려서 말한다면 하나의 교회의 종말은 곧 새로운 교회의 시작으로 이어지고 있다는 것입니다. 왜냐하면 인류구원이 단절(斷絶)된다면, 주님나라는 존속될 수 없고, 그리고 주님나라가 계속해서 존재하지 않는다면, 주님께서는 주님 자신의 속성(屬性)이나 명분(名分)을 상실하는 것이기 때문입니다.

따라서 묵시록서는 크게 나누면 첫째는 교회의 본질적인 것에 관해서(1-3장), 둘째는 교회들의 심판에 관해서(4-7장), 셋째는 개혁교도, 또는 개혁교회에 대한 심판에 관해서(8-10·13·15·16장), 넷째는 로마 가톨릭 종파에 대한 심판에 관해서(17·18장), 그리고 마지막으로 그 심판들이 있은 뒤, 새롭게 세워질 새로운 교회에 관해서(3·11·12·14·19-22장) 기술하고 있습니다.

저자는 "묵시록 영해"에 관해서 두 책을 저술하였습니다. 그 하나는 ≪묵시록 계현≫(黙示錄 啓顯·the Apocalypse Revealed)이고, 다른 하나는 ≪묵시록 해설≫(黙示錄 解說·the Apocalypse Explained)입니다. 우리의 ≪묵시록 해설≫은 후자의 번역이 되겠습니다. 번역에 사용된 책은 미국 새교회 재단(Swedenborg Foundation)이 1968년도에 발간한 표준판(Standard Edition)입니다.

이 번역서가 나오기까지 격려와 조언을 아끼지 않은 예수교회 소속의 여러 목사님들과 남양주시에서 목회하시는 김기표 목사님, 여러 면에서 재정적인 도움을 주신 논산시의 안영기 집사 내외분과 자당 어른되시는 윤순선 전도사님, 무척 어려운 가운데서도 헌신적으로 word processing에 수고하신 조근휘 목사님, 그리고 경제적으로 작고, 크게 도움을 주신 여러분들에게 감사의 말씀을 드리고, 끝으로 번역에 참여해 주신 박예숙 권사님에게 이 자리를 빌어서 감사의 말씀을 드립니다.

끝으로 와병(臥病) 중에 계신 <예수+교회 동산 예배당>의 방성찬 복음사의 쾌유를 두 손 모아 우리 주님께 간절히 기도드립니다.

독자 여러분의 편달(鞭撻)과 지도(指導)를 거듭 말씀드립니다. 감사합니다.

2007년 11월 1일
예수+교회 제일 예배당 서재에서
이 영 근

옮긴이의 머리말[2]

제 짧은 인생에서 우리나라 기독교계의 두 번의 비극적인 사건을 보았습니다. 하나는 1992년의 이른바 "휴거소동"이고, 또 하나는 2014년의 "양푼 비빔밥 성만찬" 사건입니다. 전자는 매스컴을 통해 떠들썩하게 잘 알려졌으므로 특별히 소개하지 않겠습니다. 그러나 후자 "양푼 비빔밥 성만찬" 사건은 크게 알려진 것은 아니지만, ≪한겨레 신문≫에 기재된 것은 이런 내용입니다. 교단은 알 수 없고, "동녘 교회"(김경환 목사 시무)에서 있었던 일입니다. 이 사건은 한마디로 말하면 성만찬의 "빵"(=떡) 대신에 교인들 가정에서 각자 준비한 우리나라 음식인 "비빔밥"을 준비하고, 그것들을 모두 큰 그릇에 넣어서 만든 비빔밥을 사용하였고, 그리고 어른들은 "포도주"로, 어린 아이들은 "포도 주스"로 성만찬 예배를 드렸다는 것입니다. 그 이유를 그 교회의 담임목사는 예수님 당시에는 일상적인 음식이 "빵이었고, 포도주"였기 때문에, 오늘날 우리에게는 일상적인 음식이 "밥"이기 때문에, 특히 "공동체"인 교회에서는 "비빔밥"이 성만찬에서는 제격이라는 설명입니다.

이쯤 되면 정말 꼴불견의 극치(極致)입니다. 왜냐하면 기독교회의 "성만찬"이나 성만찬 예배는 예배의 진수(眞髓)이기 때문입니다. 성만찬의 "빵과 포도주"는 일상의 먹거리나 마실거리로 먹는 것은 더더욱 아닙니다. 왜냐하면 우리가 잘 알고 있듯이 "성만찬의 빵(=떡)과 포도주"는 우리 주님의 살과 피를 표징하고, 그리고 그것은 곧 우리 주님의 신령선과 신령진리를 표징(表徵)하는 것이기 때문이지, 결코 조달(調達)하기 쉽기 때문에 그것들이 사용된 것은 아니기 때문입니다.

근자 기독교계통의 TV방송사들이 많은지라 여기서도 때로는 "꼴불견들"이 더러더러 소개되는 것을 볼 수 있습니다. 그중의 하나는 근자 교황님의 방문 시 "영성체"를 모실 때 그것의 빵에 대해서 설명하는 어느 가톨릭 신자는 그것을 가리켜 "양념이 하나도 들어가지 않은 것"이라고 방송에서 말하는 것을 들었습니다. 또 하나는 서울의 대형교회를 자처하는 성만찬 예배를 집전하는 목사의 말입니다. 술을 마시면 기분이 좋기 때문에 "성만찬에서 포도주가 사용되는 것"이라는 취지(趣旨)의 설명입니다.

이런 사건, 사실에 대하여 비극(悲劇)이라는 낱말을 사용한 것은 시쳇말로 지나치게 "뻥 튀긴 것입니까?" 우리의 것·우리의 문화·우리의 유산이 값진 것이기 때문에 육성(育成)하고, 보호, 장려한다는 데는 동의하지만, 위의 사건들은 우리 문화나 전통과는 아주 무관(無關)한 것이라고 생각됩니다. 제가 아주 역설하는 말입니다.

우리나라 개신교회가 지키는 11월의 이른바 "추수감사주일"이나 "추수감사예배"는 우리의 것이 아니고 미국의 명절을 우리가 지키는 것입니다. 특히 그 주일을 성경말씀이 정하고 있는 것도 아니라면, 우리의 것으로, 우리의 문화에 맞는 것이 더 좋은 것이 아니겠습니까! 따라서 11월 추수감사주일은 우리 민족의 전통 명절인 "한가위" 명절 때로 바꾸어야 제격이라고 생각합니다.

차치(且置)하고 "휴거소동"은 이른바 "종말론적 말세론"이나 성경말씀의 잘못된 해석인 이른바 "주님의 재림신앙"에서, 그리고 "이 세상 창조 6,000년설"에서 빚은 촌극(寸劇)이라고 한다면, 지나친 과언(過言)입니까? 그리고 "비빔밥 성찬" 사건은 성경말씀의 영적인 뜻을 모르고, 그저 단순한 "편의주의"(便宜主義)나 개혁(改革)이면 다 좋다는 "개혁 과신론자"나 "개혁 만능주의자"들의 씻을 수 없는 과오(過誤)라고 지적하고 싶습니다.

왜 이런 비극이 일어나는 것일까요? 한마디로 그 이유를 말한다면 "무지 무식"(無知 無識)의 결과라고 생각합니다. 다시 말하면 성경말씀을 "문자로만" 그리고 "문자적인 뜻으로만" 읽고, 그렇게 이해하고, 믿기 때문입니다.

그런 과오를 저지르면서도 그들 대부분은 때로는 성경말씀의 "영적인 뜻"이라고 말하기도 하지만, 사실 그들의 그 영적인 뜻까지도 어느 심리학자, 어느 시인, 어느 철학자나 어느 종교가가 말하는 뜻이나 해석을 빌리는 것이 대부분입니다. 왜냐하면 성경말씀이 뜻하는 영적인 뜻이 아니기 때문에, 그들의 "영적인 뜻"은 일관성(一貫性)이 없고, 따라서 체계적이지 못하기 때문입니다. 그러므로 그들의 "영적인 뜻"으로는 성경말씀의 전반적인 뜻이나 개별적인 뜻까지도 해석되지 않은 것은 물론, 이해되지도 않습니다. 저자 스베덴보리 선생님은 성경말씀의 영적인 뜻을 시공(時空)을 초월(超越)한 것이고, 따라서 주님나라에서 통용(通用)되는 것으로 정의(定義)하고 있습니다. 그리고 그것은 체계적이고, 일관성이 있는 것이고, 따라서 성경말씀 어디에나 적용될 수 있는 것입니다.

이런 초지(初志)의 일관된 변함없는 영적인 뜻으로 저자는 묵시록서를 해설하고 있습니다. 저자는 자신의 "영계처럼" 가운데 있었던 것이나, 천사들과의 대화(對話)에서, 때로는 성경말씀에 대한 해박(該博)한 지식으로, 또는 저자 자신의 심오(深奧)한 이성(理性)적인 판단(判斷)이나 직관(直觀)에 의하여 본서 ≪묵시록 해설≫을 저술하였습니다.

번역하는 사람이 불학무식(不學無識)하고, 기독교회의 가르침에 밝지 못하기 때문에 저자의 뜻을 바르게 번역하지 못한 과오도 많이 있으리라 생각하지만, 무식한 우격다짐으로 여러분에게 일독(一讀)을 강권(强勸)합니다. 왜냐하면 여기에 한국 기독교회의 소망이 있고, 사명이 있고, 진정한 기독교회의 가르침인 "구원"(救援)이 있기 때문입니다.

이 책의 출판을 위해 워드·프로세싱에 헌신적으로 수고하신
≪사단법인 한국상담심리연구원≫의 안시영 실장님에게 이 난을
빌어 감사의 말씀을 드립니다.
지금까지 격려해 주시고, 편달(鞭撻)을 주신 독자 여러분, 그리고
교역자 목사님 여러분, 특히 김홍찬 목사님의 조언에 감사말씀을
드립니다. 감사합니다.

2014년 11월 23일
양천구 우거(寓居)에서
이 영 근 드림

제 7장 본   문(7장 1-17절)

1 그 뒤에 나는, 천사 넷이 땅의 네 모퉁이에 서서 땅의 네 바람을 붙잡아서, 땅이나 바다나 모든 나무에 바람이 불지 못하게 막고 있는 것을 보았습니다.
2 그리고 나는, 다른 천사 하나가 살아 계신 하나님의 도장을 가지고 해 돋는 쪽으로부터 올라오는 것을 보았습니다. 그는 땅과 바다를 해하는 권세를 받은 네 천사에게 큰소리로 외쳤습니다.
3 "우리가 우리 하나님의 종들의 이마에 도장을 찍을 때까지는, 땅이나 바다나 나무들을 해하지 말아라."
4 내가 들은 바로는 도장을 받은 사람의 수가 십사만 사천 명이었습니다. 이와 같이 이마에 도장을 받은 사람들은 이스라엘 자손의 각 지파에서 나온 사람들이었습니다.
5 도장을 받은 자는,
유다 지파에서 일만 이천 명이요,
르우벤 지파에서 일만 이천 명이요,
갓 지파에서 일만 이천 명이요,
6 아셀 지파에서 일만 이천 명이요,
납달리 지파에서 일만 이천 명이요,
므낫세 지파에서 일만 이천 명이요,
7 시므온 지파에서 일만 이천 명이요,
레위 지파에서 일만 이천 명이요,
잇사갈 지파에서 일만 이천 명이요,
8 스불론 지파에서 일만 이천 명이요,
요셉 지파에서 일만 이천 명이요,
베냐민 지파에서 일만 이천 명이었습니다. 이들이 모두 도장을 받은 자들이었습니다.
9 그 뒤에 내가 보니, 아무도 그 수를 셀 수 없을 만큼 큰 무리가 있었습니다. 그들은 모든 민족과 종족과 백성과 언어에서 나온 사람들인데, 흰 두루마기를 입고, 종려나무 가지를 손에 들고, 보좌 앞과 어린 양 앞에 서 있었습니다.
10 그들은 큰 소리로
"구원은 보좌에 앉아 계신

우리 하나님과 어린 양의 것입니다"
하고 외쳤습니다.
11 모든 천사들은 보좌와 장로들과 네 생물을 둘러 서 있다가, 보좌 앞에 엎드려 하나님께 경배하면서
12 "아멘,
찬송과 영광과 지혜와 감사와
존귀와 권능과 힘이
우리 하나님께 영원무궁 하도록 있습니다.
아멘 !"
하고 말하였습니다.
13 그 때에 장로들 가운데 하나가 "흰 두루마기를 입은 이 사람들은 누구이며, 또 어디에서 왔습니까?" 하고 나에게 물었습니다.
14 나는 "장로님께서 잘 알고 계시지 않습니까?" 하고 내가 대답하였더니, 그는 나에게 이렇게 말하였습니다. "이 사람들은 큰 환난을 겪어 낸 사람들입니다. 그들은 어린 양이 흘리신 피에 자기들의 두루마기를 빨아서 희게 하였습니다.
15 그러므로 그들은
하나님의 보좌 앞에 있고,
하나님의 성전에서
밤낮 그분을 섬기고 있습니다.
그리고 그 보좌에 앉으신 분께서
그들을 덮는 장막이 되어 주실 것입니다.
16 그들은 다시는 주리지 않고,
목마르지도 않고,
태양이나 그 밖의 어떤 열도
그들을 괴롭히지 못할 것입니다.
17 보좌 한가운데 계신 어린 양이
그들의 목자가 되셔서,
생명의 샘물로
그들을 인도하실 것이고,
하나님께서 그들의 눈에서
눈물을 말끔히 씻어 주실 것입니다."

제 7장 상세한 영적인 해설(7장 1-17절)

415. 1절. 그 뒤에 나는, 천사 넷이 땅의 네 모퉁이에 서서 땅의 네 바람을 붙잡아서, 땅이나 바다나 모든 나무에 바람이 불지 못하게 막고 있는 것을 보았습니다.
[1절] :
"그 뒤에 나는 보았습니다"(=이런 일들이 있은 뒤에 나는 보았습니다)라는 말씀은 최후심판이 있기 전 천계의 상태에 관한 새로운 지각을 뜻하고(본서 416항 참조), "땅의 네 모퉁이에 서 있는 천사들"은 전 영계에 있는 주님에게서 비롯된 신령발출(神靈發出·the Divine proceeding)을 뜻하고(본서 417항 참조), "땅의 네 바람들을 붙잡는다"는 것은 그것의 입류의 완화(緩和)나 절제(節制·moderation)를 뜻하고(본서 418항 참조), "바람이 불지 않을 것이다"는 말씀은 선한 사람이 해를 입지 않고, 그리고 악한 사람이 그 날 전까지는 쫓겨나지 않았다는 것을 뜻합니다(본서 419항 참조). "땅이나 바다나 모든 나무에 바람이 불지 않았다"는 말씀은 약간의 지각을 가지고 있는 자들에게 있는 영계의 어디에도, 심지어 영계의 궁극적인 것에까지라는 것을 뜻합니다(본서 420항 참조).

416. 1절. 이런 일들이 있은 뒤에 나는 보았습니다(=그 뒤에 나는 보았습니다).
이 말씀은 최후심판 전, 천계의 상태에 관한 새로운 지각(知覺·a new perception)을 뜻합니다. 이러한 뜻은 악한 사람에게서 선한 사람의 분리를 다루고 있는 본문장의 내용에서 잘 알 수 있습니다. 왜냐하면 최후심판 전에는 주님에 의한 선한 사람이 악한 사람에게서의 분리가 일어나고, 그리고 그들이 인도되기 때문입니다. 그리고 이것이 보여진 것들 안에 담겨 있는 것들이기 때문에, 그러므로 여기서의 모든 것들은 "이런 일들이 있는 뒤에 나는 보았다"는 말씀이 뜻합니다.

417[A]. 땅의 네 모퉁이에 서 있는 네 천사들.

이 말씀은 전 영계에 있는 신령발출(神靈發出·the Divine proceeding)을 뜻합니다. 이러한 뜻은 주님에게서 비롯된 신령발출(神靈發出)을 가리키는 "천사들"(angels)의 뜻에서(본서 130[A]·200·302항 참조), 그리고 전 영계를 가리키는 땅의 "네 모퉁이들"의 뜻에서 명백합니다. 왜냐하면 영계에는 우리 지구와 꼭 같이 땅들(lands)이 있기 때문에 "네 모퉁이들"(=네 방위·四方位)은 영계(靈界)를 뜻하기 때문입니다. 그리고 거기에는 앞에서 이런 것들에 관해서 언급한 것과 같이, 여기서와 같이 산들·언덕들·평지들(=밭들)·골짜기들(=계곡들)이나 그 밖의 많은 것들이 있기 때문입니다. 영계에 있는 모든 것들에 대한 최후심판이 "묵시록서"에서 다루어지고 있기 때문에, 그리고 여기서는 거기에 있는 악인(惡人)과 선인(善人)의 분리가 다루어지고 있기 때문에, 그러므로 "땅"(the earth)은 그 세계, 즉 영계를 뜻합니다. "땅"은, 앞에서 자주 언급된 것과 같이, 교회를 뜻하는데, 그 이유는 영계에서 땅의 표면(地面)은 거기에 있는 영들이나 천사들에게 있는 교회의 모습(=얼굴)과 꼭 같기 때문입니다. 그 지면은 보다 높은 천계의 천사들이 사는 가장 아름다운 곳이고, 그리고 또한 보다 낮은 천계의 천사들이 사는 아름다운 곳입니다. 그러나 악령들이 사는 곳은 아름답지 못한 곳입니다. 왜냐하면 천사들이 사는 곳에 있는 낙원들·정원들·꽃밭들·궁전들이나 모든 것들은 천계적인 형체들과의 조화의 상태 가운데 있기 때문입니다. 그것에서부터 온갖 즐거움이나 기쁨들 따위는 마음에 입류하고, 그리고 그 마음을 가장 즐겁게 합니다. 그러나 악령들에게 있는 모든 곳들은 습지(濕地)와 같고, 돌짝 밭이나 불모지(不毛地)와 같습니다. 그러나 그들은 아주 추한 모습의 오두막들에서 살고 있고, 그리고 동굴들이나 굴들 따위에서 삽니다.

[2] 이와 같은 내용이 언급된 것은 가장 가까운 뜻으로 "땅"(the earth)이 영계를 뜻한다는 것을 알게 하기 위해서입니다. 그리고 또한 요한이 영의 상태에 있을 때 그것들이 그에게 보여졌기 때문에 요한에게는 그 밖의 다른 땅이 보여질 수 없다는 것도 알게 하기 위해서입니다. 그리고 사람이 영의 상태에 있을 때 우리의 지구에 있는 것은 아무것도 볼 수 없고, 다만 영계에 있는 그 무엇을 봅니다. 이러한 사실이 요한이 네 천사들을 본 이유이고, 그리고 그 땅의 네 모퉁이에 서 있는 그들을 본 이유입니다. 거기에서 네 천사들이 보였습니다. 그 이유는 "네 모퉁이에 서 있는" 그들은 전 영계에 있는 주님에게서 비롯된 신령발출(神靈發出・the Divine proceeding)을 뜻하기 때문입니다. 왜냐하면 네 방위(方位)들, 다시 말하면 동쪽・서쪽・남쪽・북쪽은 그 세계의 전체를 형성하기 때문입니다. 왜냐하면 그 세계는 이와 같이 분할(分割)되고, 구분되기 때문입니다. 그리고 주님사랑에 속한 선 안에 있는 자들은 동쪽 방위(=동녘)에서 살고, 또한 서쪽 방위(=서녘)에 살고 있지만, 전자는 사랑에 속한 내면적인 선 안에 있기 때문에 보다 더 맑고 투명한 상태에 있고, 후자는 상대적으로 불영명한 상태에 있는데, 그것은 사랑에 속한 외면적인 선 안에 있기 때문입니다. 진리에 속한 맑은 빛(the clear light) 안에 있는 자들은 남녘에 살고 있고, 진리에 속한 불영명의 빛 안에 있는 자

들은 북녘에 살고 있습니다. 그러나 이들 방위들에 관해서는 그것들이 다루어진 ≪천계와 지옥≫ 141-153항을 참조하십시오. 그리고 모든 것들이 사랑에 속한 선이나, 그 선에서 비롯된 진리와 관계를 가지고 있기 때문에, 또는 일반적으로는 선이나 진리와 관계를 가지고 있기 때문에, 그러므로 이들 네 방위들은 천계에 속한 것들이나 교회에 속한 모든 것들을 뜻합니다. 성경말씀에서 이들 네 방위들은 "네 바람들"(the four winds)이 뜻하고, 여기서는 "네 모퉁이들"(the four corners)이 뜻합니다. 그러므로 명확한 것은, 그 땅의 네 모퉁이에 서 있는 천사들은 보이지 않고, 오히려 네 방위들에 사는 천사들이 보였다는 것입니다. 방위들이 "네 모퉁이들"이라고 불리웠는데, 그 이유는 "모퉁이들"(corners)이 극외적인 영역(the outmost parts)을 뜻하기 때문이고, 그리고 극외적인 영역은 그것들을 뜻하기 때문입니다. 그 이유는 그것들이 모든 것을 포함(包含)하고 있기 때문입니다.

[3] "모퉁이들"(corners)이 방위들을 뜻한다는 것은, 성경말씀의 여러 장절들에게서 명확한데, 아래와 같이 어디에서나 방위들은 "모퉁이들"로서 지정, 명시되고 있기 때문입니다. 출애굽기서의 말씀입니다.

성막의 남쪽 벽면에 세울 널빤지는 스무 개를 만들어라. …… 그리고 그 반대쪽인 성막의 북쪽 벽면에 세울 널빤지는 스무 개를 만들어라(출애굽 26 : 18, 20 ; 27 : 9, 11, 36 : 21, 23, 25).

"남쪽 모퉁이"는 남쪽 방위(=남녘・the southern quarter)를 뜻하고, "북쪽 모퉁이를 향한다"는 말은 북녘(=북쪽 방위)을 향하는 것을 뜻합니다. 왜냐하면 거기에는 각각의 모퉁이(=방위)를

7장 1-17절   27

위해 스무 개의 널빤지들이 있었기 때문입니다. 또한 에스겔서의 말씀입니다.

> 곧 북쪽으로 하맛 경계선에 이르는 땅의 동쪽에서 서쪽까지의 땅은 단 지파의 몫이다 단 지파의 경계선 다음으로는 아셀 지파의 몫이다. …… 동쪽에서 서쪽은 납달리 지파의 몫이고, 다음은 므낫세 지파의 몫이고, 다음은 에브라임 지파의 몫이고, 다음은 르우벤 지파의 몫이고, 다음은 유다 지파의 몫이다(에스겔 48 : 1-8).

같은 책의 말씀입니다.

> 그 성읍의 크기는 다음과 같다. 북쪽의 길이도 사천오백 자, 남쪽의 길이도 사천오백 자, 동쪽의 길이도 사천오백 자, 서쪽의 길이도 사천오백 자이다. 이 성읍 빈 터의 크기는 북쪽의 너비가 이백오십 자, 남쪽의 너비가 이백오십 자, 동쪽의 너비가 이백오십자, 서쪽의 너비가 이백오십 자이다(에스겔 48 : 16, 17, 23-28, 33, 34 ; 47 : 17-20).

민수기서의 말씀입니다.

> 성을 중심으로 하여, 성 밖 동쪽으로 이천 자, 남쪽으로 이천 자, 서쪽으로 이천 자, 북쪽으로 이천 자씩을 재어라(민수기 35 : 5).

여호수아서에도 꼭 같은 말씀이 있습니다(여호수아 15 : 5 ; 18 : 12, 14, 15, 20). 여기서 동녘·남녘·서녘·북녘은 동쪽, 남쪽, 서쪽, 북쪽 방위를 향한 측면들을 뜻합니다. 이러한 내용은 우리의 본문인 "그 땅의 네 모퉁이에 서 있는 네 천사들"이 그것의 네 모퉁이에 있지 않고, 그것의 네 방위들에 있다는 것을 뜻합니다. 그러므로 묵시록서의 또 다른 곳의 말씀입니다.

> 땅의 사방에 있는 민족들, 곧 곡과 마곡을 미혹하려고 나아갈 것이다(묵시록 20 : 8).

[4] "네 모퉁이들"은 거명되었지만, 네 방위들은 언급되지 않았는데, 그것은 "모퉁이들"(corners)이 모든 것들을 뜻하기 때문입니다. 그 이유는 그것들이 극외적인 영역들을 뜻하기 때문입니다. 왜냐하면 극외적인 영역들은 중심에서부터 마지막의 변두리들까지를 포함하고 있기 때문입니다. 왜냐하면 그것들이 마지막 테두리들(=변방들)이기 때문입니다. 이러한 내용이 네 뿔들이 제단(祭壇)의 네 모퉁이에 장치한 이유이고, 그리고 그것들 위에 피(血)를 뿌린 이유입니다. 따라서 그것은 전 제단을 위한 속죄(贖罪)로 제정되었습니다. 이러한 사실은 출애굽 27 : 2 ; 29 : 12 ; 30 : 2, 3, 10 ; 38 : 2 ; 레위기 4 : 7, 18, 25, 30, 34 ; 16 : 18, 19 ; 에스겔 41 : 22 ; 43 : 30에서 잘 알 수 있습니다.

[5] "모퉁이들"이 위에서 언급한 이유 때문에, 그리고 극외적인 영역들이 모든 것들을 담고 있고, 내포하고 있기 때문에, 모든 것들을 뜻한다는 것은 이스라엘 자손들에게 주어진 몇몇 법령들(法令·statutes)에서 아주 명확합니다. 예를 들면 이런 장절들입니다.

> 관자놀이(=머리의 가)의 머리를 둥글게 깎거나, 구레나룻을 밀어서는 안 된다(레위기 19 : 27).
> 제사장은 머리털을 깎아 대머리같이 하거나, 두레나룻을 밀거나,

7장 1-17절

제 몸에 칼자국을 내서는 안 된다(레위기 21 : 5).
너희가 밭에서 난 곡식을 거두어들일 때에는, 밭 구석구석까지 다 거두어들이지 말고, 또 거두어들인 다음에 밭에 떨어진 이삭을 줍지 말아라(레위기 19 : 9 ; 23 : 22).

이런 법령들이 그들에게 주어진 이유는, 만약에 "머리의 머리카락"이 뜻하는 것을 알지 못한다면 전혀 알 수 가 없고, 그리고 또한 "밭"(the field)이나 "밭 구석구석까지"(=밭 모퉁이까지)가 뜻하는 것을 알지 못한다면 법령들이 그들에게 주어진 이유들을 알 수가 없습니다. 여기서 "머리카락"(=머리의 털)이나 "수염"은 관능적인 감관이라고 부르는 사람의 생명의 궁극적인 것을 뜻하기 때문이고, "밭"(=들·the field)은 교회를 뜻하고, "거두어들인다"(=수확·추수·reaping)는 것은 교리에 속한 진리를 뜻하기 때문입니다. 그러므로 이런 법령들은 그것들이 모든 것들을 뜻하기 때문에, 궁극적인 것들은 반드시 보존, 유지되어야 한다는 것을 기술, 뜻하고 있습니다. 왜냐하면 거기에 궁극적인 것들이 없다면 중간적인 것들(the middle things)은 함께 보존되지 않고, 오히려 뿔뿔이 흩어질 것이기 때문입니다. 비교해서 언급한다면, 만약에 사람이 살갗에 의하여 에워싸여 있지 않다면 사람의 내면적인 부위들은 뿔뿔이 흩어지는 것과 같습니다. 그것은 모든 것 안에서도 마찬가지인데, 따라서 "머리카락"이나 "수염"이 뜻하는 것에서도 마찬가지이고, 그리고 "밭의 추수"가 뜻하는 것에서도 마찬가지입니다. "머리카락"이 이른바 관능적인 감관(the corporeal sensual)이라고 부르는 사람의 생명의 극외적인 것을 뜻한다는 것은 본서 66항을 참조하시고, 극외적인 것들이나 궁극적인 것들이 복합체 안에 있는 모든 것들을, 따라서 전체적인 것을 뜻한다는 것은 A.C. 10044 · 10329 · 10335항을 참조하십시오. 그리고 "밭"(field)이 교회를 뜻하기 때문에, 그리고 "추수"(=수확물 · harvest)가 그것의 진리를 뜻하기 때문에, 그러므로 "너희가 밭에서 추수할 때 밭 구석구석까지 다 거두어들이지 말아라"는 말씀은 "밭의 추수"가 뜻하는 모든 것들의 보호나 관리 (conservation)를 뜻합니다.

417[B]. [6] 모퉁이들이 극외적인 것들(outermost things)을 뜻하기 때문에 "모퉁이들"(corners)이 모든 것들을 뜻한다는 것은 아래의 장절들에게서 잘 알 수 있습니다. 신명기서의 말씀입니다.

> 본래는 내가 나의 백성을 다 흩어 버려서(=사방으로 흩어서) 아무도 그들을 기억할 수 없게 하려고 하였다(신명기 32 : 26).

여기서 "맨 끝의 모퉁이들로 던져 버린다"(=사방으로 흩어버린다)는 것은 모든 선이나 진리를 빼앗는 것을 뜻합니다. 그래서 "나는 그들의 기억을 사람에게서 끊어지게 할 것이다"(=아무도 그들을 기억할 수 없게 하려고 하였다)는 말씀이 부가 되었는데, 그 말씀은 사람이 철저하게 삶(=생명)의 궁극적인 것들 안에 있을 때, 이런 일이 일어나는 것을 가리키는, 그들이 더 이상 영적인 생명에 속한 것은 아무것도 가지지 못할 것이라는 것을 뜻하는데, 이런 삶을 관능적인 감관(the corporeal sensual)이라고 부르는데, 그런 생명 안에 있는 대부분은 영적인 생명에 속한 것은 아무것도 터득, 취하지 못하는 자들입니다. 왜냐하면 그 때 이런 부류의 사람들은 짐승들과 크게 다르지 않게 되기 때문입니다. 왜냐하면 이것은 짐승들이 가지고 있는 일종의 생명이지만, 그러나 이것은 차이가 있기 때문입니다. 그 차이란 사람은 그가 말하고, 추론, 판단할 수 있는 사람으로 태어났습니다. 그러나 이것은 그가 감관의 오류들(誤謬・the fallacies of the sense)로부터 그렇게 행하는 것이고, 또한 자연에 속한 극외적인 것들의 오류들로부터, 또는 이 세상이나 육체의 오류들로부터 행하는 것입니다. 이러한 내용이 여기서 "사방으로 흩어지게 한다"는 말씀이 뜻하는 것입니다.
[7] 예레미야서의 말씀입니다.

> 그들의 낙타 떼가 노략을 당하고,
> 가축 떼가 전리품이 될 것이다.
> 관자놀이의 머리카락을 짧게 깎고 사는
> 이 백성을,
> 내가 사방으로 흩어 버리겠다(=그들의 낙타들은 전리품이 되고, 수많은 가축은 약탈물이 되리라. 내가 먼 변방에 있는 그들을 모든 바람으로 흩어 버릴 것이요, 또 내가 사면에서 그들의 재난을 가져오리라)(예레미야 49 : 32).

이 장절은 바빌론 왕에 의한 아라비아(=게달)와 하솔의 황폐(荒廢)에 관해서 언급하고 있는데, 여기서 "아라비아"(=게달)나 "하솔"은 선의 지식들이나 진리의 지식들을 뜻하고, "바빌론의 왕"은 황폐하게 만드는 악이나 거짓을 뜻합니다. 선과 진리에 속한 확증하는 모든 지식들(=과학지들)의 폐허나 선과 진리의 인식(認識)의 폐허는 "그들의 낙타 떼들은 전리품이 되고, 수많은 가축은 약탈물이 될 것이다"는 말씀이 뜻합니다. 여기서 "낙타들"은 확증하는 지식들(=과학지들・confirming knowledges)을 뜻하고, 그리고 "가축"(cattle)은 선과 진리에 속한 인식(=앎)을 뜻합니다. 선이나 진리에 속한 모든 것들에 대한 폐허나 황폐, 그러므로 남아 있는 것이 전혀 없다는 것이 "내가 먼 변방에 있는 그들을 모든 바람으로 흩어 버릴 것이다"는 말씀이 뜻하는데, 여기서 "먼 변방에 있는 그들을 흩어 버린다"(=잘라낸다·the cut off)는 말은 더 이상 어떤 선이나 진리가 있지 않는 극외의 영역을 뜻합니다. 그 때 온갖 악들이나 거짓들이 사방에서 깨지고, 부서질 것이라는 것은 "내가 사면에서 재난을 가져 오겠다"는 말씀이 뜻합니다. 왜냐하면 영계에서 악이 있는 곳에는 지옥에서 비롯된 모든 방향의 길들이 열려 있기 때문입니다. 악들이나 그것들의 거짓들은 이런 것들을 통하여 흩어지기 때문입니다. 그리고 이와 비슷한 악들이나 거짓들 안에 있는 자들은 모두 이런 길들을 통해서 지나가고, 그리고 거기에 있는 악한 자와 제휴(提携), 결합합니다. 이러한 내용은 "내가 사방에서(=모든 것들에서) 재난을 가져올 것이다"는 말씀이 무엇을 뜻하는지 알게 하기 위해서 언급되었습니다. "전리품이나 약탈물이 되게 한다"는 것이나, "흩어 버린다" "재난을 가져 온다"는 것은 황폐나 폐허 따위를 뜻합니다.

[8] 같은 책의 말씀입니다.

"나 주의 말이다. 그 날이 이르면 몸에만 할례를 받은 사람들에게 내가 벌을 내리겠다. 이집트와 유다와 에돔과 암몬 자손과 모압과, 관자놀이의 머리카락을 짧게 깎은, 광야에 사는 모든 사람에게도 내가 벌을 내리겠다. 이 모든 민족은, 이스라엘 백성 전체와 마찬가지로, 마음에 할례를 받지 않은 자들이기 때문이다" (예레미야 9 : 25, 26).

여기서도 "멀리 떨어진 변방에 사는 모든 자들"(=관자놀이의 머리카락을 짧게 깎은 자들)은 영적인 것을 가리키는 내면적인 것들에서 분리된 교회의 궁극적인 것들 안에 있는 자들을 뜻하는데, 따라서 이들은 자연적인 사람에 속한 궁극적인 것들을 가리키는 감관적인 것들 안에 있는 자들을 뜻합니다. 단순한 감관적인 사람에 관해서 그가 누구이고, 성품이 무엇인지는 ≪새 예루살렘의 교리≫ 50항을 참조하십시오. 이들이 바로 "멀리 떨어진 변방에 사는 자들"이 뜻하는데, 그 이유는 "변방"(=모퉁이들·corners)이 영계의 방위(方位)들을 뜻하기 때문이고, 그리고 영계의 방위들은, 앞에서 언급한 것과 같이, 천계나 교회에 속한 선들이나 진리들을 뜻하기 때문입니다. 그 세계에 있는 영들이나 천사들의 주거(住居)들은 최고의 지혜나 총명 가운데 있는 자들이 중앙에서부터 그것이 덜하고, 낮은 계도에 있는 자들이 있는 최후의 변두리에 이르기까지, 그런 순서에 따라서 계속해서 이어지고 있습니다. 이런 축소나 감소들은 중심으로부터의 거리들에 일치하여 정확하게 있습니다. 궁극적인 것들에는 지혜나 총명이 전혀 없는 자들이 있고, 그리고 이런 자들 밖에는 악들이나, 그것에서 비롯된 거짓들 안에 있는 자들이 있습니다. 이들이 바로 "멀리 떨어진 변방에 사는 자들"이 뜻하는 무리이고, 그리고 이런 무리도 사막이나 황무지들에 있기 때문에, 그들은 "광야에 산다"고 언급되었습니다. 영계에 있는 이런 것들의 축소나 감소들에 관해서는 ≪천계와 지옥≫ 43·50·189항을 참조하십시오. 동일한 내용이 "할례 받지 않은 민족"이나 "마음에 할례 받지 않은 이스라엘의 집"이 뜻하는데, 여기서 "할례 받지 않은 사람"은 사랑이나 인애 밖에 있는 자를 뜻하고, 따라서 선이 없는 자를 뜻합니다. 그러므로 자기사랑이나 세상사랑 안에 있는 자들을 뜻합니다. 이런 부류의 사랑들 안에 있는 자들은, 영적인 것들로부터 완전히 분리된 자연적인 사람에 속한 궁극적인 것들(=극외적인 것들) 안에 있습니다. 그러므로 그들은 "광야에서 사는 멀리 떨어진 변방에 사는 자들"을 가리킵니다. "이집트·유다·에돔·암몬 자손·모압"은 이런 사랑들을 통하여 교회에 속한 선들이나 진리들에게서 분리된 모두를 뜻합니다. 결과적으로 이런 것들 밖에 있는 자들을 가리키고, 따라서 "멀리 떨어진 변방에 사는 자들"을 가리킵니다. 예레미야서의 말씀입니다.

> 관자놀이의 머리카락을 짧게 깎은 족속(예레미야 25 : 23).

이들도 동일한 뜻을 가지고 있습니다.
[9] 민수기서의 말씀입니다.

> 한 별이 야곱에게서 나올 것이다.
> 한 홀이 이스라엘에서 일어설 것이다.
> 그가 모압의 이마를 칠 것이다.
> 셋 자손의 영토를 칠 것이다(=모압의 구석구석을 쳐서, 셋의 모든 자손들을 멸망시킬 것이다)(민수기 24 : 17).

여기서 "모압의 구석구석"(=모압의 모퉁이들·the corners of Moab)은 "모압"이 뜻하는 모든 것들을 뜻하는데, 여기서 "모압"은 성언에 속한 궁극적인 것들 안에 있는 자들을 뜻하고, 그리고 교회나 예배에 속한 궁극적인 것들에 있는 자들을 뜻합니다. 반대적인 나쁜 뜻으로는 자기 자신을 향해 돌아서는 것에 의하여 이런 것들을 섞음질하는 자들을 뜻하고, 이런 모든 개별적인 것들 안에서 자기 자신의 영예를 주시하고, 마음을 쓰는 자들을 뜻합니다. 그러므로 "모압의 구석구석들"은 성언의 온갖 섞음질들을 뜻하고, 그것에서 비롯된 교회나 예배에 속한 온갖 섞음질들을 뜻합니다. 그런 성품의 자들에게는 이런 것들이 있습니다. 예레미야서의 말씀입니다.

> 모압의 한 구석(=모압 사람들의 이마)(예레미야 48 : 45).

이것 역시 동일한 뜻을 가지고 있습니다.
[10] 스바냐서의 말씀입니다.

> 나팔이 울리는 날,
> 전쟁의 함성이 터지는 날,
> 견고한 성읍이 무너지는 날,
> 높이 솟은 망대가 무너지는 날이다(=견고한 성읍들과 높은 망대들을 향한 나팔과 경고의 날이다)(스바냐 1 : 16).

"나팔과 경고의 날"은 거짓들이나 악들에 대항하여 싸우는 영적인 전쟁(=다툼)을 뜻하고, "견고한 성읍들"은 확증된 거짓의 교리적인 것들을 뜻하고, "높이 솟은 망대"는 그들의 사랑들을 선호하고, 지지하는 것들을 뜻합니다. 이러한 내용은 "견고한 성읍들과 높은 망대들을 향한 나팔과 경고의 날"이 뜻하는 것이 무엇인지 아주 명료하게 합니다. 같은 책의 말씀입니다.

> 내가 뭇 나라를 칼로 베었다.
> 성 모퉁이의 망대들을 부수고,
> 길거리를 지나다니는 자를 없애어,
> 거리를 텅 비게 하였다.
> 성읍들을 황폐하게 하여서
> 사람도 없게 하고,

거기에 살 자(=주민)도 없게 하였다.
(스바냐 3 : 6)

교회에 속한 모든 선들의 멸망이나 파멸은 "내가 뭇 나라를 칼로 벤다, 성 모퉁이의 망대들을 부수고, 거리를 텅 비게 하였다"는 말씀이 뜻합니다. 여기서 "뭇 나라들"은 교회에 속한 선들을 뜻하고, "모퉁이들"은 그것에 속한 모든 것들을 뜻하는데, 그 이유는, 위에서 언급한 것과 같이, 그것의 극외적인 영역들을 뜻하기 때문입니다. 교리에 속한 모든 진리들의 파괴나 파멸들은 "내가 거리를 텅 비게 하고, 성읍들을 황폐하게 하였다"는 말씀이 뜻합니다. 여기서 "거리들"은 진리들을 뜻하고, "성읍들"은 교리적인 것들을 뜻하기 때문입니다. 남아있는 진리나 선이 전혀 없는 완전한 파멸이나 멸망은 "지나다니는 사람도 없게 하고, 거기에 살 자도 없게 한다"는 말씀이 뜻합니다. 왜냐하면 성경말씀에서 "지나간다"(to pass by)는 것은 진리들에 관해서 서술하고, "산다"(to dwell)는 것은 선들에 관해서 서술하기 때문입니다.

[11] 사사기서의 말씀입니다.

북쪽의 단에서부터 남쪽의 브엘세바에 이르기까지, 또 동쪽의 길르앗 땅에서도, 모든 이스라엘 자손이 쏟아져 나와서, 온 회중이 한꺼번에(=한 사람같이) 미스바에서 주 앞에 모였다. 이 때에 온 백성, 곧 이스라엘 온 지파의 지도자들도 하나님의 백성의 총회에 참석하였다(사사기 20 : 1, 2).

"모든 백성, 곧 모든 이스라엘 지파의 우두머리(=온 백성의 모퉁이들)가 하나님의 백성의 집회(=총회)에 참석하였다"는 말씀은 모든 측면(every side), 즉 모든 방위들에서 왔다는 것을 뜻합니다. 이러한 사실은 앞에서 언급된 "모든 이스라엘 자손과 이스라엘 온 지파가 쏟아져 나와서, 그리고 단에서부터 브엘세바에 이르기까지 총회(=집회)가 모였다"고 언급된 것에서 잘 알 수 있지만, 그러나 영적인 뜻으로 "온 백성의 지도자들"(=온 백성의 모퉁이들·the corners of all the people)은 교회에 속한 모든 진리들이나 선들을 뜻합니다. 그러므로 역시 "단에서부터 브엘세바까지 모든 이스라엘의 지파들"은 마지막부터 처음에 이르기까지의 모든 것들을 뜻합니다. 그리고 "하나님의 백성의 집회"(=총회·the assembly of the people of God)는 교회에 속한 것들의 중요성(=가치·헤아림·consideration)을 뜻합니다. 왜냐하면 성경말씀의 역사서들은, 예언서들에서와 꼭 같이, 어디에나 영적인 뜻이 있기 때문입니다. 그러므로 역사적인 뜻으로 "모퉁이들"(corners)은, 이런 것은 영계에 있는 사실이지만, 방위들(方位·quarters)을 뜻하지만, 그러나 영적인 뜻으로 이런 것들은 교회에 속한 모든 진리들이나 선들을 뜻합니다. 그 이유는 이미 앞에서 언급되었습니다.

[12] 이런 뜻에서 볼 때, 아래의 장절들에서 "모퉁이 돌"이 뜻하는 것이 무엇인지 명확하게 되었습니다. 이사야서의 말씀입니다.

> 내가 시온에 주춧돌을 놓는다(=한 돌을 기초로 둔다).
> 얼마나 견고한지 시험하여 본 돌이다.
> 이 귀한 돌을 모퉁이에 놓아서,
> 기초를 튼튼히 세울 것이니,
> 이것을 의지하는 사람은
> 불안하지 않을 것이다.

(이사야 28 : 16)

예레미야서의 말씀입니다.

> 네가 영원히 황무지가 되어
> 사람들이 너에게서 모퉁잇돌 하나,
> 주춧돌 하나도 얻을 수 없을 것이다.
> (예레미야 51 : 26)

스가랴서의 말씀입니다.

> 유다에서 모퉁잇돌과 같은 사람이 나오고,
> 그에게서 장막 기둥과 같은 사람이 나온다.
> 그에게서 전투용 활 같은 사람이 나오고,
> 그에게서 온갖 통치자가 나온다(=유다에게서 모퉁이가, 그에게서 못이, 그에게서 전쟁의 활이, 그에게서 모든 압제자가 함께 나왔도다)(스가랴 10 : 4).

시편서의 말씀입니다.

> 건축하는 사람들이 내버린 돌이,
> 집 모퉁이의 머릿돌이 되었다.
> (시편 118 : 22 ; 마태 21 : 42 ; 마가 12 : 10, 11 ; 누가 20 : 17, 18)

여기서 "모퉁이의 돌"(=머릿돌·초석)은 교회나 천계가 그 위에 세워진 모든 신령진리를 뜻하고, 따라서 모든 기초를 뜻합니다. 그리고 기초는 집이나 성전이 그 위에 놓이는 궁극적인 것들을 뜻하기 때문에, 그러므로 그것은 모든 것들을 뜻합니다. "모퉁잇돌"(the stone of the corner)은 교회가 그것 위에 세워지는 모든 것들을 뜻하기 때문에, "보라, 내가 시온에 한 돌을 기초로 두었으니 시험받은 돌이요, 귀한 모퉁잇돌이며, 단단한 기초이다"라고 언급되었고, 그리고 그것은 역시 "모퉁이를 위한 돌"(=모퉁잇돌·a stone for corner)이라고 하였고, "기초들의 돌"(a stone of foundations)이라고 불리웠습니다. 그리고 그 이유는 "모퉁잇돌"이 교회가 그것 위에 세워지는 모든 신령진리를 뜻하기 때문이고, 역시 그것은 그분의 신령인 성의 측면에서 주님을 뜻하기 때문입니다. 그리고 모든 신령진리가 그것에서 비롯되기 때문입니다. 그 돌을 내버린 건축하는 사람들(=건축가들)은, 우리가 복음서에서 읽고 있듯이, 교회에 속한 자들을 뜻하고, 여기서는 주님을 배척(排斥)한 유대교회에 속한 자들을 가리키고, 그리고 주님에게 있는 모든 신령진리를 배척한 유대교회에 속한 자들을 뜻합니다. 왜냐하면 그들에게 아무것도 없고, 오리지 그것 안에는 위화된 성경말씀의 진리들이 있고, 그리고 섞음질된 그것의 선들만 있는 성경말씀의 문자적인 뜻에서 끌어낸 쓸데없는 전통들(傳統·vain traditions)만 가지고 있기 때문입니다. 궁극적인 것들이 모든 것들을 뜻한다는 것은 A.C. 634·5897·6239·6451·6465·9216·9824·9828·9836·9905·10044·10099·10329·10335·10548항을 참조하십시오.

418[A]. 땅의 네 바람을 붙잡았다(=땅의 사방에서 부는 바람을 붙잡았다).
이 장절은 그것의 입류의 완화나 조절(moderation)을 뜻합니다. 이러한 뜻은 그것에 관해서 곧 설명하겠지만 천계에 있는 모든 신령한 것을 가리키는 "땅의 네 바람"(=땅의 사방에서 부는 바람)의 뜻에서 잘 알 수 있습니다. 그리고 또한 그것의 입류를 완화, 조절하는 것을 가리키는 "그것들(=네 바람들)을 붙잡았다"는 말의 뜻에서도 잘 알 수 있겠습니다. 그러나 천계에서 신령존재의 입류의 완화나 조절이 뜻하는 것이 무엇인지는 그에게 계시된 것이 없다면 어느 누구도 알 수 없습니다. 결과적으로 "땅의 네 바람들을 붙잡았다"는 말씀이 뜻하는 것을 알 수 없습니다. 만약에 계시가 없다면, 그것에 뒤이어 "땅이나 바다나 모든 나무에 바람이 불지 못하게 막고 있었다"는 말씀이 언급되고 있기 때문에, 여기서 "바람들"이 천사들에 의하여 억제되었다고 누가 생각하지 않겠습니까? 그러나 여기서 "땅의 바람들"은, 성경말씀의 다른 곳에서와 꼭같이, 천계에서 주님에게서 비롯된 모든 신령한 것을 뜻하고, 개별적으로는 신령진리를 뜻합니다. 그리고 신령진리가 태양이신 주님으로부터 온 천계에 나오기 때문에, 그리고 그것에서부터 온 땅에 나오기 때문에, 그러므로 "바람들을 붙잡는다"는 말씀은 입류를 완화, 조절하는 것을 뜻합니다. 그러나 이런 것들이 뜻하는 것을 보다 더 명확하게 이해하기 위해서는 그 입류에 대해서 그것이 어떠한지 설명되어야 하겠습니다. 주님께서는 천사적인 천계의 태양이십니다. 모든 빛(光)이나 모든 별(熱)은 태양이신 그분에게서 발출(發出)합니다. 그것에서 발출한 빛은 그것의 본질에서는 신령진리인데, 그 이유는 그것이 영적인 빛이기 때문입니다. 그리고 그것에서 발출한 별은 그것이 영적인 별이기 때문에, 그것의 본질에서는 신령선입니다. 태양이신 주님에게서 모든 천계에 흘러 들어오는 이런 것들은 거기에 있는 천사들에 의한 영접, 수용에 대하여 완화, 조절되었습니다. 따라서 그것들은 완화, 조절되면 그럴수록 보다 명료하게 영접, 수용됩니다. 그것들이 보다 더 완화, 조절되어 나올 때, 선한 자는 악한 자에게서 분리되지만, 그러나 보다 더 명료하게 영접, 수용되었을 때, 악한 자는 쫓겨납니다. 그러므로 최후심판이 임박(臨迫)했을 때 주님께서는 선한 자가 악한 자에게서 분리되기 위해서 처음에는 조절, 알맞게 유입하십니다. 이 분리(分離·separation)가 우리의 본문장에서 다루어지는 것이기 때문에, 제일 먼저 "땅의 네 바람들을 붙잡았다"는 말씀이 언급, 거론되었고, 그리고 그것은 주님에게서 비롯되는 신령선이나, 신령진리의 입류의 완화, 조절을 뜻합니다. 이러한 사실은 이것이 악한 자에게서 선한 자의 분리의 탓으로 돌리는 우리의 본문장에 뒤이어지는 것에서 잘 알 수 있습니다. 왜냐하면 "우리가 우리 하나님의 종들의 이마에 도장을 찍을 때까지는 땅이나 바다나 나무들을 해하지 말아라"(묵시록 7 : 3)라고 언급되었기 때문이고, 그리고 그 뒤인 우리의 본문장 끝에서는 "이들이 모두 도장을 받은 자들이다"라고 언급되었는데, 다시 말하면 그것은 선한 자가 악한 자에게서 분리되었다는 것을 다루고 있기 때문입니다. 그러나 이런 분리에 관해서는 아래에서 더 상세하게 언급될 것이고, 이와 마찬가지로 악한 자가 지옥으로의 추방(追放)에 관해서 더 상세하게 언급될 것인데, 이런 일은 그 뒤에 일어나겠습니다.

[2] "네 바람들"이 모든 신령발출(the Divine proceeding)을 뜻하는데, 그것은 "천계의 바람들"(the winds of heaven)이 천계의 방위들(方位)을 뜻하기 때문입니다. 왜냐하면 온 천계는 네 방위들로 나뉘어지기 때문입니다. 다시 말하면 동·서·남·북으로 나뉘어지기 때문입니다. 두 방위, 즉 동쪽과 서쪽에는

주님께서 신령진리에 비하여 보다 더 강력하게 신령선으로 유입하시고, 그 두 방위, 남쪽과 북쪽에는 신령선에 비하여 더 강력하게 신령진리로 유입하십니다. 결과적으로 후자에 있는 자들은 지혜나 총명에 더 치우쳐 있고, 전자에 있는 자들은 사랑이나 인애에 더 치우쳐 있습니다. 온 천계가 네 방위들로 나뉘어지기 때문에, 그리고 이들 방위들이 "네 바람들"이 뜻하기 때문에, 그러므로 "네 바람들"은 모든 신령발출(神靈發出·the Divine proceeding)을 뜻합니다. 그것들이 "땅의 네 바람들"이라고 불리운 것은, "땅"이 영계에 있는 모든 땅을 뜻하기 때문이지만, 그러나 영적인 뜻으로 "땅"(the earth)은, 이것에 관해서는 설명된 앞 단락에서 볼 수 있지만, 천계와 교회를 뜻하기 때문입니다.

418[B]. [3] 이렇게 볼 때 성경말씀의 다른 장절들에서 "네 바람들"의 뜻을 잘 볼 수 있겠습니다. 에스겔서의 말씀입니다.

> 그 때에 그(=주님 여호와)가 내게 말씀하셨다. "사람아, 너는 생기(=바람·영)에게 대언하여라. 생기에게 대언하여 이렇게 일러라. '나 주 하나님이 너에게 말한다. 너 생기야, 사방에서 불어와서 살해당한 사람들에게 불어서 그들이 살아나게 하여라.'" 그래서 내가 명을 받은 대로 대언하였더니, 생기가 그들 속으로 들어갔고, 그래서 그들이 곧 살아나 제 발로 일어나서 서는데, 엄청나게 큰 군대였다(에스겔 37 : 9, 10).

이 말씀은 그 예언자가 본 "마른 뼈들"에 관해서 언급된 것입니다. 그 마른 뼈들은 이스라엘 자손들을 뜻하는데, 이런 사실은 11절에서 잘 알 수 있겠습니다. 그리고 이 환상(幻像·

vision)은 바로잡음(改革·the reformation)과 그전에는 어떤 영적인 생명을 가지고 있지 않던 자들로 말미암은 새로운 교회의 설시를 기술하고 있습니다. "마른 뼈들"(the dry bones)은 영적인 생명에 속한 것을 전혀 가지지 못한 자들을 가리킵니다. 영적인 생명은 주님께서 그들에게 주시고, 그것으로 말미암아 교회가 그들 안에 존재한다는 것이 이런 말씀들에 의하여 기술되었습니다. 그것에 관해서 그 예언자는 "영"(靈·the spirit)을 예언하였고, 그리고 그것에 의하여 그들은 생기발랄하게 소생, 회복되었고, 그 영은 곧 영적인 생명을 뜻하고, 그것은 바로 성경말씀의 진리들에 일치하는 삶(=생명)을 가리킵니다. "너 생기(=영)야, 사방에서부터 불어와라"(=오 숨아, 네 바람으로부터 와라)는 말씀은 천계에 계신 주님에게 속한 신령존재에게서 비롯된 것을 뜻합니다. 여기서 "네 바람들"은 천계의 네 방위들을 뜻하고, 그리고 앞에서 언급한 것과 같이 네 방위들은 거기에 있는 모든 신령한 것을 가리킵니다. 문자적인 뜻으로 "영"(靈·the spirit·숨·생기)은 바람을 가리키는 호흡에 속한 숨결(the breath of respiration)을 뜻합니다. 그러므로 그것이 "숨결이 와서, 살해된 자들 속으로 들어갔다"고 언급되었습니다. 그러나 호흡의 숨결은 영적인 생명이 뜻하는 것과 꼭 같은 것을 뜻하고, 이러한 사실은 뒤에 이어지는 것에서 잘 드러날 것입니다. "살해된 자"는 "마른 뼈들"이 가지는 동일한 뜻을 가지고 있습니다. 다시 말하면 영적인 생명을 전혀 가지고 있지 않는 자들을 뜻합니다.
[4] 스가랴서의 말씀입니다.

내가 또 고개를 들고 바라보니, 내 앞에 두 산 사이에서 병거 네 대가 나왔다. 두 산은 놋쇠로 된 산이다. …… 그 천사가 나에게 대답하였다. "그것들은 하늘의 네 영(=바람)이다. 온 세상을 다스리는 주님을 뵙고서 지금 떠나는 길이다"(=온 땅의 주 앞에 서 있는 자리에서 나가는 것들이다)(스가랴 6 : 1, 5).

이 장절은 그들이 성언을 가지고 있지 않기 때문에, 아직은 교회에 속한 진리의 빛 안에 있지 않는 자들 가운데 확장될 교회를 다루고 있습니다. "네 병거들"이나 "네 말들"이 뜻하는 것이 무엇인지는 그것들에 관해서 많은 것들을 뜻한다는 것은 위에 언급된 것에서 잘 볼 수 있습니다(본서 355[B]항 참조). 그리고 "놋쇠로 된 두 산"이 뜻하는 것은, 그것에 관해서 설명된 본서 364[B]·405[D]항을 참조하십시오. 여기서 "네 바람들"은 모든 신령발출을 뜻하고, 또한 교회를 형성하는 신령선과 신령진리를 뜻합니다. 그러므로 "그것들의 하늘의 네 영이다. 온 세상을 다스리는 주님을 뵙고서, 지금 떠나는 길이다"(=이들은 하늘들의 네 영들인데, 온 땅의 주 앞에 서 있는 자리에서 나가는 것들이다)고 언급되었습니다. "주 앞에 서 있는 자리에서 나간다"는 말씀은 발출하는 것을 뜻하고, "병거들"(chariots)이나 "말들"(horses)이 바람들(winds)이라고 불리웠는데, 그것은 "병거들"이 선과 진리에 속한 교리적인 것들을 뜻하기 때문이고, 그리고 "말들"은 그것들의 이해(理解)를 뜻하기 때문이고, 이것들은 주님의 신령존재에게서 발출하기 때문입니다.
[5] 복음서들의 말씀입니다.

그(=인자)는 자기 천사들을 큰 나팔 소리와 함께 보낼 것인데, 그들은 하늘 이 끝에서 저 끝까지, 사방에서(=네 바람들에서) 선택된 사람들을 모을 것이다(마태 24 : 31 ; 마가 13 : 27).

최후심판이 일어날 때 교회의 마지막 때까지 교회에 속한 모든 계속적인 상태들을 여기서 주님께서 예언하셨습니다. 그리고 "큰 나팔 소리와 함께 보낼 천사들"은 주님에 관한 좋은 소식을 공포(公布)하는 것을 뜻합니다. 그리고 "하늘 이 끝에서 저 끝까지 사방에서(=네 바람들에서) 선택된 사람들을 모은다"는 것은 새로운 교회의 설시를 뜻합니다. "선택된 사람"은 사랑의 선이나 믿음의 선 안에 있는 자들을 뜻하고, "네 바람들"(=사방)은 선과 진리에 속한 모든 상태들을 뜻하고, "하늘 이 끝에서 저 끝까지"라는 말씀은 교회에 속한 내적인 것들과 외적인 것들을 뜻합니다. 이러한 뜻은 ≪천계비의≫ 4060항에서 매우 명료하게 설명된 것을 참조하십시오.

[6] 다니엘서의 말씀입니다.

> 숫염소가 매우 강해지고 힘이 세어졌을 때에, 그 큰 뿔이 부러지고, 그 자리에 뚜렷하게 보이는 뿔 넷이 하늘 사방(=하늘의 네 바람)으로 뻗으면서 돋아났다 (다니엘 8 : 8).

우리의 본문장에서 "숫염소"나 "숫양"이 뜻하는 것이 무엇인지는 본서 316[E]항을 참조하십시오. 다시 말하면 "숫염소"는 인애에서 분리된 믿음을 뜻하고, 그리고 그러므로 그들이 교리적인 것들이나 성경말씀의 진리를 알고 있기 때문에, 구원 받을 것이라고 기대하는 자들을 뜻하고, 그리고 그것들에 일치하는 삶에 관해서는 아무런 생각도 결코 줄 수 없는 자들을 뜻합니다. 여기서 "뿔들"(horns)은 진리들을 뜻하고, 나쁜 뜻으로 여기서는 거짓들을 뜻합니다. "큰 뿔"은 지배하는 거짓을 뜻하는데, 그것은 곧 구원은 단순하게 알고 믿는 것을 통해서 온다는 것입니다. "큰 뿔이 부러지고, 그 자리에 뿔 넷이 하늘 사방(=하늘의 네 바람)으로 돋아났다"는 말씀은 오직 믿음만이라는 하나의 원칙 때문에 온갖 악들에 결합된 수많은 거짓들이 생겨났다는 것을 뜻합니다. 여기서 "큰 뿔"(the great horn)은 지배하는 거짓(the ruling falsity)을 뜻하는데, 그것은 바로 오직 믿음만이 구원한다는 것입니다. "부러졌다"는 것은 그것에서 비롯된 수많은 거짓들로의 그것의 분열이나 분할을 뜻하고, "그 자리에 있는 넷"은 악들과 이것들의 결합을 뜻하고, "하늘의 네 바람들로 향하였다"는 말은 거짓이나 악에 속한 개별적인 것이나 전체적인 것에 관한 것을 뜻합니다. 왜냐하면 "하늘의 네 바람들"(=하늘의 사방)은 천계나 교회에 속한 모든 선이나 진리를 뜻하고, 그리고 그것들의 결합을 뜻하지만, 그러나 반대의 뜻으로는 모든 악과 거짓을 뜻하고, 그리고 그것들의 결합을 뜻하기 때문입니다. "하늘의 네 바람들"은 역시 모든 악이나 거짓을 뜻하는데, 그 이유는 영계의 네 방위들에는 사랑에 속한 선이나, 그것에서 비롯된 진리들 안에 있는 자들이 살 뿐만 아니라, 또한 악들이나 그것에서 비롯된 거짓들 안에 있는 자들이 살기 때문입니다. 왜냐하면 지옥들은 동일한 방위들 안에 있지만, 그러나 천계(=하늘) 아래 깊은 곳에 있기 때문입니다. 그것들의 대부분은 동굴들·굴들이나 지하실(vaults)에서 살고 있는데, 이런 것에 관해서는 본서 410[A]항을 참조하십시오.

[7] 동일한 뜻으로 "하늘의 바람들"(the winds of the heavens)이 예레미야서에 언급되었습니다.

나는 하늘의 네 끝에서 나온 사방의 바람을 엘람으로 몰아다가, 그들을 사방으로 흩어 버리겠다. 그러면 엘람에서 쫓겨난 사람들

7장 1-17절

이 여러 나라로 유배되어 갈 것이다(=엘람에서 쫓겨난 자들이 가지 않을 민족이 없을 것이다)(예레미야 49 : 36).

여기서 "엘람"(Elam)은 믿음에 속한 지식들이라고 부르는 지식들 안에 있는 자들을 뜻하지만, 그러나 동시에 인애 안에 있지 않는 자들을 뜻합니다. "하늘의 네 끝에서 나온 네 바람들"(=사방의 바람들)은 악들과 결합된 거짓들을 뜻하고, "그를 사방으로 흩어 버리겠다"는 것은 온갖 종류의 악에 속한 거짓들이 되는 것을 뜻합니다. "엘람에서 쫓겨난 자들이 가지 않을 민족이 없다"는 말씀은 거짓이 악에 적용될 수 없는 악이 없지 않을 것이라는 것을 뜻하는데, 여기서 "민족"은 악을 뜻합니다. 왜냐하면 인애에 속한 삶(=생명) 밖에 있는 지식들은 오직 악에 속한 헤아릴 수 없는 수많은 거짓들을 양산(量産)하기 때문입니다.

[8] 다니엘서의 말씀입니다.

내가 밤에 환상을 보았는데, 동서 남북 사방에서, 하늘로부터 바람이 큰 바다에 불어 닥쳤다. 그러나 바다에서 모양이 서로 다르게 생긴 큰 짐승 네 마리가 올라왔다(다니엘 7 : 2, 3).

여기서도 역시 "네 바람들"(the four winds)은 악들과 결합된 거짓들을 뜻하고, "큰 바다"(the great sea)는 그것들이 비롯된 근원을 가리키는 지옥을 뜻하고, 그리고 "네 짐승들"(the four beasts)은 온갖 종류의 악들을 뜻하는데, 이것에 관해서는 아래에서 상세하게 언급되었습니다. "네 바람들"은 다니엘서(11 : 4)에서나 스가랴서(2 : 6, 7)에서도 동일한 뜻을 가지고 있습니다. "네 바람들"이 네 방위들을 뜻한다는 것은 에스겔서

42장 16-19절에서 아주 명확한데, 거기에는 네 바람들에 일치하는 집(=성전)의 측량, 다시 말하면 네 방위들이 다루어지고 있습니다. 거기에서 방위들은 바람(wind)이나 영으로 명명된 것에 의한 히브리말의 동일한 낱말에 의하여 명명(命名)되었습니다. 그러나 바람들에 관한 자세한 것은 지금 뒤에 이어지는 단락에서 볼 수 있겠습니다.

419[A]. 바람이 불지 못하였다.
이 말씀은 선한 자가 해를 입지 않았고, 그리고 악한 자가 그 날 전에 쫓겨나지 않았다는 것을 뜻합니다. 이러한 내용은 신령진리에 합일된 신령선을 가리키는 신령발출(the Divine proceeding)을 뜻하는 "바람"(wind)의 뜻에서 잘 알 수 있겠습니다. 그러므로 "바람이 불지 않았다"는 것은 입류가 완화, 조절되고, 온화, 유순하게 되었다는 것을 뜻합니다. "바람이 땅에 불지 않았다"는 것은 선한 자가 해를 입지 않고, 그리고 악한 자가 그 날 전에 쫓겨났다는 것을 뜻하는데, 그 이유는 악한 자에게서 선한 자의 분리들이나, 그리고 영계에서 악한 자의 쫓겨남(追放) 등등은 태양이신 주님에게서 비롯되는 신령발출(神靈發出)의 완화, 조절의 다양한 계도들에 의하여, 그리고 그 발출의 세기의 다양한 정도에 의하여 이루어지기 때문입니다. 이것이 알맞게 유입할 때, 선한 자는 악한 자에게서 분리되고, 그리고 그것이 강하게 유입할 때 악한 자는 쫓겨납니다. 그것은 아래의 이유들 때문입니다. 주님으로 말미암아 신령존재가 알맞게 유입할 때 어디에나 고요함(tranquillity)과 평온(平穩)이 존재하는데, 그 곳에는 그들의 선의 상태에 대해서 그들과 같은 부류가 나타납니다. 왜냐하면 그 때의 모든 것은 빛 가운데 나타나기 때문입니다. 결과적으로 영적인 근원에서 비롯된 선 안에 있는 자들은 그 때 단순히 자연적인 근원에서 비롯된 선 안에 있는 자들로부터 분리되었기 때문입니다. 왜냐하면 주님께서는 영적인 선 안에 있는 자들을 살피시고, 그리고 그들을 인도하시고, 따라서 그들을 분리하시기 때문입니다. 영적인 근원에서 비롯된 선 안에 있는 자들은 아래에 "그들의 이마에 도장을 받은 자들"이라고 언급된 자들과 관련된 자들입니다. 왜냐하면 그들은 영적인 존재이고, 그리고 천계의 천사들이기 때문입니다. 그러나 자연적인 근원에서 비롯된 선 안에 있는 자들은, 그들이 영적인 존재가 아니기 때문에 선하지 않습니다. 왜냐하면 그들과 함께 나타나는 선한 자는 악하기 때문인데, 그 이유는 그들이 목적으로서 자기 자신이나 이 세상에 대해서 관심을 가지고 있기 때문입니다. 이런 부류는 그들 자신의 광영, 영예, 재물, 소득에 관련해서는 겉모습으로는 선을 행하지만, 그리고 이웃의 선과 관련해서는 선을 행하지 않습니다. 결과적으로 그들은 그들이 사람들의 안중(眼中)에 있기 위하여 선을 행할 뿐입니다. 단순한 자연적인 존재들은 "도장을 받지 않은 자들"을 가리키고, 그리고 그 뒤에는 쫓겨나는 자들입니다. 그러나 주님으로 말미암아 신령존재께서 열정적으로 유입하실 때 악한 자들과 함께 있던 선한 자들은 뿔뿔이 흩어졌는데, 그 이유는 이들 선한 자들은 본질적으로 선하지 않은 자들이고, 다만 악한 자들이기 때문이고, 그리고 악한 자들을 신령존재의 입류를 참고 견딜 수가 없기 때문입니다. 이런 이유는 이런 부류에 있는 외적인 것들이 폐쇄되는 원인입니다. 그리고 이런 것들이 폐쇄되었을 때, 내면적인 것들은 개방됩니다. 그리고 개방된 것 안에는, 온갖 악들이나 그것에서 비롯된 거짓들을 제외하면 아무것도 없습니다. 그리고 이런 일은 그들에게 고통이나 괴로움, 또는 고뇌 따위를 가져오고, 그리고 그런 것들 때문에 그들은 자기 자신들을 마치 자기 자신과 꼭 같은 악들이나 거짓들이 있는 지옥으로 내동댕이칩니다.

[2] 신령존재의 입류가 증강되었을 때, 그것은 악한 자가 쫓겨났을 때 야기되는 일이지만, 그 때 영계 아래에서는 마치 태풍이나 사나운 비바람 같이 매우 강하게 부는 바람이 불기 시작합니다. 이 바람이 성경말씀에서 "동풍"(東風・the east wind)이라고 부르는 것인데, 이것에 관해서 곧 설명하겠습니다. 악한 자의 쫓겨남(追放)이 성경말씀에서는 극심한 바람(violent wind)이나 강습적인 바람(impetuous wind)이나 폭풍(storm), 사나운 비바람(tempests)에 의하여 기술되었습니다. "여호와의 영"(the spirit of Jehovah)과 꼭 같은 뜻을 가지고 있습니다. 왜냐하면 그것은 호흡의 바람(the wind of respiration)을 뜻하기 때문인데, 그것은 또한 영(靈・spirit)이나 숨결(breath)이라고 불리웠기 때문입니다. 이런 이유 때문에 히브리어나 그 밖의 다른 언어에서 영(spirit)은 바람과 꼭 같은 낱말에 의하여 표현되었습니다. 이것은 인류의 대부분이 바람에 대해서 호흡의 바람 이외의 다른 영의 개념이나 영들의 개념을 가지지 못하는 이유입니다. 그리고 학계(學界)에서의 개념들이나 생각들은 이것에서 취한다고 하겠는데, 그것은 바로 영들이나 천사들은 그것 안에 생각에 속한 생동적인 원칙(a vital principle of thought)이 있는 바람과 같은 존재라는 것입니다. 그리고 이것은 땅 위의 사람들과 같이 영들이나 천사들은 몸, 얼굴, 감관의 조직을 갖추고 태어난 사람들이라는 설득 따위를 자신에게 용납하는 극소수의 사람들이 가지는 그 이유입니다. 사람과

관련해서 "바람"이나 "영"은 진리에 속한 삶(=생명·the life of truth)을 뜻하고, 또한 진리들이나 주님의 가리침(敎訓)에 일치하는 삶을 뜻합니다. 그 이유는 폐장들에 속한 호흡은 그 삶에 대응하기 때문이고, 이에 대하여 다른 한편, 심장이나 그것의 동작은 선에 속한 삶에 대응하기 때문입니다. 왜냐하면 거기에는 두 삶(=생명들)이 있고, 그것은 사람 안에서 하나를 이루는 것으로, 하나는 진리에 속한 생명(the life of truth)이고, 다른 하나는 선에 속한 생명(the life of good)이기 때문입니다. 진리에 속한 생명은 사람의 이해에 속한 생명이고, 이에 반하여 선에 속한 생명은 사람의 의지에 속한 생명입니다. 왜냐하면 진리들은 이런 것들이 이해를 형성하기 때문에, 그들의 자리를 이해에서 취하기 때문이고, 이에 반하여 선들은 이런 것들이 의지를 형성하기 때문에, 그들의 자리를 의지에서 취하기 때문입니다. 성경말씀에서 "영혼과 마음"(soul and heart)이 함께 언급, 거명되었을 때에는 역시 비슷한 뜻을 가지고 있습니다.

419[B]. [3] 이상에서 볼 때, "바람"(the wind)이나 "여호와의 영"(=주의 영·the spirit of Jehovah)이 뜻하는 것이 무엇인지 잘 알 수 있겠습니다. 다시 말하면 신령진리를 뜻한다는 것입니다. 그리고 "네 바람들"(the four winds)은 신령선에 합일된 신령진리를 뜻합니다. 바람이 바람, 즉 호흡의 숨결을 뜻하기 때문에, 그리고 그것이 신령진리나 그것을 영접, 수용한 자들에게 있는 영적인 생명을 뜻하기 때문에, 그러므로 바람은 "여호와의 코의 기운"(the breath of the nostrils of Jehovah)이나 "그분의 입의 입김"(the breath of His mouth)이나 "숨결"(breathing)이라고 불리웠는데, 이런 사실은 아래의 장절들

에게서 잘 알 수 있겠습니다. 에스겔서의 말씀입니다.

> 내가 바라보고 있으니, 그 뼈들 위에 힘줄이 뻗치고, 살이 오르고, 살 위로 살갗이 덮였다. 그러나 그들 속에 생기(=바람·영)가 없었다. 그 때에 그가 내게 말씀하셨다. "사람아, 너는 생기(=바람·영)에게 대언하여라. 생기에게 대언하여 이렇게 일러라. '나 주 하나님이 너에게 말한다. 너 생기야, 사방에서부터 불어와서 이 살해당한 사람들에게 불어서 그들이 살아나게 하여라'"(에스겔 37:8, 9).

여기서 "마른 뼈들"(the dry bones)이 뜻하는 것이 무엇인지는 앞서의 단락에서 언급하였습니다. 다시 말하면 영적인 생명을 전혀 가지지 못한 자들이나, 신령진리를 통한 생명을 전혀 가지지 못한 자들을 뜻한다는 것입니다. 이 생명 안에 있는 숨결은 주님께서 "너는 생기(=영)에 관해서 대언하여라. 영에게 이렇게 일러라. 사방에서부터 불어와서 이 살해당한 사람들에게 불어서 그들이 살아나게 하여라"는 말씀이 뜻합니다. 여기서 "영"(=생기·spirit)은 명확하게 호흡의 숨결(the breath of respiration)을 뜻합니다. 왜냐하면 거기에는 힘줄·살·살갗이 있었지만, 그러나 아직 숨결(breathing)이 없었기 때문입니다. 그러므로 "영(=생기)에게 말하여라" "살해당한 사람들에게 불어라"라고 언급되었습니다. 이렇게 볼 때 밝히 알 수 있는 것은 "영"(spirit)이나 "바람"(wind)은 영적인 생명을 뜻한다는 것입니다. 그것이 일반적인 숨이나 숨결을 뜻하지 않는다는 것은 "이들 마른 뼈들이 이스라엘의 집들이다"는 말이 이스라엘 집이 영적인 생명이 없다는 것을 뜻한다는 그것의 언급에서 잘 알 수 있습니다. 그리고 그 뒤에 그들에 관해서 "내가 내 영을 너희 속에 두어서 너희가 살 수 있게 하고, 너희를 너희의 땅에 데려다가 놓겠다"(에스겔 37 : 14)고 언급된 것에서 잘 알 수 있겠습니다. 이 말씀은 하나의 교회가 그들로 이루어져서 그들이 중생하게 될 것이라는 내용을 뜻합니다. 중생(=거듭남·regeneration)은 영적인 생명의 근원인 신령진리에 일치하는 삶에 의하여 이루어집니다. 그리고 "그들을 그 땅에 다시 데려온다"는 말씀은 가나안 땅이 교회를 뜻하기 때문에, 그들이 교회가 된다는 것을 뜻합니다.
[4] 창세기서의 말씀입니다.

> 주 하나님이…… 그의 코에 생명의 기운을 불어 넣으시니, 사람이 생명체가 되었다(=주 하나님께서…… 그의 콧구멍에다 생명의 호흡을 불어 넣으시니, 사람이 살아 있는 혼이 되었다)(창세기 2 : 7).

여기서도 역시 문자적인 뜻으로는 "그분께서 그의 콧구멍에 호흡을 하였다"는 것은 "호흡의 바람"을 뜻하지만, 그러나 신령진리를 통한 총명이나 지혜의 생명을 가리키는 영적인 생명을 뜻한다는 것은 아주 명확합니다. 그 이유는 그분께서 그에게 호흡, "생명들의 영혼"을 불어 넣었다고 언급하였기 때문이고, 그리고 따라서 "사람이 살아 있는 혼"(a living soul)이 되었다고 언급되었기 때문입니다. "생명들의 혼"(the soul of lives)이나 "살아 있는 혼"(a living soul)은 영적인 생명을 뜻하기 때문입니다. 왜냐하면 그 혼이 없는 사람은, 비록 육신이나 감관들에 관해서는 그가 살아 있다고 해도, 죽은 사람(a dead man)이라고 부르기 때문입니다. 이러한 사실은 성경말씀에서 "영혼" "영" "바람"이 영적인 생명을 뜻한다는 것을 아주 명료하게 합니다.

[5] 요한복음서의 말씀입니다.

　　예수께서 다시 그들에게 말씀하시기를 "너희에게 평화가 있기를 빈다. 아버지께서 나를 보내신 것과 같이, 나도 너희를 보낸다" 하셨다. 이렇게 말씀하신 뒤에 그들에게로 숨을 내뿜으시고 말씀 하셨다. "성령을 받아라"(요한 20 : 21, 22).

주님께서 "그들에게 숨을 내뿜으시고, 그들에게 성령을 받으라고 말씀하셨다"는 것은 여호와께서 "아담의 콧구멍에 생명들의 영혼을 불어 넣으셨다"고 하신 것과 꼭 같은 뜻, 다시 말하면 영적인 생명을 뜻합니다. 왜냐하면 "성령"(聖靈・the Holy Spirit)은 주님에게서 발출하는 신령진리를 뜻하기 때문이고, 그리고 그것으로 말미암아 영적인 생명이 존재하기 때문입니다. 그들이 주님에게서 비롯된 신령진리를 가르친다는 것은 "아버지께서 나를 보내신 것과 같이, 나도 너희를 보낸다"는 말씀이 뜻합니다. 왜냐하면 주님께서 이 세상에 계실 때 주님께서는 신령진리 자체이셨고, 주님께서는 수태(受胎)로부터 그분 안에 있는 그분의 신령선으로 말미암아 신령진리를 가르치셨기 때문입니다. 이 신성(神性・Divine)이 여기서나 다른 여러 곳에서 "아버지"(聖父・the Father)라 불리우신 주님입니다. 그리고 주님께서 이 세상을 떠나셨을 때에 그분은 그분 안에 있는 신령선에 신령진리를 합일하셨기 때문에 그분들은 하나가 되셨고, 그리고 신령진리가 그분에게서 발출하기 때문에, 주님께서는 "아버지께서 나를 보내신 것 같이, 나도 너희를 그렇게 보낸다"고 말씀하셨습니다.

419[C]. "호흡의 바람"(=생기)이 영적인 생명을 뜻한다는 것은 대응에서 비롯된 것입니다(A.C. 3883-3896항 참조). 영계에 있

는 모든 것의 성품은 단순히 그들의 호흡에서 잘 알 수 있습니다. 천계의 호흡에 속한 생명 안에 있는 자들은 천사들 가운데 있습니다. 그러나 만약에 그들이 천계에 들어 왔다고 해도, 그 호흡 안에 있지 않는 자들은 거기에서 숨을 쉴 수가 없고, 그리고 그러므로 그들은 마치 질식(窒息·suffocation)에 속한 것과 같은 고통과 괴로움 가운데 있습니다. 이런 것에 관해서는 A.C. 1119·3887·3889·3892·3893항을 참조하십시오. 낱말 "호흡"은 이 대응에서 유래되었고, 그리고 예언자들은 "영감된 자"(inspired)라고 불리웠고, 그리고 성경말씀은 "신령하게 영감된 것"(Divinely inspired)이라고 언급되었습니다. [6] 이렇게 볼 때 요한복음서에서 주님의 말씀이 뜻하는 것이 무엇인지 잘 알 수 있겠습니다. 요한복음서의 말씀입니다.

> 예수께서 대답하셨다. "내가 진정으로 진정으로 너에게 말한다. 누구든지 물과 성령(=영)으로 나지 않으면, 하나님의 나라에 들어갈 수 없다. …… 너희가 다시 태어나야 한다고 내가 말한 것을 너희는 이상히 여기지 말아라. 바람(=프뉴마·영)은 불고 싶은 대로 분다. 너는 그 소리는 듣지만, 어디에서 와서 어디로 가는지는 모른다. 성령으로 태어난 사람은 다 이와 같다"(요한 3 : 5, 7, 8).

"다시 태어난다"는 것은 중생(=거듭남)하는 것을 뜻하고, 그리고 사람은 신령진리에 일치하는 삶에 의하여 중생되기 때문에, 그리고 그것을 통해서 사람이 중생하는 모든 신령진리는 주님에게서 발출하고, 그리고 그 사람에게 입류하지만, 그는 그 때 그것을 알지 못하기 때문에, "바람은 불고 싶은대로 불지만, 너는 그 소리를 듣지만 그것이 어디에서 와서 어디로 가는지 모른다"고 언급되었습니다. 따라서 사람이 중생에 의하여 가지는 사람의 영에 속한 생명(the life of man's spirit)이 이렇게 기술되었습니다. 여기서 "바람"(wind)은 사람이 그것을 통해서 영적인 생명을 취하는 신령진리를 뜻합니다. 사람이 이 세상에 있는 동안 그는 주님에게서 신령진리가 어떻게 입류하는지 전적으로 알지 못합니다. 왜냐하면 그 때 사람은 자연적인 사람으로 말미암아 생각하기 때문이고, 그리고 사람은 영적인 사람으로부터 자연적인 사람에게 입류하는 것을 약간의 어떤 것만을 지각하기 때문입니다. 그러므로 이런 것이 바로 "너는 그 소리를 듣지만, 그러나 바람이 어디에서 와서 어디로 가는지는 모른다"는 말씀이 뜻하는 것입니다. 그 사람이 다시 태어난 "물"은 성언에서 비롯된 진리를 뜻하고, "영"(=성령·the spirit)은 그 진리에 따라서 사는 삶을 뜻합니다. "물"이 진리를 뜻한다는 것은 본서 71항을 참조하십시오.

[7] 애가서의 말씀입니다.

> 우리의 힘,
> 곧 주께서 기름 부어 세우신 이가
> 그들의 함정에 빠졌다.
> 그는 바로
> "뭇 민족 가운데서,
> 우리가 그의 보호를 받으며 살 것이다."
> 하고 우리가 말한 사람이 아니던가!(=우리 콧구멍의 호흡이신 주의 기름부음 받은 이가 그들의 구덩이들에게 빠졌도다. 우리가 그에 관하여 말하기를 "그의 그늘 아래서 우리가 이방 가운데서 살리라" 하였다)(애가 4 : 20).

여기서 "주의 기름부음 받은 이"(=주께서 기름부어 세운 이)는 신령진리의 측면에서 주님을 뜻합니다. 왜냐하면 "여호와(=주)의 기름부음 받은 이"(the anointed of Jehovah)는 왕이 뜻하는 것과 꼭 같은 뜻을 가지고 있기 때문입니다. "왕"이 최고의 뜻으로 신령진리에 대하여 주님을 뜻한다는 것은 본서 31항을 참조하시고, 그리고 "주의 기름부음 받은 이"도 동일하다는 것은 본서 375항을 참조하십시오. 이것은 곧 우리의 본문 "우리 콧구멍의 호흡, 우리가 그의 관하여 그의 그늘 아래서 살 것이다"고 언급된 말씀의 이유입니다. 왜냐하면 "콧구멍의 영"(spirit)이나 호흡(=숨·breath)은, 위에서 언급한 것과 같이, 최고의 뜻으로 신령진리를 뜻하기 때문입니다. 악에 속한 거짓들을 통하여 신령진리가 멸망되었다는 것은 "그들의 구덩이들에게 빠졌다"는 말씀이 뜻하는데, 여기서 "구덩이들"(pits)은 악에 속한 거짓들을 뜻하기 때문입니다.
[8] 또 애가서의 말씀입니다.

"살려 주십시오.
못들은 체 하지 마시고, 건져 주십시오."
하고 울부짖을 때에,
주께서 내 간구를 들어 주셨습니다(=주께서 내 음성을 들으셨으니, 내 숨소리와 내 부르짖음에 주의 귀를 감추지 마옵소서)(애가 3 : 56).

"내 숨소리와 내 부르짖음에 주의 귀를 감춘다"는 말씀은 진리들과 선들에게서 비롯된 것을 가리키는 예배·고백·기도에서라는 것을 뜻합니다. 왜냐하면 모든 예배·고백·기도 등은 반드시 진리들이나 선들에게서 있어야 하기 때문입니다. 그것들이 그런 것에서 비롯되었을 때 들려질 수 있기 때문입니다. 만약에 그것들이 단순히 진리들에게서 비롯되었다면 그것들은 들려지지 않습니다. 그 이유는 그것들 안에 생명이 전혀 없기 때문입니다. 그리고 진리의 생명은 선에게서 비롯되기 때문입니다. 여기서 "숨"(=숨소리 · breathing)은 진리들에 관해서 서술하고, "부르짖음"(cry)은 선들에 관해서 서술합니다. "울부짖음"이 선들에 관해서 서술한다는 것은 적절한 곳에서 알 수 있겠습니다.
[9] 창세기서의 말씀입니다.

> 마른 땅 위에서 코로 숨을 쉬며 사는 것들이 모두 죽었다(=마른 땅에 있는 모든 것 중에서 코로 생명의 호흡을 하던 모든 것은 죽었더라)(창세기 7 : 22).

이들 장절들이 문자적인 뜻으로 무엇을 뜻하는지는 모두가 잘 알 것입니다. 다시 말하면 땅 위의 모든 것들이 홍수에 의하여 멸망하였다는 것, 따라서 노아와 그의 아들들을 제외하면 그 때 살아 있는 모든 사람들이 멸망하였다는 것으로 알 것입니다. 그러나 이 장절의 말씀들이 영적인 뜻으로 뜻하는 것이 무엇인지는 그것들이 설명된 ≪천계비의≫ 805 · 806항을 참조하십시오. 다시 말하면 "코로 하던 생명의 영들의 호흡"은 영적인 생명을 뜻하는데, 여기서 영적인 생명은 바로 태고교회에 속한 자들이 가지고 있었던 것을 가리킵니다. 왜냐하면 "홍수"는 그 교회의 종말을 뜻하고, 그리고 또한 최후심판을 뜻하는데, 최후심판은 그 교회의 모든 것들이 소멸(消滅)할 때 일어났기 때문입니다. 시편서의 말씀입니다.

> 귀가 있어도 듣지 못하고,
> 입으로 숨도 쉴 수 없다(=귀가 있어도 듣지 못하며, 그들의 입에는 아

무런 호흡도 없었다)(시편 135 : 17).

"그들의 입에 호흡이 없었다"는 것은 생각 안에 진리가 전혀 없다는 것을 뜻하는데, 그것은 "입"(mouth)이 생각(思想・thought)을 뜻하기 때문입니다.
[10] 예레미야서의 말씀입니다.

> 들나귀도 언덕 위에 서서
> 여우처럼 헐떡이고(=고래처럼 헐떡이고),
> 뜯어먹을 풀이 없어서 그 눈이 흐려진다.
> (예레미야 14 : 6)

여기서 "고래처럼 헐떡인다"는 것은 흡수된 진리가 전혀 없다는 것을 뜻합니다. "뜯어먹을 풀이 없기 때문이다"는 말씀은, 교회 안에 진리가 전혀 없기 때문이라는 것을 뜻합니다. 위에서와 같이 언급된 것은 악한 사람은 태양이신 주님으로부터 발출하는 매우 강한 신령진리와 신령선의 입류에 의하여 쫓겨 나기 때문에, 그러므로 악에 속한 거짓들 안에 있는 자들의 쫓겨남(追放)은 "여호와의 콧구멍의 숨결"에 의하여 기술되었습니다. 이사야서의 말씀입니다.

> 이미 오래 전에 "불타는 곳"(=도벳)을 준비하셨다.
> 바로 앗시리아 왕(=몰렉)을 태워 죽일 곳을
> 마련하셨다.
> 그 불구덩이가 깊고 넓으며,
> 불과 땔감이 넉넉하다.
> 이제 주께서 내쉬는 숨이
> 마치 유황의 강물처럼

그것을 사르고 말 것이다.
(이사야 30 : 33)

시편서의 말씀입니다.

주께서 꾸짖으실 때에,
바다의 밑바닥이 모두 드러나고,
주께서 진노하셔서 콧김을 내뿜으실 때에,
땅의 기초가 모두 드러났다.
(시편 18 : 15)

출애굽기서의 말씀입니다.

주의 콧김으로 물이 쌓이고,
파도는 언덕처럼 일어서며,
깊은 물은 바다 한가운데서 엉깁니다. ……
주께서 바람을 일으키시니,
바다가 그들을 덮었고,
그들은 거센 물 속에
납덩이처럼 잠겨 버렸습니다.
(출애굽 15 : 8, 10)

욥기서의 말씀입니다.

내가 본 대로는,
악을 갈아 재난을 뿌리는 자는
그대로 거두더라.
모두 하나님의 입김에 쓸려 가고,

그의 콧김에 날려 갈 것들이다.
(욥기 4 : 8, 9)

이들 모든 장절들에 있는 "한 탕의 바람"(the blast)· "숨결"(the breath)· "여호와의 콧구멍의 콧김"(the breathing of the nostrils of Jehovah)은 신령발출(the Divine proceeding)을 뜻하는데, 그것이 심하고 강력하게 불 때 그것은 악한 자를 흩어버리고 내쫓습니다. 그러나 이 입류에 관한 상세한 것은 "사나운 비바람들"(tempests)· "폭풍들"(storms)· "동풍"(the east wind)이 다루어지는 아래에서 설명되겠습니다.

419[D]. [11] 또다시 "땅의 바람"(the wind of the earth)이 신령발출(the Divine proceeding)을 뜻한다는 것은 영계에 있는 바람들이 가지고 있는 대응에서 비롯되었습니다. 그리고 이들은 신령입류(the Divine influx)의 종결(終結)에서 역시 비롯되었습니다. 왜냐하면 영계에는 역시 바람들이 존재하기 때문이고, 그리고 거기에 있는 땅 아래의 영역에서 바람들이 일어나기 때문입니다. 천계에서는 고요한 바람들 이외의 다른 것은 거의 지각되지 않지만, 그러나 아래의 낮은 영역이나 땅들에 살고 있는 자들에게는 자주자주 세찬 바람들이 지각됩니다. 왜냐하면 그것들은 마치 그것들이 높은데서 내려오는 것처럼 점차적으로 점점 강해지기 때문입니다. 그리고 그것들의 방향은 방위들로부터, 특히 북녘에서부터 신령존재가 유입하는 쪽이었습니다. 거기의 바람들은 영적인 근원에서 있었기 때문에, 그것들은 역시 영적인 것들을 뜻하고, 일반적으로는 그것들이 그것으로 말미암아 존재하는 신령진리를 뜻합니다. 시편서의 말씀입니다.

물 위에 누각의 들보를 놓으시고,
구름으로 병거를 삼으시며,
바람 날개를 타고 다니십니다.
바람을 심부름꾼(=천사들)으로 삼으시고,
번갯불을 시종으로 삼으셨습니다.
(시편 104 : 3, 4)

여기서 "물"·"구름"·"바람 날개"(wings of the wind)는 궁극적인 것들 안에 있는 신령진리를 뜻하는데, 이런 것들은 성경말씀의 문자적인 뜻에 속한 진리들을 가리킵니다. 이것이 궁극적인 것들 안에 있기 때문에 "주께서 물 위에 누각의 들보를 놓으시고, 구름으로 병거를 삼으시며, 바람 날개를 타고 다니신다"고 언급하였습니다. 그것은 "물"이 궁극적인 것들 안에 있는 진리들을 뜻하기 때문이고, 마찬가지로 "구름" "바람 날개" "병거" 등도 교리에 속한 진리를 뜻하기 때문입니다. "주께서는 바람을 그분의 심부름꾼(=천사들)을 삼으시고, 번갯불을 시종들"(=하인들)을 삼으셨다는 말씀은 그분께서 그들을 신령진리나 신령선의 수용그릇으로 만드셨다는 것을 뜻합니다. 여기서 "천사들"(=심부름꾼들)은 주님의 영적인 왕국에 있는 자들을 뜻하고, 그리고 이들이 신령진리의 수용그릇이기 때문에, "주님께서는 그들을 바람으로 삼으셨다"고 언급되었습니다. 이에 반하여 "시종들"(=하인들·ministers)은 주님의 천적인 왕국에 있는 자들을 뜻하고, 그리고 이런 자들은 신령선의 수용그릇들이기 때문에, "주님께서는 번갯불을 시종으로 삼으셨다"고 언급되었는데, 그것은 "번갯불"(a flaming fire)이 사랑에 속한 선이나, 그것에서 비롯된 진리를 뜻하기 때문입니다. 주님의 영적인 왕국에 있는 자들이 신령진리의 수용그릇들이고, 주님의 천적인 왕국에 있는 자들이 신령선의 수용그릇들이라는 것은 나의 저서 ≪천계와 지옥≫ 20-28항을 참조하시고, 천사들이 신령진리의 수용그릇으로 말미암아 "천사들"(=심부름꾼들)이라고 불리웠다는 것은 본서 130·412[B]항을 참조하시고, 시종들(=하인들·ministers)이 신령선의 수용그릇들이기 때문에 "시종들"이라고 불리웠다는 것은 본서 155항을 참조하시고, 그리고 "불"(fire)이 사랑에 속한 선을 뜻한다는 것은 본서 68항을 참조하십시오.

[12] 같은 책의 말씀입니다.

> 주께서 하늘을 가르고 내려오실 때에,
> 그 발 아래에는 짙은 구름이 깔려 있었다.
> 주께서 그룹을 타고 날아오셨다.
> 바람 날개를 타고 오셨다.
> (시편 18 : 9, 10)

"주께서 하늘을 기울이시고 내려오셨다"(=주께서 하늘을 가르고 내려오셨다)는 말씀은 최후심판 전에 선행하시는 방문(訪問·visitation)을 뜻하고, "그 발 아래에는 짙은 구름(=짙은 어둠)이 깔려 있었다"는 말씀은 낮은 것들에 있는 악에 속한 거짓들을 뜻하고, "주께서 그룹을 타고 날아오셨고, 바람 날개를 타고 오셨다"는 말씀은 신령존재에게 있는 전능편재(全能遍在·omnipresence)를 뜻하고, "바람 날개"(the wings of the wind)는 위에서 언급한 것과 같이 궁극적인 것 안에 있는 신령진리를 뜻합니다.

[13] 예레미야서의 말씀입니다.

> 권능으로 땅을 만드시고,
> 지혜로 땅덩어리를 고정시키시고,
> 명철로 하늘을 펼치신 분은 주님이시다.
> 주께서 호령하시면,
> 하늘에서 물이 출렁이고,
> 땅 끝에서 먹구름이 올라온다.
> 주님은 비가 내리도록 번개를 일으키시며,
> 바람 창고에서 바람을 내보내신다.
> (예레미야 10 : 12, 13 ; 51 : 15, 16)

시편서의 말씀입니다.

> 땅 끝에서 안개를 일으키시고,
> 비를 내리시려 번개를 치시고,
> 바람을 창고에서 끌어내기도 하신다.
> (시편 135 : 7)

이 장절은 영적인 뜻으로 사람의 바로잡음(改革 · the reformation of man)과 교회의 세움(設始 · the establishment of the church)을 기술하고 있습니다. 그 개혁과 설시 때문에 주님께서는 "땅의 조성자"(造成者 · the Maker of the earth)라고 불리셨고, 어떤 곳에서는 "지으신 분"(the Former) 또는 "창조주"(the Creator)라고 하였습니다. 여기서 "땅"(earth)은 교회를 뜻합니다. 그것에 의하여 개혁을 이루시는 신령선은 "지혜로 땅덩어리를 고정시키셨다"(=지혜로 세상을 세우셨다)는 말씀이 뜻하고 있습니다. 여기서 "세상"(=땅덩어리)은 교회를 뜻하고, 그것은 선에 관해서 서술합니다. 역시 하나의 방법을 가리키는 신령진리를 "주께서 그의 음성을 발하시니, 하늘들에 맑은 물들이 생기고, 또 주께서 땅 끝에서 증기를 올라오게 하신다"(=주께서 호령하시면 하늘에서 물이 출렁이고, 땅 끝에서 먹구름이 올라온다)는 말씀이 뜻합니다. 여기서 "주께서 발하시는 음성"(=호령)은 신령진리의 입류를 뜻하고, "하늘에 있는 맑은 물"(=출렁이는 물)은 수용을 뜻하고, "물"은 진리들을 뜻합니다. 성경말씀의 문자적인 뜻에서 비롯된 지식들은 궁극적인 진리들(ultimate truths)은 "땅 끝에서 생기는 증기"가 뜻하고, 그것에서 비롯되는 영적인 진리들은 "비를 만드는 번개"가 뜻합니다. 여기서 "번개"(lightnings)는 하늘의 빛으로 말미암아 그렇게 불리웠고, 그리고 "비"(rain)는 입류에서 비롯된 것이고, 따라서 주님에게서 비롯된 신령진리를 통한 바로잡음(改革)은 "주께서 그의 보물창고에서 바람을 끌어내신다"는 말씀이 뜻합니다. 이런 내용이 천계에 있는 것들의 뜻입니다.
[14] 시편서의 말씀입니다.

   (주께서)
   빵 부스러기 같이 우박을 쏟으시는데,
   누가 감히
   그 추위 앞에 버티어 설 수 있겠느냐?
   그러나 주님은
   말씀을 보내셔서 그것들을 녹이시고,
   바람을 불게 하시니,
   얼음이 녹아서 물이 되어 흐른다.
   주님은 말씀을 야곱에게 전하시고,
   주의 규례와 주의 법도를
   이스라엘에게 알려 주신다.
   (시편 147 : 17-19)

이 장절도 역시 바로잡음(改革)에 관한 기술이지만, 그러나 그것은 자연적인 사람에 관한 것입니다. 여기서 개혁 전의 사람 안에 있는 지식들이나 인식들(cognitions)은 "빵부스러기 같은 우박"을 누가 그의 추위(His cold)를 버티어 낼 수 있을까? 라는 말씀이 뜻합니다. 왜냐하면 개혁(=바로잡음) 전에 사람은 전적으로 쌀쌀하기(frigid) 때문이고, 그리고 그와 같은 냉기는 신령존재가 천계로부터 입류하실 때 확실하게 느낍니다. 그리고 이런 부류는 냉기는 신령선과 신령진리의 수용에 의하여 소멸되기 때문에, 따라서 개혁(=바로잡음・reformation)에 의하여 소진되기 때문에, "주님께서는 말씀을 보내셨고, 얼음(=그것들)을 녹이셨다, 주께서 바람을 불게 하시니, 물이 되게 하셨다" 라는 말씀이 언급되었습니다. 여기서 "말씀"은 신령진리에 합일된 신령선을 뜻하고, 그리고 이런 뜻 때문에 "주님은 말씀을 야곱에게 전하시고, 주의 규례와 법도를 이스라엘에게 알려 주신다" 라는 말씀이 부가되었습니다. 여기서 "야곱"과 "이스라엘"은 교회를 뜻하는데, "야곱"은 선 안에 있는 교회를 뜻하고, "이스라엘"은 진리들 안에 있는 교회를 뜻하고, "규례들과 법도들"은 선에서 비롯된 외적인 진리들과 내적인 진리들을 뜻합니다.

[15] 같은 책의 말씀입니다.

> 땅에서도 주님을 찬양하여라. ……
> 불과 우박, 눈과 서리,
> 그분이 명하신 대로 따르는 세찬 바람아 ……
> (모두 주의 이름을 찬양하여라).
> (시편 148 : 7, 8)

여기서 "불과 우박"(fire and hail)이나 "눈과 서리, 바람"은 이런 것들에게서 비롯된 차이가 있는 것들을 뜻합니다. 왜냐하면 그것은 "그들이 여호와를 찬양한다?"는 말씀이 신령성언(the Divine Word) 안에 존재하는 것들에 관해서 언급한 이유이기 때문입니다. 그러나 "불과 우박, 눈과 서리(=안개)"는 자연적인 사람의 사랑들의 기쁨을 뜻하고, 그리고 자연적인 사람의 지식들이나 인식들을 뜻합니다. 왜냐하면 "불과 우박이나 눈과 안개(=서리)"는 사람이 개혁하기 전의 것들이나, 영적인 것이 되기 전의 것들을 가리키기 때문이고, 그런 것들에서 흘러나오는 그런 부류의 생명의 영기(靈氣)는 영계에서 이런 것들과 같은 모습들을 드러내기 때문입니다. 이런 것들에게서 비롯된 주님의 예배가 그들의 "주님을 찬양한다"는 말씀이 뜻합니다. 여기서 "찬양한다"(to praise)는 말씀은 예배하는 것을 뜻하고, "세찬 바람"(stormy wind)은 수용에 대한 신령진리를 뜻합니다. 그러므로 "그분이 명하신 대로 따르는 세찬 바람"이라는 말씀이 언급되었는데, 여기서 "그분이 명하신 대로 따른다"(=그분의 말씀을 행한다)는 것은 삶에 교리에 속한 것들을 영접, 수용하는 것을 뜻합니다.

419[E]. [16] 성경말씀에 있는 모든 것들은 반대적인 뜻을 가지고 있기 때문에, 그리고 그 뜻으로 그것은 거짓을 뜻하는데, 예를 들면 아래의 장절들입니다. 이사야서의 말씀입니다.

> 보아라, 이 모든 우상은 쓸모가 없으며,
> 그것들은 아무것도 할 수 없다.
> 부어 만든 우상은 바람일 뿐이요,
> 헛것일 뿐이다.
> (이사야 41 : 29)

여기서 "바람이고, 헛것일 뿐이다"는 말씀은 악에 속한 거짓들을 뜻하고, 거짓에 속한 악들을 뜻합니다. 여기서 "바람"(wind)은 악에 속한 거짓들을 뜻하고, "헛것"(a void)은 거짓에 속한 악들을 뜻합니다. 왜냐하면 어디서나 헛것(a void)이나 텅 빈 것(emptiness)은, 다시 말하면 선이나 진리의 결핍(缺乏·absence)을 뜻하고, 그리고 악이나 거짓이 있는 곳을 뜻하기 때문입니다. 여기서 "바람"(wind)은 거짓이 있는 곳을 뜻하는데, 그러한 것은 "이 모든 우상은 사악한 것(=쓸모가 없는 것·iniquity)이고, 그들의 일들은 아무것도 아니다"(=그것들은 아무것도 할 수 없다)는 말씀에서 명확합니다. 그리고 또한 "부어 만든 우상은 바람일 뿐이고, 헛것(=혼돈)일 뿐이다"라고 언급된 것에서 명확합니다. 왜냐하면 "부어서 만든 우상들"(molten images)은 사람이 자기 총명에서 꾸며낸(hatch out) 그런 것들을 뜻하기 때문이고, 그리고 이런 것들은 모든 거짓들이고 악들이기 때문입니다. 예레미야서의 말씀입니다.

> 그러한 예언자들에게는,
> 내가 아무런 예언도 준 일이 없다.
> 그들의 말은 허풍일 뿐이다(=선지자들은 바람이 되리니, 말씀이 그들 안에 있지 않도다)(예레미야 5 : 13).

여기서 "예언자들"(prophets)은 진리들을 가르치는 자들을 뜻하고, 추상적인 뜻으로는 교리에 속한 진리들을 뜻하는데, 여기서는 교리에 속한 거짓들을 뜻합니다. 그 거짓들은 "바람"(=허풍)이 뜻합니다. 그래서 "말씀이 그들 안에 있지 않다"는 말씀이 부가되었는데, 여기서 "말씀"은 신령진리를 뜻합니다.
[17] 같은 책의 말씀입니다.

> 그러므로 내가 너희를
> 사막의 바람에 나부끼는 검불처럼,
> 산산이 흩어 놓겠다.
> (예레미야 13 : 24)

"사막의 바람"은 진리가 전혀 없는 곳을 뜻하고, 그러므로 거짓을 뜻합니다. 왜냐하면 성경말씀에서 "사막"(=광야·wilderness)은 진리가 전혀 없기 때문에, 선이 전혀 없는 곳을 뜻합니다. 같은 책의 말씀입니다.

> 너의 목자들은 모두 바람에 휩쓸려 가고,
> 너의 동맹국 백성은
> 포로가 되어 끌려갈 것이다(=바람이 네 목자들을 다 먹어 버리며, 네 사랑하는 자들은 사로잡혀 갈 것이다)(예레미야 22 : 22).

성경말씀에서 "목자들"(shepherds)은 삶에 속한 선을 가르치고, 그리고 그것에 인도하는 자들을 뜻하는데, 이런 일은 진리들에 의하여 행해집니다. 그러나 여기서 "목자들"은 삶에 속한 선을 가르치지 않는 자들을 뜻하고, 더욱이 그것에 인도하지 않는 자들을 뜻합니다. 그 이유는 그들이 거짓들에 빠져있기 때문입니다. 이러한 내용은 "바람이 네 목자들을 다 먹어 버린다"는 말씀이 뜻합니다. 여기서 "바람"은 그것들이 사로잡고, 사랑하는 거짓을 뜻하고, 사로잡혀갈 "사랑하는 자들"(lovers)은 자기사랑이나 세상사랑에 속한 기쁨(=쾌락)을 뜻하고, 그리고 그것에서 비롯된 악한 자의 기쁨(=쾌락)들을 뜻합니다. "사랑하는 자들"이 이런 부류의 쾌락들을 뜻하고, "포로"(captivity)는 지옥에서의 구금(拘禁)을 뜻합니다.
[18] 호세아서의 말씀입니다.

> 에브라임은 바람은 먹고 살며,
> 종일 열풍을 따라서 달리고,
> 거짓말만 하고, 폭력만을 일삼는다.
> 앗시리아와 동맹을 맺고,
> 이집트에는 기름을 조공으로 바친다(=에브라임은 바람을 먹으며, 동풍을 따라 가는도다. 그는 날마다 거짓말과 황폐함을 늘리는도다. 그들은 앗시리아인과 더불어 언약을 맺고, 기름은 이집트로 옮겨지는도다)(호세아 12 : 1).

여기서 "에브라임"은 교회에 속한 총명을 뜻하고, "앗시리아"는 추론이나 추리를 뜻하고, "이집트"는 아는 기능(=과학지)을 뜻합니다. 그러므로 "에브라임은 바람을 먹으며, 동풍을 따라간다"는 말씀은 교회 안에 있는 총명이 전적으로 진리들을 흩뜨리고, 추방하는 거짓들로 물들이는 것을 뜻합니다. 여기서 "바람"은 거짓을 뜻하고, "동풍"(east wind)은 진리들을 바싹 말리고, 분산시키는 거짓을 뜻합니다. "바람"이나 "동풍"의 이런 뜻 때문에 "그는 날마다 거짓말과 황폐함을 늘린다"(=일삼는다)는 말이 부가되었는데, 여기서 "거짓말"(lying)은 거짓을 뜻하고, "황폐"(devastation)는 진리의 분산(分散)을 뜻합니다. "그들은 앗시리아 사람과 언약을 맺고, 이집트에 기름을 옮겨 간다"는 말씀은 지식들(=기억지들)에게서 비롯된 추론에 의하여 그들이 교회의 진리들이나 선들을 타락, 왜곡시키는데 적용

7장 1-17절

된 거짓을 뜻합니다. "앗시리아와 언약을 맺는다"는 것은 거짓들로 말미암아 추론하는 것이나 지식들(=과학지들)에 의하여 교회의 선을 파괴하는 것을 뜻하고, "기름을 이집트로 나른다"(=옮긴다)는 것은 지식들(=과학지들)에 의하여 교회에 속한 선을 파괴하는 것을 뜻합니다. 왜냐하면 거짓에 속한 원칙들에 빠져 있는 자는 그 원칙들에 지식들(=과학지들)을 적용하기 때문이고, 그리고 그의 이해가 아무것도 보지 못하기 때문에 그는 유아기부터 거짓들을 흡수하였습니다. 왜냐하면 이해는 진리들이나, 또는 거짓들로 형성되기 때문입니다. 만약에 진리들로 형성되었다면 그는 거짓들을 봅니다. 그리고 그는 자연적인 사람 안에 있는 그것들을 보고, 그는 그 지식들 안에 있는 기억 가운데 그들의 자리를 잡고 있습니다. 이런 것들로 말미암아 그는 그의 원칙들을 선호하는 것들을 선택하고, 그리고 그것들을 선호하지 않는 것을 그는 왜곡, 타락시키거나 또는 배척합니다.

[19] 같은 책의 말씀입니다.

> 에브라임은 우상들과 한 패가 되었으니,
> 그대로 버려 두어라.
> 그들은 술잔치를 한바탕 벌린 다음에,
> 언제나 음행을 한다.
> 대신들은 수치스러운 일 하기를 즐긴다.
> 그러므로
> 거센 바람이 그 날개로 그들을 에워싸고
> 휩쓸어 갈 것이다.
> 그들이 바친 희생제물이
> 그들을 수치스럽게 할 것이다.
> (호세아 4 : 17-19)

"에브라임"은 진리의 이해의 측면에서 교회를 뜻하는데, 그러나 여기서는 그것은 진리의 이해를 전혀 가지고 있지 못하고, 다만 거짓의 이해만을 가지고 있습니다. 그 교회에 속한 온갖 거짓들은 "우상들"이 뜻하는데, 그러한 사실은 "에브라임은 우상들과 한 패가 되었다"는 말씀이 그것을 명확하게 합니다. "바람의 날개"는 온갖 오류들에게서 비롯된 추론을 뜻하는데, 그것의 근원은 거짓들입니다. 이 장절의 나머지 것들의 뜻에 관해서는 그것들이 설명된 본서 283[E]항과 376[G]항을 참조하십시오. 이런 말씀도 있습니다.

> 그들의 날개들에는 바람이 있었다(스가랴 5 : 9).

이 말씀도 동일한 뜻을 가지고 있습니다. 예레미야서의 말씀입니다.

> 그들의 낙타 떼가 노략을 당하고,
> 가축 떼가 전리품이 될 것이다.
> 먼 곳에서 사는 이 백성을
> 내가 사방으로(=모든 바람으로) 흩어 버리겠다.
> 또 내가 사면에서 그들의 재난을
> 가져 오겠다.
> (예레미야 49 : 32)

"내가 모든 바람(=사방)으로 그들을 흩어 버리겠다"는 것은 진리들이나 선들이 멸망할 때, 거짓이나 악 안에 있다는 것을 뜻합니다. 나머지의 뜻은 본서 417[B]항의 설명을 참조하십시오.
[20] 에스겔서의 말씀입니다.

또 삼분의 일은 바람에 날려 흩어지게 하여라(에스겔 5 : 2, 12).

이 말씀은 예언자의 머리카락과 수염에 관해서 언급하고 있는데, 그것은 예언자가 날카로운 칼(=면도 칼)로 그것들을 깎으라는 것입니다. 여기서 머리카락들은 교회 안에 있는 진리의 궁극적인 것을 뜻하는데, 전 천계나 온 교회는 주님 앞에서는 마치 하나의 사람으로 보이기 때문에, 그것으로 말미암아 천계나 교회에 속한 모든 것들은 사람에 속한 모든 것들에 대응하고, 그리고 이것에 관해서는 《천계와 지옥》 87-102항에서 볼 수 있지만, 양자들은 사람 밖에 있는 것들이나 사람 안에 있는 것들에 대응합니다. 그러므로 머리카락이나 수염은 그것들이 사람의 궁극적인 것들을 가리키기 때문에, 진리나 선에 속한 궁극적인 것들에 대응합니다. 진리나 선에 속한 궁극적인 것들은 성경말씀의 문자적인 뜻에 속한 궁극적인 진리들을 가리킵니다. 이런 궁극적인 것들이 유대 사람에 의하여 악용, 곡해되고(perverted), 위화되고(falsified), 섞음질되었다(adulterated)는 것은 여기의 말씀인 예언자의 머리카락과 수염에 관해서 언급된 말씀이 뜻하고 있습니다. "그것의 삼분의 일을 바람에 날려 흩어지게 하여라"는 것은 모든 진리의 파괴나 멸망을 뜻합니다. 그리고 진리가 멸망, 파괴되었을 때 오직 거짓들이 사로잡기 때문에, "내가 칼을 들고 그 흩어지는 것들을 뒤쫓아가겠다"는 말씀이 부연되었습니다. 여기서 "칼"(sword)은 거짓에 의한 진리의 파괴나 멸망을 뜻합니다(본서 131[B]항 참조). 만약에 "머리카락"의 이와 같은 뜻을 알지 못한다면 그 아래에 이어지는 그 선지자에게 명령된 말씀들, 즉 "그 칼로 네 머리카락과 수염을 깎고, 그 털의 삼분의 일을 성읍 한가운데서 불로 태우고, 또 삼분의 일은 성읍 둘레를 돌면서 칼로 내려치고, 또 삼분의 일은 바람에 날려 흩어지게 하여라. 그러면 내가 칼을 빼어 들고, 그 흩어지는 것들을 뒤쫓아 가겠다"는 말씀이 내포하고 있는 뜻을 그 누구가 이해할 수 있겠습니까?

[21] 이것이 유대 사람에 의한 진리의 위화(僞化)를 뜻한다는 것은 에스겔서 5장에 언급된 것에서 명확합니다. 그 장의 다른 곳에는 이런 말씀이 언급되었습니다.

> 이것이 예루살렘이다. 내가 그 성읍을 이방 사람들 한가운데 두고, 나라들이 둘러 있게 하겠다. 그런데도 그 성읍은 다른 민족들보다 더 악하여 내 규례를 거스르고, 둘러 있는 이방 사람들보다 더 내 율례를 지키지 않았다. 그들은 내 규례를 거역하고, 내 율례를 지키지 않았다(에스겔 5 : 5, 6).

또 같은 책의 말씀입니다.

> 내가 왕의 경호원과 경호부대를 다 사방으로 흩어버리고, 뒤에서 내가 칼을 빼어 들고 쫓아가겠다(에스겔 12 : 14).

이 장절도 역시 같은 뜻을 가지고 있습니다. 마태복음서의 말씀입니다.

> "내 말을 듣고 그대로 하는 사람은, 반석 위에다 자기 집을 지은, 슬기로운 사람과 같다고 할 것이다. 비가 내리고, 홍수가 나고,

7장 1-17절

바람이 불어서, 그 집에 들이치지만, 무너지지 않는다. 그 집은 반석 위에 세웠기 때문이다. …… 비가 내리고, 홍수가 나고, 바람이 불어서, 그 집에 들이치면 무너진다. …… 그 무너짐은 엄청날 것이다"(마태 7 : 24, 25, 27).

"비가 내리고 바람이 분다"는 것은 온갖 시험들을 뜻하고, 결과적으로는 밀어 닥치고, 돌진(突進)하는 거짓들을 뜻합니다. 왜냐하면 영적인 시험들은 거짓들이나 악들에 의한 마음의 엄습들(掩襲·infestations) 이외의 아무것도 아니기 때문입니다. 그러므로 여기서도 역시 "바람들"은 거짓들을 뜻합니다. 나머지 것들의 뜻은 본서 411[C]항의 설명을 참조하십시오.

419[F]. [22] 앞에서는 마치 자연계에서와 같이 영계에도 세찬 바람들이나 사나운 비바람들이 일어나는 것에 관해서 언급하였습니다. 그러나 영계에서의 사나운 비바람들(tempests)은 신령존재의 입류로 말미암아 아래의 영역에 향해서 일어납니다. 거기에는 악들이나 거짓들에 빠져 있는 자들이 있습니다. 그 입류는 마치 거짓말이 아래로 오듯이 하늘로부터 땅으로 내려오는 것과 같습니다. 때문에 그것은 매우 심하게 짙고, 구름이 가리우는 것으로 나타나는데, 악한 사람에게는 그 악의 양이나 성질에 따라서 더 짙고, 어둡습니다. 이런 부류의 구름들은 그들의 생명(=삶)의 영기에서 일어나는 악에서 비롯되는 거짓의 겉모습(外現)들입니다. 왜냐하면 모든 영이나 천사 주위에는 생명의 영기(a sphere of life)가 있기 때문입니다. 태양이신 주님으로부터 신령한 것이 강력하게 발해지고, 그리고 이런 것이 짙고 어두운 구름들 속으로 유입할 때, 사나운 비바람이 일어나는데, 그것은 거기에 있는 영들에 의해 지각되는데, 그 지각은 마치 사람들이 지각하는 온갖 종류의 심한 비

바람들과 같습니다. 나에게는 서로 상이하게 이런 비바람들을 지각하는 일이 허락되었고, 그리고 또한 그것에 의하여 악한 자를 분산시키는, 또는 지옥으로 내쫓는 동풍(the east wind)을 지각하는 것이 나에게 허락되었습니다. 이상에서 볼 때 아래 장절에서 "사나운 비바람들"(tempests)・"태풍"(storms)・"맹렬한 바람들"(violent winds)이 뜻하는 것이 무엇인지 잘 알 수 있겠습니다. 이사야서의 말씀입니다.

> 네가 산들을 까불면,
> 바람이 그 가루를 날려 버릴 것이며,
> 회오리바람(=사나운 바람)이 그것들을 흩을 것이다.
> (이사야 41 : 16)

예레미야서의 말씀입니다.

> 보아라, 나 주의 분노가
> 폭풍처럼 터져 나온다.
> 회오리바람처럼 밀려와서
> 악인들의 머리를 후려칠 것이다.
> (예레미야 23 : 19)

시편서의 말씀입니다.

> 광풍과 폭풍을 피할 은신처로
> 서둘러서 날아갈 수도 있었다(=내가 폭풍과 광풍에서 빨리 피하리라)
> (시편 55 : 8).

같은 책의 말씀입니다.

7장 1-17절

> 나의 하나님, 그들을,
> 바람에 굴러가는
> 검불과 초개와 같게 해주십시오. ……
> 주의 회오리바람으로
> 그들을 쫓아내어 주십시오.
> 주의 폭풍으로,
> 그들이 두려움에 떨게 해주십시오.
> (시편 83 : 13, 15)

에스겔서의 말씀입니다.

> 내가 분노하여 폭풍을 일으키고, 내가 진노하여 폭우를 퍼붓고, 내가 분노하여 우박을 쏟으면, 그 담이 무너질 것이다(에스겔 13 : 13).

예레미야서의 말씀입니다.

> 보아라, 재앙이 이 민족에서
> 저 민족에게로 퍼져 나가고,
> 땅의 사방 끝에서 큰 폭풍이 일 것이다.
> (예레미야 25 : 32)

이사야서의 말씀입니다.

> 만군의 주께서 너를 찾아오시되,
> 천둥과 지진과 큰소리를 내시며,
> 회오리바람과 폭풍과 태워 버리는 불길로

찾아오실 것이다.
(이사야 29 : 6)

아모스서의 말씀입니다.

내가 랍바 성벽에 불을 놓겠다.
그 불이 요새들을 삼킬 것이다.
그 때 거기에
전쟁 터지는 날의 함성 드높고,
회오리바람 불어오는 날의 폭풍처럼
싸움이 치열할 것이다.
(아모스 1 : 14)

나훔서의 말씀입니다.

회오리바람과 폭풍은
당신이 다니시는 길이요,
구름은 발 밑에서 이는 먼지이다.
(나훔 1 : 3)

스가랴서의 말씀입니다.

주 하나님이 나팔을 부시며,
남쪽에서 회오리바람을 일으키며 진군하신다.
(스가랴 9 : 14)

시편서의 말씀입니다.

불과 유황을
악인들 위에 비오듯이 쏟으시며,
태우는 바람을
그들 잔의 몫으로 안겨 주신다.
(시편 11 : 6)

같은 책의 말씀입니다.

우리 하나님은 오실 때에
조용조용 오시지 않고,
삼키는 불길을 앞세우시고,
사방에서 무서운 돌풍을 일으키면서 오신다.
(시편 50 : 3)

호세아서의 말씀입니다.

이스라엘(=그들)이 바람을 심었으니,
광풍을 거둘 것이다.
(호세아 8 : 7)

이 장절들에서 "사나운 바람"(=회오리바람)이나 "폭풍"은 온갖 거짓들이나 악들의 분산(分散)이나 쫓아냄을 뜻합니다. 그 이유는 악에 속한 거짓들 안에 있는 자들은 사나운 비바람에 의하여 지옥으로 내쫓기기 때문입니다.
[23] 시편서의 말씀입니다.

그들이 배를 타고 바다로 내려가서,
큰 물을 헤쳐 가면서 영업(=일)을 할 때에, ……

> 그는 말씀으로 큰 폭풍을 일으키시고,
> 물결을 산더미처럼 쌓으신다. ……
> 폭풍이 잠잠해지고,
> 물결도 잔잔해진다.
> (시편 107 : 23, 25, 29)

이 장절은 온갖 시험들을 다루고 있고, 그리고 그것들로부터의 구출(救出)을 다루고 있습니다. "큰 폭풍"(=사나운 비바람・the wind of the tempest)은, 따라서 "산더미처럼 쌓이는 물결"(=높아지는 파도)은 온갖 시험들을 뜻합니다. 영적인 시험들은 거짓들을 통하여 생각들 속에 깨부수고 들어오기 때문에, 그것은 양심의 가책(呵責)의 근원이고, 그리고 마음이나 영의 슬픔이나 비통(悲痛)의 근원이기 때문에, 이런 것들이 이 장절에서 "큰 폭풍을 일으키신다, 물결을 산더미처럼 쌓으신다"(=일으키신다)는 말씀이 뜻하고, 그리고 그것들로부터의 구출이나 구원은 "그분께서 폭풍을 잠잠하게 하시고, 물결도 잔잔하게 하신다"는 말씀이 뜻합니다.

[24] 마가복음서의 이런 말씀도 동일한 내용을 뜻합니다. 마가복음서의 말씀입니다.

> 그런데 큰 광풍이 일어나서, 파도가 배 안으로 덮쳐 들어오므로, 물이 배에 거의 가득 찼다. 예수께서는 고물에서 베개를 베고 주무시고 계셨다. 제자들이 예수를 깨우며, "선생님, 우리가 죽게 되었는데 아무렇지도 않습니까?" 하고 말하였다. 예수께서 깨어나셔서 바람을 꾸짖으시고 바다더러 "고요하고 잠잠해져라" 하고 말씀하시니 바람이 그치고, 아주 고요해졌다(마가 4 : 37-39).

누가복음서의 말씀입니다.

제자들이 배를 저어 가고 있을 때에, 예수께서는 잠이 드셨다. 그런데 사나운 바람이 호수로 내리 불어서, 배에 물이 차고, 그들은 위태롭게 되었다. 그래서 제자들은 다가가서 예수를 깨우고, "선생님, 선생님, 우리가 죽게 되었습니다" 하고 말하였다. 예수께서 깨어나서, 바람과 성난 물결을 꾸짖으시니, 바람과 물결이 곧 그치고 잔잔해졌다(누가 8 : 23, 24).

주님의 이 기적은, 나머지 것과 꼭 같이, 천계의 비의(秘義)와 교회의 내면적인 것들을 뜻하고 있습니다. 신령적인 기적들과 신령적인 것이 아닌 기적의 차이는 신령기적들(Divine miracles)은 역시 신령한 것들을 뜻하는데, 그것은 신령존재가 그것들 안에 있기 때문입니다. 이에 반하여 신령하지 않은 기적들은 아무것도 뜻하지 않은데, 그것은 신령존재에 속한 것이 그것들 안에 있지 않기 때문입니다. 그리고 더욱이 성경말씀에 있는 신령기적들의 기술들 안에는, 그리고 그것에 속한 모든 개별적인 것 안에는 영적인 뜻이 있습니다. 이 기적은 영적인 시험들을 내포하고 있습니다. "바람이 매우 세차기 때문에, 그러므로 물이 배를 때리고 물이 찼다"는 말씀은 그런 부류의 시험들을 뜻합니다. 그리고 그들이 극도의 두려움에 빠졌을 때(=위태롭게 되었을 때), "예수께서 깨어나서 바람을 꾸짖고, 성난 물결을 꾸짖으시니 조용해지고, 벙어리가 되었고, 바람이 그치고, 거친 파도도 잠잠해졌다"는 말씀은 시험들로부터의 구출(救出·deliverance)을 뜻합니다. 더욱이 모든 각각의 낱말(=말씀)은 영적인 뜻을 담고 있습니다. 그러나 지금은 개별적으로 그것을 까발리기 위한 자리는 아니고, 다만 "태풍"이나 "사나운 폭풍우"가 시험들을 뜻한다는 것을 지시하기 위한 것

뿐입니다. 왜냐하면 이런 것들은 거짓들의 돌입들(突入·irruptions of falsities)이나, 또는 거짓들에 의한 마음의 범람들(氾濫·inundations of the mind)이기 때문입니다. 이러한 사실은 바람이나 물결에 대한 꾸짖음(rebuke)이나, 그리고 마치 주님께서 온갖 시험들을 야기시키는 것들이나 그런 자들에게 말씀하시는 것과 같이 "잠잠해지고 벙어리가 되었다"는 것은 주님께서 바다에게 하신 말씀들의 뜻에서 명확합니다.

[25] 더더욱 영계에서 일어나는 바람들은 서로 다른 방위들에서 솟는 것처럼 보이는데, 어떤 것들은 남쪽에서, 어떤 것들은 북쪽에서, 어떤 것들은 동쪽에서 일어나는 것처럼 보입니다. 그중에서 남쪽에서 일어난 바람들은 거짓들 안에 있는 그런 것들과 함께 진리들을 뿔뿔이 흩어지게 하고, 동쪽에서 비롯된 것들은 악들 가운데 있는 그런 것들과 함께 선들을 흩어지게 합니다. 바람들은 그 바람들이 천계를 통하여 신령존재의 힘 있고 강한 입류로부터 아래의 지역을 향해 일어나는 것이기 때문에, 이런 것들을 소멸시키고 흩어지게 하고, 그 입류가 들어온 곳에서 그것은 진리들이나 선들을 채우는데, 다시 말하면 그것은 신령존재에게 있는 진리들이나 선들 안에 있는 자들의 마음들이나 영들을 채웁니다. 그러므로 그런 마음이나 영에 속한 내면적인 것들은 단순하게 거짓들이나 악들로 이루어지지만, 이에 반하여 겉보기에 진리들이 거짓들로 뒤섞이고, 겉보기에 선들은 악들로 뒤섞여 있는 자들은 신령존재에게서 비롯된 그런 입류를 참고 견딜 수가 없습니다. 결과적으로 그들은 그들이 애지중지하는 자신들의 거짓들이나 악들 속으로 물러나 스며들고, 자기 자신이나 체면이나 겉꾸밈을 목적한 것들을 제외하면 그들은 애지중지하지 않는 진리들이나 선들을 배

7장 1-17절

척합니다.

[26] 이러한 사실은 "동풍"(the east wind)이라고 부르는 동쪽에서 오는 바람에 의하여 생성되는 결과가 무엇인지를 명확하게 합니다. 다시 말하면 악한 자에게서 그것은 앞선 세상에서 외적인 형체 안에서 그들이 드러냈던 모든 선들이나 진리들을 소멸시키고, 흩어버리고, 그리고 그들이 외현들의 목적(=겉보기의 목적)에 관해서 주장하는 모든 진리들마저 소멸시키고, 흩어버립니다. 이것이 그 바람에 대하여 생기를 잃게 하고 (withering), 말라버리게 된다(dry up)고 기술된 이유입니다. 여기서 생기를 잃게 한다(withered)는 것은 거기에 선이 전혀 없는 것을 뜻하고, "말라 버리게 한다"(dry up)는 것은 거기에 진리가 전혀 없다는 것을 뜻하는데, 이러한 내용이나 사실은 그 바람이 거명되고 있는 성경말씀의 여러 장절들에게서 잘 알 수 있겠습니다. 에스겔서의 말씀입니다.

그러므로
그것(=포도나무)을 심어 놓았지만
무성해질 수가 있겠느냐?
동쪽 열풍이 불어오면
곧 마르지 않겠느냐?
자라던 그 밭에서
말라 버리지 않겠느냐?
(에스겔 17 : 10)

같은 책의 말씀입니다.

그 포도나무가 분노 가운데 뽑혀서

땅바닥에 던져지니,
그 열매가 동풍에 마르고,
그 튼튼한 가지들은 꺾이고 말라서,
불에 타 버렸다.
(에스겔 19 : 12)

호세아서의 말씀입니다.

에브라임이
비록 형제들 가운데서 열매를 많이 맺는다 할지라도,*1)
사막에서 동풍이 불어오게 할 터이니,
주의 바람이 불면
샘과 우물이 모두 말라 버리고,
귀중한 보물상자들도 모두 빼앗길 것이다.
(호세아 13 : 15)

요나서의 말씀입니다.

해가 뜨자, 하나님이 찌는 듯이 뜨거운 동풍을 마련하셨다. 햇볕이 요나의 머리 위로 내리쬐니, 그는 기력을 잃고 죽기를 자청하였다(요나 4 : 8).

[27] 더욱이 동풍은 악한 자들이 있는 곳의 모든 것들을 파괴하였고, 그리고 그들의 땅들, 그들의 주민들, 그리고 그들의 귀한 보물들을 모두 파괴시켰습니다. 이러한 내용은 나의 저서 ≪최후심판≫ 61항을 참조하십시오. 그것은 영계에 있는 땅들이나 주민들, 보물들이 대응하는 것들을 가리키기 때문에 그

―――――――――――
*1) 저자의 인용구절을 따랐다(역자 주).

런 것들이 파괴되었습니다. 그러므로 이런 것들이 소멸할 때 대응하는 것들 역시 소멸되었습니다. 이런 이유 때문에 악한 사람이 살고 있는 영계에 있는 땅은 모두 파괴되었고, 거기에서 선한 사람을 위한 새로운 땅(a new land)의 모습이 일어났습니다. 영계에서 동풍 가운데 이런 힘이 있기 때문에, 그러므로 대응은 목적을 위한 것입니다. 예를 들면,

> 주께서 밤새도록 강한 동풍으로 바닷물(=홍해의 바닷물)을 뒤로 밀어내시니, 바다가 말라서 바닥이 드러났다(출애굽 14 : 21).
> 동풍은 아침녘에 메뚜기 떼를 몰고 왔다(출애굽 10 : 13).
> 거센 동풍이 불 때에,
> 거기에 좀 더 거센 바람을 보내셔서
> 이스라엘을 쫓아내셨을 뿐이다.
> (이사야 27 : 8)
> 동풍에 파산되는 다시스의 배와도 같았다(시편 48 : 7).
> 동풍이 바다 한가운데서 너(=두로의 배)를 파선시켰다(에스겔 27 : 26).
> 동풍이 원수들을 흩어 버렸다(예레미야 18 : 17).

420. 땅이나 바다나 모든 나무에(바람이 불지 못하게 막았다).
이 말씀은 영계에 있는 모든 곳, 심지어 그 어떤 지각을 가지고 있는 자들 안에 있는 그것의 궁극적인 것에 이르기까지의 모든 곳을 뜻합니다. 이러한 내용은 전 영계를 가리키는 "땅"(the earth)이 뜻에서, 결과적으로는 거기에 있는 모든 천사들이나 영들을 가리키는 그것의 뜻에서 잘 알 수 있습니다. 이것이 일반적인 뜻에서, 그리고 가장 가까운 뜻에서 "땅"의 뜻인데, 그 이유는 영계에는 우리의 지구와 꼭 같이 거기에도 땅들(lands)·산들·언덕들·들판들·계곡들이나 바다들이 있

기 때문입니다. 이것들에 관해서는 본서 304[A]·342[A]·413[B]항을 참조하십시오. 그리고 영계에 있는 땅의 궁극적인 것들을 가리키는 "바다"(the sea)의 뜻에서 잘 알 수 있는데, 그 이유는 가장 최후의 경계들, 즉 거기의 한계선이 바다들이 때문입니다. 이런 것에 관해서는 곧 설명하겠지만, 본서 342[B]·[C]항을 참조하십시오. 그리고 또한 그것에 관해서도 곧 설명하겠지만, 지각(知覺)이나 지식들을 가리키는 "나무"(a tree)의 뜻에서 잘 알 수 있겠습니다. 이러한 내용이 "땅"·"바다"·"나무"의 뜻이기 때문에, 하나의 개념으로 함께 결합된 이들 셋은 영계에 있는, 심지어 그 어떤 지각을 가지고 있는 자들 안에 있는 그것의 궁극적인 것들에 이르기까지, 모든 것들을 뜻합니다. 일반적으로 "나무"(a tree)가 지각이나 지식을 뜻하는데, 그 이유는 "정원"(=동산·garden)이 총명을 가리키고, 모든 총명은 지식들이나 그것들에 속한 지각에 일치하기 때문입니다. 이러한 내용은 각종의 나무가 지식(=과학지)이나 총명에 속한 어떤 것을 뜻하는 이유입니다. "나무"(a tree)가 일반적으로 지각이나 지식을 뜻하기 때문에 나무 또한 사람에게 있는 마음의 내면적인 것들을 뜻하고, 그리고 사람 전체(the whole man)를 뜻합니다. 왜냐하면 사람은 그의 마음에 속한 내면적인 것들을 가리키는 그런 것들이고, 그리고 또한 사람 전체(=전 사람)를 뜻하고, 그리고 이런 것들이 지식들에게서 비롯된 지각들을 가리키는 그런 것들이기 때문입니다. "나무"가 마음에 속한 내면적인 것들, 그리고 또한 사람 자체를 뜻한다는 것은 본서 109·110항을 참조하시고, 그리고 "나무"가 지각이나 지식을 뜻한다는 것은 A.C. 103·2163·2682·2722·2972·7692항을 참조하십시오. 고대 사람들이 그들의 뜻에 일치하여 나무 아래 숲(grove)에서 신령예배(the Divine worship)를 드렸다는 것은 A.C. 2722·4552항을 참조하시고, 유대 민족에게서는 이런 예배가 금지되었다는 것이나, 그 이유에 관해서는 A.C. 2722항을 참조하시고, "낙원들"(paradises)이나 "동산"(=정원·garden)이 총명을 뜻한다는 것은 A.C. 100·108·3220항을 참조하시고, 그리고 ≪천계와 지옥≫ 176항이나 본서 110항을 참조하십시오.

421. 2, 3절. **그리고 나는, 다른 천사 하나가 살아 계신 하나님의 도장을 가지고 해 돋는 쪽으로부터 올라오는 것을 보았습니다. 그는 땅과 바다를 해하는 권세를 받은 네 천사에게 큰 소리로 외쳤습니다. "우리가 우리 하나님의 종들의 이마에 도장을 찍을 때까지는 땅이나 바다나 나무를 해하지 말아라."**

[2절] :
"나는 해 돋는 쪽으로부터 올라오는 다른 천사를 보았다"는 말씀은 주님에게서 나오는 신령사랑(the Divine love)을 뜻합니다(본서 422항 참조). "살아 계신 하나님의 도장을 가지고 있다"는 말씀은 신령의지(the Divine will)를 뜻합니다(본서 423항 참조). "그가 큰 소리로 외친다"는 말씀은 신령한 명령(Divine command)을 뜻합니다(본서 424항 참조). "땅과 바다를 해하는 권세를 받은 네 천사들에게" 라는 말씀은 매우 격렬하게 된 것에서 비롯된 아직까지는 예방하거나, 막는 것을 뜻합니다(본서 425항 참조).

[3절] :
"땅이나 바다나 나무를 해하지 말라고 외친다"는 말씀은 선한 사람이, 어디에나 있는 악한 사람과 함께, 멸망하지 말아야 한다는 것을 뜻합니다(본서 426항 참조). "우리가 우리 하나님의

종들의 이마에 도장을 찍을 때까지"라는 말씀은 선에서 비롯된 진리들 안에 있는 자들은 제일 먼저 분리되어야 한다는 것을 뜻합니다(본서 427항 참조).

422[A]. 2절. **그리고 나는 해 돋는 쪽으로부터 올라오는 다른 천사 하나를 보았습니다.**
이 말씀은 주님에게서 나오는 신령사랑(神靈愛・the Divine love)을 뜻합니다. 이러한 뜻은 주님에게서 발출하는 신령한 어떤 것을 가리키는 "천사"(angel)의 뜻에서 잘 알 수 있습니다. 성경말씀에서 "천사"는, 가장 가까운 뜻으로는, 전체적인 천사적인 사회를 뜻하지만, 그러나 일반적인 뜻으로 "천사"는 교나 삶 가운데 신령진리를 영접, 수용한 모두를 뜻합니다. 이에 비하여 최고의 뜻으로 천사는 주님에게 발출하는 어떤 신령한 것을 뜻하고, 그리고 개별적인 뜻으로는 신령진리를 뜻합니다. 천사의 이런 뜻들에 관해서는 본서 90・130・200・302・307항을 참조하십시오. 그러므로 여기서 우리의 본문 "해 돋는 쪽에서 올라오는 천사"는 주님의 신령사랑에서 비롯된 신령발출(神靈發出・the Divine proceeding)을 뜻합니다. 그리고 여기서 "해가 돋는다" 또는 "동쪽"은 주님의 신령사랑을 뜻하고, "거기에서 솟는다"(=솟아 올라온다)는 말은 반포하는 것이나 발출하는 것을 뜻합니다. 그러므로 여기서 "해 돋는 쪽으로부터 올라오는 천사"는 주님으로부터 반포되는(=발출하는) 신령사랑을 뜻합니다. 뒤이어지는 것들은 역시 신령사랑에 속한 것을 가리키는데, 다시 말하면 해를 입지 말아야 할 선한 사람을 뜻합니다. "해가 돋는다"(日出)는 것은 주님의 신령사랑을 뜻하는데, 그것은 주님께서 천사적인 천계에서는 태양이시기 때문이고, 그리고 주님께서는 그분의 신령사랑으로 말미암아 태양으로 나타나시기 때문입니다. 어디에서나 주님은 태양으로 나타나시고, 천계에서 주님이 나타나시는 곳은 동쪽이고, 그리고 태양으로서 거기에 계시기 때문에, 그것의 일출(=해돋이) 또는 변함이 없습니다.

[2] 영계에는 네 방위들이 있습니다. 다시 말하면 동·서·남·북이 있습니다. 그리고 이들 방위들은 주님을 가리키는 그 태양에 의하여 결정됩니다. 이 태양이 있는 곳은 동쪽을 가리키고, 그것의 반대쪽은 서쪽입니다. 그것의 오른쪽은 남쪽이고, 왼쪽은 북쪽입니다. 동쪽의 영역에는 주님사랑 안에 있는 천사들이 살고 있는데, 그것은 그들이 주님의 가장 가까운 보호(the nearest auspices of the Lord) 아래에 있기 때문인데, 왜냐하면 주님께서는 신령사랑으로 말미암아 가장 가까이, 그리고 직접적으로 그들에게 입류하시기 때문인데, 바로 이것이 성경말씀에서 "해의 돋음"(日出)이나 "동쪽"이 주님의 신령사랑을 뜻하는 이유입니다. 주님께서 천사적인 천계에서 태양으로 나타나신다는 것, 그리고 그것이 주님의 신령사랑이라는 것, 그리고 따라서 그와 같이 나타나신다는 것 등은 ≪천계와 지옥≫ 116-125항을 참조하십시오. 결과적으로 성경말씀에서 "해"(太陽)가 신령사랑을 뜻한다는 것은 본서 401항을 참조하십시오. 영계의 모든 방위들이 주님께서 태양으로 계시는 동쪽으로부터 결정된다는 것은 ≪천계와 지옥≫ 141항을 참조하시고, 그러므로 주님사랑에 속한 선 안에 있는 자들이 동녘에서 산다는 것은 같은 책 148·149항을 참조하십시오.

[3] 방위들, 다시 말하면 동·서·남·북은 성경말씀에 아주 자주 언급, 거명되는데, 성경말씀의 영적인 뜻을 알지 못하는 사람은 그 방위가 우리 태양계의 방위들을 뜻한다는 것으로

믿고 있습니다. 따라서 그 사람은 천계나 교회의 심오한 비의
(秘義)가 그것 안에 전혀 없다고 여깁니다. 그럼에도 불구하고
성경말씀에 거명, 언급된 방위들은 영계에 있는 방위들을 뜻합
니다. 따라서 거기의 방위들은 우리 지구의 방위들과는 전혀
다릅니다. 왜냐하면 거기에 있는 천사들이나 영들은 그들 자
신의 선이나 진리의 성품(性稟)에 따라서 방위들 안에 있는 그
들의 주거지(住居地)를 차지하기 때문입니다. 주님사랑에 속한
선 안에 있는 자들은 동녘이나 서녘에 살고, 그 선에서 비롯된
진리들 안에 있는 자들은 남녘이나 북녘에 삽니다. 주님께서
거기에 있는 태양이시기 때문에 그들은 이런 식으로 삽니다.
태양이신 주님으로부터 모든 볕(熱)이나 빛(光)은 나오고, 그리
고 모든 선과 진리도 그분에게서 비롯됩니다. 영적인 볕(=열
·heat)이나, 또는 사랑에 속한 선을 가리키는 거기에 있는 볕
은 동쪽에서부터 서쪽으로 직접적으로 유입합니다. 그리고 그
유입은 천사들에 의한 수용에 일치하여 점차적으로 감소, 저하
됩니다. 결과적으로 거리에 따라서 점차적으로 감소, 저하됩
니다. 왜냐하면 영계에서 주님으로 말미암아 모든 거리는 주
님에게서 비롯된 선이나 진리의 수용에 속한 치수 안에 있기
때문입니다. 이런 내용이 바로 내면적인 것들 안에, 그리고
그것에서 비롯된 사랑에 속한 보다 명료한 선 안에 있는 자들
이 동녘의 장소에서 사는 이유입니다. 그리고 외면적인 것 안
에, 그리고 그것에서 비롯된 사랑에 속한 불영명한 선 안에 있
는 자들이 서쪽의 영역에 사는 이유입니다. 역시 영적인 빛을
가리키는, 또는 신령진리를 가리키는 빛(光·light)은 동쪽에서
서쪽으로 직접적으로 유입합니다. 그것은 또한 양쪽으로 유입
하지만, 그러나 서로 차이를 가지고 유입합니다. 동쪽으로부

터 서쪽으로 유입하는 신령진리가 그것의 본질에서는 사랑에 속한 선입니다. 이에 반하여 이쪽이나 저쪽으로 유입하는 것은 본질적으로는 그 선에서 비롯된 진리입니다. 결과적으로 양쪽에 있는 방위를 가리키는 남녘이나 북녘에 사는 자들은 진리에 속한 빛 안에 있고, 그리고 남녘에 있는 자들은 진리에 속한 밝은 빛 가운데 있고, 북녘에 있는 자들은 진리에 속한 어두운 빛 가운데 있습니다. 그리고 진리에 속한 빛은 총명이나 지혜를 가리킵니다. 그러나 이런 방위들에 관한 더 상세한 내용은 ≪천계와 지옥≫ 141-153항을 참조하십시오. 그러므로 이런 내용들이 성경말씀의 방위들이 뜻하는 내용이고, 그리고 그것들은 또한 그런 방위들에 존재하는 것과 같은 신령한 것들입니다. 다시 말하면 "동쪽"은 명료함 가운데 있는 사랑에 속한 선을 뜻하고, "서쪽"은 불영명함 가운데 존재하는 사랑에 속한 선을 가리키고, "남쪽"은 명료함 가운데 존재하는 그 선에서 비롯된 진리를 가리키고, "북쪽"은 불영명함 가운데 존재하는 그 선에서 비롯된 진리를 가리킵니다.

[4] 더욱이 바로 앞에서 언급된 것에서 알 수 있듯이 영계에는 방위들이 있습니다. 그리고 그것들은 약 30도 쯤에서 서로 다른 그들에게서 옮겨지는데, 달(月)의 모습인 주님의 모습 아래에 있습니다. 왜냐하면 주님께서는 주님사랑에 속한 사랑 안에 있는 자들에게는 해처럼 나타나시지만, 그러나 이웃을 향한 인애 안에, 또는 그것에서 비롯된 믿음 안에 있는 자들에게는 달처럼 나타나시기 때문입니다. 이런 외현들이나 모습에 관해서는 ≪천계와 지옥≫ 118·119·122항을 참조하십시오. 동녘이나 서녘에는 이웃을 향한 인애에 속한 선 안에 있는 자들이 살고 있고, 그리고 남녘이나 북녘에는 이른바 믿음에 속

한 진리들이라고 부르는 그 선에게서 비롯된 진리들 안에 있는 자들이 살고 있습니다. 이들 방위들이 가끔 성경말씀에 기술되고 있는데, 이런 진리들이나 이 선이 거기에서 다루어지고 있습니다.

422[B]. [5] 이상에서 볼 때, 천계의 방위들에 관해서 여기에 언급된 것을 전혀 알지 못하는 사람은, 아래의 장절들에서와 같이 방위들에 관해서 언급, 거명된 성경말씀의 영적인 것들을 전혀 알 수 없다고 하겠습니다. 이사야서의 말씀입니다.

> 내가 동쪽에서 너의 자손(=씨)을 오게 하며,
> 서쪽에서 너희를 모으겠다.
> 북쪽에다가 이르기를
> "그들을 놓아 보내어라" 하고,
> 남쪽에다가도
> "그들을 붙들어 두지 말아라.
> 나의 아들들을 먼 곳에서부터 오게 하고,
> 나의 딸들을 땅 끝에서부터 오게 하여라." ……
> 하고 말하겠다.
> (이사야 43 : 5, 6)

이 장절은 야곱과 이스라엘에 관해서 다루고 있습니다. 그리고 방위들이 위에 언급된 것과 같이, 영적인 것들을 뜻한다는 것을 알지 못하는 사람은 모든 방위에서 모이는 이스라엘이나 야곱의 자손들을 뜻한다고 믿을 것입니다. 그러나 여기서 "야곱"이나 "이스라엘"은 교회를 뜻하는데, 그 교회는 사랑에 속한 선 안에 있고, 그리고 그 선에서 비롯된 진리들 안에 있는 자들로 이루어지고, 그리고 그들의 "자손"(=씨)은 그 교회에 속한 모두를 뜻합니다. "내가 해 뜨는 곳(=동쪽)에서 너의 자손을 오게 하고, 서쪽에서 너희를 모으겠다"는 말씀은 오게 하고, 모이게 될 자들은 사랑에 속한 선 안에 있는 자들을 뜻합니다. 그리고 "내가 북쪽에다가는 그들을 놓아 보내어라(=포기하여라)고 말할 것이고, 남쪽에다가는 그들을 붙들어 두지 말아라 말할 것"이라는 말씀은 그 선에서 비롯된 진리들 안에 있는 자들은 데려오고, 함께 모두 모이게 한다는 것을 뜻합니다. 이런 진리들이나 선들 안에 있는 자들, 심지어 궁극적인 것들 안에 있는 자들까지 함께 모은다는 것은 "나의 아들들을 먼 곳에서부터 오게 하고, 나의 딸들을 땅 끝에서 오게 한다"는 말씀이 뜻합니다. 여기서 "아들들"은 진리들 안에 있는 자들을 뜻하고, "딸들"은 선들 안에 있는 자들을 뜻합니다. 그리고 "먼 곳에서부터"나 "땅 끝에서" 라는 말씀은 교회에 속한 진리들이나 선들이 있는 궁극적인 것들 안에 있는 자들을 뜻합니다. 아래의 장절의 방위들도 동일한 뜻을 가지고 있습니다. 시편서의 말씀입니다.

> 주님께 구원받은 사람들아,
> 대적의 손에서 구원받은 사람들아,
> 주님께 감사의 말씀을 올려라.
> 동서 남북 사방에서,
> 주께서 모아들이신 사람들아,
> 주님께 감사의 말씀을 올려라.
> (시편 107 : 2, 3)

창세기서의 말씀입니다.

> 너의 자손이 땅의 티끌처럼 많아질 것이며, 동서 남북 사방으로 퍼질 것이다. 이 땅 위의 모든 백성이 너와 너의 자손 덕에 복을 받게 될 것이다(창세기 28 : 14).

누가복음서의 말씀입니다.

> 사람들이 동과 서에서 와서, 또 남과 북에서 와서, 하나님의 나라에서 잔치 자리에 앉을 것이다(누가 13 : 29).

[6] 성경말씀의 수많은 장절에 있는 낱말들 "동쪽에서 서쪽으로", 그리고 동시에 일어난 것은 아니지만 "북쪽에서 남쪽"이라는 말들이 자주 언급, 거명되고 있는데, 그것은 주님사랑에 속한 선 안에 있는 모두를 뜻하고, 그리고 이웃을 향한 인애에 속한 선 안에 있는 자들 모두를 뜻합니다. 더욱이 이들 방위들은 다른 두 방위를 포함, 뜻하고 있는데, 그것은 선 안에 있는 자들 모두는 역시 진리들 안에 있기 때문입니다. 왜냐하면 선과 진리는 어디에서나 한 몸처럼 활동하기 때문입니다. 그러므로 "동쪽에서 서쪽까지"가 언급된 곳의 뜻에 관한 것입니다. 마태복음서의 말씀입니다.

> 많은 사람이 동과 서에서 와서, 하늘 나라에서 아브라함과 이삭과 야곱과 함께 잔치 자리에 앉을 것이다(마태 8 : 11).

누가복음서(누가 13 : 29)의 장절에는 하늘 나라의 잔치 자리에 앉을 자들에 관해서 "사람들이 동과 서에서, 또 남과 북에서 와서 하나님의 나라에서 잔치 자리에 앉을 것이다"라고 언급되었습니다. 그러나 마태복음서에서는 "동과 서에서"라고만 언급되었는데, 그것은 이들 두 방위들은, 동시에 언급된 것과 같이, 다른 두 방위들을 뜻하기 때문입니다. 이러한 것은 아래의 장절들에게서 잘 볼 수 있습니다. 말라기서의 말씀입니다.

> 해가 뜨는 곳으로부터 해가 지는 곳까지, 내 이름이 이방 민족들 가운데서 높임을 받을 것이다(말라기 1 : 11).

시편서의 말씀입니다.

> 해 뜨는 데서부터 해 지는 데까지
> 주의 이름이 찬양을 받을 것이다.
> (시편 113 : 3)

이사야서의 말씀입니다.

> 해 지는 곳에서 주의 이름을 두려워하며,
> 해 뜨는 곳에서
> 주의 영광을 두려워할 것이다.
> (이사야 59 : 19)

같은 책의 말씀입니다.

> 사람들이
> 해가 뜨는 곳에서나, 해가 지는 곳에서나,
> 나 밖에 다른 신이 없음을 알게 하겠다.
> (이사야 45 : 6)

시편서의 말씀입니다.

> 전능하신 분,
> 주 하나님께서 말씀하시어,
> 해가 돋는 데서부터 해 지는 데까지,
> 온 세상을 불러모으셨다.
> (시편 50 : 1)

스가랴서의 말씀입니다.

> 내가 내 백성을 구해
> 동쪽 땅과 서쪽 땅에서 구하여 내겠다.
> (스가랴 8 : 7)

이들 장절에서 "해가 돋는 데서부터" "해가 지는 데까지" 라는 말은 천계나 교회에 속한 선들이나 진리들 안에 있는 자들 모두를 뜻합니다. 방위들이 뜻하는 것도 같은 것들입니다. 예언서들의 말씀입니다.

> 성전에 관련한 것들을 측량한다(에스겔 42장).
> 이스라엘 열두 지파에 따라서 유산으로 나누어 가져야 할 땅의 경계선에 관하여(에스겔 47 : 13, 그 이하).
> 이스라엘 열두 지파와 관련한 진영의 측량(민수기 2장).
> 그들이 앞으로 나가야 할 것에 관하여(민수기 10장).
> 새 성읍(=새 예루살렘)의 대문들이 놓여져야 할 것에 관하여(에스겔 40장 ; 묵시록 21 : 13 ; 그 밖의 여러 곳).

[7] 에스겔서에는 방위들에 관해서 측량하여야 할 성전이 있

고, 그리고 에스겔서나 여호수아서에는 방위들에 관해서 나누어 주어야 할 땅이 있습니다. 이와 마찬가지로 이스라엘 자손은 방위들과 관련해서 진영을 설치하였고, 그 순서에 따라서 앞으로 전진하였습니다. 이런 이유 때문에 영계에 있는 모든 것들은 천계적이든, 개별적이든 방위들에 대하여 배치, 정리정돈 되었습니다. 일반적으로는 위에서 언급한 것과 같이, 모든 천사들이나 영들은 방위들에 대응하는 그들에게 있는 선이나 진리의 상태들에 일치하여 그들의 주거 장소를 가졌습니다. 개별적으로도 그와 꼭 같습니다. 왜냐하면 모든 집회들이나 모임들에서 현존하는 자들은 그들의 삶의 상태들에 대응하는 방위들에서 장소들이 할당(割當), 분배(分配)되었기 때문입니다. 이와 마찬가지로 그들은 그들의 성전에서 착석(着席)하였고, 마찬가지로 그들의 집에서 살았습니다. 한마디로 말하면 개별적인 것이나, 모든 것은 천계의 방위에 일치하여 배치, 정리정돈 되었습니다. 왜냐하면 천계의 형체(=틀·모양)는, 일반적인 것과 같이, 모든 개별적인 것에서도 꼭 같기 때문입니다. 이러한 사실은 성경말씀에서 방위들에 관한 배열들이나 배치들이 뜻하는 것이 무엇인지를 명확하게 합니다. 그리고 또한 성막과 관련하여 세워지는 방위들이나 솔로몬에 의하여 건축된 성전과 관련한 방위들이나, 그 밖의 다른 것들의 방위들이 뜻하는 것이 무엇인지 잘 알 수 있습니다.

422[C]. [8] 일반적으로 방위들에 관한 수많은 장절들이 있습니다. "동쪽"(the east)은 신령사랑의 측면에서 주님을 뜻한다는 것, 따라서 주님사랑에 속한 선을 영접, 수용한 자들에게 있는 주님을 뜻한다는 것 등은 아래의 장절들에게서 잘 알 수 있겠습니다. 에스겔서의 말씀입니다.

그 뒤에 그가 나를 데리고 동쪽으로 난 문으로 갔다. 그런데 놀랍게도 이스라엘 하나님의 영광이 동쪽에서부터 오는데, 그의 음성은 많은 물이 흐르는 소리와도 같고, 땅은 그의 영광의 광채로 환해졌다. …… 그러나 주께서 영광에 싸여서, 동쪽으로 난 문을 지나 성전 안으로 들어가셨다. 그 때에 주의 영이 나를 들어 올려, 안뜰로 데리고 갔는데, 주의 영광이 성전에 가득 채웠다!(에스겔 43 : 1, 2, 4, 5).

이 장절은 새로운 성전의 건축에 관해서 다루고 있는데, 그것은 주님에 의하여 세워지는 새로운 교회(a new church)를 뜻합니다. 그리고 주님사랑에 속한 선을 통하여, 그리고 그 선에서 비롯된 진리들을 통하여 입문(入門)이나 소개(紹介)가 이루어지기 때문에, 거기에서 "동쪽으로 난 문과, 동쪽의 길에서 오시는 이스라엘의 하나님"이 보였다고 하였습니다. 여기서 "대문"(大門·gate)은 입문이나 입구를 뜻하고, "이스라엘의 하나님"은 주님을 뜻합니다. 그리고 "동쪽"은 그분에게서 비롯된 그분 사랑에 속한 선을 뜻하고, "영광"은 그 선에서 비롯된 진리를 뜻합니다. 왜냐하면 주님께서는 그분의 신령사랑으로 말미암아 천계에 들어가시고, 또한 교회에 들어오시기 때문인데, 여기서 그분의 신령사랑은 천계에서, 위에서 자주 언급한 것과 같이, 태양처럼 드러나기 때문입니다. 모든 신령진리가 그러한 것과 같이 모든 신령선은 이것에서 비롯됩니다. 그래서 "동쪽을 향해 있는 대문의 길에 의하여 성전에 들어오시는 여호와의 영광이 보였다"는 것이나, 그리고 또한 "여호와의 영광이 성전을 가득 채웠다"는 것은 꼭 같은 뜻을 가지고 있습니다. 여기서 "집" 즉 "성전"은 천계나 교회를 뜻합니다. 성경말씀에서 "영광"은 주님에게서 발출하는 신령진리를 뜻합니다. 그리고 "이스라엘의 하나님의 영광"은 주님의 영적인 왕국에 있는 자들을 예증(例證)하는 신령진리를 뜻하고, 그리고 "여호와(=주)의 영광"은 주님의 천적 왕국에 있는 자들을 예증하는 신령진리를 뜻합니다. 신령진리는 그것이 천계의 빛이기 때문에, 그리고 그 빛에서 거기에 있는 모든 빛남(光·splendor)·장엄함(magnificence)이나 영광이 비롯되기 때문에 "영광"(榮光·glory)이라고 불리웠습니다. 왜냐하면 천계에서 목전(目前)에 나타나는 것은 무엇이나 그 빛에서 비롯되기 때문입니다. 그러므로 "땅은 그의 영광의 광채로 환해졌다"는 말씀이 첨가되었습니다. 여기서 "땅"은 교회를 뜻합니다. 모든 방향을 향한 낮은 영역에의 이 빛의 유입은 "그의 음성은 많은 물이 흐르는 소리와도 같다"는 말씀이 뜻하는데, 여기서 "소리"(voice)는 입류를 뜻하고, "물"은 진리를 뜻합니다.

[9] 같은 책의 말씀입니다.

> 또 그가 나를 동쪽으로 난 성소의 바깥문으로 다시 데리고 가셨는데, 그 문은 잠겨 있었다. 주께서 나에게 말씀하셨다. "이 문은 잠가 두어야 한다. 이 문은 열 수 없다. 아무도 이 문으로 들어가서는 안 된다. 주 이스라엘의 하나님이 이 문으로 들어왔으므로 이 문은 잠가 두어야 한다(에스겔 44 : 1, 2).

같은 책의 말씀입니다.

> 안뜰의 동쪽 중문은 일하는 엿새 동안 잠가 두었다가 안식일에 열고, 또 매달 초하루에도 열어야 한다(에스겔 46 : 1).

여기서도 역시 "동쪽을 바라보는 대문"(=동쪽으로 난 문)은 주님에게서 발출하는 사랑에 속한 선을 통하여 주님에 의하여 천계와 교회의 이입(移入·소개·introduction)을 뜻합니다. 그러므로 "동쪽"이 이런 것을 뜻합니다. 이런 일이 주님에 의하여 행해진다는 것은 "주 이스라엘의 하나님이 그 대문으로 들어가셨다"는 말씀이 뜻합니다. 그리고 그 곳의 이입(移入)이 그 선에서 비롯된 주님의 예배에 의하여 이루어진다는 것은 "이 대문은 엿새 동안 잠가 두었다가 안식일에 열릴 것이다"는 말씀이 뜻합니다. 그리고 거기에 그 선에서 비롯된 예배가 전혀 없을 때, 이입이 이루어지지 않는다는 것은 "일하는 엿새 동안 잠가 두어야 한다는 대문"이 뜻합니다.
[10] 또 같은 책의 말씀입니다.

> 그룹들이 내가 보는 데서 날개를 펴고, 땅에서 떠올라 가는데, …… 그룹들은 주의 성전으로 들어가는 동문에 머무르고, 이스라엘 하나님의 영광이 그들 위에 머물렀다(에스겔 10 : 19).

여기서 "그룹"(=케루빔·the cherubim)은 신령섭리에 관해서 주님을 뜻하고, 그리고 그 보호에 관해서 보면, 사랑에 속한 선을 통하는 것을 제외하면 거기에 결코 접근(接近·approach)이 불가능 합니다(이러한 내용은 본서 152항과 277항을 참조하십시오). "그룹"이 주님을 뜻하기 때문에, 그리고 동쪽에는 태양이신 주님으로 말미암아 그룹이 존재하기 때문에, 사랑에 속한 모든 선이나 그 선에서부터 진리가 발출하기 때문에, 그러므로 "그룹들은 주의 성전으로 들어가는 동문(=동쪽 문)에 머무르고, 이스라엘 하나님의 영광이 그들 위에 머물렀다"는 말씀이 언급되었습니다. 여기서 "동쪽"이나 "이스라엘 하나님의 영광"

은 위에 언급한 것과 동일한 뜻을 뜻하고 있습니다.
[11] 이사야서의 말씀입니다.

> 누가 동방에서 한 정복자를 일으켰느냐?(=누가 동방에서 의인을 일으켰느냐?)
> 누가 그를
> 의로 불러서 그를 섬기게 하였느냐?
> 누가 민족들을 그에게 굴복하게 하였느냐?
> 누가 그를 왕들의 통치자로 만들었느냐?
> (이사야 41 : 2)

이 장절은 주님에 관해서 다루고 있는데, 그분은 "동방(=해 돋는 곳)에서 일으켰다"고 언급되었는데, 그 이유는 그분은 본질적으로 신령사랑을 가리키는 신령존재 자체로 말미암아 잉태되었기 때문입니다. 그것은 주님께서 천사적인 천계의 태양이시라는 사실에서입니다. "의 가운데서 일으킨다"는 것은 천계나 교회를 회복시키는 것을 뜻합니다. 왜냐하면 "주님의 공의"(=정의·the righteousness)는 성경말씀에서는 주님 자신의 능력으로 말미암아 주님께서는 인류를 구원하셨다는 것이 있다는 것을 뜻하고, 그리고 인류의 구원은 천계나 지옥에 있는 모든 것들을 질서에 맞게 회복시키는 것에 의하여 행하였습니다(본서 293항 참조). 그 밖의 나머지 것이 뜻하는 것이 무엇인지는 그것에 관해서 설명된 본서 357[B]항을 참조하십시오.
[12] 사무엘 하서의 말씀입니다.

> 주의 영이 나를 통하여 말씀하시니,
> 그의 말씀이 나의 혀에 담겼다.

이스라엘의 하나님이 말씀하셨다.
이스라엘의 반석께서 나에게 이르셨다.
모든 사람을 공의로 다스리는 왕은,
하나님을 두려워하면서 다스리는 왕은,
구름이 끼지 않은 아침에 떠오르는
맑은 아침 햇살과 같다고 하시고,
비가 온 뒤에 땅에서 새싹을 돋게 하는
햇빛과도 같다고 하셨다.
(사무엘 하 23 : 2-4)

여기서 "이스라엘의 하나님"이나 "이스라엘의 반석"은 주님을 뜻합니다. 그리고 그분께서는 천사적 천계의 태양이시기 때문에, 그리고 천사들이나 사람들을 가르치시고, 예증(例證)하시고, 그리고 총명을 주시고, 바로잡음(改革)의 일을 하시고, 그리고 태양이신 그분에게서 발출하고, 입류하는 모든 신령진리이시기 때문에, 그러므로 "구름이 끼지 않은 아침에 떠오르는 맑은 아침 햇살과 같고, 비가 온 뒤에 땅에서 새싹을 돋게 하는 햇빛과도 같다"라는 말씀이 언급되었습니다. 여기서 "아침에 떠오르는 맑은 아침 햇살"은 태양이신 주님에게서 비롯되는 신령진리를 뜻하고, "구름이 끼지 않은 아침"(=구름이 없는 아침)은 그 진리의 청결함(淸潔·purity)을 뜻하고, "비"(rain)는 그것의 입류를 뜻하고, "땅에서 돋는 새싹"은 결과적으로 총명이나 개혁(=바로잡음·reformation)을 뜻합니다. 왜냐하면 비가 온 뒤에 이 세상의 태양의 작용(action)에 의하여 풀이 땅에서 솟아 나오기 때문에, "풀"(grass)은 이런 것들을 뜻합니다. 그리고 총명은 신령진리의 입류를 통하여 태양이신 주님에게서 비롯됩니다.

[13] 이사야서의 말씀입니다.

> 오직 너의 위에는
> 주께서 아침 해처럼 떠오르시며,
> 그의 영광이 너의 위에 나타날 것이다.
> 이방 나라들이 너의 빛을 보고 찾아오고,
> 뭇 왕이 떠오르는 너의 광명을 보고,
> 너에게로 올 것이다.
> (이사야 60 : 2, 3)

이 장절은 주님에 관해서 언급하고 있습니다. 그분 안에 계시는 신령존재(神靈存在·the Divine)는 "여호와(=주)가 네 위에 일어날 것이요(=떠오르시며), 그의 영광이 네 위에 나타날 것이다"는 말씀이 뜻합니다. 여기서 "여호와께서 네 위에 떠오르신다"는 말씀은 신령사랑에 속한 신령선을 뜻하고, 그 선에서 비롯된 신령진리는 "그의 영광이 네 위에 나타날 것이다"는 말씀이 뜻합니다. 여기서 "이방 나라들"(=이방 사람들)은 선 안에 있는 자들을 뜻하고, "뭇 왕들"(=여러 임금들)은 선에서 비롯된 진리들 안에 있는 자들을 뜻합니다. 전자에 관해서는 "너의 빛을 보고 찾아 온다"고 언급되었는데, 그것은 신령진리에 일치하는 삶을 뜻합니다. 그리고 후자(=뭇 왕)에 관해서는 "그들이 떠오르는 너의 광명을 보고 온다"고 언급되었는데, 그것은 신령선에서 비롯된 총명에 속한 삶(=생명)을 뜻합니다. 여기서 "찾아 온다"(=걸어 온다·to walk)는 것은 사는 것을 뜻하고, "빛"은 신령진리를 뜻하고, "떠오르는 광명"(the brightness of rising)은 그것에서 비롯된 총명을 가리키는 신령선에서 비롯된 신령진리를 뜻합니다.

[14] 에스겔서의 말씀입니다.

그 때에 그룹들이 날개를 펼치고, 바퀴들은 그들 곁에 있었는데, 이스라엘 하나님의 영광이 그들 위에 머물렀다. 그리고 주(=여호와)의 영광이 그 성읍 가운데서 떠올라, 성읍 동쪽에 있는 산꼭대기에 머물렀다(에스겔 11 : 22, 23).

여기서 "그룹들"(=케르빔·cherubim)은 신령섭리(Divine Providence)나 신령보호(Divine Protection)에 관하여 주님을 뜻하고, "이스라엘 하나님의 영광"은, 위에서 언급한 것과 같이, 주님에게서 발출하는 신령진리를 뜻합니다. 그리고 빛을 가리키는 신령진리는 천사적인 천계에 있는 태양이신 주님에게서 발출하기 때문에 "여호와(=주)의 영광이 그 성읍 가운데서 떠올라, 성읍 동쪽에 있는 산꼭대기에 머물렀다"는 말씀이 언급되었습니다. 왜냐하면 그 성읍이 뜻하는 것은 예루살렘이고, 그리고 그것은 교리의 측면에서 교회를 뜻하기 때문입니다. 그리고 그 교회의 교리가 신령진리에서 비롯되기 때문에, 여호와의 영광이 "그 성읍 가운데서 떠오르는 것"으로 보였다고 하였고, 그리고 모든 신령진리가 태양이신 주님에게서 발출하기 때문에, 그리고 그것이 동쪽에 있기 때문에 그 영광은 "그 성읍 동쪽에 있는 산꼭대기에 머물렀다"는 것으로 보였다고 언급되었습니다. 여기서 그 성읍 동쪽에 있는 산은 올리브 산(the Mount of Olives)을 가리킵니다. 여기서 "올리브 산"은 주님의 신령사랑을 뜻하고, 그리고 그것 때문에 주님께서는 그 산에 자주 체류(滯留)하는 일이 자주 있었다는 것은 본서 405[D]항에서 잘 볼 수 있습니다. 그리고 올리브 산이 예루살렘 앞 동쪽에 있었다는 것은 스가랴서 14장 4절에서 볼 수

7장 1-17절

있습니다.
[15] 에스겔서의 말씀입니다.

> 그가 나를 데리고 다시 성전 문으로 갔는데, 보니, 성전 정면이 동쪽을 향하여 있었는데, 문지방 밑에서 물이 솟아 나와, 동쪽으로 흐르다가, 성전의 오른쪽에서 밑으로 흘러 내려가서, 제단의 남쪽으로 지나갔다. 또 그가 나를 데리고 북쪽 문을 지나서, 바깥으로 나와 담을 돌아서 동쪽으로 난 문에 이르렀는데, 보니, 그 물이 동쪽 문의 오른쪽에서 솟아 나오고 있었다. …… 그가 나에게 일러주었다. "이 물은 동쪽 지역으로 흘러나가서, 아라바(=요단 계곡)로 내려갔다가, 바다(=사해)로 들어갈 것이다. 이 물이 바다로 흘러 들어가면, 죽은 물이 살아날 것이다. 이 강물이 흘러가는 모든 곳에서는, 온갖 생물이 번성하며 살게 될 것이다. 이 물이 사해로 흘러 들어가면, 그 물도 깨끗하게 고쳐질 것이므로 그 곳에도 아주 많은 물고기가 살게 될 것이다. 강물이 흘러가는 곳이면 어디에서나 모든 것이 살 것이다. …… 그 강가에는 이쪽이나 저쪽 언덕에 똑같이 온갖 종류의 먹을 과일 나무가 자라고, 그 모든 잎도 시들지 않고, 그 열매도 끊이지 않을 것이다. 나무들을 달마다 새로운 열매를 맺을 것인데, 그것은 강물이 성소에서부터 흘러나오기 때문이다. 그 과일은 사람들이 먹고, 그 잎은 약재로 쓸 것이다"(에스겔 47 : 1, 2, 8, 9, 12).

이 말씀은 모든 신령한 것들이 주님의 신령인성(=신령인간·the Lord's Divine Human)에서 일어날 때, 천계나 이 땅에 주님에 의하여 세워질 새로운 교회에 관해서 기술하고 있습니다. 왜냐하면 주님의 강림 전 그분께서 "아버지"(聖父·the Father)라고 부르신 그의 신성(His Divine)에게서 신령존재는 먼저 있어야 했습니다. 그러나 그 교회가 황폐하게 된 뒤에는 이러한 일은 궁극적인 것들에게는 미치지 못하였습니다. 여기서 "집"(=성전·house)은 교회를 뜻하고, 그것의 "대문"은 입구나 도입(=입문·introduction)을 뜻하고, "동쪽"(the east)은 그분의 신령사랑이 해처럼 나타나는 곳인 주님을 뜻하고, "솟아 나는 물"은 그 태양에서 발출하는 신령진리를 뜻합니다. "지역"(=들판·계곡)이나 "바다"는 교회에 속한 궁극적인 것을 뜻합니다. 다시 말하면 궁극적인 진리들이나 선들 안에 있는 자들이 있는 곳을 뜻하는데, 그들에 관해서 그들이 자연적이고, 감관적이기 때문에, 그리고 거의 영적인 것이 없기 때문에, 신령존재가 그 전에 이르지 못한 곳을 뜻합니다. "동쪽으로부터 시내에 흘러 들어오는 것에 의하여 깨끗하게 고쳐질 바다의 물"은 주님의 강림 뒤, 이런 것들이 신령존재에게서 비롯된 생명을 갖는다는 것을 뜻합니다. "아주 많은 물고기"는 이런 것들 안에서 영적인 생명을 터득한 앎(=인식)이나 지식들의 넉넉함을 뜻하고, 그리고 선의 결실이나, 진리의 증대는 "강가의 양쪽 언덕(=뚝)에는 온갖 종류의 먹을 과일 나무가 자라고, 그 모든 잎도 시들지 않고, 그 열매도 끊이지 않을 것이다"는 말씀이 뜻합니다. 이상에서 볼 때 여기서 시리즈로 개별적인 것들이 뜻한다는 것이 무엇인지 잘 알 수 있겠습니다. "동쪽"은 존재하는 것들의 근원인 주님과 주님의 신령사랑을 뜻합니다.

[16] 꼭 같은 뜻을 가리키는 스가랴서의 말씀입니다.

    그 날이 오면,
    예루살렘에서 생수가 솟아 나서,
    절반은 동쪽 바다(=사해)로,
    절반은 서쪽 바다(=지중해)로 흐를 것이다.
    (스가랴 14 : 8)

이 장절 역시 주님에 관해서 다루고 있습니다. 여기서 "그 날이 오면"이라는 말씀은 주님의 강림을 뜻하고, "동쪽 바다"는 영계에 있는 동쪽을 향한 마지막 범위나 한계를 뜻하는데, 그때 거기에는 주님의 강림 전에는 신령진리의 영접, 수용이 전혀 없다는 것을 뜻하고, 그러나 신령진리가 주님의 신령인성(=인간)에게서 발출할 때에는, 어디에서나 영접과 수용이 있다는 것을 뜻합니다. 영계의 궁극적인 것들이 바다와 같다는 것은 본서 342[B]·[C]항을 참조하시고, 거기에 마른 땅(dry places)이나 물이 있다는 것은 요엘서 2장 20절을 참조하십시오.

422[D]. [17] 천사들이 있는 천계에서 주님께서는 태양처럼 나타나시고, 거기의 동쪽에서도 주님께서는 태양처럼 계시기 때문에 이런 말씀이 있습니다. 모세의 글입니다.

> 그런 다음에 그(=아론)는 수소의 피를 얼마 받아다가 손가락으로 찍어서 덮개 너머, 곧 덮개 동쪽 부분에 한 번 뿌리고, 손가락으로 피를 찍어서 덮개 앞에 일곱 번 뿌려야 한다. 이어서 아론은 백성이 속죄제물로 바친 숫염소를 잡아, 그 피를 휘장 안으로 가지고 들어가서 수소의 피를 뿌릴 때와 마찬가지로, 덮개 너머와 덮개 앞에 뿌려야 한다(레위기 16 : 14, 15).
> 모세와 아론과 아론의 아들들은 성막 앞, 곧 회막 정면, 해 뜨는 동쪽에 진을 치게 되어 있었다(민수기 3 : 38).
> 동쪽, 곧 해 뜨는 쪽에 진을 칠 부대는 유다 진영의 깃발 아래에 소속된 부대들이다(민수기 2 : 3).

여기의 "모세·아론·그의 아들들"이나 "유다 지파"는 신령선이나 신령사랑에서 발출하는 신령진리의 측면에서 주님을 표징합니다. 이런 이유 때문에 그들의 진영(=숙소)은 동쪽을 향해 있었습니다. 그러므로 고대 사람들은 역시 그들의 경배에서 그들의 얼굴을 해가 돋는 곳을 향하게 하였습니다. 그리고 지성소(the adytum)가 있는 그들의 성전의 정면은 반드시 동쪽을 향해 건축하여야 했는데, 이러한 관습도 오늘날까지도 행해지고 있습니다. 더욱이 전 천사적인 천계는 태양이신 주님을 향해 있고, 따라서 변함없이 동쪽을 향해 있습니다. 더더욱 천계에 있는 천사들의 내면적인 것들은 그 방향을 향해 있습니다. 이런 이유 때문에 천계의 천사들은 그들의 얼굴을 주님을 향해 돌립니다. 이런 회전(=돌림)에 관해서는 《천계와 지옥》 17·123·142-144·272항을 참조하십시오.

[18] 주님께서 동쪽이시기 때문에 마태복음서에는 이렇게 언급되었습니다. 그 복음서의 말씀입니다.

> 번개가 동쪽에서 나서 서쪽에까지 번쩍이듯이, 인자도 그렇게 올 것이다(마태 24 : 27).

"해가 뜨는 것"(日出·해 솟음)이 사람들과 관련해서는 태양이신 주님에게서 발출하는 사랑에 속한 선을 뜻하기 때문에, 그들에 의하여 영접, 수용된 것을 사사기서에는 이렇게 언급되었습니다.

> 주님,
> 주의 원수들은 이처럼 모두 망하고
> 주를 사랑하는 사람들은
> 힘차게 떠오르는 해처럼
> 되게 하여 주십시오.

(사사기 5 : 31)

이 장절은 드보라와 바락의 예언의 노래에 있는 말씀입니다. 주님사랑에 속한 선 안에 있는 자들을 가리키는 여호와(=주)를 사랑하는 자들에 대해서는 "주를 사랑하는 자들은 힘차게 솟는 태양같이 되게 하소서"라고 언급되었습니다.
[19] 신명기서의 말씀입니다.

> 요셉은 동쪽에 있는 산들의 첫 열매들을 차지할 것이고, 그리고 옛 언덕들의 진귀한 것을 소유할 것이다((신명기 33 : 15).*2)

여기서 "요셉"은 표징적인 뜻으로 주님의 영적인 왕국을 뜻하고, 그러므로 그에 관해서 그는 "동쪽의 산들의 첫 열매들을 차지할 것이고, 태곳적부터 있는 언덕의 진귀한 것들을 소유할 것이다"라고 언급되었습니다. "동쪽의 산들의 첫 열매들"은 주님사랑에 속한 순수한 선들을 뜻하고, 그리고 그것에서 비롯된 이웃을 향한 인애에 속한 순수한 선들을 뜻합니다. "동쪽에 있는 산들"은 주님사랑에 속한 선을 뜻하고, "첫 열매들"(first fruits)은 순수하고, 으뜸되는 선들(genuine and primary goods)을 뜻하고, "옛 언덕들"(=태곳적부터 있는 언덕들·the hills of an age)은 이웃을 향한 인애에 속한 선들을 뜻하고, 이런 것들이 순수한 것일 때 그것들은 "진귀한 것들"(precious things)이라고 불리웠습니다. 요셉의 축복에 속한 나머지 것은 본서 405[F]항에 설명된 것을 참조하십시오.
[20] 고대의 아시아의 여러 왕국에는 마치 가나안 땅이나, 시

---

*2) 저자가 인용한 구절을 직역하였다(역자 주).

리아, 앗시리아, 아라비아, 에티오피아, 이집트, 갈데아, 두로, 시돈이나 그 밖의 다른 여러 곳에서와 같이 교회가 있었습니다. 그러나 그들에게 있는 그 교회는 표징적인 교회(a representative church)였습니다. 왜냐하면 그들의 예배에 속한 개별적인 것들이나, 그들의 모든 규범들이나 법령들 안에 있는 그 교회의 내적인 것들은 영적인 것들이나 천적인 것들을 표징하였습니다. 그리고 그것들은 최고의 뜻으로는 주님 당신을 표징하였습니다. 예배나 법령들에 있는 이런 표징적인 것들은 주님의 강림 때에도 그대로 남아 있었고, 그리고 그것으로 말미암아 거기에는 주님의 강림에 속한 지식이 그대로 남아 있었습니다. 이러한 내용은 시리아에서 온, 그리고 이런 말씀으로 주님에 관해 발람의 예언들에서 잘 알 수 있겠습니다. 민수기서의 말씀입니다.

    나는 한 모습을 본다.
    그러나 당장 나타날 모습은 아니다.
    나는 그 모습을 환히 본다.
    그러나 가까이에 있는 모습은 아니다.
    한 별이 야곱에게서 나올 것이다.
    한 홀이 이스라엘에서 일어설 것이다.
    (민수기 24 : 17)

이 지식이 그 뒤에 보존되었다는 것은 주님께서 탄생하실 때 동방에서 온 지혜로운 어떤 사람들이 한 별을 볼 것이고, 그들은 그 별을 따라왔던 것으로, 그 내용은 마태복음서에 이와 같이 기술되었습니다. 마태복음서의 말씀입니다.

헤롯 왕 때에 예수께서 유다 베들레헴에서 나셨다. 그런데 동방으로부터 박사들(=점성가들)이 예루살렘에 와서 말하기를 "유대인의 왕으로 나신 이가 어디에 계십니까? 우리가 동방에서 그의 별을 보고 그에게 경배하러 왔습니다" 하였다. …… 그들은 왕의 말을 듣고 떠났다. 그런데 마침 동방에서 본 그 별이 그들 앞에 나타나 그들을 인도해 가다가, 아기가 있는 곳에 이르러서, 그 위에 멈추었다(마태 2 : 1, 2, 9).

별이 동방에서 온 그들에게 나타났다는 것은 주님이 동쪽(the east)이시기 때문입니다. 그리고 그들은 그들에게 표징적인 것들에서 비롯된 주님의 강림에 관한 지식들을 가지고 있었기 때문에 그 별은 나타났고, 그들 앞에서 그들을 인도하였는데, 처음에는 교리나 성경말씀에 대한 교회 자체를 표징하는 예루살렘에 이르렀고, 그리고 거기에서부터 주님께서 누워계시는 장소에까지 인도하였습니다. 더욱이 "별"(a star)은 선과 진리의 지식들을 뜻하고, 그리고 최고의 뜻으로는 주님에 관한 그 지식을 뜻합니다. 성경말씀에서 "별들"(stars)이 선이나 진리에 속한 지식들을 뜻한다는 것은 본서 72 · 179 · 402항을 참조하십시오. 그리고 동방 사람들(the Orientals)은 이런 지식들을 가지고 있었기 때문에 그들은 "동쪽의 아들들"(sons of the east)이라고 불리웠습니다. 아라비아에서 온 그들이 그와 같이 불리웠다는 것은 예레미야서 49장 28절에서 잘 알 수 있습니다. 성경말씀에서 "동방의 자손들"(=동방의 백성들)은 선이나 진리에 속한 지식들을 뜻합니다. 아라비아를 가리키는 "게달"은 역시 동일한 뜻을 가지고 있습니다. 욥이 동방의 백성 중에 하나라는 것은 욥기서 1장 3절에서 명백합니다.
[21] 성경말씀의 대부분은 반대적인 뜻(=나쁜 뜻)을 가지고 있

기 때문에, 그러므로 "동쪽" 역시 그러합니다. 그 뜻에서 동쪽은 자기사랑(自己愛)을 뜻하는데, 그 이유는 자기사랑은 주님사랑에 정반대이기 때문입니다. 이런 뜻에서 동쪽(the east)이 에스겔서 8장 16절에 거명되었고, 그리고 이사야서 2장 6절에 언급되었습니다. "동쪽"(the east)이 신령사랑의 측면에서 주님을 뜻한다는 것, 따라서 주님사랑에 속한 선을 뜻한다는 것은 태양이나 아침에 관해서 앞에 입증된 내용에서 충분하게 잘 알 수 있겠습니다. 태양에 관해서는 본서 401항을, 아침에 관해서는 본서 176항을 참조하십시오. 왜냐하면 천사적인 천계에서 태양이 있는 곳은 동쪽이기 때문입니다. 그리고 아침(morning)이 태양이 떠오르는 곳이기 때문에, 그리고 거기에는 태양의 떠오름(日出)만 있고, 결코 해넘이(日沒)가 없기 때문에, 그러므로 "아침"은 태양의 뜻과 동일한 뜻을 가지고 있습니다.

423. 살아계신 하나님의 도장을 가지고 있다.
이 말씀은 신령의지(神靈意志 · the Divine will)를 뜻합니다. 이러한 사실은 마치 명령을 가지고 있는 것을 뜻하는 것과 같이, 어느 누구의 "도장을 가지고 있다"는 말의 뜻에서 명확합니다. 왜냐하면 명령은 도장, 또는 날인(捺印)에 의하여 확증되기 때문입니다. 그러므로 "살아계신 하나님의 도장을 가지고 있다"는 것은 신령명령을 가지고 있는 것을 뜻합니다. 여기서 신령명령(Divine command)은 신령의지(=신령한 뜻)을 뜻합니다. 그 이유는 도장을 가지고 "해 돋는 쪽에서 올라오는 천사"는 주님에게서 발출하는 신령사랑을 뜻하기 때문입니다. 그리고 신령사랑에서 나오는 것은 무엇이나 신령의지(=신령 뜻 · the Divine will)이기 때문입니다. 신령의지에서 비롯되지 않고, 오히려 묵인(黙認)이나 허용(許容)에서 비롯된 신령한 명령들이 여럿 있는데, 이스라엘의 자손들에게는 그런 것들의 수많은 것들이 주어졌습니다. 예를 들면 그들에게 여러 아내를 취하는 것이 허용된 것이고, 그리고 이혼증서들을 써주는 것으로 이혼을 하는 것이나, 그 밖의 이와 비슷한 것들이 여럿 있습니다. 이러한 명령들은 그들의 마음의 완악함 때문에 주어진 허용에서 비롯된 것입니다. 이러한 사실은 마태복음서의 주님의 말씀에서 명확합니다(마태 19 : 8 ; 마가 10 : 4, 5). 그러나 신령사랑에서 비롯된 직접적인 명령들은 신령의지에 속한 모든 것입니다. 그러므로 "살아계신 하나님의 도장"이라고 언급되었습니다. 왜냐하면 주님께서 신령사랑으로 말미암아 "살아계신 하나님"(the living God)이라고 불리셨기 때문입니다. 왜냐하면 사랑은 사람의 진정한 생명(man's very life)이고, 그리고 신령사랑은 모든 생명의 근원이기 때문입니다.

424. 그는(=네 천사들에게) **큰소리로 외쳤습니다.**
이 말씀은 신령한 명령을 뜻합니다. 이러한 사실은 주님으로 말미암은 것일 때 신령한 명령을 뜻하는 "큰소리"(a great voice)의 뜻에서 명확합니다. 음성에 의하여 발설된 명령 자체나 뒤이어진 것, 다시 말하면 그 명령은 "하나님의 종들의 이마에 도장을 찍을 때까지 땅이나 바다나 나무들을 해하지 말라"는 것이었습니다. "큰소리"로 "그가 외쳤다"(=울부짖었다)고 언급되었는데, 그것은 "크다"(great) 또는 "외쳤다"(=울부짖었다)는 것은 성경말씀에서는 사랑에 속한 선을 서술하기 때문입니다. "크다"는 말이 사랑에 속한 선을 서술한다는 것, "많다"(many)는 말이 진리들에 관해서 서술한다는 것은 본서 336[A]·337항을 참조하시고, "외친다"(=울부짖는다·crying)는 말이 사랑에 속한 정동들을 서술한다는 것은 본서 393항을 참조하십시오. 그러므로 여기서는 이 명령이 신령사랑이나 신령의지에서 비롯되었기 때문에 "그는 큰소리로 외쳤습니다"라고 언급되었습니다.

425. 그는 땅과 바다를 해하는 권세를 받은 네 천사에게(큰소리로 외쳤습니다).
아직까지는 강렬하게 된 것에서 비롯된 입류를 막고 방해하는 것을 뜻합니다. 이러한 뜻은 앞에서 언급된 것에서 명확한데, 거기에서는 온건하고, 유순한 입류에 의하여 선한 자가 악한 자에게서 분리되는 것이 다루어졌습니다. 그 입류에 관해서는 본서 413[A]·418[A]·419[A·C·D]항을 참조하십시오. 다시 말하면 온건하고, 유순한 입류에 의해서는 선한 자가 악한 자에게 분리되고, 강렬하고, 힘 있는 입류에 의해서는 악한 자가 쫓겨난다는 입류에 관해서 다루었습니다. 지금 여기서 뒤이어지는 것은 악한 자에게서 선한 자의 분리에 관해서 먼저 다루고 있기 때문에, 그리고 이와 같은 분리가 온건한 입류에 의하여 이루어지기 때문에, 이런 낱말들은 아직은 강렬하게 된 것에서 비롯된 입류를 막아 준다는 것을 뜻합니다. 왜냐하면 "땅의 네 모퉁이에 서서 땅의 네 바람을 붙잡고 있는 네 천사들"은 주님에게서 비롯된 신령발출(=성령·the Divine proceeding)을 뜻하고, 그리고 온 영계에 들어온 그것의 입류를 뜻하기 때문입니다(본서 417[A]·418[A]항 참조). 여기서 "땅과 바다"(the earth and the sea)는 궁극적인 것들에 이르기까지의 모든 곳을 뜻합니다.

426. 3절. **"땅이나 바다나 나무들을 해하지 말아라" 라고 말하였다.**
선한 사람이 악한 사람과 함께 멸망하지 않으려면 어디에나 그들이 있어야 한다는 것을 뜻합니다. 이러한 사실은 그것에 관해서 곧 언급하겠지만, 그들이 멸망하지 않는다는 것을 가리키는 "해하지 않는다"는 말의 뜻에서, 그리고 영계에 있는 모든 곳을 가리키는, 심지어 그 어떤 지각을 가지고 있는 궁극적인 것들에게 이르기까지의 모든 곳을 가리키는 결과적으로는 악한 사람과 함께 선한 사람이 있는 모든 곳을 가리키는 "땅·바다·나무들"의 뜻에서(본서 420항 참조) 잘 알 수 있습니다. 우리의 본문말씀의 뜻이 이러하다는 것은 영적인 뜻으로 일련의 것들의 뜻에서 명확합니다. 왜냐하면 지금 여기서 뒤이어지는 것은 악한 사람에게서 선한 사람의 분리를 다루고 있기 때문입니다. 그리고 이와 같은 분리는 "하나님의 종들의 이마에 도장을 찍는다"는 말씀이 뜻하고, 그리고 "각 지파에서 나온 일만이천 명"이 뜻하고, 그리고 "흰 두루마기를 입은 자들"이 뜻합니다. 왜냐하면 우리의 본문장은 이들에 관해서 다루고 있기 때문입니다. 후자나 전자는 악한 사람이 지옥으로 쫓겨나기 전에 악한 사람에게서 분리될 선한 사람을 뜻합니다. 태양이신 주님에게서 비롯된 신령입류(the Divine influx)에 의하여 악한 사람으로부터 선한 사람의 분리가, 그리고 온순하고 온건한 입류에 의하여 악한 사람에게서 선한 사람의 분리가, 그리고 강하고 강렬한 입류에 의한 지옥으로의 악한 사람의 추방이 이루어지기 때문에(이러한 상세한 내용은 본서 413[A]·418[A]·419[A·C·D]항을 참조하십시오), 그러므로 우리의 본문 3절은 그것에 의하여 악한 사람에게서 분리되는 전자의 입류를 다루고 있고, 이에 반하여 분리된 선한 사람이 본문장의 나머지 절에서부터 마지막 절에 다루고 있습니다.

[2] 이런 과정에서 먼저 언급되어야 할 것은, 만약에 악한 사

람이 지옥으로 쫓겨나기 전에 악한 사람에게서 선한 사람이 분리되지 않는다면, 선한 사람이 악한 사람과 함께 멸망할 것이라는 것입니다. 왜냐하면 악한 사람이 쫓겨난 뒤에 아직 천계에 오르지 못한 선한 사람은 악에 속한 사람의 외적인 예배를 통하여 악한 사람과의 매우 밀접한 교류를 가지고 있기 때문입니다. 이러한 내용은 앞서 언급한 내용이나 나의 저서 ≪최후의심판≫ 59·70항을 참조하십시오. 왜냐하면 최후심판 때까지 남아 있는 것이 허락된 악한 자는 결코 내적인 예배에 있는 것은 아니지만, 외적인 예배에 있기 때문입니다. 왜냐하면 그들은 영혼이나 심령에서는 아니지만, 입으로나 형식적인 거동(擧動)으로는 교회에 속한 거룩한 것들의 겉치레나 가장(假裝) 따위를 만들기 때문입니다. 이런 외적인 예배에 의하여 그들은 내적으로 선한 사람과의 교류를 또한 여전히 유지하고 있습니다. 이와 같은 교류 때문에 악한 사람은 선한 사람이 그들에게서 분리되기 전까지는 쫓겨날 수가 없습니다. 왜냐하면 만약에 외적인 예배에 의하여 결합한 그들과 함께 남아 있다면 악한 사람과 함께 남아 있는 선한 사람은 해를 입을 것인데, 다시 말하면 멸망할 것이기 때문입니다. 왜냐하면 악한 사람은 그들 자신들과 함께 선한 자들을 흡수하여 버릴 것이기 때문입니다.

[3] 역시 이러한 일은 주님에 의하여 예언되었는데, 마태복음서의 말씀입니다.

> 하늘 나라는 자기 밭에다가 좋은 씨를 뿌리는 사람과 같다. 사람들이 잠자는 동안에 원수가 와서 밀 가운데 가라지를 뿌리고 갔다. 줄기가 나서 열매를 맺을 때에 가라지도 보였다. 그래서 주인의 종들이 와서 그에게 말하였다. "주인 어른, 어른께서는 좋

은 씨를 뿌리지 않으셨습니까? 그런데 가라지가 어디에서 생겼습니까?" 주인이 종들에게 말하기를 "원수가 그렇게 하였구나" 하였다. 종들이 주인에게 말하기를 "그러면 우리가 가서 그것들을 뽑아 버릴까요?" 하였다. 그러나 주인은 이렇게 대답하였다. "아니다. 가라지를 뽑다가 그것과 함께 밀까지 뽑으면 어떻게 하겠느냐? 거둘 때가 될 때까지 둘 다 함께 자라게 내버려 두어라. 거둘 때에 내가 일꾼들에게 먼저 가라지를 뽑아 단으로 묶어서 불태워 버리고, 밀은 내 곳간에 거두어들이라고 하겠다"(마태 13 : 24-30).

여기서 "씨를 뿌리는 사람"은 주님을 뜻합니다. 그리고 "밭"(field)은 영계나 교회를 뜻하고, 그것 안에는 선과 악 양자가 있습니다. "좋은 씨"나 "밀"은 선한 사람을 뜻하고, "가리지"(=독보리·tares)는 악한 사람을 뜻합니다. 앞에서 언급한 것과 같이 그것들의 결합 때문에 그들이 최후심판의 때까지 분리될 수 없다는 것은 먼저 가라지를 뽑아 버리기를 원하는 종들에게 한 주인의 대답의 말씀이 뜻하는데, 여기서 그것은 선한 사람에게서 악한 사람을 분리시킨다는 것을 뜻합니다. 다시 말하면 "가라지를 뽑다가 그것과 함께 밀까지 뽑으면 어떻게 하겠느냐? 거둘 때가 될 때까지 둘 다 함께 자라게 내버려 두어라"는 말씀이 뜻합니다. 여기서 "거둘 때"(=추수)는 최후심판을 뜻합니다. 이러한 내용이 주님께서 같은 장의 말씀에서 가르치신 뜻인데, 거기에서 주님께서는 이렇게 말씀하셨습니다. 마태복음서의 말씀입니다.

예수께서 이렇게 말씀하셨다. "좋은 씨를 뿌리는 이는 인자요, 밭은 세상이다. 좋은 씨는 그 나라의 자녀들이요, 가라지는 악한 자의 자녀들이다. 가라지를 뿌린 원수는 악마요, 추수 때는 세상

끝 날이요, 추수꾼은 천사들이다. 가라지를 모아다가 불에 태워 버리는 것 같이, 세상 끝 날에도 그렇게 할 것이다"(마태 13 : 37-40).

이 말씀은 "좋은 씨를 뿌리는 집주인"이 주님을 뜻한다는 것, 여기서 그분은 자신을 "사람의 아들"(人子·the Son of man)이라고 부르셨다는 것을 아주 명확하게 합니다. 그리고 또한 "밭"(field)은, 선한 자나 악한 자가 모두 공존해 있는 영계와 교회를 뜻한다는 것도 확실하게 합니다. 이러한 사실은 "하늘 나라는 자기 밭에 좋은 씨를 뿌리는 사람과 같다"고 언급된 것에서 영계를 뜻한다는 것을 명확하게 합니다. 그것은 "하늘 나라"(the kingdom of heavens)가 영계나 교회를 뜻하기 때문입니다. 이러한 것은 이런 것들에게서, 즉 최후심판에 관해서 언급한 것이고, 최후심판은 이 세상에서 행해지지 않고, 영계에서 행해진다는 것에서 아주 명확합니다. 이러한 내용은 나의 저서 ≪최후심판≫에서 잘 볼 수 있습니다. 뒤의 장절은 "좋은 씨"나 "밀"이 "하늘 나라의 자녀들"이라고 불리운 "선한 사람"을 뜻한다는 것이나, "가라지"가 "악한 자의 자녀들"이라고 불리운 악한 사람을 뜻한다는 것 등을 명확하게 합니다. 그리고 "추수 때"가 그 분리가 이루어지는 때인 최후심판의 때를 뜻한다는 것도 명확하게 합니다. 왜냐하면 "추수 때는 세상 끝 날이다" 라고 언급되었기 때문입니다. "세상 끝 날"(the consummation of the age)이 최후심판의 때를 뜻한다는 것은 본서 397항을 참조하십시오. "그 때 가라지가 불에 태우기 위하여 단으로 묶는다"는 것과 "밀은 곳간에 거두어들인다"는 것은, 그들에게 있는 악의 종(種)과 유(類)에 따라서 악한 사람은 한데 마무리되어 지옥에 던져진다는 것을 뜻합니다.

이러한 일은 악한 사람이 쫓겨날 때 악한 사람에게 일어난다는 것이나, 그리고 "단으로 묶는다"는 말씀이 뜻합니다. 그리고 선한 사람이 보존, 유지된다는 것은 "밀은 곳간에 거두어들인다"는 말씀이 뜻합니다. 그것은 "곳간"(the barn)이 선한 사람이 모여 있는 곳을 뜻하기 때문입니다. 이상에서 볼 때 악한 사람에서 선한 사람의 완전한 분리는 최후심판의 때에 일어나지만, 위에서 기술한 것과 같이, 그 결합 때문에, 그 전에는 일어날 수 없다는 것을 잘 알 수 있겠습니다. 그렇지 않으면 선한 사람은 악한 사람과 함께 멸망할 것입니다. 왜냐하면 "아니다. 가라지를 뽑다가 그것과 함께 밀(=곡식)까지 뽑으면 어떻게 하겠느냐?"라고 언급되었기 때문입니다. 더욱이 "거둘 때가 될 때까지 둘 다 함께 자라게 내버려 두어라"라고 언급되었습니다. 다시 말하면 거둘 때(=추수 때)는 "세상의 끝 날"을 뜻합니다. 그러므로 악한 사람에게서 선한 사람의 분리는 주님에게서 비롯되는 신령발출의 온순하고, 온건한 입류에 의하여 이루어지기 때문에, 이에 반하여 악한 사람이 지옥으로 쫓겨남(追放)은 신령존재의 강하고 짙은 입류에 의하여 이루어지기 때문에, 이러한 사실은 우리의 본문장의 처음 3절에 내포된 모든 개별적인 것들을 어떻게 이해하여야 하는지를 잘 보여 주고 있고, 영적인 뜻으로 하나님의 종들이 그들의 이마에 도장을 찍을 때까지 "바람들"을 붙잡았다는 말씀이 땅과 바다와 나무가 해를 입지 않도록 하는 것이 무엇인지 알게 되었습니다.

[4] 이런 분리가 어떻게 일어나는지에 관해서 몇 말씀을 더 언급하겠습니다. 이러한 일은 주님의 신성(神性)에 속한 온건한 입류에 의하여 주님께서 행하시는 선한 사람이 악한 사람

에게서 분리되었을 때, 그리고 천사들이나 영들에게 있는 영적인 정동에 속한 것들이 연구, 조사되는 것에 의하여 그런 분리가 행해졌을 때, 그 때 주님께서는 내면적으로 선하고, 그것으로 말미암아 외면적으로 선한 자들로 하여금 그들 스스로 주님 당신을 향하게 하시고, 그리고 따라서 악한 사람에게서 스스로 외면(外面)하게 하시고, 그리고 그들이 그와 같이 스스로를 주님에게 향하게, 또는 악한 사람에게서 외면하게 되었을 때, 그들은 악한 사람에게는 보이지 않는 존재가 됩니다. 왜냐하면 이러한 일은 영계에 있는 보통 자주 일어나는 일상적이기 때문입니다. 그와 같은 일은 어느 누구가 자기 스스로 다른 자에게서 외면하였을 때 그 사람은 외면한 그 사람에게는 보이지 않게 되기 때문입니다. 이런 일이 행해질 때 악한 사람은 선한 사람에게서 분리되고, 그리고 동시에 그들이 외적인 것들 안에 있다는 가장(假裝)한 고결(高潔)함이나 존엄성 때문에 그가 선한 사람에게서 분리되었을 때, 따라서 그 때 그들은 그들이 곧 쫓겨나게 될 지옥을 우러르게 됩니다. 이러한 방향을 바꾸는 것에 관한 더 많은 내용은 ≪천계와 지옥≫ 17·123·142·144·145·151·153·251·255·272·510·548·561항을 참조하시고, 그리고 비록 내적으로는 전혀 아니지만 외적인 예배나 또는 외적인 자비(慈悲)나 고결함 안에 계속해서 머물러 있을 수 있는 악한 사람이 최후심판 때까지 남아 있는 것이 허락되지만, 그 이상은 아니라는 것이나, 그리고 그 이유가 무엇인지에 관해서는 나의 작은 저서 ≪최후심판≫ 59·70항을 참조하십시오.

427[A]. 우리가 우리 하나님의 종들의 이마에 도장을 찍을 때까지……

이 말씀은 선에서 비롯된 진리들 안에 있는 자들이 제일 먼저 분리된다는 것을 뜻합니다. 이러한 뜻은, 곧 설명하겠지만, 분별(分別)되고, 분리(分離)되는 것을 가리키는 "도장을 찍는다"(捺印·to seal)는 말의 뜻에서, 그리고 또한 이것에 관해서는 위에 언급하였지만(본서 6항 참조) 선에서 비롯된 진리들 안에 있는 자들을 가리키는 "하나님의 종들"(the servants of God)의 뜻에서, 그리고 또한 사랑에 속한 선을 가리키는 "이마"(forehead)의 뜻에서 잘 알 수 있습니다. "이마"가 사랑에 속한 선을 뜻한다는 것은 대응에서 비롯되었습니다. 왜냐하면 사람의 육체 전체에서 그것이 밖에 있든 안에 있든, 사람에게 속한 모든 것들은 천계에 대응하기 때문입니다. 왜냐하면 주님의 시각에서 보편적인 천계(the universal heaven)는 마치 한 사람과 같기 때문입니다. 그러므로 사람 안에 있는 모든 개별적인 것들이나, 전체적인 것들에 대응하여 정리정돈되어 있습니다. 시각·후각·청각·미각의 기관들이 자리잡고 있는 얼굴 전체는 일반적으로 정동들(情動·affections)이나 그것에서 비롯된 생각들(思想)에 대응하는데, 눈(目·eyes)들은 이해(理解)에 대응하고, 코(the nose)는 지각에 대응하고, 귀는 경청(傾聽)이나 복종(服從)에 대응하고, 미각(=혀)은 알기를 원하고, 지혜롭기를 원하는 열망(熱望)에 대응합니다. 그러나 이마는 모든 것들의 근원이 되는 사랑에 속한 선에 대응합니다. 왜냐하면 그것은 얼굴의 최고 부위를 형성하기 때문이고, 그리고 그것은 사람의 총명의 자리를 가리키는 두뇌의 정면(the front)이나 주요 부위를 직접적으로 감싸고 있기 때문입니다. 이것이 또한 주님께서 이마에 있는 천사들을 살피시는 이유입니다. 이러한 것은 이마가 사랑에 대응하기 때문이고, 그리고 그것으로 말미암아 주님께서 그들을 주시, 살피시는 이유이기 때문입니다. 그리고 눈은 그들이 그것으로 말미암아 주님을 우러르는 이해에 대응합니다. 왜냐하면 주님께서는 사랑에 속한 입류를 통하여 당신 자신을 보게 하기 위하여 그들의 이해 속에 당신을 부여하시고 주시기 때문입니다. 이런 사실에 관해서는 나의 저서 ≪천계와 지옥≫145·151항을 참조하시고, 그것의 전체적인 복합체로 있는 보편적 천계(the Universal Heaven)가 한 사람에게 회답, 충족한다는 것은 같은 책 68-86항을 참조하시고, 그것으로 말미암아 사람에 속한 모든 것들(all Things of Man)과 천계에 속한 모든 것들의 대응이 있다는 것은 같은 책 87-102항을 참조하십시오. 이러한 사실은 "이마에 도장을 찍는다"는 말의 뜻을 아주 명료하게 합니다. 다시 말하면 주님에게서 비롯된 주님사랑에 속한 선 안에 있다는 것을, 그리고 그것에 의하여 그것 안에 있는 자들이 그 사랑 안에 있지 않는 자들로부터 구분되고 분리된다는 것을 아주 명확하게 합니다. 왜냐하면 주님께서는 이마에 있는 자들을 살피시고, 주시하시기 때문이고, 사랑에 속한 선으로 그들을 채우시기 때문이고, 그리고 그것으로 말미암아 그들은 정동에서 비롯된 생각에 의하여 주님을 우러르기 때문입니다. 이마에 있는 나머지는 주님께서 살피고 주시할 수 없습니다. 왜냐하면 그들은 주님에게서 외면(外面)하기 때문이고, 자신의 반대되는 사랑을 향하게 하는데 그들은 그것에 의하여 채워지고 끌려가기 때문입니다. 영계에 있는 모두나 그의 영에 관해서 꼭 같이 사람은 얼굴을 지배적인 사랑(the ruling love)에 향하게 한다는 것은 ≪천계와 지옥≫17·123·142-144·153·552항을 참조하십시오.

[2] "도장을 받는다"(=찍힌다)는 말이 도장을 받거나 찍히는 것을 뜻하지 않고, 오히려 그들의 성품이나 됨됨이를 알게 하기 위하여, 그리고 서로 상이한 상태 안에 있는 자들에게서 분리, 서로 같은 상태에 있는 자들과 결합시키기 위하여 그런 부류의 상태에로 바꾸고 옮긴다는 것을 뜻합니다. 이러한 내용이나 뜻이 "도장을 받는다"(=도장이 찍힌다)는 말이 뜻하는 것이고, 아래의 장절에서는 "표"(=증표・標・sign)가 뜻하는 것입니다. 에스겔서의 말씀입니다.

> 주께서 그에게 말씀하셨다. "너는 저 성읍 가운데로, 곧 예루살렘으로 두루 돌아다니면서, 그 안에서 일어나는 모든 역겨운 일 때문에 슬퍼하고 신음하는 사람들의 이마에 표를 그려 놓아라." …… "노인과 젊은이와 처녀와 어린 아이와 부녀들을 다 죽여 없애라. 그러나 이마에 표가 있는 사람에게는 손을 대지 말아라" (에스겔 9 : 4, 6).

이 장절은 악한 사람에게서부터 선한 사람의 분리를 다루고 있습니다. 그리고 "이마에 표를 그려 놓는다"는 것은 묵시록서의 이 장절과 꼭 같은 뜻을 가지고 있습니다. 다시 말하면 악한 사람에게서 분별, 분리되고, 그리고 그가 선한 사람에게 결합되어야 한다는 것을 다루고 있습니다. 그리고 그 뒤에는 악한 사람의 추방과 영벌이 다루어졌습니다. 선 안에 있는 자들은 "예루살렘 성읍을 두루 돌아다니면서 역겨운 일 때문에 슬퍼하고 신음하는 사람들"에 의하여 기술되었습니다. "역겨운 일 때문에 슬퍼하고(=한숨 짓고), 슬퍼하는 자들"은 악들 안에 있지 않고, 그리고 그것에서 비롯된 거짓 안에 있지 않는 자들을 뜻하고, "슬퍼하고, 신음한다"는 것은 그것들 때문에 싫어함(嫌惡)과 슬퍼함(悲哀)을 뜻하고, "예루살렘"은 교회를 뜻하고, "성읍"은 교리를 뜻합니다. 그 뒤에 그들이 "성읍 가운데로 돌아다니면서 사람들을 쳐 죽인다, 불쌍히 여기지도 말고 가엾게 여기지도 말아라"는 말씀은 악한 사람의 쫓겨남(=추방)이나 영벌이나 저주를 뜻하고, "때려서 죽인다"는 것은 영벌이나 저주를 뜻합니다. 왜냐하면 영벌을 가리키는 영적인 죽음은 성경말씀에서는 자연적인 죽음이 뜻하기 때문입니다.
[3] 이사야서의 말씀입니다.

> 내가 그들의 일과 생각을 알기에
> 언어가 다른 모든 민족을
> 모을 때가 올 것이니,
> 그들이 와서 나의 영광을 볼 것이다.
> 그리고 내가 그들 가운데 징표를 둘 것이다.
> (이사야 66 : 18, 19)

이 말씀은 주님에 관해서, 그리고 주님에 의하여 세워질 새로운 교회에 관해서 언급하고 있습니다. 따라서 새로운 하늘과 새로운 땅에 관해서 언급하고 있는데, 이러한 사실은 이 책 66장 22절 이하에서 잘 알 수 있습니다. "언어가 다른 민족(=모든 민족들과 방언들)을 모은다"는 것은 마태복음서의 말씀과도 꼭 같은 뜻을 가지고 있습니다. 마태복음서의 말씀입니다.

> 그들은 하늘 이 끝에서 저 끝까지, 사방에서 선택된 사람들을 모을 것이다(마태 24 : 31).

"함께 모인다"(to gather together)는 것은 그분께서 당신 자신에게 속한 자들을 영접하는 것을 뜻합니다. 그리고 "민족들"(nations)은 선 안에 있는 자들을 뜻하고, "언어들"은 교리에 일치하는 삶 안에 있는 자들을 뜻합니다. "주님의 영광을 보려고 온다"는 것은 신령진리에 의하여 가르침을 받고 예증(例證)되는 것을 뜻하고, 따라서 천계적인 기쁨이나 즐거움을 향유(享有)하는 것을 뜻합니다. 왜냐하면 "주님의 영광"(the glory of the Lord)은 신령진리를 뜻하고, 그리고 그것에서 비롯된 예증(例證)이나 즐거움(=환희)을 뜻하기 때문입니다. "그들 가운데 증표를 둔다"는 것은 그들을 악한 사람에게서 분별하고, 분리하고, 그리고 그들을 선한 사람에게 결합시키는 것을 뜻합니다.

[4] 창세기서에 가인에 관해서 기술된 말씀입니다.

> 주께서는 가인에게 표를 찍어 주셔서, 어느 누가 그를 만나더라도 그를 죽이지 못하게 하셨다(=주께서 가인에게 표를 하여 그를 만나는 어떤 사람도 그를 죽이지 못하게 하셨다)(창세기 4 : 15).

역사들 가운데 명명(命名)된 사람들은 영적인 뜻으로 많은 것들을 뜻한다는 것, 또는 거기에 거명(擧名)된 모든 인물은 교회에 속한 어떤 것들이나 천계에 속한 어떤 것들을 표징하고, 그리고 그것으로 인하여 그것들을 표의한다는 성경말씀의 비의(秘義·this arcanum of the Word)를 알지 못하는 사람은 문자에 속한 역사적인 것들 너머에 있는 것은 전혀 알 수 없고, 그리고 그런 것 안에는 그 밖의 역사들 안에 있는 것에 비하여 신령존재에 속한 더 많은 것들이 나타난다는 것을 전혀 알지 못합니다. 그럼에도 불구하고 성경말씀, 즉 예언서적인 말씀이나 역사서적인 말씀 안에 있는 그것에 속한 모든 개별적인 것이나 전체적인 것들 안에는 영적인 뜻 안에 있고, 그것을 아는 자들 이외에는 문자적인 것 안에는 영적인 것들이 나타나지 않는다는 것 역시 알지 못합니다. 가인이나 아벨의 역사 안에 있는 영적인 비의(秘義·the spritual arcanum)은 이러합니다. 즉, 여기서 "아벨"은 인애에 속한 선을 표징하고, "가인"은 믿음에 속한 진리를 표징하고, 그 선과 그 진리는 성경말씀에서 "형제들"(brethren)이라고 불리웠고, 그리고 믿음에 속한 진리는 "맏이"(the firstborn)라고 불리웠는데, 그 이유는 뒤에 믿음에 속한 진리들이 되는 진리들은 먼저 터득되고, 기억에 저장되고, 그리고 마치 창고에서 뽑아 쓰는 것과 같이, 자신에게 그것을 결합시키기 위하여, 그리고 그 진리들을 믿음에 속한 진리들이 되기 위하여 그것에서부터 선은 무엇인가를 끌어내고 받아드리기 때문입니다. 왜냐하면 진리는 사람이 그것을 원하고, 그것을 행하기 전까지는 믿음에 속한 것이 되지 않기 때문입니다. 그러나 사람이 그것을 행하는 것에 비례하여 주님께서는 그 사람을 주님 당신에게 결합시키고, 그리고 천계에 결합시키시고, 그리고 사랑으로 말미암아 선과 함께 그에게 입류하시고, 그리고 선을 통하여 사람이 유아기부터 터득한 진리들에 입류하고, 그리고 진리들을 선에 결합시키시고, 그것들로 하여금 믿음에 속한 진리들이 되게 하십니다. 이런 일이 있기 전에는 그것들은 앎들이나 지식들 이외에는 아무것도 아니지만, 그럼에도 불구하고 사람은 그것 안에서 다른 사람들에게서 들은 것 안에 있는 것들 이외에는 다른 믿음은 전혀 가지고 있지 못하고, 그리고 만약에 그가 그 뒤에 다르게 생각한다면 그는 그것에서 물러날 수 있습니다. 그러므로 이런 믿음은 그 사람 안에 있는 다른 것에 속한 것을 제외하면 자기 자신의 것은 아무것도 없습니다. 그럼에도 불구하고 만약에 사람의 믿음(a man's faith)이 죽음 뒤에도 그 사람에게 남아 있다면, 그것은 필히 그 사람 자신의 것이 됩니다. 그리고 그것은 그가 믿는 그것을 보고, 원하고, 행할 때 그 사람 자신의 것이 됩니다. 왜냐하면 그 때 그것은 그 사람 안에 들어오고, 그리고 그의 영(his spirit)을 이루기 때문입니다. 그리고 그의 정동이나 생각(思想)에 속한 것에 이르기 때문입니다. 왜냐하면 사람의 영(man's spirit)은 본질적으로 그의 정동이나 사상 이외에 아무것도 아니기 때문입니다.

[5] 정동에 속한 것을 선이라고 하고, 그것에서 비롯된 사상에 속한 것을 진리라고 한다는 것, 그리고 사람은 자신의 정동에 속한 것 이외에는 참된 것이라고 믿지 않는다는 것, 그러나 그의 영에 속한 내면적인 정동 이외에는 믿지 않는다는 것, 결과적으로 사람은 내면적인 정동으로 말미암아 생각한 것이 그의 믿음이라는 것, 사람은 그 밖의 것들은 무엇이나 그의 기억 안에 보관한다는 것, 그리고 그가 성경말씀에서, 또는 교회의 교리에서 읽는 것에 의하여, 그리고 설교말씀을 듣는 것에서, 또는 그 사람 자신의 이해에서 비롯된 것이든 아니든 모두가 믿음이 아니라는 것입니다. 그러나 그것이 그러하다고 그가 생각할 수많은 것이나, 그리고 그것이 그렇다고 현재 언급되고 믿는 것이 믿음이 아니라는 것입니다. 이와 같이 제일 먼저 태어난 것이나 중요한 것은 이 역사 안에서 "가인"이 표징하고, 표의하는 것입니다. 왜냐하면 가인은 처음 태어난 맏이이기 때문입니다. 진리를 원하지도 않고, 행하지도 않지만, 그것에 일치하며 사는 것이 사람을 구원하는 믿음이라고 믿을 때, 그 때 거기에는 오직 믿음만이 구원한다는 치명적이고, 악성

(惡性)적인 이단사설(異端邪說·heresy)이 생겨나고, 어떤 것은 생명이 될 수 있고, 그리고 어떤 것은 삶에서 멀리 떠난 믿음이 될 수 있습니다. 그럼에도 불구하고 이런 것은 믿음이 아니고, 다만 그의 기억 안에 있는 사람 밖에 있는 단순히 지식일 뿐이고, 그리고 그것은 살아 있는 그 사람 안에 있지 않는 것입니다. 만약에 이것이 믿음이라고 불리운다면 그것은 역사적인 믿음(historical faith)인데, 그것은 본질적으로는 다른 자의 믿음을 가지고 있고, 그리고 그런 부류의 믿음은 그 사람이 그와 같이 흡수한 것이 참된 것이라고 볼 수 있을 때까지 생명을 수용하지 못하고, 그리고 그가 그것을 원하고 행할 때, 그는 처음으로 이것을 알고 보게 됩니다. 그 이단사설이 판을 치게 되면, 삶에 속한 선을 가리키는 인애는 파괴되고, 그리고 그것은 종국에는 구원에 대한 본질적인 것이 아닌 것으로 배척됩니다. 이러한 내용이나 뜻은 그의 아우 아벨을 죽인 가인의 살해(殺害)가 표징합니다. 왜냐하면 믿음과 인애, 또는 믿음에 속한 진리와 인애에 속한 선은, 성경말씀에서 위에서 언급된 것과 같이, "형제들"이라고 불리웠기 때문입니다.

[6] "여호와께서 가인에게 표를 찍어 주셔서 어느 누가 그를 만나더라도 그를 죽이지 못하게 하셨다"는 말씀이 주께서 그를 다른 자들에게 분별하시고, 그를 보존하셨다는 것을 뜻한다는 것은 구원하는 믿음(saving faith)은, 역사적인 믿음이 먼저 선행(先行)하지 않는다면, 주어질 수 없기 때문이고, 그리고 이러한 사실은 교회에 속한 것들이나 천계에 속한 것들의 다른 것들에서 잘 아는 것이기 때문입니다. 한마디로 말하면 그것은 그 뒤에 믿음을 구성하는 그런 것들에 속한 하나의 지식입니다. 왜냐하면 만약에 사람이 유아기부터 성경말씀으로부터

진리들을 흡수하지 못한다면, 또는 교회의 교리나 설교말씀들로부터 진리들을 흡수하지 못한다면, 그는 속빈 강정이고, 그런 빈 깡통같은 그 사람에게는 그 어떤 활동이나 역할이 들어올 수 없고, 주님으로부터 천계에서 오는 입류 또한 결코 들어올 수 없기 때문입니다. 왜냐하면 주님께서는 선을 통해서 사람에게 있는 진리에 역사하시고 입류하시기 때문이고, 그리고 주님께서는 이런 것들을 결합하시고, 따라서 인애와 믿음을 한 몸으로 완성하시기 때문입니다. 이렇게 볼 때 "주께서 어느 구도 가인을 해치지 못하게 가인에게 표를 두셨고, 그리고 어느 누구가 그를 해친다면 그 복수가 일곱 배나 그에게 주어질 것이다"는 말씀의 뜻을 잘 알 수 있겠습니다. 더욱이 단순한 역사적인 믿음 안에 있는 자들, 다시 말하면 믿음을 형성하는 그런 것들에 속한 지식 안에 있는 자들은 "가인"이 뜻하는 인물들을 가리키고, 그리고 "가인"이 뜻하는 믿음을 가리킵니다. 이런 것들이 보호, 보존되었는데, 그 이유는 그들이 지식으로부터 행하는 것이지만, 그들은 성경말씀으로부터 다른 사람들에게 진리들을 가르치기 때문입니다.

427[B]. [7] "이마"가 사랑에 속한 선에 대응하기 때문에, 그리고 그러므로 앞에서 언급한 것과 같이 주님께서는 신령사랑으로 말미암아 이마에 있는 천사들이나 사람들을 주시, 돌보시므로, 지키도록 명령된 것은 순금으로 패를 만들고, 그 위에 '주의 성직자'(=주께 거룩・Holiness of Jehovah)라고 새겨, 아론의 관에 달되, 그것이 관 앞쪽 이마에 오게 하여라는 것인데 이와 같은 명령은 출애굽기서 기술되었습니다. 출애굽기서의 말씀입니다.

너는 순금으로 패를 만들어서, 그 위에, 인장 반지를 새기듯이 '주의 성직자'(=주께 거룩)라고 새겨라. 이것을 청색 실로 꼰 끈에 매어서 제사장이 쓰는 관에 달되, 그것이 관 앞쪽으로 오게 하여라. …… 그는 그것을 늘 이마에 달고 있어야 한다. 그러면 그가 바치는 예물을, 나 주가 기꺼이 받아 줄 것이다(출애굽 28 : 36-38).

왜냐하면 대제사장인 아론은 신령사랑에 속한 선과의 관계에서 주님을 표징하므로 그의 겉옷들은 그 사랑에서 발출하는 그런 것들을 표징하고, 그의 관은 총명이나 지혜를 표징하고, 그것의 정면은, 총명이나 지혜가 비롯된 근원을 가리키는, 사랑에 대응하기 때문입니다. 그러므로 그 위에 '주께 거룩'이라고 새긴 순금으로 만든 성직패를 청색 실로 꼰 끈으로 매어서 관 앞쪽 이마에 달게 하였습니다. 여기서 그 패를 만든 "순금"(pure gold)은 천적인 사랑에 속한 선(the good of celestial love)을 뜻하고, 관에 그것을 매달기 위하여 끈을 만든 실의 "청색"(blue)은 영적인 사랑에 속한 선(the good of spiritual love)을 뜻하는데, 여기서 영적인 사랑은 진리에 속한 사랑을 가리킵니다. 그리고 "인장반지에 새긴다"는 것은 영원히 견디는 인애(仁愛)나 지구력(持久力)을 뜻하고, "주께 거룩"(=주의 성직자·Holiness to Jehovah)이라는 말은 천계나 교회의 모든 거룩함이 그것에서 비롯된 근원을 가리키는 신령인성의 측면에서 주님을 뜻합니다. 이런 것들이 아론의 이마에 있는 관의 정면에 오게 한 것은 "관"(the miter)이 이마가 뜻하는 것과 동일한 것을 뜻하기 때문입니다. 다시 말하면 신령진리를 뜻하기 때문입니다. 그리고 "이마"(the forehead)는 사랑에 속한 신령선을 뜻합니다. "아론"이 사랑에 속한 선과의 관계에서 주님을 표징한다는 것은 A.C. 9806·9946·10017항을 참조하시고, "청색"(blue)이 진리에 속한 선을 뜻한다는 것은 같은 책 9466·9687·9833항을 참조하시고 "관"(=면류관·the miter)이 총명이나 지혜를 뜻한다는 것은 같은 책 9827항을 참조하십시오.

[8] "이마"가 사랑에 속한 선을 뜻하기 때문에, 이스라엘 자손에게는 그들의 이마에는 여호와 사랑(love to Jehovah)에 관한 계명을 매다는 것이 명령되었습니다. 그것은 모세의 글에서 이렇게 가르쳐지고 있습니다. 신명기서의 말씀입니다.

> 너희는 마음을 다하고 뜻을 다하고 힘을 다하여, 주 너희의 하나님을 사랑하여라. …… 또 너희는 그것을 손에 매어 표로 삼고, 이마에 붙여 기호로 삼아라(신명기 6 : 5, 8 ; 11 : 18 ; 출애굽 13 : 9, 16).

여기서 "그것들이 양 눈 사이(兩眉間)에 있는 표(=부적·frontlets)가 되게 할 것"이라고 언급되었는데, 그것은 주님께서 이마에 있는 천사들이나 사람들을 주시하시고 보살피신다는 표징을 가리킵니다. 그 이유는 신령사랑으로 말미암아, 그리고 총명이나 지혜로 말미암아 주님을 우러르는 천사들이나 사람들에게 주시는 표징이기 때문입니다. 왜냐하면 "눈들"(eyes)은 이해를 뜻하고, 그리고 사람의 모든 이해는 그의 사랑의 선에서 비롯되고, 그리고 그 사람이 주님으로부터 수용하는 것에 일치하기 때문입니다. 그들이 이 말씀들을 손에 맨다는 것은 궁극적인 것들을 표징하는데, 그 이유는 손(hands)이 사람의 영혼의 능력에 속한 궁극적인 것들이기 때문이고, 그러므로 "손에 매어 표를 삼고, 양 눈 사이에 표가 되게 한다"는 것은 처음 것들이나 마지막 것들 안에 있는 것들을 뜻하고, 여기서 "처음 것이나 마지막 것"은 모든 것들을 뜻합니다(본서 417항 참조). 이 계명이 그와 같이 묶게 하였는데, "그 것에 매단 율법이나 예언들은 전 성경말씀을 가리키기 때문이 고, 결과적으로는 천계나 교회에 속한 모든 것들이기 때문입니 다. 주님께서 "이 두 계명에 모든 율법과 예언자들의 본 뜻이 달려 있다(마태 22 : 34-40)고 가르치셨습니다.

이러한 것은 옛날이나 지금, 임금들의 대관식(戴冠式) 때 이마 나 손에 기름을 바르는 이유나 그것이 뜻이 무엇인지 아주 명 확하게 합니다. 왜냐하면 예전에는 임금들이 신령진리와의 관 계에서 주님을 표징하기 때문이고, 그리고 이것이 주님에게서 입류하는 사랑에 속한 선 안에서 수용되기 때문에, 그러므로 그들의 이마나 손에는 기름을 발라야 했기 때문입니다. 여기 서 그들이 바르는 "기름"(the oil)은 사랑에 속한 선을 뜻합니 다. 이러한 내용이 성경말씀에서 왕들이 선에서 비롯된 진리 들 안에 있는 자들을 뜻하는 이유이고, 그리고 추상적인 뜻으 로는 선에서 비롯된 진리들을 뜻하는 이유입니다(본서 31항 참 조). 이렇게 볼 때 묵시록서 9 : 4 ; 14 : 1 ; 22 : 3, 4에서 "이마에 도장을 찍는다"는 말씀이 뜻하는 것이 무엇인지 잘 알 수 있겠습니다.

[9] 반대적인 나쁜 뜻으로 "이마"는 사랑에 속한 선에 반대되 는 것, 다시 말하면 사랑(=애욕)에 속한 악을 뜻하고, 따라서 거칠고 험악한 것(hard), 완고(頑固)한 것(obstinate), 추잡하고, 파렴치한 것(shameless), 지옥적인 것(infernal)을 뜻합니다. 이 사야서에서 그것은 그것이 뜻하는 거칠고 험악한 것입니다. 이사야서의 말씀입니다.

내가 알기에, 너는 완고하다.
네 목 힘줄은 쇠붙이요,

7장 1-17절

네 이마는 놋쇠나 다름없다.
(이사야 48 : 4)

에스겔서에서 그것은 고집 세고, 완고한 것(stubborn)을 뜻합니다.

온 이스라엘 족속(=온 집안)은 얼굴에 쇠가죽을 쓴 고집 센 자들이어서, 나의 말을 들을 생각이 없기 때문이다. 내가 네 얼굴도 그들의 얼굴과 맞먹도록 억세게 만들었고, 네 얼굴에도 그들의 얼굴과 맞먹도록 쇠가죽을 씌웠다(에스겔 3 : 7, 8).

예레미야서에서는 파렴치한 것을 뜻합니다.

너는 창녀처럼 뻔뻔스러운 얼굴을 하고,
부끄러워하지도 않았다(=내가 창녀의 이마를 가지고도 부끄러워 하기를 거부하였다)(예레미야 3 : 3).

묵시록서에서 그것은 지옥적인 것을 뜻합니다(묵시록 13 : 16 ; 14 : 9-11 ; 16 : 2 ; 17 : 5 ; 19 : 20 ; 20 : 4). 왜냐하면 사랑에 속한 선은 천계적이기 때문에, 그리고 그것으로 말미암아 그것은 유순하고(mild), 참을성 있고(patient), 조심성(modest)이 있지만, 그 선에 반대되는 나쁜 뜻으로 그것은 지옥적이고, 외고집스럽고(hard), 파렴치하고(shameless), 완고(stubborn)하기 때문입니다.

428. 4절. *내가 들은 바로는 도장을 받은 사람의 수가 십사만 사천 명이었습니다. 이와 같이 이마에 도장을 받은 사람들은 이스라엘 자손의 각 지파에서 나온 사람들이었습니다.*

[4절] :
"내가 들은 도장을 받은 사람의 수"는 악한 자에게서 분리된 선 안에 있는 자들의 성품(=됨됨이·性稟·quality)을 뜻합니다 (본서 429항 참조). "이스라엘 지파에서 나온 도장을 받은 사람의 수가 십사만사천 명이었다"는 말씀은 선에게서 비롯된 진리들 안에 있는 모두를 뜻하고, 그리고 그것으로 인하여 주님의 교회 안에 있는 모두를 뜻합니다(본서 430항 참조).

429. 4절. **내가 도장을 받은 사람의 수를 들었다.**
이 말씀은 악한 사람에게서 분리된 선 안에 있는 자들의 성품을 뜻한다는 것입니다. 이러한 뜻은, 그것에 관해서 곧 언급하겠지만, 다루는 것의 성품을 가리키는 "수"(數·number)의 뜻에서, 그리고 이것은 위에서 언급한 것과 같이(본서 427[A] 항 참조) 다른 자들에게서 분별되고, 분리된 선 안에 있는 자들을 가리키는 "도장 받은 사람들"(those sealed)의 뜻에서 잘 알 수 있습니다. 성경말씀의 수많은 장절에는 "숫자"(number)나 "계량"(計量·measure)들이 언급, 거론되고 있는데, 그리고 그것은 이런 것들이 단순하게 숫자나 계량을 뜻한다고 믿고 있습니다. 그러나 영적인 뜻으로 "숫자"나 "계량"은 다루어지고 있는 사물의 성품(=됨됨이)을 뜻합니다. 성품이나 됨됨이 자체는 표현된 숫자들에 의하여 종결, 결정됩니다. 예를 들면 여기서는 "십사만사천"(144,000)이고, 그 뒤에는 각 지파에서 나왔다는 "일만이천"(12,000)이 되겠습니다. 이들 숫자들이 뜻하는 것이 무엇인지는 아래에 이어지는 단락에서 설명되겠습니다. 성경말씀에서 숫자는 영적이고, 그러므로 그것이 담고 있는 개별적인 것이나 전체적인 것 역시 영적이고, 그리고 영적인 것들은 숫자로 계수되지 않고, 계량되지 않지만, 그럼에도 불구하고 그것들은 그것들이 영계나 천사들이 있는 천계에서 자연계나 사람들이 있는 이 땅에 내려와 귀착(歸着)될 때 계수되고 계량되는 그런 이유 때문에 숫자는 다루어지는 사물의 성품이나 성질(=됨됨이)을 뜻합니다. 성경말씀에서도 그것들이 천사들이 있는 그것의 영적인 뜻에서 사람들이 있는 자연적인 뜻에 내려와 귀착될 때도 그와 마찬가지입니다. 성경말씀의 자연적인 뜻(the natural sense)은 성경말씀의 문자적인 뜻을 가리킵니다. 이러한 사실이 그 뜻으로 거기에 숫자들이 있는 이유이고, 그리고 거기에 있는 숫자들이 영적인 것이 뜻하는 이유이고, 그리고 또한 천계나 교회에 속한 그런 것들이 있는 이유입니다. 천사들이 생각하고 말하는 그런 것들이 천계에 속한 영적인 뜻이라는 것은 나에게는 자주자주 눈으로 볼 수 있었습니다. 그들이 서로서로 대화를 할 때, 그들이 말하는 것은 순수한 숫자들에 종결, 귀착되었고, 그리고 그것은 볼 수 있게 종이 위에 기술되었습니다. 그리고 그 뒤에 그들이 언급한 것이 숫자들로 종결된 것이라고 그들은 말하였습니다. 그리고 시리즈로 다루어진 이런 숫자들은 그들이 말한 모든 것을 담고 있었습니다. 역시 나는 그것들이 뜻하는 것이 무엇인지, 그리고 그것들이 어떻게 이해되어야 하는지 가르침을 받았습니다. 이러한 것은 아래에서 자주 언급되겠습니다. 그러나 천계에서 비롯된 순수한 숫자들로 기술된 것들에 관해서는 나의 저서 ≪천계와 지옥≫ 263항을 참조하시고, 성경말씀의 모든 숫자들이 천계나 교회에 속한 것들을 뜻한다는 것은 본서 203・336항을 참조하십시오.

430[A]. 이스라엘 자손의 각 지파에서 나온 도장을 받은 사람의 수는 십사만사천 명이었습니다.

이 말씀은 선에서 비롯된 진리들 안에 있는 자들 모두를 뜻하고, 그리고 그것으로 말미암아 비롯된 주님의 교회 안에 있는 자들 모두를 뜻합니다. 이러한 뜻이나 내용은 모든 것들을 가리키는 "십사만사천"(144,000)의 뜻에서, 그리고 이것에 관해서는 곧 언급하겠지만, 선에서 비롯된 진리들 안에 있는 자들에 관해서 언급하고 있는 것을 가리키는, 그리고 또한 그것으로 말미암아 주님의 교회에 있는 자들을 가리키는 "이스라엘의 지파들"의 뜻에서 잘 알 수 있습니다. 여기서 "지파들"(tribes)은 선에서 비롯된 진리들을 뜻하고, "이스라엘"은 교회를 뜻합니다. 이것이 "이스라엘 지파"의 뜻이라는 것은 아래의 단락에서 잘 볼 수 있을 것입니다. "십사만사천"(144,000)이 모든 것들이나 모든 사람들을 뜻하고, 그리고 선에서 비롯된 진리들에 관해서 서술하는데, 그 이유는 그 숫자가 숫자 "열둘"(12)에서 나왔기 때문이고, 그리고 "열둘"(12)이 모든 것들이나 모든 인물들을 뜻하고, 그리고 선에서 비롯된 진리들을 서술하고 있기 때문입니다. 왜냐하면 매우 큰 숫자들이나, 그리고 작은 숫자들로 이루어진 그런 큰 숫자들은 작은 숫자가 지니고 있는 동일한 뜻을 지니고 있고, 그리고 곱셈(乘算)에 의하여 그런 숫자들이 생겨난 근원되는 수를 가리키는 단수(單數)가 지니고 있는 동일한 뜻을 가지고 있기 때문입니다. 이런 내용에 관해서는 A.C. 5291·5334·5708·7973항을 참조하십시오. 따라서 "백사십사"(144)라는 숫자나 "십사만사천"(144,000)이라는 숫자는 "열둘"(12)이라는 숫자와 동일한 뜻을 갖습니다. 왜냐하면 백사십사(144)라는 숫자는 "십이"(12)라는 숫자에 그 숫자를 곱하여서 생겨난 것이고, 그리고 십사만사천(144,000)이라는 숫자는 "십이"(12)에 "십이"(12)를 곱하고, 거기에

"천"(1,000)을 곱해서 생긴 숫자이기 때문입니다.

[2] 단수(單數)에는 다른 숫자들에 비하여 더 많은 뜻을 지닌 숫자들이라는 것, 그리고 그것에서 비롯된 큰 숫자들은 그것에서 자신들의 뜻을 갖는다는 것, 다시 말하면 숫자들 둘(2)·셋(3)·다섯(5)·일곱(7)이라는 숫자들이 그러하다는 것입니다. 여기서 "둘"(2)은 합일(合一·union)을 뜻하고, 그리고 그 숫자는 선에 관해서 서술하고, "셋"(3)은 충분함(=넉넉함·fullness)을 뜻하고, 그리고 진리들에 관해서 서술하고, 그리고 "다섯"(5)은 많은 것(much)이나 어떤 것(something)을 뜻하고, "일곱"(7)은 거룩(holiness)을 뜻합니다. 숫자 둘(2)에서 숫자 4·8·16·400·800·1,600·4,000·8,000·16,000이 생겨났고, 그리고 이런 숫자들은 단수 "둘"(2)이 지닌 뜻과 동일한 뜻을 지니고 있습니다. 그 이유는 그런 숫자들(=큰 숫자들)은 단수에 단수를 곱해서(=제곱·自乘), 그리고 열(10)을 곱해서 생겼기 때문입니다. 숫자 "셋"(3)에서는 숫자 6·12·24·72·144·1,440·144,000 등의 숫자들이 생겨났습니다. 그리고 이들 숫자들은 셋(3)이 지닌 뜻과 동일한 뜻을 가지고 있습니다. 그 이유는 그 숫자들이 이 단수에 곱셈을 해서 생겨난 것이기 때문입니다. 단수 다섯(5)에서는 숫자 10·50·100·1,000·10,000·100,000이 생겨났고, 따라서 이런 숫자들은 "다섯"(5)이 가지고 있는 뜻과 동일한 뜻을 가지고 있습니다. 그 이유는 그것들이 곱셈에 의하여 그것에서 생겨났기 때문입니다. 단수 일곱(7)에서 숫자 14·70·700·7,000·70,000이 생겨났고, 그리고 이들 숫자들은 단수 일곱(7)이 지닌 뜻과 동일한 뜻을 지니고 있습니다. 그 이유는 그런 숫자들이 단수 일곱(7)에서 생겨났기 때문입니다. 단수 "셋"(3)은 충분함을

뜻하기 때문에, 그리고 충분(=넉넉함·fullness)은 모든 것을 뜻하고, 함축(含蓄)하기 때문에 숫자 "열둘"(12)은 모든 사물들(all things)이나 모든 인물(all persons)의 그 뜻에서 파생(派生), 유래(由來)되었습니다. 숫자 "열둘"(12)은 셋(3)을 넷(4)에 곱해서 생겨났기 때문에 그것은 선에서 비롯된 진리들을 서술합니다. 그리고 셋(3)은 진리들을 서술하고 넷(4)은 선에 관해서 서술합니다. 이러한 내용은 이미 앞에서 여러 차례, 언급하였습니다.

[3] "열둘"(12)이 모든 것들을 뜻한다는 것을 알지 못하는 사람은, 그리고 그것의 곱셈에서 비롯된 숫자들이 역시 그 수와 동일한 뜻을 지닌다는 것을 알지 못하는 사람은, 그리고 각각의 지파가 어떤 보편적인 것을 뜻한다는 것이나 교회에 속한 본질적인 요소적인 것을 뜻한다는 것을 알지 못하는 사람은, 도장을 받은 이스라엘 각 지파의 숫자 일만이천(12,000) 이외의 다른 개념을 가지고 있다는 것을 알 수 없습니다. 결과적으로 천계에 영접, 수용되었고, 영접, 수용될 것을 뜻한다는 것을 알지 못합니다. 그럼에도 불구하고 여기서 "일만이천"(12,000)은 단순히 일만이천(12,000)을 뜻하지 않고, 그리고 또한 여기서 열거된 "지파"는 "이스라엘의 지파들"을 뜻하지 않습니다. 그러나 "일만이천"(12,000)은 모두(all)를 뜻하고, 여기서 "이스라엘의 지파들"은 선에서 비롯된 진리들 안에 있는 자들, 따라서 이 땅 어디에 있든지 주님의 교회를 형성하는 모두를 뜻합니다. 그런 것이 이 뜻을 가리킨다는 것은 총명스럽게 생각하는 사람은 누구나 모두를 수용할 수 있습니다. 왜냐하면 요한에 의하여 이런 것들이 기술되었을 때 이들 지파들은 지금 어디에 있고, 그리고 그들은 어디에 있었습니까?

그들은 지구의 대부분의 지역을 통해서 흩어지지 않았습니까? 그리고 유다 지파만 제외하고서 그들이 지금 어디에 있는지 누구에게 알려져 있습니까? 그럼에도 불구하고 아직까지 그들은 도장을 받을 것이라고 언급되어 있고, 그리고 그들이 주님에 의하여, 그리고 주님과 함께 천계에 오를 것이라고 언급되어 있습니다. 이러한 사실은 묵시록 14장 1, 3, 4절에 잘 나타나 있습니다. 더더욱 여기에 언급된 열한(11) 지파들은 그들의 우상숭배나 그 밖의 다른 지겨운 행위들 때문에 가나안 땅에서 추방, 쫓겨났습니다. 그리고 또한 전 유대 민족이나 그들의 성품 역시 ≪새 예루살렘의 교리≫(the Doctrine of the New Jerusalem) 248항에서 잘 볼 수 있습니다. 이상에서 밝히 알 수 있는 사실은 "일만이천"(12,000)이 그 숫자 일만이천을 뜻하지 않고, 역시 "지파들"도 이스라엘의 지파들을 뜻하지 않고, 오히려 그들은 선에서 비롯된 진리들 안에 있는 모두를 뜻하고, 따라서 주님의 교회에 속한 모두를 뜻한다는 것입니다. 이러한 사실은 영적인 뜻으로 각각의 지파의 뜻에서 매우 명확하게 될 것입니다. 왜냐하면 각각의 지파는 어떤 보편적인 것을 뜻하기 때문이고, 그리고 교회에 속한 자들이 거기에 있는 교회에 속한 본질적인 것을 뜻하기 때문입니다. 더욱이 각각의 보편적인 것은 선에서 비롯된 진리들과 관계를 가지고 있고, 그리고 진리들은 다종다양(manihold)하기 때문입니다. 왜냐하면 천계에 있는 자들은 모두 선의 측면에서, 그리고 그것으로 말미암아 진리들의 측면에서 서로서로 상이하기 때문입니다. 그 이유는 사람이나 천사 안에 있는 모든 진리는 선에서 그 생명을 취하고 있고, 그리고 그 선과 일치하기 때문입니다. 더욱이 주님의 교회에 속한 자들은 모두 선에서 비롯된 진리들 안에 있고, 이에 반하여 선 안에 있지 않고, 진리들 안에 있는 자들은 교회에 속한 자들이 아닙니다. 왜냐하면 바로 앞에서 언급한 것과 같이, 사람이나 천사 안에 있는 모든 진리는 선에서 생명을 가지기 때문입니다. 이것에 관해서는 본서 6・59・136・242・286・292항을 참조하시고, ≪새 예루살렘의 교리≫ 11-27항을 참조하십시오. 그리고 그 선들이나 그것에서 비롯된 진리들이 무한히 다종다양하다는 것은 ≪천계와 지옥≫ 56・71・405・418・486・588항을 참조하시고, 작은 저서 ≪최후심판≫ 13항과 ≪천계비의≫ 684・690・3241・3267・3470・3519・3744-3746・3804・3986・4067・4149・4263・5598・6917・7236・7833・7836・9002항을 참조하십시오. 선들이나 그것에서 비롯된 진리들이 무한히 다종다양하다는 것은 교회가 그들 안에 있는 모든 천사나 사람이 그의 선 안에 있고, 그리고 그것에서 비롯된 그의 진리 안에 있기 때문입니다. 그러므로 역시 보편적인 천계는 주님사랑에 속한 정동들이나 이웃을 향한 인애에 속한 정동들에 일치하여 정리정돈되어 있고, 그리고 그것에서 비롯된 믿음의 정동들에 일치하여 정리정돈되어 있고, 그리고 모든 선은 이들 정동들에 속한 것입니다.

430[B]. [4] 숫자 "십사만사천"(144,000)이나 또는 일만이천에 열둘(12)을 곱한 것이 복합체 안에 있는 그들의 종(種)과 유(類)에 관한 선에서 비롯된 모든 진리들을 뜻합니다. 이러한 내용이나 뜻은 묵시록서의 아래 장절에 있는 열둘(12)에 열둘(12)을 곱한 것을 가리키는 "백사십사"(144)의 뜻에서 잘 알 수 있겠는데, 그 장절에는 숫자들로 표현된 측량에 의하여 예루살렘 성읍이 기술되었습니다. 그 성벽의 측량에 관해서는

7장 1-17절

이렇게 언급되었습니다. 묵시록서의 말씀입니다.

> 그가 성벽을 재어 보니, 사람의 치수로 백사십사 규빗이었는데, 그것은 천사의 치수이기도 합니다(묵시록 21 : 17).

여기서 "도시 예루살렘"은 주님에 의하여 장차 세워질 새로운 교회(a new church)를 뜻하고, 그리고 그것의 교리를 뜻합니다. 그러므로 언급, 거명된 모든 것들은, 예를 들면 "성벽"(the wall)·"대문들"(the gates)·"주춧돌들"(the foundations) 등등은 그 교회에 속한 그런 것들을 뜻하고, 결과적으로는 영적인 것들을 뜻합니다. 그리고 여기서는 그 교회와 그 교회의 교리가 "예루살렘 도시"에 의하여 문자적인 뜻으로 기술되었기 때문에, 그리고 하나의 도시가 측량될 수 있었기 때문에, 그러므로 그 교회에 속한 영적인 것들은 숫자들에 표현된 치수(=계량)에 의하여 지시, 명명되었고, 그리고 숫자 "일백사십사"(144)나 "열둘에 열둘을 곱한 것"에 의하여 표현된 그것의 성벽의 수치는 온전한 복합체 안에 있는 선에서 비롯된 진리들을 뜻합니다. 왜냐하면 "성벽"(a wall)은 온갖 거짓들이나 악들에 대하여 방어하는 진리들(truths defending)을 뜻하기 때문입니다. 이런 내용이 이 숫자들의 뜻이라는 것은 "일백사십사 규빗"이었는데, 그것이 "사람의 치수이고, 천사의 치수이다"는 그 치수에 관해서 언급된 것에서 아주 명확합니다. 만약에 영적인 뜻으로 수치가 숫자와 같은 뜻을 가지고 있는 것을 알지 못하면, 다시 말하면 다루고 있는 사물의 성질이나 성품을 뜻한다는 것을 알지 못하면, 우리의 본문절이 뜻하는 것이 무엇인지 알 수 없습니다. 그리고 "사람"이 영적인 정동에서 비롯된 진리의 수용을, 다시 말하면 선이나 그것에서 비롯된 총명에서 비롯된 진리의 수용을 뜻한다는 것을 알 수 없습니다. 사람은 그가 선에서 비롯된 진리들 안에 있을 때 사람이 천사이기 때문에, 그리고 또한 사람이 사후(死後)에 천사가 되기 때문에, "천사"는 동일한 뜻을 가지고 있습니다. 숫자 "십사만사천"(144,000)도 동일한 뜻을 가지고 있습니다. 왜냐하면 만약에 그것이 동일한 근원에서 비롯된 것이라면, 큰 숫자들이든 작은 숫자들이든, 그것은 꼭 같은 뜻을 가지고 있기 때문에, 큰 숫자는 군중이 클 때에는, 또는 수많은 종류들을 포함하고 있을 때에는, 마치 우리의 본문과 같이 "십사만사천"(144,000)과 같이, 그리고 여러 종류들을 포함하고 있을 때는 그것의 선용(=씀씀이・善用・use)을 이루는 "각 지파에서 나온 도장을 받은 일만이천"(12,000)이 뜻하는 선에서 비롯된 모든 종류의 진리들을 포함하고 있습니다. 그리고 "일백사십사 규빗"이라고 언급된 성벽의 수치도, 숫자적으로 열둘(12)을 가리키는 대문들이나 주춧돌들과 같은 뜻을 포함하고 있습니다.
[5] 그러므로 대문들이나 주춧돌들에 관해서 이렇게 언급되었습니다. 묵시록서의 말씀입니다.

그 도시(=새 예루살렘)에는 높고 큰 성벽이 있고, 거기에는 열두 대문이 달려 있었습니다. 그 열두 대문에는 열두 천사가 지키고 있었고, 이스라엘 자손 열두 지파의 이름이 적혀 있었습니다. …… 그 도시의 성벽에는 주춧돌이 열두 개가 있고, 그 위에는, 어린 양의 열두 사도의 열두 이름이 적혀 있었습니다. …… 그 성벽의 주춧돌들은 각색 보석으로 꾸며져 있었습니다. …… 또 열두 대문은 열두 진주로 되어 있는데, 그 대문들이 각각 진주 한 개로 되어 있었습니다(묵시록 21 : 12, 14, 19-21).

"새 예루살렘"이 새로운 교회(a new church)를 뜻한다는 것을 알 때 여기서와 같이 아주 자주 사용된 숫자 "열둘"(12)이 그 교회를 구성하는 으뜸되고, 중요한 요소들을 뜻한다는 것을 어느 누가 모르겠습니까? 그 교회를 구성하는 으뜸되고 중요한 요소들은 선에서 비롯된 진리를 가리킵니다. 왜냐하면 교회에 속한 모든 것은 그것에서 비롯되기 때문이고, 그리고 진리가 그 교회의 교리를 구성하고, 그리고 선이 교리에 일치하는 삶을 구성하기 때문입니다. 그러나 "대문들"이나 "주춧돌들"의 뜻은 그 장(=묵시록 21장)이 설명될 때에 언급되겠습니다.

[6] 숫자 "열둘"(12)이 모든 것을 뜻하기 때문에, 그리고 선에서 비롯된 진리들을 서술하기 때문에, 그리고 "새 예루살렘"이 새로운 교회(a new church)를 뜻하기 때문에, 그러므로 그 도시 자체의 치수는 동일한 숫자에 속한 다양한 뜻을 나타내고 있습니다. 묵시록서의 말씀입니다.

> 그 도시는 네 모가 반듯하고, 가로와 세로가 같았습니다. 그가 자막대기로 그 도시를 재어 보니, 가로와 세로와 높이가 서로 똑같이 만이천 스타디온이었습니다(묵시록 21 : 16).

여기서 영적인 뜻으로 "길이(=가로)·너비(=세로)·높이"가 뜻하는 것이 무엇인지는 아래의 그것의 설명에서 언급하겠습니다. "도시"(the city)는 그 뜻으로 그 교회의 교리를 뜻하고, "만이천 스타디온"은 선에서 비롯된 그것의 모든 진리들을 뜻합니다.

[7] 숫자 "열둘"이 그 강 양쪽의 나무들의 열매들과 관련해서 여기에 또 사용되었습니다. 묵시록서의 말씀입니다.

(그 강은) 도시의 넓은 거리 한가운데를 흘렀습니다. 강 양쪽에는 열두 종류의 열매를 맺는 생명 나무가 있어서, 달마다 열매를 내고, 그 나뭇잎은 민족들을 치료하는데 쓰입니다(묵시록 22 : 2).

"그 도시의 거리들"(the streets of the city)이 교리에 속한 진리들을 뜻하기 때문에, 그리고 "거기에서 흘러나온 강"은 총명을 뜻하기 때문에, "생명 나무"는 주님에게서 비롯된 선에서 비롯된 진리의 지각을 뜻하기 때문에, "열매들"은 진리들이 그것에서 비롯된 선을 뜻하기 때문에, 여기서 "열둘"(12)이 선에서 비롯된 진리들을 뜻한다는 것, 그리고 그것을 통해서 비롯된 총명을 뜻한다는 것, 그것들로 그 교회가 이루어진다는 것은 아주 명료합니다.

[8] 표징적인 교회(a representative church)가 야곱의 자손들 가운데 세워질 것이기 때문에, 그가 열두(12) 아들들을 두어야 했던 것은 주님에 의하여 미리 장만되었습니다(창세기 29 : 32-35 ; 30 : 1-25 ; 35 : 22-26). 따라서 이들 모두는 그 교회의 모든 것들을 표징하고, 그리고 각자는 그의 본분이나 직분을 표징하고, 그리고 이것이 그들에게서 열두 지파들이 생겨난 이유입니다(창세기 49 : 28). 그리고 이런 것들이 그 교회의 모든 것들을 뜻하고, 각각의 지파는 그 교회의 그 어떤 본질적인 것을 뜻합니다. 그러므로 지금 여기에 뒤이어지는 것에서는 "각 지파에서 나온 도장을 받은 일만이천 명"이 언급되었고, 그리고 이들은 선에서 비롯된 진리들이 모든 것들과 함께 그 교회를 형성하는 것이기 때문에, 그 교회의 본질적인 것 안에 있는 자들을 뜻하고, 또한 선에서 비롯된 그 종류의 진리들 안에 있는 자들을 뜻합니다. 왜냐하면, 위에서 언급한

것과 같이, 진리는 교리에 속한 것이고, 그리고 선은 삶(=생명)에 속한 것이기 때문입니다. 선에서 비롯된 진리가 무엇인지, 그것의 성질이 무엇인지는 ≪새 예루살렘의 교리≫ 24항을 참조하십시오.

[9] 야곱의 열두(12) 아들들에게서 명명된 열두 지파들은 그 교회를 표징하기 때문에, 그리고 그것에 속한 모든 것들을 표징하기 때문에, 숫자 "열둘"(12)은 그런 뜻 때문에 다종다양한 관련, 관계에서 채용되었습니다. 민수기서의 말씀입니다.

> 이 사람들은, 모세와 아론이, 각 집안에서 한 사람씩 뽑힌 이스라엘의 열두 지도자들과 함께 조사하여 등록시킨 사람들이다(민수기 1 : 44).
> 제단에 기름을 부어서 제단을 거룩하게 하던 날, 이스라엘 지도자들이 바친 제단 봉헌 제물은 모두 은쟁반이 열둘, 은대접이 열둘, 금잔이 열둘이다. …… 번제물로 바친 짐승은, 수송아지가 열두 마리, 숫양이 열두 마리, 열 년 된 숫양이 열두 마리이다. …… 숫염소 열두 마리는 속죄제물로 바친 것이다(민수기 7 : 84, 87).

그들이 가지고 온 이런 것들의 각각은 선에서 비롯된 진리들과 관계를 가지고 있고, 그런 것들을 뜻합니다. 그래서 또한 신명기서의 말씀입니다.

> 가나안 땅을 탐지하기 위하여 열두 사람을 파견하였다(신명기 1 : 24).

왜냐하면 여기서 "가나안 땅"은 교회를 뜻하기 때문입니다. 그래서 또한 출애굽기서의 말씀입니다.

판결 가슴받이, 즉 우림과 둠밈에는 열두 개의 보석들이 있었다
(출애굽 28 : 21 ; 39 : 14).

여기서 "보석들"은 선에서 비롯된 진리들을 뜻합니다. 그래서
또 이렇게 기술되었습니다. 레위기서의 말씀입니다.

과자 열두 개를 구워, 한 줄에 여섯 개씩 두 줄로, 주의 앞, 순금
상 위에 차려 놓아라(레위기 24 : 5, 6).

"빵"(=과자)은 사랑에 속한 선을 뜻하고, "상"(table)은 그것의
영접, 수용을 뜻하고, 따라서 또한 일반적으로 진리들을 뜻합
니다. 그 이유는 진리가 선을 영접, 수용하는 것을 뜻하기 때
문입니다. 또 출애굽기서의 말씀입니다.

모세는 주의 모든 말씀을 기록하고, 아침 일찍 일어나서, 산기슭
에 제단을 쌓고, 이스라엘의 열두 지파를 따라 기둥 열두 개를 세
웠다(출애굽 24 : 4).

왜냐하면 "제단"은 교회에 속한 선을 뜻하기 때문이고, 그리고
"기둥들"(pillars)은 그것의 진리들을 뜻하고, 그것으로 말미암
아 "제단과 열두 기둥들"은 그것에 의하여 교회가 존재하는
선에서 비롯된 진리들을 뜻하기 때문입니다.
[10] 또한 여호수아서의 말씀입니다.

각 지파에서 뽑은 열두 사람들이 길갈에 세운 돌 열두 개를 요단
강 가운데로 가져왔다. …… 이것이 너희들에게 기념물이 될 것이

다. 훗날 너희 자손이 그 돌들이 지닌 뜻이 무엇인지를 물을 때
에, 그들에게, 주의 언약궤 앞에서 요단 강 물이 끊기었다는 것과,
…… 요단 강 물이 끊기었으므로 그 돌들은 이스라엘 자손에게
영원토록 기념물이 될 것이다. …… 여호수아는 요단 강 가운데
언약궤를 메었던 제사장들의 발이 머물렀던 곳에다가 열두 개의
돌을 세웠다. …… 여호수아는 요단 강에서 가져온 돌 열두 개를
길갈에 세웠다(여호수아기 4 : 1-9, 20).

성경말씀에서 "요단"은 교회에의 입문(入門)을 뜻하고, 그리고
"돌들"은 그것에서 비롯된, 그리고 가운데 있는, 그것을 통해
서 입문이 이루어지는 교회에 속한 진리들을 뜻합니다. 그래
서 열왕기 상서의 말씀입니다.

> 엘리야는 …… 야곱의 아들들의 지파 수대로, 열두 개의 돌을 모
> 았다. 이 돌을 가지고 엘리야는, 주의 이름을 따라서 제단을 쌓
> 았다(열왕기 상 18 : 31, 32).

"제단"은 교회에 속한 선을 뜻하고, "돌들"은 그것의 진리들을
뜻합니다.
[11] 민수기서의 말씀입니다.

> 미디안에게 원수를 갚으려고 …… 이스라엘 모든 족속에서 각 지
> 파마다 천 명씩이 전쟁에 나가려고 무장을 하고 나섰는데, 그 수
> 는 만이천 명이었다. …… "우리 쪽에서는 한 사람도 실종되지 않
> 았기에, 주께 예문을 가져 왔습니다"(민수기 31 : 5, 6, 49, 50).

왜냐하면 여기서 "미디안"은, 그것들에 따라서 사는 삶 안에는
있지 않지만, 진리에 속한 지식들 안에 있는 자들을 뜻하기 때

문입니다. 그러므로 일만이천(12,000)은 그들과 싸우기 위하여 보내졌습니다. 그들에게서 빼앗은 "매우 많은 전리품"(the great spoil)은, 이스라엘 자손이 이집트에서 가져온 것인 "의복·은붙이·금붙이"와 같은 동일한 뜻을 가지고 있습니다(출애굽 3 : 22 ; 12 : 35, 36). 그리고 그들이 자신들의 친구들을 만드는 "불의한 재물"(unrighteous mammon)(누가 16 : 9)과 동일한 뜻을 가리킵니다. 다시 말하면 그들이 삶에서는 아니지만, 교리로서 가지고 있는 그것에서 비롯된 진리의 지식들을 뜻합니다..
[12] 열왕기 상서의 말씀입니다.

열두 마리의 놋쇠 황소가 바다 모양 물통을 떠받치고 있었다(열왕기 상 7 : 25, 44).

"놋쇠 바다"(the brazen sea)는 선에서 비롯된 진리를 뜻하고, 그것 안에 있는 "물"은 진리를 뜻하고, 그것을 만든 재료인 "놋쇠"(黃銅·brass)은 선을 뜻하고, "열두 마리의 황소"는 기초로서 섬기는 모든 선들이나, 그것에서 비롯된 모든 진리들을 뜻합니다. 그러므로 같은 책에 이런 말씀도 있습니다.

왕(=솔로몬)은 상아로 큰 보좌를 만들고, …… 보좌로 오르는 층계에는 계단이 여섯이 있었으며, …… 여섯 개의 계단 양쪽에도 각각 여섯 개씩 열두 개의 사자 상이 서 있었다(열왕기 상 10 : 18-20).

여기서 "솔로몬의 보좌"는, 선에서 비롯된 진리들에 의하여 행해지는 심판(judgment)을 뜻하고, 그리고 그것은 신령선에서 비롯된 신령진리를 표징합니다. "사자들"(lions)은 그것들의 능력(power) 가운데 있는 천계나 교회의 진리들을 뜻하고, "열둘"(12)은 모두를 뜻합니다(본서 253[B]항 참조).
[13] 이스마엘에 관해서 언급된 말씀입니다.

> 내가 반드시 이스마엘에게 복을 주어서, 그가 자식을 많이 낳게 하고, 그 자손이 크게 불어나게 할 것이다. 그에게서 열두 명의 영도자가 나오게 하고, 그가 큰 나라를 이루게 하겠다(창세기 17 : 20 ; 25 : 16).

이러한 이유 때문에 "이스마엘"은 선에서 비롯된 그것의 모든 진리들을 가지고 있는 외적인 교회(the external church)를 뜻합니다. 열왕기 상서의 엘리사에 관한 말씀입니다.

> 엘리야는 …… 엘리사와 마주쳤다. 엘리사는 열두 겨리소를 앞세우고 밭을 갈고 있었다. …… 엘리야가 엘리사의 곁으로 지나가면서 자기의 외투를 그에게 던져 주었다(열왕기 상 19 : 19).

이런 일이 행해지고 언급된 것은 엘리야나 엘리사가 성언(聖言)의 측면에서 주님을 표징하기 때문인데, 성경말씀에는 선에서 비롯된 모든 진리들이 있습니다. 결과적으로 이와 같은 표징이 엘리야에게서 엘리사에게 전가(轉嫁)되었을 때, 그 일은 엘리야가 그의 외투를 엘리사에게 던져 주는 것이 뜻합니다. 그 때 엘리사는 황소 열두 겨리로 밭을 갈고 있을 때, 그는 열두 겨리를 끌고서 밭을 갈고 있었습니다. 여기서 그것은 성경말씀에서 나온 선에서 비롯된 진리들에 의한 교회의 형성(=설시·formation)을 뜻합니다(본서 395[B]항 참조). 묵시록서에는 그것이 이렇게 언급되었습니다. 묵시록의 말씀입니다.

> 하늘에 큰 표징이 나타났는데, 한 여자가 태양을 둘러 걸치고, 달을 발 밑에 밟고, 열두 별이 박힌 면류관을 머리에 쓰고 있었습니다(묵시록 12 : 1).

이런 표징이 나타난 것은 "여자"(a woman)가 교회를 뜻하기 때문이고, "별들"(stars)은 진리에 속한 지식들을 뜻하고, "면류관"(a crown)은 이런 지식들에 속한 선을 뜻하기 때문입니다. 그리고 "머리"(head)는 총명을 뜻합니다.
[14] 주님의 열두 제자들도, 이스라엘의 열두 지파와 같이, 꼭 같은 동일한 표징을 갖습니다. 다시 말하면 그들은 공통적으로 교회를 표징하고, 그리고 그들의 각자는 교회의 본질적인 것을 표징합니다. 이런 이유 때문에 그들은 열둘이 있었습니다.
430[C]. 이렇게 볼 때 그 교회와 그 교회의 교리를 뜻하는 새 예루살렘(the New Jerusalem)이 언급된 이유와 그것이 뜻하는 것이 무엇인지 잘 알 수 있겠습니다. 또 묵시록서의 말씀입니다.

> 그 도시에는 높고 큰 벽이 있고, 거기에는 열두 대문들이 달려 있었습니다. 그 열두 대문에는 열두 천사가 지키고 있고, 이스라엘 자손 열두 지파의 이름이 적혀 있었습니다. …… 그 도시의 성벽에는 주춧돌이 열두 개가 있고, 그 위에는, 어린 양의 열두 사도의 열두 이름이 적혀 있었습니다(묵시록 21 : 12, 14).

여기서 "열두 천사들" "열두 지파들" "열두 사도들"은, 천사나 지파나 사도들을 뜻하지 않고, 오히려 그 교회에 속한 모든 것들을 뜻합니다. 이와 마찬가지로 복음서에는 이런 말씀이 언급되었습니다.

"내가 진정으로 너희에게 말한다. 새 세상에서 인자가 자기의 영광스러운 보좌에 앉고 만물이 새롭게 될 때에, 나를 따라온 너희도 열두 보좌에 앉아서, 이스라엘 열두 지파를 심판할 것이다(마태 19 : 28 ; 누가 22 : 30).

이 장절의 말씀도 열두 보좌에 앉아서 이스라엘 열두 지파를 심판할 것이라는 사도들을 뜻하지 않고, 오히려 주님께서 홀로 신령선에서 비롯된 신령진리에 의하여 모두를 심판하시는 것을 뜻합니다(본서 9 · 206 · 253[B] · 270 · 297 · 333항 참조).
[15] 여기서 "열둘"(12)이 모든 것들을 뜻한다는 것을 알지 못하는 사람은 이런 장절들이 뜻하는 비의(秘義)를 알 수 없습니다. 복음서의 이른바 오병이어(五餅二魚)의 이적에 관한 말씀입니다.

빵 다섯 개와 물고기 두 마리를 가지고, 어른들만 오천 명쯤 먹이신 뒤에, 남은 빵 부스러기를 모으니, 열두 광주리에 가득찼다. 먹은 사람은 여자들과 어린 아이들 밖에, 남자 어른만도 오천 명쯤 되었다(마태 14 : 15-21 ; 마가 6 : 37-44 ; 누가 9 : 12-17 ; 요한 6 : 9-13).

이들 숫자들과 함께 개별적인 것들은 표의적인 것입니다. "여자들과 어린 아이들 밖에, 남자 어른만 오천 명"이라는 말씀은 선에서 비롯된 진리들 안에 있는 교회에 속한 자들 모두를 뜻하고, 그리고 "남자들"(the men)은 진리들 안에 있는 자들을 뜻하고, "여자들과 아이들"은 선 안에 있는 자들을 뜻합니다. "덩어리들"(=빵 덩어리들·loaves)은 선을 뜻하고, "물고기들"(fishes)은 자연적인 사람의 진리들을 뜻하고, "먹는다"(食事·eating)는 것은 주님에게서 비롯된 영적인 양분을 뜻하고, "남은 부스러기 열두 광주리"는 충분함이나 넉넉함 가운데 있는 진리의 지식들이나 그것에서 비롯된 선을 뜻합니다.
[16] "열둘"(12)이 모든 것들을 뜻하기 때문에, 그리고 그것은 그 교회를 형성하는 선에서 비롯된 진리들을 뜻합니다. 누가복음서의 말씀입니다.

> 예수가 열두 살이 되는 해에도 그들은 절기관습을 따라 유월절을 지키러(예루살렘에) 올라갔다. …… (그는 아버지와 어머니를 떠나) 그는 선생들 가운데 앉아서, 그들의 말을 듣기도 하고, 그들에게 묻기도 하고 있었다(누가 2 : 42, 46).

이 장절은 천계와 교회에 속한 모든 것들에 대한 그분의 신령인성의 시작과 입문을 뜻합니다. 그러므로 그분을 찾았을 때 그분은 이렇게 말씀하셨습니다.

> 내가 내 아버지의 집에 있어야 할 줄을 알지 못하셨습니까?(누가 2 : 49).

"열둘"(12)이 모든 것들을 뜻하기 때문에, 그리고 선에서 비롯된 진리들을 서술하기 때문에, 주님께서는 이런 말씀을 하셨습니다. 요한복음서의 말씀입니다.

> 낮은 열두 시간이나 되지 않느냐? 사람이 낮에 걸어다니면, 이

7장 1-17절

세상의 빛을 보므로, 걸려서 넘어지지 않는다(요한 11 : 9).

여기서 "낮"(=날·day)은 선에서 비롯된 진리들 안에 있는 예증(例證)을 뜻하고, 그리고 "한 날의 열두 시"는 선에서 비롯된 진리에 속한 모든 것들을 뜻하고, "걷는다"(to walk)는 것은 사는 것을 뜻하기 때문에, 그러므로 이런 낱말들은 영적인 뜻으로, 예증 가운데 선에서 비롯된 어떤 종류의 진리 가운데서 사는 사람을 뜻하고, 그러나 온갖 거짓들로 빗나가지 않고 사는 사람을 뜻합니다. "열둘"이 모든 것들을 뜻하기 때문에, 주님께서 하신 말씀입니다. 마태복음서의 말씀입니다.

너희는, 내가 내 아버지께, 당장에 열두 군단 이상의 천사들을 내 곁에 세워 주실 것을 청할 수 있다고 생각하지 않느냐?(마태 26 : 53).

여기서 "천사들의 열두 군단"은 전 천계를 뜻하고, 그리고 "이들 보다 더 많다"는 것은 신령전능을 뜻합니다.
[17] 이렇게 볼 때 지금 여기서 밝히 알 수 있는 것은 우리의 본문 "각 지파에서 나온 십사만사천 명"이 뜻하는 것이 무엇인지, 다시 말하면 선에서 비롯된 모든 진리들 안에 있는 모두를 뜻한다는 것을 잘 알 수 있겠습니다. 여기서 "각 지파에서 나온 일만이천 명"은 그 이름으로 명명(命名)된 지파가 뜻하는 선에서 비롯된 그 종류의 진리들 안에 있는 모두를 뜻합니다. 결과적으로 일만이천(12,000)은 숫자 일만이천을 뜻하지 않고, 또한 유다·르우벤·갓·아셀·납달리·므낫세·시므온·레위·잇사갈·스불론·요셉·베냐민 지파에 속한 자들을 뜻하지 않습니다. 더욱이 이들 모두, 다시 말하면 "십사만사

천"(144,000)은 최후심판에 앞서 천계에 올리워질 자들을 뜻한다는 것을 필히 알아야 하겠습니다. 그러나 그 뒤에 언급된 우리의 본문장 9절부터 마지막절까지는 최후심판 때까지 주님에 의하여 보호, 간수된 자들을 뜻하고, 그리고 그들은 그 때 제일 먼저 천계에 올리워지는 자들을 뜻한다는 것입니다. 이들에 관해서는 본서 391[A]・392[A]・394・397항을 참조하십시오. 왜냐하면 선에서 비롯된 진리들 안에 있는 자들은 최후심판 전에 천계에 영접, 수용되지만, 그러나 선 안에 있고, 아직까지 진리들 안에 있지 않는 자들은 보호, 간수되고, 그러는 동안 그들은 천계를 위하여 교육을 받고, 천계를 준비하여야 하기 때문입니다. 이들은 그 뒤에 더 상세하게 다루어지겠습니다. 최후심판 전에 천계에 올리워지는 자들은 묵시록서 14장에 언급된 자들이 뜻합니다. 묵시록서의 말씀입니다.

또 내가 보니 어린 양이 시온 산에 서 있었습니다. 그 어린 양과 함께 십사만사천 명이 서 있었는데 그들의 이마에는 어린 양의 이름과 그의 아버지의 이름이 적혀 있었습니다(묵시록 14 : 1).

이들에 관한 그 책의 말씀입니다.

그들은 보좌와 네 생물과 그 장로들 앞에서 새 노래를 부르고 있었습니다. 땅으로부터 속량을 받은 십사만사천 명 밖에는, 아무도 그 노래를 배울 수 없었습니다. 그들은 여자들로 더불어 몸을 더럽힌 일이 없는, 정절을 지킨 사람들입니다. 그들은 어린 양이 가는 곳이면, 어디든지 따라다니는 사람들입니다. 그들은 사람 가운데서 하나님과 어린 양에게 드리는 첫 열매로 속량을 받았습니다(묵시록 14 : 3, 4).

7장 1-17절

여기의 사람들은, "첫째 부활에 참여한 사람들"이 뜻하는, 꼭 같은 자들입니다. 그리고 나머지 다른 자들은 "둘째 부활에 참여한 자들"이 뜻합니다(묵시록 20 : 4-6).

431[A]. "열둘"(12)이 모든 것을 뜻한다는 것, 그리고 선에서 비롯된 진리들에 관해서 서술한다는 것 등 상세한 내용을 입증하였습니다. 그러나 지금은 "열두 지파들"(the twelve tribes)이 교회에 속한 모든 것들을 뜻하고, 각각의 지파는 교회에 속한 그 어떤 보편적인 것이나 본질적인 것을 뜻한다는 것을 입증하고자 합니다. 표징적 교회(a representative church)가 숫자적으로 그의 아들들이 열둘이라는 야곱의 아들들로 주님에 의하여 세워질 것이기 때문에, 표의적인 이름들(significative names)이 그들에게 주어졌다는 것, 동일한 이름들에 의하여 알고 있듯이 열두 지파들이 이들에게서 비롯되었다는 것 등은 그들이 표징하는 그 교회에 속한 모든 것들을 뜻합니다. 그리고 각각의 지파는 그것에 속한 어떤 보편적인 것이나 본질적인 것을 뜻합니다. 그 때 각각의 지파가 뜻하고, 표징하는 것이 무엇인지는 아래에서 설명되겠습니다. 교회에 속한 모든 것들이 선에서 비롯된 진리들과 관계를 가지고 있기 때문에, 그러므로 "열두 지파들"은 복합체적으로는 선에서 비롯된 진리들을 뜻합니다. 그들이 "지파들"(tribes)이라고 불리운 것은, 어원이나 히브리어에서 "지파"를 만든 두 낱말들은 하나는 홀(笏·scepter)과 막대기(長竿·a rod)를 뜻합니다. 여기서 "홀"(笏·scepter)은 통치(統治·government)와 관계되는 신령진리를 뜻하고, 그리고 막대기(=장간·rod)은 능력(=힘·power)과 관계되는 신령진리를 뜻합니다.

[2] 이와 같은 유래(=기원·derivation)나 뜻(signification) 때문에 백성이 그들에 대한 통치나 그들에게 행사되는 능력이나 권한에 대하여 불평할 때 이런 것이 명령되었습니다. 민수기서의 말씀입니다.

> 각 종족별로 우두머리마다 지팡이가 하나씩 있어야 하기 때문이다. 너는 그것들을 회막 안, 내가 너희에게 나 자신을 알리는 곳인 그 증거궤 앞에 두어라. 내가 택하는 바로 그 한 사람의 지팡이에서는 움이 돋아날 것이다. 너희를 거역하여 불평하는 이스라엘 자손의 불만을 내가 없애고야 말겠다. …… 레위 집안 아론의 지팡이에는 움이 돋았을 뿐만 아니라 싹이 나고, 꽃이 피고, 감복숭아 열매까지 맺은 것이 아닌가!(민수기 17 : 3-8).

왜냐하면 여기서 "지팡이들"(=막대기들·a rods·長竿)은 앞에서 언급한 것과 같이 "지팡이들"이 갖는 뜻과 동일한 뜻을 뜻하고, 아론의 이름이 그 위에 쓰여진 "레위의 지팡이"(the rod of Levi)는 "레위 지파"가 뜻하는 것과 동일한 뜻을 가지고 있고, 그리고 "아론"이 뜻하는 대제사장이 뜻하는, 다시 말하면 이웃을 향한 인애의 선과 주님사랑에 속한 선을 가지고 있기 때문입니다. "레위 지파"는 인애에 속한 선을 뜻하고 있고, "제사장 아론"(Aaron the priest)은 사랑에 속한 선을 뜻하기 때문입니다. 결과적으로 이 지팡이는 중앙에 두었고, 그리고 감복숭아 꽃이 피었습니다. 여기서 "회막 안에 두었다"는 것은 그것에서 비롯된 모든 것들을 뜻하고(본서 313항 참조), "감복숭아"(almonds)는 삶에 속한 선들을 뜻합니다.
[3] "열두 지파들"이 교회에 속한 모든 것들, 즉 복합체 안에 있는 선에서 비롯된 진리들을 뜻하기 때문에 출애굽기서에 이

런 말씀이 언급되었습니다.

> 아론을 위하여 가슴받이를 만들었는데, 그것은 우림과 둠밈(the Urim and Thummim)이라고 불리웠고, 그리고 그것은, 그것 위에 열두 지파의 이름들이, 또는 이스라엘의 열두 아들들의 이름들이 새겨진 열두 보석들로 짠 것으로 만들어졌습니다(출애굽 28 : 15-30 ; 39 : 8-21, 29).

천계에서부터 이것을 통해서 응답들이 주어졌다는 것은 잘 알고 있지만, 그러나 지금까지 무슨 근원에서 그것이 계시되었는지는 알려지지 않고 있습니다. 그러므로 그것에 관해서 언급, 설명하고자 합니다. 천사적인 천계에 있는 모든 것들은 태양이신 주님에게서 발출됩니다. 그러므로 본질적으로 그 빛은 신령진리를 가리키고, 천사들은 그것에서부터 자신들의 모든 총명이나 지혜를 취하고, 역시 사람들은 영적인 것들 안에서 총명이나 지혜를 얻습니다. 천계에서 이 빛은 영접, 수용하는 선에서 비롯된 진리들에 따라서 다종다양한 빛깔로 수정, 변형됩니다. 이런 이유 때문에 성경말씀에서 선에서 비롯된 진리들은 대응으로 말미암아 여러 색깔들을 뜻합니다. 결과적으로 우림과 둠밈에 박혀 있는 보석들의 색깔에서 비롯되는 광채(光彩)에 의하여 응답들이 주어집니다. 그리고 그 때 동시에 그 광채에 대응하는 살아 있는 소리나 무언(無言)의 지각에 의하여 응답들이 주어지기도 합니다. 이러한 사실은 돌들 위에 새겨진 이름들의 "열두 지파들"은 동일한 뜻을 지닌다는 것이 아주 명료하게 합니다. 이런 내용에 관해서는 ≪천계비의≫에 언급되고 입증된 것, 다시 말하며 천계에 있는 색깔들은 거기에 있는 빛에서 비롯된다는 것, 그리고 그것들은 수용에 일치하는 빛의 조절들이나 변화이고, 또한 여러 색깔의 다양화들이라는 것 등은 ≪천계비의≫ 1042·1043·1053·1624·3993·4530·4742·4922항을 참조하십시오. 따라서 그것들은 선에서 비롯된 진리들의 외현(外現)들이라는 것이나, 총명이나 지혜에 속한 그런 것들을 뜻한다는 것은 같은 책 4530·4677·4922·9466항을 참조하십시오. 색깔들의 붉은 색(red)에서 유래, 획득된 것에 비례하여 그것들은 선을 뜻하고(같은 책 9467항 참조), 일반적으로 "돌들"(stones)이 진리들을 뜻한다는 것은 같은 책 643·1298·3720·6426·8609·10376항을 참조하시고, "보석들"(precious stones)이 선에서 비롯된 진리들을 뜻한다는 것, 따라서 "열두 보석들"이 교회나 천계에 있는 선에서 비롯된 모든 진리들을 뜻한다는 것은 같은 책 9863·9865·9868·9873·9905항을 참조하시고, 에봇에 있는, 그리고 우림이나 둠밈이라고 불리우는 "판결의 가슴받이"(the breastplate of judgment)가 일반적으로 신령선으로 말미암아 빛을 발하는 진리를 뜻한다는 것은 같은 책 9823항을 참조하시고, "우림"(Urim)이 빛을 발하는 불꽃을 뜻하고, "둠밈"(Thummim)이 천사적인 언어로 광휘(光輝·resplendence)를 뜻하지만, 그러나 히브리어에서는 고결(高潔·integrity)을 뜻한다는 것 등은 같은 책 9905항을 참조하십시오. 그러므로 "우림과 둠밈"이 대응으로 말미암아 궁극적인 것들 안에 있는 신령선에서 비롯된 신령진리의 광휘를 뜻합니다(같은 책 9905항 참조). 거기에는 보석들에서 비롯된 빛의 다양한 색채들에 의한 응답이 있다는 것, 그 때 동시에 살아 있는 음성과 무언의 지각에 의한 응답 역시 있다는 것은 같은 책 3862항을 참조하십시오. 그 지파들이 천계나 교회에 속한 모든 신령진리를 뜻하기 때문에 열두 지파의 이름들이 그 보석들 위에 새겨 졌다는 것은 같은 책 3858・6335・6640・9863・9865・9873・9874・9905항을 참조하십시오. 그 밖의 상세한 개별적인 것들은 같은 책 9863・9864・9866・9891・9895항을 참조하십시오.

[4] 선에서 비롯된 진리들, 또는 진리들을 통한 선이 모든 능력을 가지고 있기 때문에 이렇게 언급되었습니다. 출애굽기서의 말씀입니다.

> 너는 홍옥수 두 개를 구해다가, 그 위에 이스라엘의 아들들의 이름을 새겨라. 태어난 순서를 따라서 한 보석에 여섯 명의 이름을 새기고, 또 다른 보석에 나머지 여섯 명의 이름을 새겨라. …… 이 두 보석은 이스라엘 지파들을 상징하는 기념 보석이니, 에봇의 양쪽 멜빵에 달아라. 아론이 이렇게 그들의 이름을 자기의 두 어깨에 짊어지고 다니면, 내가 나의 백성을 늘 기억하겠다(출애굽 28 : 9-14 ; 39 : 6, 7).

이것이 신령선에서 비롯된 신령진리의 능력을 뜻하고, 따라서 사랑의 선 안에 있는 진리를 수용한 자들이 가지고 있는 능력을 뜻합니다. 왜냐하면 얼룩마노(=홍옥수・onyx stones)가 사랑에 속한 선에서 비롯된 진리들을 뜻하고, "어깨들"(shoulders)이 능력을 뜻하고, "열두 지파들"이 선에서 비롯된 진리들 안에 있는 자들을 뜻하기 때문입니다. 신령선에서 비롯된 신령진리가 모든 능력을 갖는다는 것, 그것에서 비롯된 그것을 수용한 자들이 능력을 가지고 있다는 것 등은 본서 209・333항을 참조하시고, 나의 저서 ≪천계와 지옥≫ 228-233항을 참조하시고, "어깨"가 온갖 종류의 능력이나 힘을 뜻한다는 것은 ≪천계비의≫ 4931-4937・9836항을 참조하십시오.

431[B]. [5] "지파들"이 교회에 속한 모든 것들을 뜻한다는 것은 아래의 장절들에게서 명확합니다. 마태복음서의 말씀입니다.

> 그 때에 인자가 올 징조가 하늘에서 나타날 터인데, 그 때에는 땅에 있는 모든 민족이 가슴을 치며, 인자가 큰 권능과 영광으로 하늘 구름을 타고 오는 것을 볼 것이다(마태 24 : 30).

묵시록서의 말씀입니다.

> 보아라, 그가 구름을 타고 오신다.
> 눈이 있는 사람은 다 그를 볼 것이요,
> 그를 찌른 사람들도 볼 것이다.
> 땅 위의 모든 족속이 그분 때문에
> 가슴을 칠 것이다.
> (묵시록 1 : 7)

이 말씀은 교회의 마지막 때에 주님께서는 성경말씀에서 속뜻에 의하여 당신 자신을 계시할 것을 뜻하고, 그리고 선에서 비롯된 진리들 안에 있는 자들은 주님 그분을 시인할 것이고, 심지어 악에서 비롯된 거짓들 안에 빠져 있는 자들까지도 주님을 볼 것이라는 것을 뜻합니다(본서 37-39항 참조). "땅 위의 모든 족속이 가슴을 칠 것이다"(=애곡・lament)는 말씀은 선에서 비롯된 모든 진리들은 멸망할 것이고, 악에서 비롯된 거짓들이 판을 칠 것이라는 것을 뜻합니다. "땅 위의 모든 족속"

은 교회에 속한 모두를 뜻하고, 또한 교회에 속한 모든 것들을 뜻합니다.
[6] 마태복음서의 말씀입니다.

> 예수께서 그들(=제자들)에게 말씀하셨다. "내가 진정으로 너희에게 말한다. 새 세상(=새 세대)에서 인자가 자신의 영광스러운 보좌에 앉고 만물이 새롭게 될 때에, 나를 따라온 너희도 열두 보좌에 앉아서 이스라엘 열두 지파를 심판할 것이다"(마태 19 : 28).

누가 복음서의 말씀입니다.

> 너희로 하여금 내 나라에 있으면서 내 밥상에서 먹고 마시게 하고, 보좌에 앉아서 이스라엘 열두 지파를 심판하게 하겠다(누가 22 : 30).

이 말씀은 만약에 "사도들" "보좌들" "이스라엘 지파들"이 뜻하는 것이 무엇인지 영적인 뜻으로 알지 못하는 사람은 어느 누구도 이해할 수 없습니다. 어느 누구가 주님께서 홀로 심판하시는 것을 제외하면 사도들이 심판하지 않는다는 것을 모르겠습니까? 왜냐하면 모든 사람은 그의 삶(=생명)에 일치하여 심판을 받기 때문이고, 그리고 주님을 제외하면 어느 누구도 모두의 삶(=생명)을 알 수 없기 때문이고, 사도들은 어느 개인의 삶까지도 알 수 없기 때문입니다. 그러나 영적인 뜻으로 "열두 사도들"(the twelve apostles)은 선에서 비롯된 모든 진리들을 뜻하고, "보좌에 앉는다"는 것은 심판을 뜻하고, "이스라엘의 열두 지파들"은 교회에 속한 자들 모두를 뜻하기 때문입니다. 그러므로 이 말씀들은 주님께서 신령진리로 말미암아 모두를 선 안에 있는 그것의 수용에 따라서 심판할 것을 뜻합니다.
[7] "사도들"의 뜻이나 "이스라엘 지파들"의 뜻은 묵시록서의 아래 말씀들에서 명료하게 이해할 수 있겠습니다. 묵시록서의 말씀입니다.

> 그 도시(=새 예루살렘)에는 높고 큰 성벽이 있고, 거기에는 열두 대문이 달려 있었습니다. 그 열두 대문에는 열두 천사가 지키고 있고, 이스라엘 자손 열두 지파의 이름이 적혀 있었습니다. …… 그 도시의 성벽에는 주춧돌이 열두 개가 있고, 그 위에는, 어린 양의 열두 사도의 열두 이름이 적혀 있었습니다(묵시록 21 : 12, 14).

여기서 "새 예루살렘"은 새 예루살렘을 뜻하지 않고, 또한 그것의 "성벽이나 대문들"도 성벽이나 대문들을 뜻하지 않고, 또한 "열두 지파들이나 열두 사도들"도 열두 지파들이나 열두 사도들을 뜻하지 않습니다. 이와 같은 것들의 개별적인 각각은 전적으로 다른 어떤 것들을 뜻합니다. 이러한 사실은 이런 것에서 전적으로 명확합니다. 즉 "새 예루살렘"은 교리의 측면에서 새로운 교회를 뜻합니다. 그러므로 "천사들" "지파들" "사도들"은 새로운 교회에 속한 그런 것들을 뜻하고, 그것에 속한 모든 것들은 진리나 선에 관계를 가지고 있고, 그리고 그것들의 결합과 관계를 가지고 있습니다. 결과적으로 선에서 비롯된 진리들과 관계를 가지고 있습니다. 그러나 이런 것들은 아래에 이어지는 것에서 설명된 것을 참조하시고, 그러나 그것들은 간략하게는 ≪새 예루살렘의 교리≫ 1항에 설명되었습니다.
[8] 시편서의 말씀입니다.

7장 1-17절

예루살렘아, 너는
모든 것이 치밀하게 갖추어진 성읍처럼,
잘도 세워졌구나.
저 지파들, 주의 지파들이
주의 이름을 찬양하려고
이스라엘의 전례를 따라
그리로 올라가는구나.
(시편 122 : 3, 4)

여기서도 역시 "예루살렘"은 교리의 측면에서 교회를 뜻합니다. 그 교회를 일컬어서 "모든 것이 치밀하게 갖추어진 성읍처럼 잘도 세워졌다"고 언급되었습니다. 그 교회의 교리에 속한 모든 것들이 잘 조화되고 일치할 때, 그리고 그 때 주님과 그분으로 말미암은 그분 사랑은 시작과 마지막처럼 상호적으로 주목하고 존중합니다. "성읍처럼 잘 세워졌다"는 말씀이 언급되었는데, 그것은 "성읍"(a city)이 교리를 뜻하기 때문이고, 따라서 주님을 우러르는 교리에 속한 진리들은 "저 지파들, 주의 지파들"이 뜻하기 때문입니다. 여기서 "지파들"은 진리들을 뜻하고, "주의 지파들"은 주님에게서 비롯된 선에서 비롯된 진리들을 뜻합니다. 그리고 거기에서 비롯된 예배는 "주의 이름을 찬양한다"(=감사한다·고백한다)는 말씀이 뜻합니다.

[9] "이스라엘"이 선에서 비롯된 진리들 안에 있는 교회를 뜻하기 때문에 이스라엘은 성경말씀에서 이렇게 불리웠습니다.

주의 종들 곧 주의 유산인

이 지파들을 보셔서라도 돌아와 주십시오.
(이사야 63 : 17 ; 예레미야 10 : 16 ; 51 : 19 ; 시편 74 : 2)

"이집트"가 자연적인 사람 안에 있는 지식들(=과학지들)을 뜻하기 때문에, 그리고 영적인 사람에 속한 지식들을 가리키는 선에서 비롯된 지식들이 그것들 위에 세워진 지식들(=과학지들)을 뜻하기 때문에, 이집트는 이렇게 불리웠습니다. 이사야서의 말씀입니다.

이집트는 지파들의 주춧돌이다(=이집트의 주춧돌들인 지파들).
(이사야 19 : 13)

"주춧돌"(=모퉁이 돌 · the corner stone)은 기초를 뜻합니다(본서 417[B]항 참조). 그리고 "가나안 땅"이 교회를 뜻하기 때문에, 그리고 "열두 지파들"이 교회에 속한 모든 것들을 뜻하기 때문에, 그리고 각각의 지파가 그 교회에 속한 보편적인 것이나 본질적인 그것을 뜻하기 때문에, 가나안 땅은 그 지파들 가운데 분할(分割)되었습니다(민수기 26 : 5-56 ; 34 : 17-28 ; 여호수아 15장). 이러한 사실은 새로운 땅이 다루어진 에스겔서에서 명확한데, 그 땅은 주님에 의하여 세워질 새로운 교회를 뜻합니다. 그리고 에스겔서 47장 13, 20절에는 이스라엘의 열두 지파에게 유산이 어떻게 분배될 것인지 예언되었고, 기술되었습니다. 그리고 이들 지파들이 이름에 의하여 열거되었습니다(에스겔 48 : 1-35). 여기서 명확한 사실은 이스라엘 열두 지파가 그 땅을 유산으로 받는다는 것을 뜻하지 않고, 더욱이 그 어떤 이름의 지파가 유산을 받는다는 것을 뜻하지 않는다는 것입니다. 왜냐하면 열한(11) 지파는 흩어져버렸고, 그리고 그들도 어디에선가 다른 민족들과 뒤섞였기 때문입니다. 그럼에도 불구하고 단 지파의 땅의 몫이고, 그 다음이 아셀・납달리・므낫세・에브라엠・르우벤・유다・베냐민・시므온・이삿갈・스불론・갓 지파에게 유산되었다는 것입니다. 이것에서 볼 때 여기서 "땅"(the land)은 교회를 뜻한다는 것, "열두 지파들"은 교회에 속한 모든 것을 뜻하고, 각각의 지파는 교회에 속한 그 어떤 보편적인 본질적인 것을 뜻한다는 것은 명확합니다. 묵시록서의 본문장에도 열두 지파와 비슷하게 나열되었습니다. 즉 "각 지파에서 나온 도장 받은 일만이천 명"이 열거되었는데, 구원받을 것이라는 것입니다. 여기서 "일만이천"(12,000)이 모든 사람들이나 모든 것들을 뜻한다는 것은 앞 단락에서 볼 수 있습니다. 그러나 각 지파가 교회의 보편적인 것을 뜻한다는 것은 아래에서 언급, 설명되겠습니다.

[10] 이스라엘 교회가 나온 고대 사람들 가운데 있었던 교회에 관해서는 모세의 글에 거의 가깝게 언급되었는데, 신명기서의 말씀입니다.

> 아득한 옛날을 회상하여 보아라.
> 조상 대대로 내려온 세대를
> 생각하여 보아라.
> 너희의 아버지에게 물어 보아라.
> 그가 일러줄 것이다.
> 어른들에게 물어 보아라.
> 그들이 너희에게 말해 줄 것이다.
> 가장 높으신 분께서
> 여러 나라에 땅을 나누어 주시고,
> 인류를 갈라놓으실 때에
> 이스라엘 자손의 수효대로

민족들의 경계를 갈라놓으셨다.
(신명기 32 : 7, 8)

이 장절은 이스라엘 자손들 가운데 세워진 교회에 앞서의 교회들에 관해서 언급하고 있습니다. 이 교회들에 관해서는 ≪새 예루살렘의 교리≫ 247항을 참조하십시오. 대홍수 이전에는 태고교회(太古敎會・the Most Ancient Church)가 있었는데, 그 교회는 천적인 교회(a celestial church), 또는 주님사랑에 속한 선 가운데 있는 교회라고 하는데, 이 교회가 여기에서는 "아득한 옛날, 가장 높으신 분께서 여러 나라에 유산을 주실 때(=땅을 나누어 주실 때), 인류(=사람의 아들들)를 그분께서 갈라놓으실 때"라는 말씀이 뜻합니다. 여기서 "나라들"(=민국들・nations)은 사랑에 속한 선 안에 있는 자들을 뜻하고(본서 331항 참조), "인류"(=사람의 아들들・the sons of man)는 선에서 비롯된 진리들 안에 있는 자들을 뜻합니다(본서 63・151항 참조). 대홍수 이후에 있었던 고대교회(古代敎會・the Ancient Church)는 영적인 교회를 가리키는데, 여기서는 "가장 높으신 분께서 여러 나라에 땅을 나누어 주시고, 인류를 갈라놓으실 때에 이스라엘 자손의 수효대로 민족들(=백성들)의 경계를 갈라놓으셨다"는 말씀이 뜻합니다. 여기서 "민족들"(=백성들・peoples)은 이웃을 향한 인애에 속한 선을 가리키는 영적인 선 안에 있는 자들을 뜻합니다(본서 331항 참조). 그리고 "이스라엘 자손의 수효"는, 앞서 에스겔서에 언급된 것과 같이, 유산들이 주어진 "열두 지파들"이 뜻하는 것과 비슷한 뜻을 가지고 있습니다.

431[C]. [11] 여기서는 언급하려는 열두 지파들에 관해서 두 (2) 비의(秘義)가 있습니다.

그 첫째입니다. 그들의 배열들이나 정리정돈들은 천계에 있는 천사적인 천계의 배열들이나 정리정돈들을 표징한다는 것. 그리고 이런 이유 때문에, 그것들은 교회에 속한 모든 것들을 표징한다는 것. 왜냐하면 천계와 교회는 마치 한 몸처럼(as one) 활동하기 때문이라는 것.
 그 둘째입니다. 천계나 교회에 속한 표징은 그 지파들이 명명된 순서에 따라서 종결된다는 것. 첫 번째 이름, 즉 첫째 지파는 아래에 이어지는 것들을 종결하는 길잡이(=지침·the guide)라는 것. 그러므로 천계나 교회에 속한 것들은 변화무쌍(變化無雙·variations)하다는 것.
(1) 이스라엘 열두 지파들의 배열들(排列·arrangements)이 천계나 천사적인 사회들로 구성되기 때문에, 천계에 있는 천사적인 사회들의 배열을 표징한다는 것, 그러므로 천계 자체를 표징합니다.
 이러한 사실은 이런 것에서, 다시 말하면 각 지파가 교회에 속한 보편적인 본질적인 것들을 표징하고, 그것으로 인하여 그것들을 뜻한다는 것에서 잘 알 수 있고, 그리고 일괄(一括)해서 열두(12) 지파들이 표징적 교회를 가리키는 이스라엘 자손들 가운데 세워진 그 교회에 속한 것들이나, 그 교회를 표징합니다. 결과적으로 열두 지파들로 나누어진 전 민족은 복합체적인 것으로 교회를 표징하고, 그러므로 또한 천계를 표징합니다. 왜냐하면 교회를 이루는 동일한 선들이나 진리들이 역시 천계를 이루기 때문이고, 또한 천계를 이루는 동일한 것이 교회를 이루기 때문입니다. 이것에 관해서는 ≪천계와 지옥≫ 57항을 참조하십시오.
[12] 천계의 천사적 사회들의 배열에 일치하는 이스라엘 열두 지파들의 배열은 결과적으로 천계의 형체(the form of heaven)

에 일치하는 배열들은 모세의 책에 기술된 것과 같이 그들의 진침들(=야영·encampments)로 표징되었습니다. 민수기서의 말씀입니다.

"이스라엘 자손이 진을 칠 때에는 회막을 중심으로 하여 그 둘레에 진을 치되, 각기 자기가 속한 부대기가 있는 곳에다 자기 가문의 깃발을 함께 세우고, 진을 쳐야 한다. 동쪽에 진을 칠 부대는 유다·잇사갈·스불론의 자손이다. …… 남쪽에 진을 칠 부대는 르우벤·시므온·갓의 자손이다. …… 서쪽에 진을 칠 부대는 에브라임·므낫세·베냐민의 자손이다. …… 북쪽에 진을 칠 부대는 단·아셀·납달리의 자손이다. …… 진영 가운데는 레위 지파가 있다. 이들은 주께서 모세에게 명하신 순서대로 진도 치고, 행군도 하였다(민수기 2 : 1-34).

동녘에 사는 천계에 있는 자들이 누구(who)이고, 성품이 무엇인지(what)를 아는 사람은 누구나, 그리고 남녘·서녘·북녘에 사는 그들이 누구(who)이고, 성품이 무엇인지(what) 아는 사람은, 그리고 각각의 지파가 뜻하는 것이 누구이고(who), 무엇인지(what)를 아는 사람은, 동쪽에 진을 치고 있는 유다·이삿갈·스불론 지파에 내포된 비의(秘義)를 알 수 있고, 남쪽에 진을 치고 있는 르우벤·시므온·갓 지파에 내포된 비의를 알 수 있습니다. 그 밖의 지파들도 마찬가지입니다. 왜냐하면 다만 동쪽에 진을 치고 있는 유다·잇사갈·스불론 지파의 예증(例證)만 지금 설명할 것이기 때문입니다. "유다 지파"는 주님사랑에 속한 선을 뜻하고, "잇사갈 지파"는 그 선에 속한 진리를 뜻하고, "스불론 지파"는, 이것은 천적인 혼인(the celestial marriage)이라고 하는 것으로, 선과 진리의 혼인(=결합·the marriage of good and truth)을 뜻합니다. 그러므로 천계의 동녘에 사는 자들은 주님사랑에 속한 선 안에 있는 모두를 가리키고, 그리고 그 선에서 비롯된 진리들 안에 있는 모두를 가리킵니다. 그것으로 말미암아 천적인 혼인 안에 있는 자들 모두를 뜻합니다. 그 밖의 지파들도 반드시 이런 방법으로 판단, 고찰되어야 합니다. 천계에 있는 모두가 그들의 성품에 따라서 네 방위들에 주거장소를 취한다는 것, 그리고 거기의 방위들이 우리의 태양계의 방위들과 동일하지 않다는 것 등은 ≪천계와 지옥≫ 141-153항을 참조하십시오.

[13] 이스라엘 자손들의 진영이 천계에 있는 천사적인 사회들의 배열(=정리정돈)을 표징하기 때문에, 그리고 발람이 그들의 진영들을 보았을 때, 그는 영의 상태에서 천계를 보았습니다. 말하자면 모세의 글에 그것에 관해서 언급되었는데, 그들의 예언이었고, 그들의 축복이었습니다. 민수기서의 말씀입니다.

> 발람은 광야 쪽으로 얼굴만 돌렸다. 발람은 눈을 들어, 지파별로 진을 친 이스라엘을 바라보았다. 그 때에 그에게 하나님의 영이 내렸다. 그는 예언을 선포하였다. ……
> 야곱아,
> 너의 장막이 어찌 그리도 좋으냐!
> 이스라엘아,
> 너의 사는 곳이 어찌 그리도 좋으냐!
> 계곡처럼 뻗었구나.
> 강가의 동산 같구나.
> (민수기 24 : 1-6)

발람은 그 때 확실히 위에서 언급한 것과 같이 잘 배열된 지파들에 일치하여 이스라엘 자손들의 진영들을 보았습니다. 왜냐하면 이 장절에서 "발람은 광야 쪽으로 얼굴을 돌렸고, 지파별로 진을 친 이스라엘을 보았다"라고 언급되었기 때문입니다. 그것은 그 때 그가 그들 가운데 있는 천계의 질서를 보았기 때문이고, 하나님의 영이 그에게 임하였기 때문이고, 그리고 그는 예언을 선포하여 "야곱아, 너의 장막이 어찌 그리도 좋으냐! 이스라엘아, 너의 사는 곳이 어찌 그리도 좋으냐!"라고 기술되었기 때문입니다. 여기서 "장막들이나 사는 곳"(=주거들)은 천계에 있는 것과 같은 그런 주거지(住居地)들을 뜻합니다. 그리고 "장막들"은 사랑에 속한 선 안에 있는 자들의 주거들을 뜻하고, 그리고 "주거지들"은 그 선에서 비롯된 진리들 안에 있는 자들의 사는 곳들을 뜻합니다. 선의 생육(生育)과 진리의 번성(蕃盛), 결과적으로 총명과 지혜는 "그들이 골짜기들 같고, 강가의 동산들 같았다"는 말씀이 뜻합니다. 왜냐하면 모든 선은, 따라서 모든 진리는 천계의 형체(the form of heaven)에 일치하여 유입하기 때문입니다. 이러한 사실은 ≪천계와 지옥≫의 23장 "천계의 형체는 천계의 결연과 교류를 결정한다"에 입증되었습니다(같은 책 200-212항 참조).

[14] (2) **천계나 교회에 속한 표징은 지파들에 명명된 순서(=질서)에 따라서 종결된다는 것, 첫 번째 이름, 즉 첫째 지파는 아래에 이어지는 것들을 종결하는 길잡이(=지침 · the guide)라는 것, 그리고 그러므로 천계나 교회에 속한 것들은 변화무쌍(變化無雙 · variations)하다는 것.**

이 비의는 누구나 영적인 생각 안에 있지 않다면, 어느 누구도 거의 이해, 파악할 수 없기 때문에, 그럼에도 불구하고 간략하게 그 내용을 설명하고자 합니다. 예를 들면 만약에 유다 지파가 명명된 첫 번째 지파라면 이 지파는 사랑에 속한 선을 뜻하고, 그 때 시작과 같은 사랑에 속한 선으로 말미암은 것을 뜻하기 때문에, 뒤이어지는 다른 지파들의 뜻들이나 내용들은 그것으로부터 종결되고, 이것은 그들이 명명된 순서에 따라서 변화무쌍하게 종결됩니다. 왜냐하면 각각의 지파는 교회의 그 어떤 보편적인 것을 뜻하고, 그리고 보편적인 것은 자체에게 특정한 변화를 허용하고, 따라서 그 어떤 특정 변화들을 첫째 것에서부터 그것이 내려오는 근원에서 취하기 때문입니다. 그 경우는 이러합니다. 시리즈로 이어지는 모든 것들은 그들의 특정한 영적인 뜻을, 유다 지파가 뜻하는 것을 가리키는 사랑에 속한 선에서 취합니다. 그러므로 만약에 빛 가운데 있는 진리나, 진리의 이해를 가리키는 르우벤 지파가 제일 먼저 명명(命名)되었다면, 뒤이어지는 다른 지파들은 르우벤 지파에서 그들의 뜻(表意)이나 내용을, 각각이 뜻하는 보편적인 것에 동의하고, 일치하는 것에서 취하였을 것입니다. 그것은 비교해서 말한다면 마치 여러 색깔의 경우와 같다고 하겠는데, 그 색깔들은 자체를 여러 다양한 색깔에 발산(發散)하고, 그것들의 겉모습을 다양하게 변화시키는 중요한 일차적인 색깔에 의하여 가미(加味)시켜 그 색깔의 기미를 보게 될 것입니다.

[15] 이런 내용이 이해될 때 어떤 사안(事案)에 대한 우림과 둠밈을 통하여 주어진 응답들이 어떠한 것인지 이해 될 것입니다. 왜냐하면 거기에는, 그것에서부터 종결이 시작된 어떤 지파의 이름 하에 있는 그 돌에서 나오는 색깔의 근원이 되는, 보석들을 통한 빛남(光輝)이 있기 때문입니다. 더욱이 이 보석들의 색깔들은 그것들 위에 조각, 새겨진 지파들이 뜻하는 보편적인 것들에 대응하기 때문입니다. 누구나 이 사실을 알

때, 그리고 또한 그 지파가 뜻하는 보편적인 것이 무엇인지 알 때, 만약에 그가 영적인 예증(例證) 가운데 있다면, 그 사람은 그 지파들이 그들의 차례에서, 그것은 마치 그들이 성경말씀에 명명된 것과 같은데, 뜻하는 것이 무엇인지 어느 정도는 지각할 수 있을 것입니다. 그것은 마치 야곱의 아들들이 태어난 순서에서 그들이 뜻하는 것과 같습니다. 그 출생이 순서는 아래와 같습니다. 창세기서의 말씀입니다.

르우벤, 시므온, 레위, 유다, 단, 납달리, 갓, 아셀, 잇사갈, 스불론, 요셉, 베냐민(창세기 29장 ; 30장 ; 35 : 18).

그들의 이집트 여정에서 주어진 순서에서 그들이 뜻하는 것인데, 그들이 명명된 순서는 아래와 같습니다. 창세기서의 말씀입니다.

르우벤 · 시므온 · 레위 · 유다 · 잇사갈 · 스불론 · 갓 · 아셀 · 요셉 · 베냐민 · 단 · 납달리(창세기 46 : 9-21).

그들이 그들의 아버지 이스라엘의 축복을 받은 순서에서 그들이 뜻하는 것이나, 아래의 순서에서 그들의 이름이 거명된 곳에서 그들이 뜻하는 것입니다. 신명기서의 말씀입니다.

르우벤 · 유다 · 레위 · 베냐민 · 요셉 · 에브라임 · 므낫세 · 스불론 · 갓 · 단 · 납달리 · 아셀이다(신명기 33장).

시므온과 잇사갈은 삭제되었고, 에브라임과 므낫세는 그들의 자리에 대체되었습니다. 그리고 또한 다른 장절들에서 이들 지파들이 뜻하는 것이 그 순서에 나열되었습니다(창세기 35 : 23-26 ; 민수기 1 : 5-16 ; 7 : 1-마지막 절 ; 13 : 4-15 ; 26 : 5-56 ; 34 : 17-28 ; 신명기 27 : 12, 13 ; 여호수아 15장-19장 ; 에스겔 48 : 1-마지막 절). 열두 지파들이 그들의 이름이 거명된 순서에 따라서 서로 상이한 뜻을 지니고 있다는 것, 따라서 다종다양한 변화들로 천계에 속한 모든 것들을 뜻한다는 것은 ≪천계비의≫ 3862・3926・3939・4603・6337・6640・10335항을 참조하십시오. 묵시록서의 우리의 본문장에서 그들의 이름이 거명된 순서에서 그들이 뜻하는 것이 무엇인지 아래에서 설명될 것이고, 그리고 묵시록서에는 그들이 이런 순서로 거명되었습니다. 즉, 유다・르우벤・갓・아셀・납달리・므낫세・시므온・레위・잇사갈・스불론・요셉・베냐민입니다. 그리고 단과 에브라임은 거명되지 않았습니다.

432. 5절. **도장을 받은 자는, 유다 지파에서 일만이천 명이요, 르우벤 지파에서 일만이천 명이요, 갓 지파에서 일만이천 명이다.**

[5절] :

"유다 지파에서 도장을 받은 자는 일만이천 명이다"는 말씀은 주님사랑을 뜻하고, 그리고 천계에서는 그 사랑 안에 있는 자들 모두를 뜻하고, 그리고 천계에 오른 자들 모두를 뜻합니다 (본서 433항 참조). "르우벤 지파에서 도장을 받은 자는 일만이천 명이다"는 말씀은, 그 선에서 비롯된 진리의 빛을 뜻하고, 그리고 천계에서 그 빛 안에 있는 자들 모두를, 그리고 천계에 오른 모든 자들을 뜻합니다(본서 434항 참조). "갓 지파에서 도장을 받은 자는 일만이천 명이다"는 말씀은 결과적으로는 삶에 속한 선을 뜻합니다(본서 435・436항 참조).

433[A]. 5절. **도장을 받은 자는 유다 지파에서 일만이천 명이**

다.

이 말씀은 주님사랑을 뜻하고, 그리고 그 사랑 안에 있는 자들은 천계에 있고, 천계에 오른다는 것을 뜻합니다. 이런 사실은 곧 뒤에 언급하겠지만, 주님사랑을 가리키는 "유다"나 유다 지파의 표징이나, 결과적으로 그것의 뜻에서 잘 알 수 있고, 또한 모든 인물들이나 모든 것들을 가리키는 "일만이천"(12,000)의 뜻에서(본서 430항 참조), 그리고 여기서는 그 사랑 안에 있는 자를 가리키는 그 숫자의 뜻에서, 그리고 또한 악 안에 있는 그런 부류에서 구분되고, 분리된 자들을 가리키는 "도장을 받은 자"(the sealed)에서, 다른 말로는 선 안에 있는 자들을 가리키는 "도장을 받은 자"의 뜻에서(본서 427[A]항 참조) 잘 알 수 있겠습니다. 뒤이어지는 것은 천계에 있는 자들을, 그리고 천계에 오른 자들을 뜻한다는 것입니다. 왜냐하면 이들은 "그들의 이마에 도장을 받았기" 때문입니다. 다시 말하면 이들은 악한 사람에게서 분리되었기 때문입니다. 이런 이유들 때문에 그들 중 어떤 자들에 관해서는 이렇게 언급되었습니다. 묵시록서의 말씀입니다.

내가 보니, 어린 양이 시온 산에 서 있었습니다. 그 어린 양과 함께 십사만사천(144,000) 명이 서 있었는데, 그들의 이마에는 어린 양의 이름과 그의 아버지의 이름이 적혀 있었습니다. …… 그들은 보좌와 네 생물과 그 장로들 앞에서 새 노래를 부르고 있었습니다. 땅으로부터 속량을 받은 십사만사천 명 밖에는, 아무도 그 노래를 배울 수 없었습니다. 그들은 여자들로 더불어 몸을 더럽힌 일이 없는, 정절을 지킨 사람들입니다. 그들은 어린 양이 가는 곳이면, 어디든지 따라다니는 사람들입니다. 그들은 사람 가운데서 하나님과 어린 양에게 드리는 첫 열매로 속량을 받았습

7장 1-17절   175

니다(묵시록 14 : 1, 3, 4).

여기서 "시온 산"은 주님사랑이 그것 안에 있는 천계를 뜻합니다. 왜냐하면 각 지파에서 나온 "십사만사천 명" 또는 "그들의 이마에 도장을 받은 십사만사천"이 뜻하는 자들 모두는 주님을 시인하고, 사랑하는 그런 부류들이기 때문입니다. 이런 이유 때문에 제일 먼저 명명된 지파는, 주님사랑을 뜻하는 지파를 가리키는 유다 지파입니다. 왜냐하면 본서 431[C]항에 언급한 것과 같이, 천계에 속한 표징이 그 지파들이 거명된 질서(=순서)에 의하여 종결되었기 때문입니다. 그리고 첫 번째 이름, 즉 첫 번째 거명된 지파는 그것에서부터 다종다양한 변화들로 뒤이어지는 그것들의 종결들이나 표의들을 취하기 때문입니다.

[2] 더욱이 어느 누구도 주님에 의한 허락이 없이는 천계에 허입(許入)되지 않습니다. 왜냐하면 보편적인 천계(the universal heaven)는 주님의 것이기 때문이고, 결과적으로 어느 누구나 주님을 시인하지 않고, 그분을 사랑하지 않는다면, 천계에 있을 수 없고, 천계에 오르지 못합니다. 주님을 사랑한다는 것은 인품(人品·person)의 측면에서 그분을 사랑하는 것이 아니고, 오히려 그분의 계명들에 따라서 사는 것을 가리킵니다. 이러한 사실은 주님께서 요한복음서에서 친히 명확하게 가르치셨습니다. 그 복음서의 말씀입니다.

> 그 날에 너희는, 내가 내 아버지 안에 있고, 너희가 내 안에 있고, 또 내가 너희 안에 있음을 알게 될 것이다. 내 계명을 받아서 지키는 사람은 나를 사랑하는 사람이요, 나를 사랑하는 사람은 내 아버지의 사랑을 받을 것이다. 그리고 나도 그 사람을 사랑하여,

그에게 나를 드러낼 것이다. …… 예수께서 그에게 대답하셨다. "누구든지 나를 사랑하는 사람은 내 말을 지킬 것이다. 그러면 내 아버지께서 그 사람을 사랑하실 것이요, 우리는 아버지께로 가서 아버지와 함께 살 것이다. 나를 사랑하지 않는 사람은 내 말을 지키지 않는다. 너희가 듣고 있는 이 말은, 내 말이 아니라 나를 보내신 아버지의 말씀이다(요한 14 : 20-24).

주님의 계명들이, 그리고 그분의 말씀들이 신령진리들을 뜻하기 때문에, 그리고 모든 신령진리가 주님에게서 발출하고, 그리고 그분에게서 발출한 것은 주님 당신이기 때문에 주님을 사랑하는 자들은 주님의 계명들을, 그리고 그분의 말씀들을 행하고 지킵니다. 그러므로 그 때 사람은 그의 생명에 관해서 그 진리 안에 있고, 주님께서는 그 사람 안에, 그리고 그 사람은 주님 안에 있습니다. 이러한 사실이 "너희가 내 안에 있고 내가 너희 안에 있다"고 언급한 이유이고, 그리고 "우리는 아버지께로 가서 아버지와 함께 살 것이다"고 언급한 이유입니다. 그러므로 이것이 주님을 사랑하는 것입니다. 사랑한다는 것은 결합하는 것을 뜻합니다. 왜냐하면 사랑은 영적인 결합을 가리키고, 그 결합은 교리나 삶에서 신령진리의 수용에 의하여 이루어지기 때문입니다.

[3] "유다"나 유다에서 명명된 "유다 지파"가 주님사랑을 뜻한다는 것을 성경말씀에서 증거하기에 앞서, 성경말씀에서 각각의 뜻으로 "유다"가 뜻하는 것이 무엇인지 설명하려고 합니다. 최고의 뜻으로 "유다"는 신령사랑의 측면에서 주님을 뜻하고, 속뜻으로는 주님의 천적인 왕국과 성언(聖言·the Word)을 뜻하고, 겉뜻으로는 천적인 왕국에 속한 성언에서 비롯된 교리를 뜻합니다. 그것이 최고의 뜻으로 천적인 사랑의 측면

에서 주님을 뜻하기 때문에, 그리고 속뜻으로는 천적인 왕국을 뜻하기 때문에, 역시 그것은 주님사랑을 뜻합니다. 왜냐하면 그것이 사람 안에 있는 상호적인 사랑(相互的 愛·the reciprocal love)이기 때문이고, 그 사랑이 주님의 천적인 왕국에서 다스리기 때문입니다. 거기에는 보편적인 천계가 그것들로 나뉘인 두 왕국이 있는데, 하나는 천적인 왕국이고, 다른 하나는 영적인 왕국입니다. 천적인 왕국은 주님사랑 안에 있는 자들로 이루어졌고, 영적인 왕국은 이웃을 향한 사랑(=인애) 안에 있는 자들로 이루어졌습니다. 이런 사실에서 볼 때 천적인 사랑이나, 영적인 사랑이 뜻하는 것이 무엇인지 잘 알 수 있겠습니다. 이들 왕국에 관해서는 나의 저서 ≪천계와 지옥≫ 20-28항을 참조하십시오. 유대 사람이나 이스라엘 사람은 이들 두 왕국을 표징하는데 유대 사람은 천적인 왕국을, 이스라엘 사람은 영적인 왕국을 표징합니다. 또다시 "유대"는 성언을 뜻하는데, 그것은 주님께서 성언이시기 때문이고, 그리고 신령인간(=인성)의 측면에서 주님께서는 성언이기 위하여, 그 지파 가운데서 인성을 담당하셨기 때문입니다. 이러한 내용이나 사실은 요한복음서에 언급되었습니다. 요한복음서의 말씀입니다.

> 태초에 말씀이 계셨다. 그 말씀은 하나님과 함께 계셨다. 그 말씀은 하나님이셨다. …… 말씀이 육신이 되고 우리 가운데 사셨다 (요한 1 : 1. 14).

여기서 "말씀"(聖言·the Word)은 그분의 신령사랑에서 발출하는 신령진리의 측면에서 주님을 뜻합니다. 결과적으로 말씀 가운데서 그것을 행하는 것에 의하여 신령진리를 사랑하는 자들은 주님사랑 안에 있습니다.
[4] "유다"가 천적인 사랑의 측면에서 주님을 뜻한다는 것, 그리고 따라서 주님사랑을 뜻하고, 또한 성언을 뜻한다는 것은 아래의 장절들에서 잘 알 수 있습니다. 창세기서의 말씀입니다.

> 유다야,
> 너의 형제들이 너를 찬양할 것이다.
> 너는 원수의 멱살을 잡을 것이다.
> 너의 아버지의 아들들이
> 네 앞에 무릎을 꿇을 것이다.
> 유다야, 너는 사자 새끼 같을 것이다.
> 나의 아들아,
> 너는 움킨 것을 찢어 먹고,
> 굴로 되돌아갈 것이다.
> 엎드리고 웅크리는 모양이
> 수사자 같기도 하고,
> 암사자 같기도 하니,
> 누가 감히 범할 수 있으랴!
> 임금의 지휘봉이 유다를 떠나지 않고,
> 통치자의 지휘봉이
> 자손만대에까지 이를 것이다.
> 권능으로 그 자리에 앉을 분이 오시면,
> 만민이 그에게 순종할 것이다.
> 그는 나귀를 포도나무에 매며,
> 그 암나귀 새끼를
> 가장 좋은 포도나무 가지에 맬 것이다.
> 그는 옷을 포도주에다 빨며,
> 그 겉옷은 포도의 붉은 즙으로 빨 것이다.

7장 1-17절

그의 눈은 포도주 빛보다 진하고,
그의 이는 우유 빛보다 흴 것이다.
(창세기 49 : 8-12)

여기서 "유다"는 영적인 뜻으로 주님의 천적인 왕국이나 천적인 사랑의 측면에서 주님 당신을 뜻한다는 것이 기술되었습니다. 천적인 사랑(celestial love)은 천적인 왕국에 수용된 주님의 사랑이고, 그리고 영적인 사랑(spiritual love)은 영적인 왕국에 수용된 주님의 사랑입니다. 이런 말씀들의 뜻은 아래와 같습니다. "형제들이 너를 찬양할 것이다"는 말씀은 천적인 교회(the celestial church)가 모든 다른 자들에 비하여 현저하게 뛰어나다는 것을 뜻합니다. 왜냐하면 "형제들" 또는 유다의 형제들을 가리키는, 야곱의 아들들에게서 명명(命名)된 지파들은 교회를 뜻하기 때문입니다. "너는 원수의 멱살을 잡을 것이다"(=네 손이 네 원수들의 목을 잡을 것이다)는 말씀은 지옥적인 무리들이나, 악마 같은 무리들을 내쫓을 것이고, 억압할 것이라는 것을 뜻합니다. 여기서 "원수들"(=적군들)은 지옥에서 온 작자들을 뜻합니다. "너의 아버지의 아들들이 네 앞에 무릎을 꿇을 것이다"는 교회에 속한 모든 진리들의 복종(服從·submission)을 뜻하고, "무릎을 꿇는다"(=절을 한다)는 것은 그들을 복종시키는 것을 뜻합니다. "너의 아버지의 아들들"은 교회에 속한 모든 진리들을 뜻합니다. 왜냐하면 주님사랑 안에 있는 자들 안에는, 그리고 거기에서 비롯된 천적인 왕국 안에 있는 자들 안에는 그 교회의 모든 진리들이 주입(注入)되고, 활착(活着)되기 때문입니다. "유다가 사자 새끼 같을 것이다"는 말씀은 선천(先天)적인 능력들로서의 이노센스(純眞無垢·innocence)를 뜻합니다. 왜냐하면 주님사랑은, 그 자체를 보면 이노센스이기 때문입니다. 그리고 "사자 새끼"(whelp)는 이것을 뜻하고, 그것의 선천적인 온갖 능력들이나 힘들은 "사자"(lion)가 뜻합니다. "나의 아들아, 너는 움킨 것(=먹이·전리품·prey)을 찢어 먹고, 굴로 되돌아갈 것이다"(=올라갔다)는 말씀은 지옥에서부터의 많은 자들의 구출(救出)을 뜻합니다. "너는 엎드리고 웅크리는 모양이 수사자 같기도 하고, 암사자(=늙은 사자) 같기도 하다"는 말씀은 그것의 능력 안에 있는 사랑에 속한 선이나 그것에서 비롯된 진리를 뜻합니다. 왜냐하면 "웅크린다"(to stoop down)는 것은, 사자와 관련해서는 자기 자신을 능력 안에 삽입(揷入)하는 것을 뜻하기 때문입니다. "누가 감히 그를 범하랴?"(=성나게 하랴?)는 말씀은 이 선은 어디에서나 안전하다는 것, 그리고 지옥이 그것을 움직일 수 없다는 것을 뜻합니다. "임금의 지휘봉(=홀·scepter·笏)이 유다를 떠나지 않는다"는 말씀은 능력이 천적인 사랑에 속한 선에게서 떠나지 않을 것이라는 것을 뜻합니다. "통치자의 지휘봉이 자손만대에까지 이를 것이다"(=입법자가 그의 발 사이에서 떠나지 않을 것이다)는 말씀은 성언에 속한 진리들이 그것의 궁극적인 뜻으로부터 소실(消失)되지도 않고, 없어지지도 않을 것을 뜻합니다. "권능으로 그 자리에 앉을 분이 오실 때까지"(=실로가 올 때까지)라는 말씀은 주님의 강림(降臨)과 그 때의 평화에 속한 평온(tranquillity of peace)을 뜻하고, "만민이 그에게 순종할 것이다"는 말씀은 그분에게서 비롯된 진리들을 뜻하고, 그리고 그것에 의한 결합을 뜻합니다. "그는 그의 나귀를 포도나무에 맬 것이다"는 말씀은 외적인 교회(the external church)와 주님에게서 비롯된 그 교회의 진리들을 뜻합니다. "그는 그 암나귀 새끼를 가장 좋은 포도나무 가지에 맬 것이다"는 말씀은 내적인 교회(the internal church)와 주님에게서 비롯된 그 교회의 진리들을 뜻합니다. "그는 그의 옷을 포도주에 빤다"는 말씀은 주님의 신령사랑에서 비롯된 신령진리를 가리키는 주님의 외적인 인성, 또는 자연적인 인성(the Lord's external or natural Human)을 뜻하고, "그 겉옷은 포도의 붉은 즙(=피)으로 빨 것이다"는 말씀은 주님의 신령사랑에서 비롯된 신령선을 가리키는, 주님의 내적인 인성이나 합리적인 인성(the Lord's internal or rational Human)을 뜻합니다. "그의 눈은 포도주 빛보다 진하다"(=포도주로 붉을 것이다)는 말씀은 내적인 인성, 또는 합리적인 인성은 선 이외에 아무것도 아니라는 것을 뜻하고, "그의 이는 우유 빛보다 흴 것이다"(=젖으로 하얗게 될 것이다)는 말씀은 외적인 인성, 또는 자연적인 인성은 진리에 속한 선 이외에 아무것도 아니라는 것을 뜻합니다. 따라서 이렇게 기술된 각각의 개별적인 것에서 볼 때, "유다"는 유다를 뜻하지 않고, 오히려 이와 같이 기술된 뛰어난 천계적인 것들을 뜻한다는 것을 밝히 알 수 있겠습니다. 이런 개별적인 것들은 《천계비의》 6363-6381항을 참조하십시오.

433[B]. [5] 에스겔서의 말씀입니다.

"네 사람아, 너는 막대기 하나를 가져다가, 그 위에 '유다 및 그와 연합한 이스라엘 자손'이라고 써라. 막대기를 또 하나 가져다가 그 위에 '에브라임의 막대기, 곧 요셉 및 그와 연합한 이스라엘 온 족속'이라고 써라. 그리고 두 막대기가 하나가 되게, 그 막대기를 서로 연결시켜라. 그것들이 네 손에서 하나가 될 것이다. ⋯⋯ 너는 그들에게 말해 주어라. '나 주 하나님이 말한다. 내가 에브라임의 손 안에 있는 요셉과 그와 연합한 이스라엘 지파의 막대기를 가져다 놓고, 그 위에 유다의 막대기를 연결시켜서, 그 둘을 한 막대기로 만들겠다. 그들이 내 손에서 하나가 될 것이다' 하셨다고 하여라. …… 그들에게 말해 주어라. '나 주 하나님이 말한다. 이스라엘 백성이 들어가 살고 있는 그 여러 민족 속에서 내가 그들을 데리고 나오며, 사방에서 그들을 모아다가, 그들의 땅으로 데리고 들어가겠다. 그들의 땅 이스라엘의 산 위에서 내가 그들을 한 백성으로 만들고, 한 임금이 그들을 다스리게 하며 그들이 다시는 두 민족이 되지 않고, 두 나라로 갈라지지 않을 것이다. …… 내 종 다윗이 그들을 다스리는 왕이 되어, 그들 모두를 거느리는 한 목자가 될 것이다. 그들은 내 규례를 지키며 살고, 내 율례를 지켜 실천할 것이다. 그 때에는 내가 내 종 야곱에게 준 땅, 곧 그들의 조상이 살던 땅에서 그들이 살게 될 것이다. 그 땅에서 그들과 그 자자손손이 영원히 거기에서 살 것이며, 내 종 다윗이 그들의 영원한 왕이 될 것이다. 내가 그들과 평화의 언약을 세워서, 영원한 언약을 삼을 것이다. 내가 그들을 튼튼히 세우며, 번성하며, 내 성소를 그들 한가운데 세워서 영원히 이어지게 하겠다. 내가 살 집이 그들 가운데 있을 것이며, 나는 그들의 하나님이 되고, 그들은 내 백성이 될 것이다'"(에스겔 37 : 16, 17, 19, 21, 22, 24-27).

만약에 여기서 "유다"·"이스라엘"·"요셉"·"에브라임" 등이 뜻하는 것을 알지 못한다면 이 장절이 뜻하는 것을 어느 누구도 알 수 없습니다. 분명하게는 유다·이스라엘은 물론 요셉이나 에브라임도 그들 자신들을 뜻하지 않습니다. 왜냐하면 여러 민족들 가운데로 흩어졌던 이스라엘의 지파들을 한데 모으고, 이 가나안 땅, 그 땅으로 데리고 가겠다고 언급되었기 때문입니다. 그리고 또한 다윗이 그들의 왕이 되고 지도자가 된다, 그리고 그들은 그와 함께 영원히 거기에서 살 것이라는 것 등등이 언급되었기 때문입니다. 그럼에도 불구하고 어느 누구가 이스라엘 지파들이 모일 수 없다는 것, 그리고 다윗이 그들을 다스리는 왕이 될 수 없다는 것을 모릅니까? 여기서 밝히 알아야 할 것은 여기서 "유다"·"이스라엘 자손들"·"요셉"·"에브라임"은 영적인 뜻으로 무엇을 뜻한다는 것이고, 더욱이 "다윗"이나 "가나안 땅"도 영적인 뜻으로 무엇을 뜻한다는 것입니다. 여기서 "이스라엘 자손"은 주님의 영적인 왕국을 뜻하고, "요셉"·"에브라임" 그리고 다시 모일 것이라는 "흩어진 이스라엘 지파들"은, 천적이거나 영적인 것이 아니고, 오히려 자연적인 것이지만, 그럼에도 불구하고 그들의 종교적인 원칙들에 따라서 사는 삶에 속한 선 안에 있지만, 이들 왕국에는 비할 것이 없는 자들을 뜻합니다.

[6] 요한복음서에 주님께서 하신 말씀이 역시 이들을 뜻합니다. 요한복음서의 말씀입니다.

> 나에게는 이 우리에 속하지 않은 다른 양들이 있다. 나는 그 양들도 이끌어 와야 한다. 그들도 내 음성을 들을 것이며, 한 목자 아래에서 한 무리 양 떼가 될 것이다(요한 10 : 16).

왜냐하면 이들은 주님의 강림 전에는 천계에 있지 않았고, 오히려 주님께서 그분의 인성을 영광화하신 뒤에 그분에 의하여 인도되었기 때문입니다. 그리고 이런 이유 때문에 그 때까지 신령발출(=성령·聖靈·the Divine proceeding)은 그들에게 확장될 수 없었습니다. 이 사실이 알려졌을 때, 그리고 "다윗"이 주님의 신령인성에서 발출하는 신령진리의 측면에서 주님을 뜻한다는 것을 알게 되었을 때, 우리는 여기서 그 개별적인 것들이 시리즈로 뜻하는 것이 무엇인지 알 수 있겠습니다. 이러한 것들이 두 막대기 위에 쓰여진 것들이고, 그리고 두 막대기가 한 막대기로 결합시켰다는 것입니다. 그 이유는 "막대기"(=나무·wood)는 삶에 속한 선을 뜻하기 때문이고, 천계에 있는 모든 결합은 선이나 그것에 일치하는 삶에 의하여 이루어지기 때문입니다. "나무"(wood)가 삶에 속한 선(the good of life)을 뜻한다는 것은 ≪천계비의≫ 643·2784·3720·8354항을 참조하십시오.

[7] 이사야서의 말씀입니다.

> 주께서, 뭇 나라가 볼 수 있도록,
> 깃발을 세우시고,
> 쫓겨난 이스라엘 사람들이
> 그 깃발을 보고 찾아오게 하시며,
> 흩어진 유다 사람들이 땅의 사방에서
> 그 깃발을 찾아오도록 하실 것이다.
> 그 때에는
> 에브라임의 증오가 사라지고,
> 유다의 적개심(=원수들)이 없어질 것이니,
> 에브라임이 유다를 증오하지 않고,
> 유다도 에브라임에게
> 적개심을 품지 않을 것이다.
> 그들이 서쪽으로는 블레셋을 지배하고,
> 함께 동쪽 백성을 약탈하며,
> 에돔과 모압을 장악할 것이다.
> 암몬 사람들도 굴복시킬 것이다.
> (이사야 11 : 12-14)

이 장절은 이방 사람들의 구원에 관해서 언급하고 있는데, 그것은 "쫓겨난 이스라엘 사람들"이나 "흩어진 유다 사람들"이 뜻합니다. 왜냐하면 "주께서 뭇 나라들을 위하여 한 깃발을 세우신다"(=뭇 나라가 볼 수 있도록 깃발을 세우신다)고 언급되었기 때문입니다. 여기서 "쫓겨난 이스라엘 사람들"은 진리 안에 있지 않는 자들을 뜻하지만, 그럼에도 불구하고 그것들을 배우기를 열망하는 상태에 있는 자들을 뜻합니다. 그리고 "흩어진 유다 사람들"은 삶에 속한 선 안에 있는 사람들을 뜻하고, 그리고 그것에 의하여 주님사랑 안에 있는 자들을 뜻합니다. 왜냐하면 선을 행하기를 사랑하는 자들은 주님을 사랑하기 때문입니다. 왜냐하면 그것이 주님에게서 비롯되었기 때문에 주님께서는 이런 부류의 선 안에 계시기 때문입니다. "에브라임"은 여기서는 사랑에 속한 선에 일치하는 총명한 사람을 뜻합니다. 그리고 이들이 다른 자들과 함께 불화(不和)하지 못한다는 것은 "에브라임의 증오(=질투)가 사라질 것이다"는 말씀이 뜻합니다. 그리고 또한 "에브라임이 유다를 증오하지 않고, 유다도 에브라임에게 적개심을 품지 않을 것이다"는 말씀이 뜻합니다. 그들이 인애에게서 분리된 믿음 안에 있는 자들에게서 분리될 것이라는 것은 "그들이 서쪽으로는 불레셋을 지배한다"(=그들은 서쪽을 향하여 팔레스타인들의 어깨를 덮칠 것이다)는 말씀이 뜻하는데, 여기서 "서쪽"(=바다)을 향한 블레셋(=팔레스타인)은 인애에게서 믿음을 분리시키는 자들을 뜻합니다. 그것은 곧 삶에 속한 선에서 분리시키는 것을 가리킵니다. 여기서 "바다"(the sea)는 그것이 끝에까지 이른, 천계의 궁극적인 것을 뜻합니다. 그리고 "어깨를 덮친다"는 말은 배척하는 것을, 따라서 자신들을 분리시키는 것을 뜻합니다.
[8] 스가랴서의 말씀입니다.

　　도성 시온아, 크게 기뻐하여라.

도성 예루살렘아, 환성을 올려라.
네 왕이 네게로 오신다.
그는 공의로운 왕,
구원을 베푸시는 왕이시다.
그는 온순하셔서,
나귀 곧 나귀 새끼인
어린 나귀를 타고 오신다. ……
유다는 내가 당긴 활이다.
에브라임은 내가 먹인 화살이다.
시온아, 내가 네 자식을 불러 세워서,
그리스의 자식을 치게 하겠다.
내가 너희를 용사의 칼로 삼겠다.
(스가랴 9 : 9, 13)

이 장절은 주님의 강림과 그리고 사랑에 속한 선과 그것에서 비롯된 교리에 속한 진리들 안에 있는 자들과 함께 주님에 의하여 세우시는 교회의 설시를 다루고 있습니다. 여기서 "도성 시온" "도성 예루살렘"(=시온의 딸, 예루살렘의 딸)은 그런 부류의 사람들에게 있는 교회를 뜻합니다. "네게로 오실 왕은 공의로우신 왕이고, 구원을 베푸시는 왕"(=신실하신 왕)이라는 말씀은 사랑에 속한 선과 교리에 속한 진리의 구원이신, 주님을 가리킵니다. "유다는 내가 당긴 활이다"(=내가 나를 위하여 유다를 당긴다), "에브라임은 내가 먹인 화살이다"(=내가 당긴 화살이다)는 말씀은 주님사랑에 속한 선 안에 있는, 그리고 그것에서 비롯된 교리에 속한 진리들 안에 있는 자들과 함께 세우시게 될 교회를 뜻합니다. 여기서 "유다"는 주님사랑에 속한 진리들 안에 있는 자들을 뜻하고, "에브라임"은 교리에 속한 진리들 안에 있는 자들을 뜻합니다. 왜냐하면 "에브라임"은 교회에 속한 총명을 뜻하고, "활"(bow)은 진리에 속한 교리를 뜻하기 때문입니다. "활"이 교리를 뜻한다는 것은, 그것에 관해서 설명된 본서 357[A]항을 참조하십시오. 이런 일련의 것들은 "시온의 아들"을 가리킵니다. 여기서 명확한 것은 유대 민족이 "유다"를 뜻하지 않고, "에브라임"이 에브라임을 뜻하지 않는다는 것입니다. 왜냐하면 주님의 교회는 유대 민족으로 세워지지 않았기 때문입니다. 왜냐하면 교회가 그 민족에 의하여 수용되지 않았기 때문이고, 에브라임 지파는 그 때 존재하지 않았기 때문입니다.

[9] 같은 책의 말씀입니다.

> 만군의 주께서
> 그의 양 무리인 유다 백성을 돌보시고,
> 전쟁터를 달리는
> 날랜 말같이 만드실 것이다.
> 유다에서 모퉁잇돌과 같은 사람이 나오고,
> 그에게서 장막 기둥과 같은 사람이 나온다.
> 그에게서 전투용 활 같은 사람이 나오고,
> 그에게서 온갖 통치자가 나온다. ……
> "내가 유다 족속을 강하게 하고,
> 요셉 족속을 구원하겠다.
> 내가 그들을 불쌍히 여기고,
> 그들을 모두 고향으로 돌아오게 할 것이니,
> 나에게 버림받은 적이 없는 사람들 같이
> 될 것이다. ……
> 에브라임 사람들은 용사 같이 되며,
> 그들의 마음은
> 포도주를 마신 듯이 기쁠 것이다.

그들의 아들딸들도
구원을 보고 기뻐할 것이며,
나 주가 한 일을 본 그들의 마음이
즐거울 것이다."
(스가랴 10 : 3, 4, 6, 7)

여기서도 역시 "유다의 집"(=유다의 백성)은 주님사랑 안에 있는 자들로 이루어진 주님의 천적인 교회를 뜻하고, 그리고 "에브라임"은 그 사랑에서 비롯된 교리에 속한 진리들 안에 있는 자들을 뜻합니다. 왜냐하면 그런 부류들이 진리들을 가지고 있기 때문인데, 말하자면 그들의 마음에 심어지고, 각인(刻印)된 진리들을 가지고 있기 때문에, 주님의 천적 왕국에 있는 자들은 교리에 속한 진리들 안에 있기 때문입니다(≪천계와 지옥≫ 25·26항 참조). 그 밖의 설명은 본서 355[F]·376[D]항을 참조하십시오.
[10] 같은 책의 말씀입니다.

"도성 시온아(=시온의 딸아), 기뻐하며 노래를 불러라.
내가 간다.
내가 네 안에 머무르면서 살겠다." ……
그 날에, 많은 이방 백성들이 주께 와서
그의 백성이 될 것이며,
주께서 예루살렘에 머무르시면서,
너희와 함께 사실 것이다.
그 때에 너희는
만군의 주께서
나를 너희에게 보내셨음을 알게 될 것이다.
주께서는 그 거룩한 땅에서

> 유다를 특별한 소유로 삼으실 것이며,
> 예루살렘을
> 가장 사랑하는 도성으로 선택하실 것이다.
> (스가랴 2 : 10-12)

여기서 명확하게 알 수 있는 것은 "유다"가 유대 민족을 뜻하지 않는다는 것, 또한 "예루살렘"이 예루살렘을 뜻하지 않는다는 것입니다. 왜냐하면 여기서는 주님의 강림이 다루어졌기 때문인데, 그 때 그 민족은 전적으로 몰락(沒落)하였고, 그리고 그 뒤에는 예루살렘이 멸망하였기 때문입니다. 그럼에도 불구하고 이 장절은 "주께서 그 거룩한 땅에서 유다를 특별한 소유로 삼으실 것이며(=주께서는 유다에게 그분의 몫을 주실 것이며) 예루살렘을 가장 사랑하는 도성으로 선택하실 것이다"(=예루살렘을 다시 택하실 것이다)고 언급되었습니다. 그러므로 "유다"는 주님사랑 안에 있는 자들을 뜻하고, "예루살렘"은 교리에 대하여 그들과 함께 있는 교회를 뜻합니다.
[11] 나훔서의 말씀입니다.

> 보아라, 좋은 소식을 전하는 사람아,
> 평화를 알리는 사람이
> 산을 넘어서 달려온다.
> 유다야, 네 절기를 지키고,
> 네 서원을 갚아라.
> 악한 자들이 완전히 사라졌으니,
> 다시는 너를 치러 오지 못한다.
> (나훔 1 : 15)

여기서도 역시 주님에 관해서 언급하고 있습니다. 주님의 강림은 "보아라, 좋은 소식을 전하는 사람아, 평화를 알리는 사람이 산을 넘어서 달려온다"는 말씀이 뜻합니다. "명절들을 지켜라"(=절기들을 지켜라) "서원을 갚아라"는 말씀은 주님의 강림에서, 그리고 그 때 그분을 예배하는데서 즐거워하는 것을 뜻합니다. "악한 자들(belial)이 완전히 사라졌으니, 다시는 너를 치러 오지 못한다"(=악한 자가 더 이상 너를 통과하지 못할 것이니, 이는 그가 완전히 멸절되었기 때문이다)는 말씀은 그들이 주님 안에 있기 때문에 악이 더 이상 그들과 함께 있지 못할 것이라는 것을 뜻합니다. 이 말씀은 유대 민족에 관해서 언급된 것은 결코 아닙니다. 그러나 그것은 주님사랑 안에 있는 자들에 관해서는 언급될 수 있습니다. 이러한 것은 "유다"가 그런 자들을 뜻한다는 것을 명확하게 합니다.

[12] 말라기서의 말씀입니다.

> 내가 나의 특사를 보내겠다.
> 그가 나의 갈 길을 닦을 것이다.
> 너희가 오랫동안 기다린 주가
> 문득 자기의 궁궐에 이를 것이다.
> 너희가 오랫동안 기다린
> 그 언약의 특사가 이를 것이다. ……
> 유다와 예루살렘의 제물이
> 옛날처럼, 지난날처럼,
> 나 주를 기쁘게 할 것이다.
> (말라기 3 : 1, 4)

이 장절은 교회에서 일찍이 주님의 강림에 관해서 말씀한 것이고, 그리고 "그분에 앞서 길을 예비할(=길을 닦을) 특사"는 세례 요한을 뜻한다는 것은 잘 알고 있습니다. "유다와 예루살렘의 제물이 주를 기쁘게 할 것이다"는 말씀은 그 때 주님 사랑에 속한 선에서 비롯된 예배가 열납(悅納)될 것이라는 것을 뜻합니다. 여기서 "유다의 제물"은 그런 예배를 뜻합니다. 이러한 것은 유대 민족의 예배나 예루살렘의 예배가 열납되지 않았기 때문입니다. 왜냐하면 그들은 주님을 시인하지 않았고, 오히려 전적으로 그분을 배척하였기 때문입니다. "옛날처럼, 지난날처럼"이라는 말씀은 고대의 교회들에서의 예배와 같다는 것을 뜻하는데, 홍수 이전에 있었던, 그리고 주님사랑 안에 있었던 태고교회(太古敎會·the Most Ancient Church)는 "옛날처럼"(the days of an age)이라는 말씀이 뜻하고, 홍수 이후에 있었던, 그리고 영적인 교회인 고대 교회(the Ancient Church)는 "지난날처럼"이라는 말씀이 뜻합니다.

433[C]. [13] 요엘서의 말씀입니다.

> 그 날이 오면,
> 산마다 새 포도주가 넘쳐 흐를 것이다.
> 언덕마다 젖이 흐를 것이다.
> 유대 개울마다 물이 가득차고
> 주의 성전에서 샘물이 흘러 나와,
> 싯딤 골짜기에 물을 대어 줄 것이다.
> 그러나 이집트는 황무지가 되고,
> 에돔은 황량한 사막으로 바뀐다.
> 그들이 유다 땅에 들어와서
> 백성을 폭행하고,
> 죄 없는 사람을 죽였기 때문이다.
> 유다 땅은 영원히 있겠고,
> 예루살렘도 대대로 그러할 것이다.

(요엘 3 : 18-20)

여기서도 역시 주님의 강림과 그 때의 새 하늘(a new heaven)과 새 땅(a new earth)이 다루어졌습니다. "산마다 새 포도주가 넘쳐 흐를 것이다"는 말씀은 모든 진리들이 사랑에 속한 선에서 비롯될 것이라는 것을 뜻합니다. 여기서 "산들"이 사랑에 속한 선을 뜻한다는 것은 본서 405[A]-[F]항을 참조하십시오. 그리고 "포도주"와 "포도즙"이 진리를 뜻한다는 것은 본서 376[A]-[F]항을 참조하십시오. "언덕마다 젖이 흐를 것이다"는 말씀은 영적인 삶(=생명)이 이웃을 향한 인애에 속한 선에서 비롯될 것이라는 것을 뜻합니다. "유다 개울마다 물이 가득 찬다"는 말씀은 성경말씀의 개별적인 것들로 말미암아 거기에 진리들이 있을 것이고, 그것들을 통해서 거기에 총명이 있을 것이라는 것을 뜻합니다. "샘물이 주의 성전에서 흘러 나오고, 싯딤 골짜기에 물을 대어 줄 것이다"는 말씀은 앎들이나 지식들 안에 있을 자들을 밝히 깨우치는 교리에 속한 진리가 주님으로부터 천계에서 나올 것이라는 것을 뜻합니다. "이집트가 황무지가 되고, 에돔은 황량한 사막으로 바뀐다"는 말씀은 자연적인 사람에게서 비롯된 양자들, 즉 거짓된 원칙들과 자기사랑에 속한 악들이 멸망할 것이라는 것을 뜻합니다. "그것은 그들이 유다 땅에 들어와서 백성을 폭행하고, 죄 없는 사람을 죽였기 때문이다"(=무리한 피를 흘렸기 때문이다)는 말씀은 성언에 속한 진리들을 위화하였기 때문에, 그리고 그것의 선을 더럽혔기 때문에, 그들은 그것들을 타락시키고, 파괴시켰다는 것을 뜻합니다. "유다 땅(=유다)은 영원히 있겠고, 예루살렘도 대대로 그러할 것이다"는 말씀은 성언(聖言)과 그것에서 비롯된 본연의 진리에 속한 교리가 주님사랑

7장 1-17절

안에 있는 자들과 함께 영원히 남아 있을 것이라는 것을 뜻합니다. 이러한 것은 "유다"가 여기서 유다를 뜻하지 않는다는 것과 또한 "예루살렘"이 예루살렘을 뜻하지 않는다는 것을 명확하게 합니다.

[14] 같은 책의 말씀입니다.

> 두로와 시돈과 블레셋의 모든 지역아,
> 너희가 나에게 무엇을 하려고 하느냐?
> 너희는, 내가 한 일을 보복할 셈이냐?
> 너희가 나에게 무슨 보복을 한다면,
> 너희가 한 그대로 내가 당장
> 너희에게 갚아 주겠다.
> 너희가 나의 은과 금을 약탈해 갔으며,
> 나의 가장 귀한 보물을
> 너희의 신전으로 가져 갔으며,
> 유다 백성과 예루살렘 시민을
> 그리스 사람에게 팔아 넘기며,
> 나라 밖 먼 곳으로 보냈다.
> (요엘 3 : 4-6)

여기서 "두로와 시돈" 그리고 "블레셋"은 성경말씀의 진리들이나 선들을 위화하고, 더럽히는 자들을 뜻합니다. "나의 은과 나의 금"은 진리들이나 선들을 뜻하고, "나의 귀중한 보물을 그들의 신전으로 가져갔다"는 말씀은 그것을 위화하고 더럽히는 것을 뜻합니다. "유다 백성(=자손들)과 예루살렘 시민(=자손들)을 그리스 사람에게 팔았다"는 말씀은 성언에 속한 모든 진리들이나 선들을 곡해(曲解)하고, 위화하는 것을 뜻합니다. "유다 백성"(=유다 자손들・the sons of Judah)은 성언에 속한 선들을 뜻하고, "예루살렘 시민"(=예루살렘의 자손들·the sons of Jerusalem)은 그것의 진리들을 뜻하고, "그리스 사람"(the sons of the Grecians)은 거짓들을 뜻합니다. "나라 밖 먼 곳으로 보냈다"는 것은 진리들 자체로부터 멀리 떨어졌다는 것을 뜻합니다. 성경말씀의 영적인 뜻을 알지 못하는 사람은 두로나 시돈이나 블레셋에 있는 자들이 유다 자손이나 예루살렘의 자손을 그리스 사람에게 팔아 넘겼다고 믿을 것입니다. 그러나 이것은 하나의 예언인데, 그것 안에는 교회에 속한 것들을 뜻하는 그 민족들이 그렇게 명명된 것입니다.
[15] 예레미야서의 말씀입니다.

> 그 때에는 유다 집안과 이스라엘 집안이 하나가 되어서 다 같이 북녘 땅에서 나와서 내가 너희 조상에게 유산으로 준 땅으로 들어갈 것이다(예레미야 3 : 18).

이 말씀도 역시 주님의 강림과 주님에게서 비롯된 새로운 교회(a new church)에 관해서 다루고 있습니다. 여기서 "그 때에는"(=그 날에는)이라는 말은 주님의 강림(His coming)을 뜻하고, "유다 집안과 이스라엘 집안"은 새로운 교회를 뜻하고, 그리고 여기서 "유다 집안"(the house of Judah)은 주님사랑 안에 있는 자들에게서 비롯된 교회를 뜻하고, "이스라엘 집안"(the house of Israel)은 영적인 교회로 불리우는 이웃을 향한 인애 안에 있는 자들에게서 비롯된 교회를 뜻합니다. "그들이 다 같이 북녘 땅에서 나와서, 내가 너희 조상에게 유산으로 준 땅으로 들어갈 것이다"는 말씀은 그들이 그 때 거기에 있는 무지(無知)나 거짓들에게서 나와서 그 교회의 지식들이나, 그 교회의 진리의 빛에 들어갈 것이라는 것을 뜻합니다. 여기서

"북녘 땅"은 종교에 속한 무지의 상태나 거짓의 상태를 뜻하고, "그들의 조상에게 유산으로 준 땅"은 지식들이나 진리의 빛 안에 있는 교회를 뜻합니다. 이러한 내용들은 장차 세워질 새로운 교회의 근원인 그 민족들에 관해서 언급하고 있습니다. 이러한 사실은 유다 집안이나 이스라엘 집안이 그 때 북녘 땅에서 나오지 않았다는 것, 다시 말하면 그 때는 주님께서 이 세상에 계신 때라는 것에서 잘 알 수 있습니다. 왜냐하면 유대 사람은 그 때 가나안 땅에 있었고, 이스라엘 사람은 뿔뿔이 흩어져 있었기 때문입니다.

[16] 같은 책의 말씀입니다.

> 내가 다윗에게서 의로운 가지가 하나 돋아나게 할 그 날이 오고 있다. …… 그는 왕이 되어 슬기롭게 통치하면서, 세상에 공평과 정의를 실현할 것이다. 그 때가 오면 유다가 구원을 받을 것이며, 이스라엘이 안전한 거처가 될 것이다. 사람들이 그 이름을 '우리를 공의로 다스리시는 주'라고 부를 것이다(예레미야 23 : 5, 6).

이 장절은 명확하게 주님에 관해서 언급하고 있습니다. 그분은 "다윗의 가지이시고" 그분은 "왕으로 다스릴 것이고, 그리고 그분은 우리를 공의로 다스리시는 주라고 부를 것이다"라고 언급되었습니다. 그리고 "그 때가 오면, 유다가 구원을 받을 것이고, 이스라엘이 안전한 거처가 될 것이다"(=안전하게 거할 것이다)는 말씀은 주님사랑이나 이웃을 향한 인애 안에 있는 자들이 구원을 받을 것을 뜻합니다. 여기서도 명확한 것은 유다가 구원을 받지 않았고, 이스라엘이 다시 소환하지 않았고, 그리고 안전하게 잘 살게 하기 위하여 다시 소환될 수 없다는 것을 뜻합니다. 다시 말하면 온갖 악들이나 거짓에서 비롯된 습격(襲擊·infestation)이 없다는 것을 뜻합니다.
[17] 또 같은 책의 말씀입니다.

> 이스라엘은, 내가 그의 초장으로 데려다 놓을 것이니, 그들이 갈멜과 바산에서 풀을 뜯고, 에브라임 산지와 길르앗에서 마음껏 먹을 것이다.
> "그 날이 오고 그 때가 되면,
> 내가 살아남게 한 사람들을 용서할 터이니,
> 이스라엘의 허물(=죄악)을
> 아무리 찾아도 찾지 못하고,
> 유다의 죄를
> 아무리 찾아도 발견하지 못할 것이다."
> (예레미야 50 : 19, 20)

이 말씀도 역시 "내가 그의 초장으로 데려 올 것이다"고 언급된 "이스라엘"이 뜻하는, 그리고 그의 죄가 발견하지 못하는 "유다"가 뜻하는 이방 사람들 가운데 주님에 의하여 세워질 교회의 설시에 관해서 언급하고 있습니다. 그리고 이들이 주님에 의하여 인도될 것이고, 인애에 속한 선으로 가르침을 받을 것이라는 뜻은 "그들이 갈멜과 바산에서 풀을 뜯고, 에브라임 산지와 길르앗에서 마음껏 먹을 것이다"는 말씀이 뜻합니다.
[18] 스가랴서의 말씀입니다.

> 그 날에, 내가 모든 말을 쳐서 놀라게 하며, 말탄 자를 쳐서 미치게 할 것이다. …… 내가 유다 백성은 지켜 돌보겠지만(=내가 유다 집 위에 내 눈을 뜨게 하여) 모든 이방 민족이 부리는 말들은 쳐서

7장 1-17절

눈이 멀게 하겠다. …… 그 날에 내가, 유다의 지도자들을, 나뭇단 사이에 놓인 과열된 도가니처럼, 곡식단 사이에서 타는 횃불처럼 만들겠다. 그들이 주변의 모든 민족을 좌우로 닥치는대로 불사를 것이다. 그러나 예루살렘은 다치지 않고 제자리에 그대로 남아 있을 것이다. 나 주가 유다의 거처를 먼저 구원해 주겠다. 다윗 집안의 영광과 예루살렘에 사는 주민의 영광이 아무리 크다고 하여도, 유다의 영광보다 더 크지는 않을 것이다(스가랴 12 : 4, 6, 7).

이 장절은 옛 교회의 황폐와 주님께서 세우시는 새로운 교회의 설시에 관해서 다루고 있습니다. 예전 교회의 황폐는 "그 날에 내가 모든 말을 쳐서 놀라게 하며, 말탄 자를 쳐서 미치게 할 것이다"는 말씀에 의하여 기술되었습니다. 왜냐하면 여기서 "말"(horse)은 사람으로서의 진리의 이해를 뜻하기 때문이고, "말탄 자"(the rider)는 총명을 뜻하기 때문입니다(본서 355항 참조). "유다의 집안"은 주님사랑에 속한 선 안에 있는 자들의 교회를 뜻하는데, 이것에 관해서는 주님께서 "당신의 눈을 그의 집 위에 뜨게 할 것이다"는 말씀이 언급되었습니다. 지옥에서 비롯된 온갖 악들이나 거짓들이 이런 것들에 의하여, 이런 것들로 흩어지게 될 것이라는 것은 "그 날에 내가 유다의 지도자들을 나뭇단 사이에 놓인 과열된 도가니처럼, 곡식단 사이에서 타는 횃불처럼 만들겠다. 그들이 주변의 모든 민족을 좌우로 닥치는 대로 불사를 것이다"는 말씀이 뜻합니다. 그 교회가 악들이나 거짓들의 습격에서 안전할 것이라는 것은 "예루살렘은 다치지 않고 제자리에 그대로 남아 있을 것이다"는 말씀이 뜻하고, 주님께서는 주님사랑 안에 있는 자들을 철저하게 구원할 것이라는 것은 "유다의 거처를 먼저 구원해 주겠다"는 말씀이 뜻합니다.

[19] 이사야서의 말씀입니다.

　　이것은 아모스의 아들 이사야가 유다와 예루살렘을 두고, 계시로 받은 말씀이다.
　　마지막 때에,
　　주의 성전이 서 있는 산이
　　모든 산 가운데서 으뜸가는 산이 될 것이며,
　　모든 언덕보다 높이 솟을 것이니
　　모든 민족이 물밀듯 그리로 모여들 것이다.
　　백성들이 오면서 이르기를
　　"자, 가자.
　　우리 모두 주의 산으로 올라가자.
　　야곱의 하나님이 계신 성전으로
　　어서 올라가자.
　　주께서 우리에게
　　주의 길을 가르치실 것이니,
　　주께서 가르치시는 길을 따르자" 할 것이다.
　　(이사야 2 : 1-3)

　이 장절도 역시 주님에 의하여 세워질 새로운 교회(a new church)에 관해서 언급하고 있습니다. "모든 산 가운데서 으뜸가는 산이 될 주의 성전이 서 있는 산"(=여호와의 산)은 시온(Zion)을 뜻하고, 그 교회를 구성하는 자들이 가지고 있는 천적인 교회를 뜻하고, 그리고 주님사랑을 뜻합니다. 이것이 교회의 중요하고 으뜸되는 것이라는 것, 그리고 그것이 힘을 키우고, 얻는 것이라는 것은 "주의 성전이 서 있는 산이 모든 산 가운데서 으뜸가는 산이 될 것이며, 모든 언덕보다 높이 솟을 것이다"는 말씀이 뜻합니다. 선 안에 있는 자들이 주님을 시인할 것이고, 교회에로 끌어들일 것이라는 것은 "모든 민족이 물밀듯 그리로 모여들 것이다"는 말씀이 뜻합니다. 여기서 "민족들"은 주님사랑에 속한 선을 가리키는 천적인 선 안에 있는 자들을 뜻하고, 그리고 "백성들"은 이웃을 향한 인애에 속한 선을 가리키는 영적인 선 안에 있는 자들을 뜻합니다. 이들 후자에 관해서 "백성들이 오르면서 이르기를 '자, 가자. 우리 모두 주의 산으로 올라가자. 야곱의 하나님이 계신 성전으로 어서 올라가자'"라고 언급되었습니다. 여기서 "민족들"이 천적인 선 안에 있는 자들을 뜻하고, "백성들"이 영적인 선 안에 있는 자들을 뜻한다는 것은 본서 331항을 참조하십시오. [20] 같은 책의 말씀입니다.

> 너의 구원자,
> 너를 모태에서 만드신 주께서 말씀하신다.
> "내가 바로 만물을 창조한 주다.
> 나와 함께 한 이가 없이,
> 나 혼자서 하늘을 폈으며, 땅도 넓혔다." ……
> 하나님께서는
> 당신의 종이 한 말을 이루어지게 하시며,
> 당신의 사자들이 계획한 것을
> 이루어지게 하시며,
> 예루살렘을 보시고는
> '여기에 사람이 살 것이다' 하시며,
> 유다의 성읍들을 보시고는
> '이 성읍들이 재건될 것이다.
> 내가 그 허물어진 곳들을
> 다시 세우겠다' 하신다.
> (이사야 44 : 24, 26)

이 장절 역시 "너의 구원자, 너를 모태에서 만드신 주"를 가리키는 주님의 강림을 다루고 있습니다. 그분께서 "구원자"(the Redeemer・구속주)라고 불리셨는데, 그것은 그분께서 사람을 지옥에서 구출하셨기 때문이고, "모태에서 만드신 주"(the Former from the womb・조성자)라고 하셨는데, 그것은 그분께서 사람을 중생시키시기 때문입니다. 그분에 관한 예언자들의 예언이나, 사람의 구원에 관한 예언자들의 예언은 "하나님께서는 당신의 종이 한 말을 이루게 하시고, 당신의 사자들이 계획한 것을 이루게 하신다"는 말씀이 뜻합니다. 그것은 그분의 교회에 속한 자들은 구원을 받을 것이라는 것이나, 천적인 교리에 속한 진리들로 교육을 받을 것이라는 것은 "예루살렘을 보시고는 여기에 사람이 살 것이다 하시고, 유다의 성읍들을 보시고는 이 성읍들이 재건될 것이다" 라는 말씀이 뜻합니다. 여기서 "예루살렘"은 교회를 뜻하고, "유다의 성읍들"은 천적인 교리에 속한 진리들을 뜻합니다. 그 교회를 파괴, 파멸할 온갖 거짓들이 없어질 것이다(=고칠 것이다・다시 세우겠다)는 것은 "내가 그 허물어진 곳들(=그 곳의 파괴된 곳들)을 다시 세우겠다"는 말씀이 뜻합니다. 여기서 우리가 아는 것은 주님께서 예루살렘에 사람을 살게 하시지 않았다는 것, 그리고 유다의 성읍들을 재건시키지 않으셨다는 것이지만, 그러나 예루살렘은 파괴될 것이라는 것을 알고 있는데, 이러한 일이 행해졌다는 것도 잘 알고 있습니다.

[21] 역시 같은 책의 말씀입니다.

    내가 야곱으로부터 자손이 나오게 하며,
    유다로부터

> 내 산을 유업으로 얻을 자들이
> 나오게 하겠다.
> 내가 택한 사람들이
> 그것을 유업으로 얻으며,
> 내 종들이 거기에 살 것이다.
> (이사야 65 : 9)

여기서 "야곱"이나 "유다"는, 유다에서 나온 백성을 뜻하지 않고, 그리고 유다에게서 나온 민족을 뜻하지 않고, 오히려 주님에 의하여 세워질 교회를 뜻합니다. 여기서 "야곱"은 삶에 속한 선(=선한 삶) 안에 있는 교회를 뜻하고, "유다"는 주님사랑에 속한 선 안에 있는 교회를 뜻합니다. 따라서 "야곱"은 외적인 교회를 뜻하고, "유다"는 내적인 교회를 뜻합니다. 여기서 "자손"(=씨·seed)은 인애와 믿음을 뜻하고, "산들"은 사랑에 속한 선들을 뜻합니다. 인애 안에 있는 자들이 "택한 사람들"이라고 불리웠고, 사랑에 속한 선에서 비롯된 진리들 안에 있는 자들이 "내 종들"이라고 불리웠습니다. 그러므로 "내가 택한 사람들이 그것을 유업으로 얻는다, 내 종들이 거기에 살 것이다"라고 언급되었습니다.

[22] 에스겔서의 말씀입니다.

> 유다와 이스라엘 땅 사람들도 너와 거래를 하였다. 그들은 민닛에서 생산한 밀과 과자와 꿀과 기름과 유향을 가지고 와서, 네 물품들과 바꾸어 갔다(에스겔 27 : 17).

이 장절은 두로에 관해서 다루고 있는데, 두로는 진리와 선에 속한 지식들의 측면에서 교회를 뜻하고, 따라서 "두로"는 그 교회에 속한 진리나 선에 속한 지식들을 뜻합니다. 여기서는 그것의 상품들이나 거래(=교역)들이 다루어졌는데, 이 장절은 이런 지식들이 어떻게 터득, 습득되는지를 기술하였고, 여기서 그런 것들은 유다나 이스라엘 땅에서 습득된 것으로 기술되었습니다. 그리고 "유다"가 사랑에 속한 선을 뜻하고, "이스라엘"이 그 선에서 비롯된 진리들을 뜻하기 때문에, 그것들의 거래들이 민닛과 판낙(Pannag)에서 생산한 밀과 과자와 꿀과 기름과 유향을 가지고 와서 네 물품과 바꾸어 갔다(=교역하였다)고 언급하고 있습니다. 그것은 "민닛이나 판낙의 밀"은 교회에 속한 온갖 종류의 진리들이나 선들을 뜻하기 때문이고, "꿀"은 자연적인 사람 안에 있는 사랑에 속한 선을 뜻하기 때문이고, "기름"은 영적인 사람 안에 있는 사랑에 속한 선을 뜻하기 때문이고, "유향"(balsam)은 선에서 비롯된 상쾌한 진리들을 뜻하기 때문입니다(이런 것들이 충분하게 설명된 본서 375항 참조). 이 장에 기술된 상품을 영적으로 이해할 때에는 거명된 상품에서 거기에 거명된 다른 민족들(=나라들)이 뜻하는 것이 무엇인지 아주 명확하게 됩니다. 따라서 "유다"나 "이스라엘"이 뜻하는 것이 무엇인지 아주 잘 알 수 있겠습니다. 왜냐하면 상품들은 영적인 뜻을 지적, 나타내고 있기 때문입니다.

433[D]. [23] "유다"가 유대 민족(=유대 나라)을 뜻하지 않는다는 것은 에스겔서 48장에서 아주 잘 알 수 있겠습니다. 그 장은 이스라엘 열두 지파들에게 배분하게 될 새로운 땅에 관해서 다루고 있고, 그리고 거기에 명명된 이들 지파들이나, 그 각각의 지파가 소유하게 될 그 땅의 분깃을 다루고 있습니다. 거기서 대부분은 유다 지파에 관해서 언급되었습니다. 그리고 "그것의 가운데 있게 될 신전"(神殿), 즉 지성소(至聖所・

sanctuary)에 관해서 다루고 있습니다(에스겔 48 : 8-22). 이러한 사실은 거기에 거명된 지파들이 그런 지파들을 뜻하지 않는다는 것을 아주 명확하게 합니다. 왜냐하면 그들의 열한 (11) 지파들은 뿔뿔이 흩어졌고, 어떤 지파는 이방 사람들이 되었기 때문입니다. 그리고 그 이방 사람들로 말미암아 그들은 소멸되지 않았습니다. 왜냐하면 그들은 영원한 유랑민(流浪民・perpetual exile)으로 몰락(沒落)하게 되었기 때문입니다. 거기에 거명된 그 땅이 하나의 그런 땅을 뜻하지 않고 오히려 하나의 교회를 뜻한다는 것, 결과적으로 거기에서 거명된 지파들은 교회에 속한 그런 것들을 뜻한다는 것은 명확하게 되었습니다. 그리고 거기서 "유다"는 천적인 교회를, 또는 주님사랑 가운데 있는 그 교회를 뜻합니다. 그러므로 거기에는 신전, 즉 성소가 있어야 합니다.

[24] 시편서의 "유다"나 "이스라엘"도 동일한 것을 뜻합니다. 시편서의 말씀입니다.

> 유다는 주의 성소가 되고,
> 이스라엘은 그의 영토가 되었다.
> (시편 114 : 2)

여기서 "성소"(sanctuary)는 최고의 뜻으로는 주님 당신을 뜻하고, 상대적인 뜻으로는 사랑에 속한 선에서 비롯된 그분의 예배를 뜻합니다. "이스라엘"은 그 선에서 비롯된 교회에 속한 진리를 뜻하고, 그리고 선에서 비롯된 진리들은, 다시 말하면 진리들에 의하여 선은 모든 능력이나 힘을 가지고 있기 때문에, 그러므로 "이스라엘은 그의 영토가 되었다"고 언급되었습니다. "유다"가 주님의 천적인 왕국을 뜻하기 때문에, 그리고 "이스라엘"이 위에서 언급한 것과 같이 주님의 영적인 왕국을 뜻하기 때문에, 그리고 천적인 왕국은 천계에서 주님의 성직(聖職)을 형성하는 것을 가리키기 때문에, 그리고 영적인 왕국은 주님의 왕권(王權·royalty)을 뜻하기 때문에(≪천계와 지옥≫ 24·226항 참조), 그러므로 성경말씀에서 주님은 "왕"(=임금·king)이라고 하였습니다. 복음서들의 말씀입니다.

유대인의 왕이시다(마태 2 : 2 ; 요한 18 : 33, 37 ; 19 : 19).

그리고 "유대인의 왕"이신 주님은 주님의 신령사랑에 속한 신령선에서 발출하는 신령진리의 측면에서 주님을 뜻합니다. 그러므로 성경말씀에서 "왕들"은 선에서 비롯된 진리들을 뜻합니다(본서 31항 참조).
[25] 예레미야서의 말씀입니다.

"그 때가 오면, 내가 이스라엘 집과 유다 집에 사람의 씨와 짐승의 씨를 뿌리겠다. …… 그 때가 오면 내가 이스라엘 가문과 유다 가문과 새 언약을 세우겠다. …… 그러나 그 시절이 지난 뒤에 내가 이스라엘 가문과 언약을 세울 것이니, 나는 나의 율법을 그들의 가슴 속에 넣어 주며, 그들의 마음 판에 새겨 기록하여 나는 그들의 하나님이 되고 그들은 나의 백성이 될 것이다(예레미야 31 : 27, 31, 33).

여기서도 역시 "다가올 그 날"은 주님의 강림을 뜻하고, 그러므로 그 때에 이스라엘 가문과 유다 가문과 새 언약을 세우겠다는 것은 그런 것을 뜻하지 않고, 오히려 주님께서 세우시는 새로운 교회와의 새 언약을 뜻합니다. 이러한 것은 나의 율법을 그들의 가슴 속에 넣어 주며, 그들의 마음 판에 새겨 기록하는 "이스라엘 가문과 유다 가문"이 뜻합니다. 이러한 일이 이스라엘 가문이나 유다 가문에 행해지지 않았다는 것은 모두가 잘 알고 있습니다. 왜냐하면 그들은 주님과의 계약을 전적으로 배척, 거절하였기 때문이고, 그리고 그와 같이 오늘날까지 그렇게 하고 있기 때문입니다. 여기서 "언약"(言約·covenant)은 주님사랑을 통한 주님과의 결합을 뜻하고, 그 결합에서부터 그들의 교리나 삶 양자 안에 있는 율법이나 신령 진리가 주어졌습니다. 그리고 이것이 바로 "그들의 가슴 속에 넣어 주고, 마음 판에 새겨 기록한 율법입니다." "이스라엘 집과 유다 집에 사람의 씨와 짐승의 씨를 뿌린다"는 것은 총명이나 정동을 가리키는 진리들이나 선들을 통한 새로운 교회에 속한 자들을 개혁하는 것(=바로잡는 것·to reform)을 뜻합니다. 여기서 "씨"(seed)는 진리를 뜻하고, "사람"(man)은 총명을 뜻하고, "짐승"(beast)은 정동에 속한 선을 뜻합니다. 이것이 "짐승"의 뜻이라는 것은 아래에 이어지는 장절들에서 잘 입증될 것입니다.

[26] 스가랴서의 말씀입니다.

> 수많은 민족과 강대국이,
> 나 만군의 주에게 기도하여
> 주의 은혜를 구하려고,
> 예루살렘으로 올 것이다. ……
> 그 때가 되면, 말이 다른 이방 사람 열 명이 유다 사람 하나의 옷자락을 붙잡고 '우리가 너와 함께 가겠다. 하나님이 너희와 함께 계신다는 말을 들었다' 하고 말할 것이다(스가랴 8 : 22, 23).

여기서 "유다"가 주님사랑 안에, 또는 그것에서 비롯된 교리에 속한 진리들 안에 있는 자들을 뜻한다는 것을 알지 못하는 자는 유대 사람들에 관해서, 그리고 그들을 가나안 땅에 데리고 간다는 것이나, 그리고 구원받기를 열망하는 그 밖의 다른 자들은 그 때 그들의 옷자락을 붙잡고, 그들과 함께 가기를 간구할 것이라는 것 등등에 관해서 언급된 것들을 쉽게 믿을 것입니다. 그러나 그 때 밝히 알 수 있는 사실은 거기에서 가나안 땅이나 예루살렘에 인도되는 것에 관해서 언급한 것이 아니라는 것, 그리고 "유다"가 그 민족에 속한 자들을 뜻하지 않는다는 것, 그러나 여기서 "예루살렘"은 주님에 의하여 세워질 새로운 교회를 뜻한다는 것, 그리고 "유대 사람"은 주님사랑에 속한 선 안에 있는 자들 모두를 뜻한다는 것, 그리고 "유대 사람의 옷자락"은 그 선에서 비롯된 진리를 뜻한다는 것, 그 때 그 장에 있는 모든 것들의 뜻이나, 개별적인 것 안에 있는 이런 낱말들의 뜻을 잘 알 수 있겠습니다. 왜냐하면 이러한 사실은 그 민족이나 그 교회에 가까이에 끌려온 모두의 부름(招待・calling)을 다루고 있기 때문입니다. 그리고 "유대 사람"은 주님을 시인하고 사랑하는 자들을 뜻하고, 그리고 "그의 옷자락을 붙잡는다"는 것은 주님에게서 비롯된 진리를 알기를 간절히 사모, 열망하는 것을 뜻하고, "말이 다른 이방 사람 열명"은 어떤 종교이든 종교에 속한 모두를 뜻하고, 그리고 "열 사람들"은 모두를 뜻하고, "그 민족의 말"(=언어)은 그들의 종교적인 원칙들을 뜻합니다.

[27] 이렇게 볼 때 잘 알 수 있는 것은 유리방황(流離彷徨)하는 자들이 진리에서 얼마나 멀리 떨어져 있는지 잘 알 수 있겠는데, 이들은 그 마지막 때에 유대 사람들은 주님에게 전향

(轉向), 개심(改心)될 것이고, 그리고 가나안 땅에 되돌아갈 것이라고 믿습니다. 이런 자들은 성경말씀에서 "땅"(=가나안 땅) "예루살렘" "이스라엘" "유다"가 가나안 안, 예루살렘 성읍, 이스라엘 백성, 유대 민족을 뜻한다고 굳게 믿습니다. 지금까지 그렇게 믿은 사람들은 용서 될 수는 있는데, 그 이유는 그들이 성경말씀의 영적인 뜻을 전혀 알지 못하기 때문입니다. 그러므로 그들은 "그 땅"이 교회를 뜻한다는 것을 알지 못하고, "예루살렘"이 교리의 측면에서 교회를 뜻한다는 것, "이스라엘"이 영적인 교회에 속한 자들을, "유다"가 천적인 교회에 속한 자들을 뜻한다는 것을 알지 못합니다. 그리고 또한 그들이 가나안 땅으로 인도되는 어떤 곳을 예언서들에서 다루어졌다는 것, 그리고 신앙심이 좋은 돈독(敦篤)한 사람이 천계나 그 교회에 들어가는 것을 뜻한다고 알고 있습니다. 이런 일은 주님께서 이 땅에 강림하셨을 때 일어났습니다. 왜냐하면 그 때 인애에 속한 선 안에 살았고, 그리고 사람의 형체(a human form)로 계신 하나님을 예배한 자들은 천계에 옮겨졌기 때문입니다. 그리고 이들은 주님께서 강림하실 때까지 천계 아래(under heaven)에서 보호되었고, 그리고 주님께서 그의 인성을 영화하셨을 때, 그들은 모두 위로 옮겨졌습니다. 이들이 바로 이스라엘이나 유다의 자손들의 포로생활(捕虜生活)이나 그들의 땅에 옮김(移住)에 관해서 다루는 예언적인 성경말씀의 수많은 장절들에서 뜻하는 자들입니다. 이런 장절들에서 이들은 그 교회에 들어오는 자들을 뜻하고, 그리고 그것으로 인하여 주님께서 강림하신 뒤에는 기독교가 영접된 곳 뿐만 아니라 다른 곳인 땅에서 천계에 올리운 자들을 뜻합니다. 이런 등급들에 속한 자들이 이스라엘·유다·예루살렘 등이 거명된 수많은

장절들에서 뜻하는 자들이고, 그리고 그 땅에 옮겨졌다는 그들의 옮김이 다루어진 장절에서 뜻하는 자들입니다. 예를 들면 그런 장절들로는 이사야 10 : 21, 22 ; 11 : 11, 12 ; 43 : 5, 6 ; 49 : 10-26 ; 56 : 8 ; 60 : 4 ; 61 : 1-5, 9 ; 예레미야 3 : 12-20 ; 16 : 15, 16 ; 23 : 7, 8 ; 30 : 2-11 ; 31 : 1-14, 23-40 ; 33 : 6-18 ; 에스겔 16 : 60-62 ; 20 : 40-42 ; 34 : 11-16 ; 37 : 21-28 ; 39 : 21-29 ; 호세아 3 : 5 ; 요엘 2 : 18-27 ; 2 : 32 ; 아모스 9 : 12-15과 그 밖의 여러 곳의 장절들이 있습니다.

433[E]. [28] 아래의 장절들은 유대 사람들이 그 어떤 것에 의하여 가나안 땅에 되돌아 올 것임을 확신하고 있고, 그리고 다른 사람들보다 먼저 그들이 구원받을 것임을 기독교인들이 믿게 하기 위한 본보기 장절들로 채택된 것들입니다. 이사야서의 말씀입니다.

"마치 이스라엘 자손이
주의 성전에 바칠 예물을
깨끗한 그릇에 담아서 가져 오는 것과 같이,
그들이 또한 모든 민족들로부터
너희의 모든 형제를
주께 바친 예물로
말과 수레와 가마와 노새와 낙타에 태워서,
나의 거룩한 산 예루살렘으로
데려올 것이다." ……
"내가 지을 새 하늘과 새 땅이
내 앞에 늘 있듯이,
너희 자손과 너희 이름이 늘 있을 것이다."
(이사야 66 : 20, 22)

이 장절이 뜻하는 것이 무엇인지는 그것이 설명된 본서 355[C]·405[E]를 참조하십시오. 여기서 "새 하늘과 새 땅"은 주님께서 당신의 인성을 영화하셨을 때, 주님에 의하여 구원받게 될 자들로 이루어진 천계와 교회를 뜻합니다.

[29] 같은 책의 말씀입니다.

> 내가 뭇 민족을 손짓하여 부르고,
> 뭇 백성에게 신호를 보낼 터이니,
> 그들이 네 아들을 안고 오며,
> 네 딸을 업고 올 것이다.
> 왕들이 네 아버지처럼 될 것이며,
> 왕비들이 네 어머니처럼 될 것이다.
> 그들이 얼굴을 땅에 대고
> 네게 엎드릴 것이며,
> 네 발의 먼지를 닦아 줄 것이다.
> (이사야 49 : 22, 23)

우리의 본문장 전체는 주님의 강림과 그분을 영접, 수용한 자들의 구원을 다루고 있는데, 이러한 사실은 그 장의 6-9절에서 명확합니다. 결과적으로 그것은 가나안 땅으로의 그들의 복귀가 아닐 것이므로, 따라서 유대 사람의 구원을 다룬 것은 아닙니다. 유대 민족이 위에 인용된 장절에서 뜻하지 않는다는 것은 그 민족이 가장 사악하게 되었고, 그리고 마음에서 우상숭배자들이었다는 사실에서 잘 알 수 있습니다. 그리고 또한 그 민족은 그 누구의 선이나 공의(公義) 때문에 가나안 땅으로 옮겨지지 않았고, 오히려 그들의 조상들과 맺은 약속 때문이라는 것, 그리고 그들은 그 교회의 진리들이나 선들을 전혀 가지고 있지 않고, 오히려 온갖 거짓들과 악들을 가지고 있었다는 사실에서도 잘 알 수 있습니다. 이런 이유 때문에 그들은 가나안 땅에서 배척되고, 쫓겨났습니다. 이러한 사실은 그 민족에 관해서 기술된 성경말씀의 모든 장절들에서 잘 알 수 있습니다.

[30] 그 민족의 성품이나 그 민족이 무엇이 될 것인지, 다시 말하면 그 민족이 가장 사악하였다는 것은 모세의 노랫말에 의하여 이런 말씀들로 기술되었습니다. 신명기서의 말씀입니다.

> 그들에게 나의 얼굴을 숨기겠다.
> 그들이 마침내는 어떻게 되는지,
> 두고 보겠다.
> 그들은 타락한 세대,
> 진실이라고는 털끝만큼도 없는 자들이다.
> 우상을 섬겨서 나를 격분시켰고,
> 신이 아닌 것들을 신이라고 섬겨서
> 나의 질투에 불을 붙였다.
> 그러나 이제 나도,
> 내 백성이 아닌 딴 백성을
> 내 백성으로 삼아서,
> 그들의 질투심에 불을 붙이고,
> 어리석은 민족을 내 백성으로 만들어
> 그들을 격분시키겠다.
> 나의 분노에서 나오는 불꽃이
> 저 아래 스올까지 타들어 가며,
> 땅 위에 있는 모든 것들을 삼켜 버리고,
> 멧부리까지 살라 버릴 것이다. ……

7장 1-17절

> 본래는 내가 나의 백성을 다 흩어 버려서
> 아무도 그들을 기억할 수 없게 하려고 하였으나,
> 그렇게까지 하지 않았으니,
> 원수들이 자랑하는 것을
> 내가 차마 볼 수 없기 때문이다. ……
> 그들의 포도는
> 소돔의 포도나무에서 온 것이며,
> 고모라의 밭에서 온 것이다.
> 그들의 포도에는 독이 있어서(=그들의 포도는 쓸개 포도니),
> 송이마다 쓰디쓰다.
> 그들의 포도주는
> 뱀의 독으로 담근 독한 술이요,
> 독사의 독이 그득한 술이다. ……
> 원수 갚는 것은 내가 하는 일이니,
> 내가 갚는다.
> (신명기 32 : 20-35)

이 말씀은 유대 사람들에게 있는 그 교회의 본성이 무엇인지를 기술하고 있습니다. 다시 말하면 그것은 악에서 비롯된 지독한 거짓들 안에 있다는 것을 기술하고 있습니다. 그들에게 있는 교회가 무엇인지는 "그들의 포도는 소돔의 포도나무에서 온 것이며, 고모라의 밭에서 온 것이다"는 말씀이 뜻합니다. 여기서 "포도나무"는 교회를 뜻합니다. 그들이 소유하고 있는 악에서 비롯된 거짓들은 "그들의 포도에는 독이 있어서(=그들의 포도는 쓸개 포도니) 송이마다 쓰디쓰다. 그들의 포도주는 뱀의 독(=용의 독)으로 담근 독한 술이요, 독사의 독이 그득한 술이다"는 말씀이 뜻합니다. "포도"는 교회에 속한 선들을 뜻하지만, 그러나 "쓸개 포도"나 "쓰디쓴 포도송이"는 지독한 거짓들에게서 비롯된 악들을 뜻합니다. 그들의 악들이 그러하다는 것은 "그들의 포도주는 뱀의 독(=용의 독)으로 담근 독한 술이요, 독사의 독이 그득한 술이다"는 말씀이 뜻합니다. 본래 "포도주"는 성언에서 비롯된 진리를 뜻하지만, 그러나 "뱀의 독"(=용의 독)이나 "독사의 독"(=쓸개)은 성언의 위화된 진리에서 솟아난 괴물같은 거짓을 뜻합니다. 그 민족은 성경말씀의 신명기서, 사사기, 그리고 예언서들에도 그와 같이 기술되었습니다. 예언서의 장절들로는 예레미야 5 : 20-31 ; 7 : 8-34 ; 9 : 2-26 ; 11 : 6-17 ; 13 : 9-27 ; 19 : 1-15 ; 32 : 30-35 ; 44 : 2-24이 되겠습니다. 그 민족이 마음 속에서 우상숭배자들이라는 것은 다른 여러 예언서에서, 특히 예레미야서에서 인용된 장절들에게서 명확합니다.

> 네가 스스로 만들어 섬긴 신들이
> 지금 어디에 있느냐?
> 네가 환난을 당할 때에는
> 네 신들이 일어나서
> 너를 도와주어야 옳지 않겠느냐?
> 유다야, 너는 네 성읍의 수만큼
> 많은 신들을 만들어 놓았구나.
> (예레미야 2 : 28 ; 11 : 13)

[31] 그들은 마음에 속한 선이나 공의 때문에 가나안 땅으로 옮겨지지 않았고, 오히려 그들의 조상들과 맺은 약속 때문에 옮겨졌다는 것은 모세의 글에서 잘 볼 수 있습니다. 신명기서의 말씀입니다.

너희가 마음이 착하고 바르기 때문에 너희가 들어가서 그들의 땅을 차지하도록 하신 것이 아니라, 여기에 있는 이 민족들이 악하기 때문에 주 너희의 하나님이 그들을 너희 앞에서 내쫓으신 것이다. 이렇게 하여, 주께서는 너희의 조상 아브라함과 이삭과 야곱에게 맹세하신 그 말씀을 이루신 것이다. 주 너희의 하나님이 이 좋은 땅을 너희에게 주어 유산으로 차지하게 하신 것이, 너희가 착하기 때문이 아님을, 너희는 알아야 한다. 오히려 너희는 고집이 센 백성이다(신명기 9 : 5, 6).

[32] 그들이 교회에 속한 진리들이나 선들을 가지고 있지 않고, 오히려 온갖 거짓들이나 악들을 가지고 있다는 것은 성경말씀에서 잘 알 수 있는데, 성경말씀에는 그들의 매춘(賣春)과 간통(姦通)이 다루어지고 있습니다(예레미야 3 : 1-25 ; 에스겔 23 : 1-49). 성경말씀에서 "매춘(=간음)이나 "간통"은 진리의 위화(僞化)를 뜻하고, 선의 섞음질을 뜻합니다(본서 141·161항 참조). 결과적으로 주님께서 그들이 이러하다고 말씀하십니다.

    이 세대는 악하고 음란한 세대다(마태 12 : 39 ; 마가 8 : 38).
    너희도 겉으로는 사람에게 의롭게 보이지만, 속에는 위선과 불법이 가득하다(마태 23 : 28).
    이렇게 너희는 관습을 빌미로 하여 하나님의 말씀을 헛되게 한다(마태 15 : 6 ; 마가 7 : 9).

요한복음서의 말씀에서는 아주 명확합니다.

    너희는 너희의 아버지인 악마에게서 났고, 또 그 아버지의 욕망대로 하려고 한다. 그는 처음부터 살인자였다. 또 그는 진리 편에 서 있지 않다. 그것은 그 속에 진리가 없기 때문이다. 그가 거짓말을 할 때에는 본성에서 그렇게 하는 것이다. 그는 거짓말쟁이요, 거짓의 아버지이기 때문이다(요한 8 : 44).

여기서 "거짓말"(a lie)은 악에서 비롯된 거짓을 뜻하고, "악마"(the devil)는 모든 선의 멸절(滅絶)을 뜻하고, "살인자"(a murderer)는 모든 진리의 멸절을 뜻하고, "아버지"(father)는 지옥에서 비롯된 자들이나 최초의 때에로 되돌아간 것으로 사는 자들을 뜻하고, "거짓말은 그의 본성에서 말하는 것"이라는 것은 선천적인 것으로 말미암아 말하는 것을 뜻합니다.
[33] 따라서 그들에게 있는 교회에 속한 것은 모두 파괴되었다는 것을 뜻하고, 그리고 그러므로 그것들이 모두 배척되었다는 것은 이사야서의 말씀에서 명확합니다.

주 만군의 주께서
예루살렘과 유다에서
백성이 의지하는 것을 모두 없애실 것이다.
그들이 의지하는 모든 빵과 모든 물을
없애시며,
용사와 군인과 재판관과 예언자,
점쟁이와 장로, ……
드디어 예루살렘이 넘어지고
유다는 쓰러진다.
그들이 말과 행동으로 주께 대항하며,
하나님의 영광스러운 현존을
모독하였기 때문이다.
(이사야 3 : 1, 2, 8)

"의지하는 모든 빵과 모든 물을 없앤다"(=제거한다)는 것은 사랑에 속한 모든 선을 제거하는 것을 뜻하고, 그리고 그것에 의하여 영적인 삶(=생명)이 있는 믿음에 속한 진리를 제거하는 것을 뜻합니다. 여기서 "빵"(bread)은 사랑에 속한 선을 뜻하고, 그리고 "물"은 믿음에 속한 진리를 뜻하고, "의지한다"(stay)나 "지팡이"(staff)는 능력이나 힘을 뜻하고, 그리고 이런 것에서 비롯된 영적인 생명(=삶)의 모든 것들을 뜻하고, "용사나 군인(=전쟁의 사람)을 제거한다"(=없애버린다)는 것은 악들이나 거짓들에 대한 저항(抵抗)을 제거하는 것을 뜻하고, "재판관과 예언자를 없앤다"는 것은 교리에 속한 모든 선과 교리에 속한 모든 진리를 제거하는 것을 뜻하고, "점쟁이와 장로를 없앤다"는 것은 모든 총명과 모든 지혜를 제거하는 것을 뜻합니다. "주께 대항하는 그들의 말과 행동이나 하나님의 영광스러운 현존을 모독한다"(=그의 영광의 눈을 격노케 하였다)는 것은 그들의 교리에 속한 모든 것들이나 그들의 삶에 속한 모든 것이 신령진리에 전적으로 적대(敵對), 반대하는 것을 가리킵니다. 여기서 "말"(=혀·tongue)은 교리를 뜻하고, "행동들"(doings)은 삶을 뜻하고, "하나님의 영광스러운 현존"(=여호와의 영광의 눈)은 신령진리를 뜻하고, "도독한다(=반역한다·배반한다·to rebel)는 것은 그것에 대하여 반대하는 것을 뜻합니다.

[34] 같은 책의 말씀입니다.

　　예루살렘 주민아,
　　유다 사람들아,
　　이제 너희는 나와 나의 포도원 사이에서
　　한 번 판단하여 보아라.
　　내가 나의 포도원을 가꾸면서

빠뜨린 것이 무엇이냐?
내가 하지 않은 일이라도 있느냐?
나는 좋은 포도가 맺기를 기다렸는데
어찌하여 들포도가 열렸느냐?
"이제 내가 내 포도원에
무슨 일을 하려는지를
너희에게 말하겠다.
울타리를 걷어치워서,
그 밭을 못쓰게 만들고,
담을 허물어서
아무나 그 밭을 짓밟게 하겠다.
내가 그 밭을 황무지로 만들겠다.
가지치기도 못하게 하고,
북주기도 못하게 하여,
찔레나무와 가시나무만 자라나게 하겠다.
내가 또한 구름에게 명하여,
그 위에 비를 내리지 못하게 하겠다."
(이사야 5 : 3-6)

여기서 "포도원"은 그 민족에게 있었던 교회를 뜻하고, "내가 좋은 포도가 맺기를 기다렸는데 들포도가 열렸다"는 말씀은 그 민족에게 그 교회에 속한 진리의 선들의 자리에 거짓의 악들이 있다는 것을 뜻하고, "울타리를 걷어 치워서 그 밭을 못쓰게 만들고(=내가 거기에서 울타리를 걷어 내어 먹히게 할 것이다), 담을 허물어서 아무나 그 밭을 짓밟게 하겠다"(=거기에서 담을 헐어 짓밟히게 하겠다)는 말씀은 선들이나 진리들에 관한 그 교회의 파괴를 뜻하고, 그래서 악들이나 거짓들이 난입(亂入), 돌진(突進)하는 것을 뜻하고, 거기에 "찔레나무와 가시나무만 자라게 하겠다"는 것은 악들이나 거짓들이 떠오르고 무성하게 자라는 것을 뜻하고, "내가 구름에게 명하여 그 위에 비를 내리지 못하게 한다"는 것은 그들에게는 성언을 통하여 천계에서 비롯되는 진리나 선의 수용이 더 이상 없다는 것을 뜻합니다.

433[F]. [35] 그 민족에게 있었던 그 교회의 파괴가 이사야서 7장 17-19절과 예레미야서 1장 15절에, 그리고 그 밖의 많은 장절들에 다루어졌습니다. 이런 이유 때문에 그 민족은 가나안 땅에서 쫓겨났는데, 처음에는 이스라엘 민족이, 그 다음에는 유대 민족이 각각 쫓겨났습니다. 이것은 가나안 땅이 천계나 교회를 가리키는 천계적인 가나안(the heavenly Canaan)을 뜻하기 때문입니다. 이들 민족들의 각각의 성품은 속뜻으로 출애굽기 32장과 33장에 충분하게 기술되었습니다. 거기에는 자신들을 위하여 만든 금송아지(the golden calf)가 다루어졌는데, 그것 때문에 여호와께서는 그들을 소멸시키려고 하셨고, 모세로부터 여러 세대에 걸쳐 그들을 다시 일으키셨다는 것은 ≪천계비의≫ 10393-10512・10523-10557항에서 설명되었습니다.

[36] 유대 민족의 성품(性稟)은 속뜻으로 창세기 38장에 상세하게 기술되었습니다. 그 장이 다루고 있는 것은 그것들의 근원인데, 그것은 가나안 여인에서 시작된 것이고, 그리고 며느리와의 음란에서 비롯된 것입니다. 왜냐하면 거기에는 그 민족의 세 줄기가 있었는데, 유다가 아내로 맞은 가나안 여인에게서 이어진 것이고, 나머지 둘은 창녀(娼女)로서 그가 맞은 그의 며느리 다말에게서 비롯된 것입니다. 이것의 설명은 ≪천계비의≫ 4813-4930항을 참조하십시오.

[37] 그 민족의 성품이 어떤 것인지는 이스가리옷 유다에 관해서 언급된 것에 의하여 역시 기술되었습니다. 왜냐하면 그는 그 교회에 대하여 그 민족을 표징하기 때문입니다. 왜냐하면 주님의 열두 제자들은 일반적으로 주님의 교회를 표징하기 때문이고, 그들의 각각은 그것의 보편적인 본질적인 것을 표징하기 때문입니다. 그리고 제자 이스가리옷 유다는 유대 민족에게 있었던 그것을 표징합니다. 이 밖에 그 민족에 관해서 기술된 것은 ≪천계비의≫에서 인용된 아래의 것을 참조하십시오. 표징적 교회(表徵的 敎會・a representative church)가 그 민족으로 세워졌다는 것, 그리고 그 민족 자체 안에는 교회가 전혀 없었다는 것은 A.C. 4899・4912・6304항을 참조하십시오. 결과적으로 그 민족 자체에 대해서는 교회에 속한 표징적인 것만 있고, 교회 자체는 있지 않았습니다(A.C. 4281・4288・4311・4500・6304・7048・9320・10396・10526・10531・10698항 참조). 이스라엘 민족이나 유대 민족이 선택, 뽑힌 것이 아니고, 하나의 교회를 표징하기 위하여 수락(受諾)된 것입니다. 그 이유는 그들의 조상들이나, 모세에게 있었던 완고(頑固)한 고집(固執) 때문에 그것이 그렇게 주장되었고, 역설된 것입니다(A.C. 4290・4293・7051・7439・10430・10535・10632항 참조). 그들의 예배(=제사)가 내적인 것은 전혀 없는, 전적으로 외적이었습니다(같은 책 1200・3147・3479・8871항 참조). 그들은 예배의 내적인 것들을 전혀 알지 못하였고, 그들은 또한 그것을 알기를 원하지도 않았습니다(같은책 301-303・3479・4429・4433・4680・4844・4847・10396・10401・10407・10694・10701・10707항 참조). 그들이 얼마나 예배에 속한 내적인 것들이나, 그리고 교회나, 성경말씀에 속한 내적인 것을 주목하고 존경하였는지는 같은 책 4865항을 참조하십시오. 그리

고 생각이나 정동에 속한 것들을 가리키는 그들의 내면적인 것들이 불결, 추잡하고, 자기사랑이나 세상사랑으로 가득하고, 탐욕(貪慾)으로 가득하다는 것은 같은 책 3480·9962· 10454-10457·10462-10466·10575항을 참조하십시오. 그러므로 교회에 속한 내적인 것들은 그들에게는 전혀 밝히 드러나지 않았는데, 그 이유는 그들이 그것들을 더럽히고, 모독(冒瀆)할 것이기 때문입니다(같은 책 2520·3398·3479·4289 항 참조). 성경말씀은 전적으로 닫혀 있습니다. 지금도 그러합니다(A.C. 3769항 참조). 그들은 성경말씀을 겉으로 보지, 결코 안에서 보지 않습니다(A.C. 10549-10551항 참조). 결과적으로 그들이 예배 안에 있을 때 그들의 내적인 것은 닫혀 있습니다(A.C. 8788·8806·9320·9377·9380·9962·10396·10401· 10407·10492·10498·10500·10575·10629·10694항 참조). 그 민족은 비록 내적인 것이 닫혔다고 해도 다른 민족에 비하여 월등히 외적인 거룩한 것은 잘 지킬 수 있는 능력 가운데 있었습니다(A.C. 4293·4311·4903·9373·9377·9380항 참조). 그 때의 그들의 상태에 관하여(A.C. 4311항 참조). 그들은 원어(原語)적으로 성경말씀을 위하여 유지, 보존되었는데, 그 이유는 그들이 그런 상태에 지켜질 수 있었기 때문입니다(A.C. 3479항 참조). 그들의 거룩한 외적인 것은 기적적으로 주님에 의하여 하늘에 올려졌고, 그리고 이런 식으로 예배나 교회 또는 성언에 속한 내면적인 것들도 올리워져서 거기에서 지각되었습니다(A.C. 3480·4307·4311·6304·8588·10493·10499 ·10500·10602항 참조). 이런 일이 행해지기 위하여 그들은 외적인 형체로 예전들(禮典)이나 규칙들이나 법령 따위들을 엄격하게 준수(遵守)하기 위한 외적인 방법들에 의하여 억압(抑

壓), 강요(强要)되었습니다(A.C 3147·4281·10149항 참조). 거룩한 외적인 것 안에 있고 그것의 내적인 것 밖에 있을 수 있는 그들의 능력 때문에 그들은 천계나 교회에 속한 거룩한 것들을 표징할 수 있었습니다(A.C. 3479·3881·4208·6306·6589·9377·10430·10500·10570항 참조). 그럼에도 불구하고 그들 자신은 거룩한 것들에 의하여 감화, 감동되지 않았습니다(A.C. 3479항 참조). 이런 것은 그런 것을 표징하는 사람의 성품과는 전혀 다른 사안인데, 그 이유는 표징은 사물(事物)에 관계되는 것이지, 사람의 인품에 관계되는 것은 아니기 때문입니다(A.C. 665·1097·1361·3147·3881·4208·4281·4288·4292·4307·4444·4500·6304·7048·7439·8588·8788·8806항 참조). 그 민족은 다른 민족들에 비하여 더 악하였다는 것이나 그들의 성품이 신·구약의 성경말씀으로부터 기술되었습니다(A.C. 4314·4316·4317·4444·4503·4750·4751·4815·4820·4832·5057·5998·7248·8819·9320·10454-10457·10462-10466항 참조). 유다 지파가 다른 지파들에 비하여 더 악하게 되었다는 것(A.C. 4815항 참조), 그들은 다른 민족들을 쾌락으로 말미암아 매우 잔인하게 다루었다는 것(A.C. 5057·7248·9320항 참조), 그 민족은 심령에서 우상숭배적이었고, 그리고 다른 민족에 비하여 더 많은 우상들을 예배하였습니다(A.C. 3732·4208·4444·4825·5998·6877·7401·8301·8871·8882항 참조). 그 민족 자체에 대해서 살필 때 그들의 예배는 내적인 것은 전혀 없고, 외적인 것만 있는 우상숭배적이었습니다(A.C. 4281·4825·8871·8882항 참조). 그들은 이름만으로는 여호와를 예배하였습니다(A.C. 6877·10559-10561·10566항 참조). 그것은 오로지 기적들 때문입니다(A.C. 4299항 참조). 이런 것들이 유대 사람은 교회의 마지막 때에 개과천선(改過遷善)할 것이라고 믿는 것이나, 가나안 땅으로 되돌아간다는 것을 믿는다는 것은 과오(過誤)들이라는 것입니다(A.C. 4847·7051·8301항 참조). 이런 것들에 관해서 성경말씀에서 인용된 수많은 장절들은 어쨌든 문자적인 뜻에 따른 것이 아니고, 반드시 속뜻에 따라서 이해하여야 한다는 것입니다(A.C. 7051항 참조). 겉뜻에 관한한 성경말씀은 그 민족 때문에 변하고 바뀌었지만, 속뜻에 관한한 바뀌지 않았습니다(A.C. 10453·10461·10603·10604항 참조). 여호와께서 시내 산에서 그들에게 나타나실 때, 그들의 성품에 따라서 꺼져 가는 불꽃 가운데, 또는 짙은 구름 가운데, 또는 용광로의 연기 가운데 나타나셨습니다(A.C. 1861·6832·8814·8819·9434항 참조). 주님께서 각자의 성품에 따라서 모두에게 나타나시는데, 그것은 마치 선 안에 있는 자들에게는 생기발랄하고, 재창조하는 모습으로, 그리고 악 안에 있는 자들에게는 꺼져가는 불꽃의 모습으로 나타납니다(A.C. 934·1861·6832·8814·8819·9434·10551항 참조). 이 민족의 한 기원은 가나안 여인에게서 비롯되었고, 다른 두 기원은 며느리와의 간통에서 비롯되었습니다(A.C. 1167·4818·4820·4825·4874·4899·4913항 참조). 이런 기원들은 그 교회와 그들의 결합이 무엇인지를 뜻합니다. 다시 말하면 그것은 가나안 여인과의 간통이나 며느리와의 간통과 같은 것을 뜻합니다(A.C. 4868·4874·4899·4911·4913항 참조). 저 세상에서의 그들의 상태에 관하여(A.C. 939·940·5057항 참조). 그 민족은 비록 그러하지만 그 교회나 그 민족에게 있는 기술된 성언을 표징하고, 그것에 관해서 표징하기 때문에, 그러므로 신령 천적인 것들은 그들의 이름들에 의하여, 예를 들면 르우벤·시므온·레위·유다·에브라임·요셉이나 그 나머지들이 뜻합니다. 속뜻으로 "유다"는 천적인 사람에 관한 주님을 뜻하고, 그리고 주님의 천적인 나라를 뜻합니다(A.C. 3654·3881·5583·5603·5782·6363항 참조). 유다에 관한 이스라엘의 예언(창세기 49 : 8-12)에는 주님에 관해서 다루어졌고, 그것에 관해서 설명되었습니다(A.C. 6362-6381항 참조). 유다 지파나 유다는 천적인 교회를 뜻합니다(A.C. 3654·6364항 참조). 열두 지파들은 복합체적으로 사랑이나 믿음에 속한 모든 것들을 뜻합니다(A.C. 3858·3926·4060·6335항 참조). 결과적으로는 천계를 뜻하고, 교회를 표징합니다(A.C. 6337·6637·7836·7891항 참조). 그들의 표의(表意)는 그들이 거명된 순서에 일치합니다(A.C. 3862·3926·3939·4603·6337·6640항 참조). 열두 지파들이 두 나라로 나뉘이고, 유대 사람은 천적인 왕국을 표징하고, 이스라엘 사람은 영적인 왕국을 표징합니다(A.C. 8770·9320항 참조). "아브라함·이삭·야곱의 자손"(=씨)은 교회에 속한 선들이나 진리들을 뜻합니다(A.C. 3373·10445항 참조).

434[A]. 르우벤 지파에서 도장을 받은 자는 일만이천 명이다.
이 말씀은 그 사랑에서 비롯된 진리의 빛을 뜻하고, 그리고 그 빛 안에 있는 자는 모두 천계에 있고, 천계에 오른다는 것을 뜻합니다. 이러한 사실은, 그것에 관해서 곧 언급하겠지만, 진리의 빛 안에 있는 자들을 가리키는 "르우벤 지파"의 뜻에서, 그리고 모든 사물들이나 성품들을 가리키는, 여기서는 주님사랑에 속한 선에서 비롯된 진리의 빛 안에 있는 자들을 가리키는 "일만이천"(12,000)의 뜻에서(본서 430항 참조) 잘 알 수 있습니다. 그리고 바로 앞에서 언급한 것과 같이(본서 433항 참조) "유다 지파"는 그 사랑을 뜻합니다. 그리고 또한 천계에 있고, 그리고 천계에 오를 자들을 가리키는 "도장 받은 자들"의 뜻에서 잘 알 수 있습니다(본서 427[A]·433[A]항 참조). 앞에서 이미 설명, 언급한 것이지만 이스라엘의 열두 지파들은, 그리고 그것으로 말미암아 그 지파들은 성경말씀 안에 있는 교회에 속한 모든 것들을 표징하고, 그리고 표의한다는 것이고, 그리고 그 각각의 지파는 교회에 속한 보편적인 본질적인 것들을 뜻한다는 것이고, 그리고 "유다"는 주님사랑을 뜻하지만, 그러나 "르우벤"은 그 사랑에서 비롯된 빛을 뜻한다는 것 등등은 아래에 이어지는 설명에서 잘 알 것입니다.

[2] "르우벤"이나 그 이름에서 비롯된 "르우벤 지파"는 최고의 뜻으로는 예견(豫見·foresight)이나 예지(豫知·foreknowledge)의 측면에서 주님을 뜻하고, 속뜻으로는 영적인 믿음이나 진리의 이해를 뜻하고, 겉뜻으로는 시각(視覺·sight)을 뜻합니다. 그리고 "르우벤"이 속뜻으로 믿음을 뜻하고, 이해를 뜻하기 때문에, 그는 또한 진리의 빛을 뜻합니다. 왜냐하면 믿음은 진리의 빛으로 말미암아 존재하고, 그리고 이해는 그것에 의하여 설명, 예증(例證)되기 때문입니다. 왜냐하면 진리의 빛이 있는 곳에는 어디에서나 이해가 있고, 믿음이 있기 때문입니다.

[3] "르우벤"이나 "르우벤 지파"는, 사도 "베드로"와 꼭 같은 동일한 뜻을 가지고 있습니다. 왜냐하면 이스라엘의 열두 지파와 마찬가지로 열두 사도들은 교회에 속한 모든 것들을 표징하기 때문이고, 그리고 각각의 사도는 교회에 속한 보편적인 본질적인 어떤 것을 표징하기 때문입니다. 그리고 "베드로"가 르우벤이 가지고 있는 동일한 표징을 가지고 있기 때문에, 그러므로 베드로는 사도들 중에서 첫째였는데, 그와 같이 르우벤도 야곱의 아들들 중에 첫째였습니다. "베드로"가 그 빛 안에

있는 진리를 뜻하고, 그리고 믿음을 뜻한다는 것은 본서 9·
411[A]항을 참조하십시오.
[4] 르우벤이 야곱의 아들들 중에서 첫째이고, 그것으로 말미
암아 그에게서 명명된 그 지파는 성경말씀의 대부분의 장절에
서 첫째 자리에 그 이름이 불리웠습니다. 그 이유는 그가 맏
이(=첫째)였기 때문입니다. 성경말씀에서 "맏이"(firstborn)는
선에서 비롯된 진리를 뜻하고, 또한 마찬가지로 진리 안에 있
는 빛이나, 따라서 인애에서 비롯된 믿음을 뜻하기 때문입니
다. 왜냐하면 진리나 믿음에 속한 것은 첫째로 사람에게 나타
나기 때문입니다. 다시 말하면 그것은 들음(=청각·hearing)에
의하여 기억(記憶)에 들어오기 때문이고, 그리고 그것으로 말미
암아 그것은 생각(思想)에 나타나기 때문입니다. 그리고 사람
이 생각한 것을 그 사람은 내면적인 시각에 의하여 알고 지각
한다는 것, 그리고 그것이 시각에서 첫째이고, 그리고 지각이
첫째이지만, 그러나 실제적으로는 그렇지 않고, 다만 단순히
겉보기에만 그러할 뿐입니다. 실제적으로는 선이 맏이(the
firstborn)입니다. 즉 선은 교회를 구성하는 첫째입니다. 그
이유는 진리가 선으로 말미암아 존재하기 때문입니다. 그리고
그 진리들에 의하여 선은 보이도록 자신을 들어내기 때문에,
그러므로 형체로 진리는 선입니다. 이러한 사실이 진리가 선
으로 말미암아 존재한다고 언급한 이유이고, 그리고 믿음이 인
애로 말미암아 존재한다고 언급한 이유입니다. 왜냐하면 어떤
것으로 말미암아 존재하는 것은 형상화된 사물이기 때문입니
다. 그리고 본질에서 보면 진리는 형성된 선이고 태어난 선입
니다. 그러므로 이런 것이 성경말씀의 영적인 뜻에서 맏이(長
子·firstborn)의 뜻입니다. 더욱이 어린 것들에게 있는 이노센

스의 선(the good of innocence)은 주님에 의하여 제일 먼저 나누어 주어진 것입니다. 그리고 그것은 이것으로 말미암아 사람이 제일 먼저 사람이 되게 합니다. 그리고 선이 사랑에 속한 것이기 때문에, 그리고 사람은 기억에서 비롯된 그의 생각에 관한 것을 제외하면 그의 사랑에 관해서는 숙고(熟考), 깊이 생각하지 못하기 때문에, 그리고 선은 그것이 진리들에 들어가 형성되기 전까지 전혀 성질이나 성품을 지닐 수 없기 때문에, 그리고 성품이나 성질이 없으면 아무것도 지각되지 않기 때문에, 그러므로 선이 먼저이고, 그리고 맏이(長子)라는 것을 알지 못합니다. 왜냐하면 사람에게서 주님으로 말미암아 제일 먼저 마음에서 상상되는 것이 선이기 때문입니다. 그리고 그것은 선이 자기 자신의 형체나 초상(肖像)이 그것 안에 내재한 진리들을 통하여 출산(出産), 나타나기 때문입니다.

[5] 여기서 주지할 것은 사람의 유아기나 어린 시절에 성경말씀이나 그것에서 비롯된 교리에서, 또는 설교말씀에서 사람이 흡수, 섭취한 진리들은 그것들이 비록 진리들처럼 보인다고 해도 그럼에도 불구하고 그것들은 그 사람에게서는 진리들이 아니라는 것이고, 그것들은 마치 알맹이(仁)가 없는 조개들과 같을 뿐이고, 또한 몸통이 없는 형체와 같고, 또는 영혼이나 생명이 결여된 얼굴의 형체와 같다고 하겠습니다. 이런 것들은 그것들이 그 의지 안에 영접, 수용될 때까지는 진리들이 된 것은 아닙니다. 왜냐하면 따라서 그것들이 사람에 의하여 먼저 영접, 수용되고, 그리고 그것들이 그 사람과 함께 살기 시작하기 때문입니다. 왜냐하면 의지는 그 사람 자신이고, 그리고 모든 선은 의지에 속한 것이고, 모든 진리는 그것에서 비롯된 이해에 속한 것이기 때문입니다. 이렇게 볼 때 주님사랑에 속

한 선을 유다 지파가 뜻하고, 여기서 그 첫째 자리에 그 이름으로 명명된 이유를 잘 알 수 있겠습니다. 그리고 그 때 그 선에서 비롯된 빛 가운데 있는 진리를 뜻하는 르우벤 지파가 명명된 이유 역시 잘 알 수 있겠습니다.

[6] 우리가 필히 주지하여야 할 것은, 진리 안에 내재해 있는 모든 빛은 주님에게서 비롯된 천계의 빛에서 비롯된 것이라는 사실입니다. 그리고 천계의 빛은 주님의 신령사랑에 속한 신령선에서 비롯됩니다. 그리고 천계의 빛은 형체 안에 있는 신령선입니다. 천계에서 이들 둘-신령선과 신령사랑-은 하나이고, 천사들은 이 둘을 하나로 영접, 수용하고, 그리고 사람도, 그가 천사들과 교류하기 위해서는 반드시 그것을 하나로 영접, 수용하여야 합니다. 이런 것들에 관한 것은 아래에서와 같이 ≪천계비의≫에 충분하게 설명되었습니다. 사람이 중생 중에 있을 때, 진리는 첫째 자리에 있고, 선은 둘째 자리에 있는데, 이것은 실제적으로는 그렇지 않고, 다만 겉보기에만 그러합니다. 그러나 사람이 중생되었을 때에는 실제적으로나, 지각적으로나 선은 상석(上席)에 있고, 진리는 차석(次席)에 있습니다 (A.C. 3324・3325・3330・3336・3494・3539・3548・3556・3563・3570・3576・3603・3701・4243・4245・4247・4337・4925・4926・4928・4930・4977・5351・6256・6269・6273・8516・10110항 참조). 따라서 선은 중생의 첫째이고, 중생의 말째입니다(A.C. 9337). 사람이 중생 중에 있을 때에는 진리는 상석에 있는 것 같이 보이고, 선은 말석에 있는 것 같이 보이기 때문에, 또는 같은 뜻이지만, 그가 하나의 교회가 되어갈 때, 이런 외현 때문에 그 교회의 맏이(長子)가 믿음의 진리(the truth of faith)냐, 또는 인애의 선(the good of charity)이냐는 고대 사람에게는 논쟁의 사안이었습니다(A.C. 367・2435항 참조).

인애의 선은 실제적으로는 교회의 맏이(長子)이고, 그리고 믿음의 진리는 다만 외관상으로는 맏이입니다(A.C. 3325·3494·4925·4926·4928·4930·8042·8080항 참조). 성경말씀에서 "맏이"가 교회의 첫 번째 구성요소를 뜻하는데, 그것은 우선권(priority)을 가지고 있고, 우월권(superiority)을 가지고 있습니다(A.C. 3325항 참조). 이런 이유 때문에 주님께서는 "맏이"(長子·the Firstborn)라고 불리셨는데, 그것은 그분 안에, 그리고 그분에게서 비롯된 것은 모두가 사랑에 속한 선이고, 인애에 속한 선이고, 믿음에 속한 선이기 때문입니다(A.C. 3325항 참조). [7] 진리가 외견상 상석에 있기 때문에, 그러므로 르우벤은 맏이였고, 그리고 그 시각으로 말미암아 그와 같이 명명(命名)되었습니다. 이런 사실은 모세의 글에서 명확합니다. 창세기서의 말씀입니다.

> 레아는 마침내 임신을 하여 아들을 낳았다. 그는 속으로 "주께서 나의 고통을 살피시고, 나에게 아들을 주셨구나. 이제는 남편도 나를 사랑하겠지" 하면서, 아기 이름을 르우벤(=그가 나의 비참한 처지를 보셨다)이라고 하였다(창세기 29 : 32).

비록 여기의 기술들은 역사적인 사실들이지만, 그럼에도 불구하고 그것들은 영적인 뜻을 담고 있습니다. 왜냐하면 성경말씀 안에 있는 모든 것이나, 개별적인 것은 영적인 뜻을 담고 있기 때문입니다. 그것은 그것이 주님에게서 비롯되기 때문입니다. 이런 영적인 것들이 천계에서 땅에 내려올 때, 그것들은 자연적인 뜻의 대응으로 옷 입혀졌는데, 이런 부류의 뜻이 성경말씀의 문자적인 뜻입니다. 그러므로 야곱의 아들들의 출생들은 곧 영적인 출생들(spiritual nativities)을 뜻하는데, 그 출생이 주님께서 사람을 중생시키실 때 사람 안에서 선과 진리가 어떻게 태어나는지 기술하고 있습니다. 이러한 것은 "레아가 임신하여 아들을 낳았다"는 말씀이 영적인 임신과 출생을 뜻하는 이유입니다. "레아가 그의 이름을 르우벤이라고 하였다"는 말씀은 그것의 성품을 뜻합니다. "그녀가 여호와께서 나의 비참한 처지를 보셨기 때문이라고 말하였다"는 말씀은 최고의 뜻으로는 예견(豫見)을 뜻하고, 속뜻으로는 믿음을 뜻하고, 내면적인 뜻으로는 이해를 뜻하고, 겉뜻으로는 시각을 뜻합니다. 지금 여기서는 주님에게서 비롯된 믿음을 뜻합니다. 여기서 "나의 비참한 처지"(=고통)는 선에 다다른 상태를 뜻합니다. "이제는 내 남편이 나를 사랑할 것이기 때문이다"는 그녀의 말은 진리에 속한 선이 거기에서 비롯되었다는 것을 뜻합니다. 그러나 이러한 내용은 A.C. 3860-3866항을 참조하십시오.

434[B]. 어원에서 르우벤은 시각을 뜻하고, 그리고 영적인 뜻으로는 "시각"(sight)은 진리의 이해나 믿음의 이해를 뜻하고, 최고의 뜻으로는 신령예견(Divine foresight)을 뜻하는데, 여기서 신령예견을 뜻한다는 것은 ≪천계비의≫에서 본다(seeing), 또는 시각(sight)이라는 낱말의 뜻에 관해서 설명, 입증된 것에서 잘 알 수 있습니다. 최고의 뜻으로 "시각"은 주님과 관련해서는 예견(foresight)을 뜻합니다(A.C. 2807·2837·2839·3686·3854·3863·10428항 참조). "시각"은 속뜻으로 믿음을 뜻하는데, 그것은 영적인 시각이 믿음에서 비롯된 시각이기 때문이고, 그리고 믿음에 속한 것들은 영계에서는 시각의 대상들(the objects of sight)이기 때문입니다(A.C. 897·2325·2807·3863·3869·5400·10705항 참조). 그리고 "본다"(to see)는

것은 진리를 이해하는 것이나, 진리를 지각하는 것을 뜻합니다 (A.C. 2150 · 2325 · 2807 · 3764 · 3863 · 3869 · 10705항 참조). 내적인 시각이 이해이고, 그리고 이것이 인체의 눈을 통해서 본다는 것, 그리고 이해의 시각이 천계의 빛에서 비롯된다는 것 등은 A.C. 1524 · 3138 · 3167 · 4408 · 5114 · 6608 · 8707 · 9128 · 9399 · 10569항을 참조하십시오.

[8] "르우벤"이 선에서 비롯된 진리를 뜻한다는 것, 또는 인애에서 비롯된 믿음을 뜻한다는 것은 그가 들에서 발견, 그것을 그의 어머니에게 준 "자귀나무"(mandrakes)에서 잘 알 수 있는데, 이것에 관해서는 모세의 글에 이렇게 기술되었습니다. 창세기서의 말씀입니다.

> 보리(=밀)를 거두어들일 때에, 르우벤이 들에 나갔다가 자귀나무를 발견하여 어머니 레아에게 가져다 주니, 라헬이 레아에게 말하였다. "언니, 아들이 가져온 자귀나무를 조금만 나눠줘요." 레아가 라헬에게 말하였다. "내 남편을 차지한 것만으로는 부족하냐? 그래서 내 아들이 가져온 자귀나무까지 가져가려는 것이냐?" 라헬이 말하였다. "좋아요, 그럼, 언니 아들이 가져온 자귀나무를 저에게 주어요. 그 대신에 오늘 밤에는 그이가 언니하고 함께 자도록 하지요." 그 날 저녁에 야곱이 들에서 돌아올 때에, 레아가 그를 맞으러 나가서 말하였다. "당신은 오늘 밤에는 나의 방으로 드셔야 합니다. 나의 아들이 가져온 자귀나무를 라헬에게 주고, 그 대신에 당신이 나의 방으로 드시게 하기로 하였습니다." 그 날 밤에 야곱은 레아와 함께 잤다. 하나님이 레아의 호소를 들어주셔서 레아가 임신을 하였고, 야곱과의 사이에서 다섯 번째 아들을 낳았다. 레아는 "내가 나의 몸종을 나의 남편에게 준 값을 하나님이 갚아 주셨구나" 하면서 그 아이의 이름을 잇사갈이라고 하였다(창세기 30 : 14-18).

"자귀나무"(mandrakes)가 뜻하는 것이 무엇인지, 그리고 "르우벤" "야곱" "레아" "라헬"이 표징하는 것을 알지 못하는 사람은 이와 같은 일이 일어난 이유를 전적으로 알지 못하고, 그리고 그들이 성경말씀에 기록된 이유도 알지 못합니다. 그러나 문자적인 뜻으로는 나타나 있지 않지만, 그것들 안에는 그 어떤 신령한 것이 있다는 것을 알 수 있겠습니다. 그것은 그것들이 성경말씀 안에 있기 때문에, 그리고 그것 안에 있는 개별적인 것이나 모든 것은 신령하기 때문입니다. 이런 것들이 영적인 뜻은 그것들 안에 내포된 것이 신령한 것이라는 것을 명확하게 합니다. 그 뜻에서 "자귀나무"는 선과 진리의 혼인(=결합)을 뜻하고, "르우벤"은 선에서 비롯된 진리를 표징합니다. 그리고 "야곱"은 진리에 대하여 교회를 표징하고, "레아"와 "라헬"은 선에 대하여 교회를 표징하지만, 그러나 "레아"는 외적인 교회(the external church)를 표징하고, "라헬"은 내적인 교회(the internal church)를 표징합니다. 그러므로 르우벤이 발견한 "자귀나무"는 선과 진리의 혼인(=결합)을 뜻합니다. 그리고 그 혼인이 내적인 교회를 형성하는 속사람, 즉 영적인 사람 안에 있는 진리와 선 사이의 혼인이기 때문에, 그리고 그럼에도 불구하고 그 진리는 외적인 교회를 이루는 겉사람, 즉 자연적인 사람에게 먼저 주어졌기 때문에, 그러므로 선에서 비롯된 진리를 표징하고, 먼저 그의 어머니 레아에게 주었고, 그리고 외적인 교회를 표징하는 르우벤에 의하여 발견되었습니다. 그럼에도 불구하고 그 뒤 레아는 그것들을 레아가 야곱과 잠자는 것을 허락하기 위하여 내적인 교회를 표징하는 라헬에게 주었습니다. 그러나 이것에 관한 것은 보다 충분하게 설명된 ≪천계비의≫ 3940-3952항을 참조하십시오.

434[C]. [9] "르우벤"이 선에서 비롯된 진리를, 또는 인애에서 비롯된 믿음을 표징하기 때문에 창세기서에 이렇게 기술되었습니다. 창세기서의 말씀입니다.

> 르우벤이 이 말을 듣고서, 그들의 손에서 요셉을 건져내려고 그들에게 이렇게 말하였다. "목숨만은 해치지 말자. 피는 흘리지 말자. 여기 들판에 있는 구덩이에 그 아이를 던져 넣기만 하고, 그 아이에게 손을 대지는 말자." 르우벤은 요셉을 그들에게서 건져내서 아버지에게 되돌려 보낼 생각으로 이렇게 말한 것이다. …… 르우벤이 구덩이로 돌아와 보니 요셉이 거기에 없었다. 그는 슬픈 나머지 옷을 찢고서 형제들에게 돌아와서 말하였다. "그 아이가 없어졌다! 나는 이제 어디로 가야 한단 말이냐?"(창세기 37 : 21, 22, 29, 30).

이 장절은 A.C. 4731-4738항과 4751-4766항에 설명된 것을 참조하십시오.

[10] "르우벤"이나 그의 지파가 선에게서 비롯된 진리를, 또는 인애에서 비롯된 믿음을 뜻하기 때문에 이렇게 기술되었습니다. 민수기서의 말씀입니다.

> 광야에서 그 지파의 진영은 남쪽이었고, 그리고 남쪽 진영은 르우벤의 진영이라고 하였다(민수기 2 : 10-16).

왜냐하면 이스라엘 지파들의 진영들은 천계에 있는 천사적인 사회들의 배열들이나 배치들을 표징하기 때문이고, 그리고 천사적인 사회들은 선과 진리에 관한 그들의 상태들에 따라서 방위들에서 그들의 사는 곳을 차지하기 때문입니다(본서

422[A]항 참조). 남녘의 곳에는 선에서 비롯된 진리의 빛 가운데 있는 자들이 살고 있습니다. 그리고 르우벤 지파가 선에서 비롯된 진리를, 또는 빛 가운데 있는 진리를 표징하기 때문에 그 지파는 남쪽에 진을 쳤습니다.

[11] 르우벤 지파가 표징하는 선에서 비롯된 진리가 자연적인 사람 안에 있기 때문에 르우벤 지파에게는 요단 뒤의 유산이 주어졌습니다(민수기 32 : 1-마지막 절까지 ; 신명기 3 : 12-20 ; 여호수아 13 : 1-마지막 절까지 ; 18 : 7 참조). 왜냐하면 성경말씀에서 "가나안 땅"은 교회를 표징하고, 그리고 요단 강 저쪽에 있는 지역은 외적인 교회를 뜻하고, 요단 강 이쪽에 있는 지역은 내적인 교회를 뜻하기 때문이고, 그리고 요단 강은 그것들 사이의 경계였기 때문입니다. 그리고 그것은 선에서 비롯된 진리이고, 그리고 그 교회를 형성하는 인애에서 비롯된 믿음이고, 자연적인 사람 안에 있는 선에서 비롯된 진리는 외적인 교회를 형성합니다. 그리고 르우벤 지파가 교회에 속한 구성요소이기 때문에 그러므로 그 지파에게는 요단 저쪽이 유산으로 주어졌습니다. 유산으로 요단 저쪽이 갓 지파나 므낫세 반쪽의 지파에게 주어진 이유는 아래에서 언급, 설명되겠습니다.

[12] 이들 두 교회들의 결합, 다시 말하면 외적인 교회와 내적인 교회의 결합은, 또는 자연적인 사람과 영적인 사람의 결합과 같이, 그것의 결합을 표징하고, 그리고 영적인 뜻으로 이렇게 기술되었습니다. 여호수아서의 말씀입니다.

> 르우벤 자손과 갓 자손과 므낫세 반쪽 지파가 요단 강 서쪽 지역에 제단을 쌓았다. 이들 지파들과 다른 지파들 사이에는 다툼이 있었다. 그러나 비록 그들이 요단 저쪽에 산다고 해도, 반드시

증거를 위해 제단이 건축되어야 할 것이 엄명되었다. 그럼에도 불구하고 그들은 나머지 지파들과 함께 공동으로 여호와를 섬겼다. 그러므로 르우벤 자손과 갓 자손은 이 제단을 일컬어 '주께서 하나님이심을 우리에게 증명함'이라고 하였다(여호수아 22 : 9-마지막 절까지).

왜냐하면 "요단 강"은 교회에 속한 외적인 것과 내적인 것의 중간이기 때문이고, "요단 이쪽의 가나안 땅"은 내적인 교회를 뜻하고, "요단 저쪽의 땅"은 외적인 교회를 뜻합니다. 이러한 것은 거기에 있는 그들의 유산을 가지고 있는 르우벤·갓·므낫세 지파가 표징합니다. 이에 반하여 그 제단은 두 교회의 공동예배를 뜻합니다. 따라서 그것에 의한 결합을 뜻합니다.
[13] "르우벤"이 자연적인 사람 안에 있는 진리를 뜻한다는 것은 사사기서의 드보라와 발락의 예언에서 잘 알 수 있습니다. 사사기서의 말씀입니다.

> 르우벤 지파 가운데서는
> 마음에 큰 반성이 있었다(=마음의 많은 생각이 있었다).
> 어찌하여 네가 양의 우리에 앉아,
> 양 떼를 부르는 피리 소리나 듣고 있는가?
> 르우벤 지파에서는
> 마음에 큰 반성을 하였다.
> 어찌하여 길르앗은
> 요단 강 건너에 자리잡고 있고,
> 어찌하여 단은 배 안에 머물러 있는가?
> 어찌하여 아셀은 바닷가에 앉아 있는가?
> 또 그 부둣가에서 편히 쉬고 있는가?
> (사사기 5 : 15-17)

만약에 이 예언이 다루고 있는 것이 무엇인지 알지 못한다면 어느 누구도 이 장절이 뜻하는 것을 이해할 수 없겠습니다. 그리고 또한 "분파들"(=지파들·the divisions) "르우벤" "양의 우리"(=짐들)이나 "양 떼를 부르는 소리" "길르앗"이 뜻하는 것이 무엇인지도 이해할 수 없습니다. 이 장절은 황폐의 상태에 있는 이스라엘 자손 가운데 있는 교회를 다루고 있습니다. 여기서 "르우벤의 지파"(=분파)는 자연적인 사람 안에 있는 모든 진리들이나 선들을 뜻하고, "장단 맞추는 노래"(burdens)는 거기에 있는 앎들(cognitions)이나 지식들을 뜻합니다. "양 떼를 부르는 소리"(=쉿하는 소리·the hissings of the droves)는 그것에 속한 지각들이나 생각들을 뜻하고, "길르앗"은 자연적인 사람을 뜻합니다. 이런 내용을 알 때 이런 것들이 영적인 뜻으로 무엇을 뜻하는지는 명확하게 됩니다. 다시 말하면 그 교회가 멸망될 때, 자연적인 사람은 그것 안에 있는 것들과 함께 영적인 사람에게서 분리되지만, 이에 반하여 그것은 반드시 그것에 결합하여야만 합니다. 그리고 그것이 결합되었을 때 거기에는 선에서 비롯된 진리들이 있고, 그것에 의하여 거기에 있는 진리들은 악에서 비롯된 거짓들에 대항하는 다툼이 있는데, 왜냐하면 자연적인 사람은 반드시 영적인 사람으로 말미암아 그것들에 대항하여 반드시 싸워야 하기 때문입니다. "마음의 규칙"(the statutes of the heart)이나 "마음의 반성"(=검사·the searchings of the heart)은 선에서 비롯된 진리들을 뜻하고, 그것은 영적인 사람으로 말미암아 자연적인 사람 안에 있습니다. 그리고 여기서 "마음"(heart)은 사랑에 속한 선을 뜻하고, "마음의 규칙들이나 반성들"(the statutes and searchings of the heart)은 영적인 사람 안에 있는 선으로 말미암아 자연적인 사람 안에 있는 결정된 것들이나 정리된 것들 모두를 뜻합니다. 이것은 르우벤에 관해서 언급된 것인데, 그 이유는 르우벤 지파가 요단 강 건너편 길르앗에서 살았기 때문입니다. 그들이 시스라와 싸울 때, 드보라와 발락이 연합하지 않고 다만 잇사갈과 스불론만 연합하였는데, 여기서 "시스라"는 영적인 뜻으로 교회를 파괴하는 악에서 비롯된 거짓을 뜻합니다. [14] "르우벤"이 진리에 속한 빛을 뜻하고, 그리고 그것에서 비롯된 성언의 이해를 뜻합니다. 신명기서의 말씀입니다.

> 르우벤은 비록 그 수는 적으나,
> 잘 살게 하여 주십시오.
> 절대로 망하지 않게 하여 주십시오.
> (신명기 33 : 6)

여기서 "르우벤"은 천계에서 비롯된 빛에 의하여 예증된 성언의 이해(the understanding of the Word)를 뜻합니다. 그 이유는 르우벤에 관해서 "르우벤은 그 수는 적을 것이다"고 언급된 이런 예증은 영접, 수용한 자들이 얼마 되지 않기 때문입니다. 여기서 "수"(number)는 약간(=근소)이나 소수(a few)를 뜻합니다.

434[D]. [15] "르우벤"이 선에서 비롯된 진리, 또는 인애에서 비롯된 믿음을 뜻한다는 것은 그 낱말이 언급된 그것의 반대의 뜻에서 잘 알 수 있겠습니다. 그 뜻에서 "르우벤"은 선에서 분리된 진리를 뜻하고, 또한 인애에서 분리된 믿음을 뜻하고, 그리고 선이 없는 진리는 표현이나 소리에 관한 것을 제외하면 진리가 아닙니다. 왜냐하면 그것은 지식의 사안에 불과

하기 때문이고, 그리고 그것은 자연적인 사람의 기억에서 그것의 자리를 잡고 있고, 따라서 다만 그것은 사람에 들어가는 입구에 자리를 잡고 있지만, 그의 생명 안에 있는 그 사람 안에는 그것의 자리는 가지고 있지 않기 때문입니다. 자연적인 사람의 기억은 단지 그 사람에게 들어가는 입구일 뿐입니다. 그것 안에 있는 그것은 그 사람이 그가 되지 않습니다. 그 때 그것은 제일 먼저 들어가고, 그리고 생명을 수용합니다. 그 때 천계에서 비롯된 빛이 입류하여 설명, 예증할 때까지는 아닙니다. 이것은 인애에서 분리된 믿음의 경우에서도 꼭 같습니다. 왜냐하면 진리는 믿음에 속한 것이기 때문이고, 그리고 선은 인애에 속한 것이기 때문입니다.

[16] 반대의 뜻으로 "르우벤"은 인애에서 분리된 믿음을 뜻한다는 것은 그의 아버지 첩인 빌하와의 그의 간통에서 잘 알 수 있습니다. 창세기서의 말씀입니다.

> 이스라엘이 바로 그 지역(=에브랏 곧 베들레헴)에서 머물 때에, 르우벤이 아버지의 첩 빌하를 범하였는데, 이스라엘에게 이 소식이 들어갔다(창세기 35 : 22).

여기서 "에브랏 베들레헴"은 선에서 비롯된 진리들 안에 있는, 또는 인애에서 비롯된 믿음 안에 있는 영적인 교회를 뜻합니다. 르우벤의 간통은 믿음에 속한 진리들로 말미암아 인애에 속한 선의 배척(排斥)을 뜻합니다. 왜냐하면 진리가 인애에 속한 선을 가리키는 자신의 선과 결합하지 못했을 때, 진리는 더 럽혀지기 때문인데, 그 이유는 그 때 그것은 모든 섞음질(=간통)을 가리키는 자기사랑이나 세상사랑과 결합하기 때문입니다. 레위기 18장 6-23절에 열거된 수많은 종류의 모든 섞음질(=간통)은 선과 진리의 섞음질들에 대응합니다. 르우벤이 저지른 섞음질이 인애에서 분리된 믿음에 대응한다는 것은 영계에서 내가 보고, 들은 것들에 의하여 나에게 잘 알려졌고, 입증되었는데, 영계에서 간통이나 섞음질의 영기(靈氣)는 교리나 삶의 믿음에서 인애를 분리시킨 자들에게서 나오는 것이 지각되었습니다.

[17] 이것 역시 "르우벤"이 뜻하기 때문에 장자권(長子權)은 그의 아버지에 의하여 그에게서 박탈(剝奪)되었고, 그리고 요셉과 그의 아들들에게 주어졌습니다. 르우벤에서 그것이 제거되었다는 것은 그의 아버지의 이런 말에서 명확합니다. 창세기서의 말씀입니다.

> 르우벤아, 너는 나의 맏아들이요,
> 나의 힘, 나의 정력의 첫 열매다.
> 그 영예가 드높고, 그 힘이 드세다.
> 그러나 거친 파도와 같으므로,
> 또 네가 아버지의 침상에 올라와서
> 네 아버지의 침상을 더럽혔으므로,
> 네가 으뜸이 되지는 못할 것이다.
> (창세기 49 : 3, 4)

"르우벤은 나의 맏아들이다"는 말씀은 겉보기에 상석에 있는, 또는 선에서 태어난 진리를 가리키는 믿음을 뜻하고, "너는 나의 힘, 나의 정력의 첫 열매이다"는 말씀은 그것에 의하여 선은 그것의 세력이나 힘을 가지고, 진리는 그것의 첫째되는 세력이나 능력을 갖는다는 것을 뜻합니다. "그 영예가 드높고, 그 힘이 드세다"는 것은 이것에서 비롯된 영예(=영광)나 능력

(=힘)을 뜻합니다. "거친 파도와 같다"(=물과 같이 가볍다)는 것은 그것이 인애에서 분리된 믿음과 같지 않다는 것을 뜻하고, "너는 으뜸이 되지는 못할 것이다"는 것은 이런 부류의 믿음은 영광도, 능력도 가지지 못하였다는 것을 뜻하고, "너는 네 아버지의 침상에 올라갔기 때문이다"는 것은 인애의 선에서 분리된 믿음의 진리는 불결한 결합을 가지고 있기 때문이라는 것을 뜻합니다. '네가 아버지의 침상을 더럽혔다'는 것은 자기사랑과 세상사랑과 그것에서 비롯된 악과의 결합을 뜻하는데, 그 결합은 불결한 결합을 가리킵니다. "나의 침상에 올라갔다"는 것은 자연적인 것 안에 있는 영적인 선의 더러움이나 오염(汚染)을 뜻합니다. 이것에 관해서는 A.C. 6341-6350항에서 충분하게 설명되었습니다.
[18] 그러므로 장자권(長子權)이 요셉의 두 아들인 에브라임과 므낫세에게 주어졌다는 것은 아버지 이스라엘이 요셉에게 한 그의 말이 뜻합니다. 창세기서의 말씀입니다.

> 내가 너를 보려고 여기 이집트에 오기 전에, 네가 이집트 땅에서 낳은 두 아이는, 내가 낳은 아들로 삼고 싶다. 르우벤과 시므온이 나의 아들이듯이, 에브라임과 므낫세도 나의 아들로 한다(창세기 48 : 5).

역대기 상서의 말씀입니다.

> 르우벤은 맏아들이지만, 그의 아버지의 잠자리를 더럽혔으므로, 그의 맏아들의 권리가 이스라엘의 아들인 요셉의 아들들에게 넘어갔다(역대기 상 5 : 1).

왜냐하면 성경말씀에서 "에브라임"은 "르우벤"이 가지고 있는 것과 동일한 뜻을 가지고 있기 때문입니다. 다시 말하면 진리의 이해나, 그 빛 가운데 있는 진리를 뜻하기 때문입니다. 그래서 "르우벤과 시므온이 나의 아들이듯이, 에브라임과 므낫세도 나의 아들로 한다"고 언급되었습니다. 그것은 "르우벤"이 진리의 이해를 뜻하기 때문이고, "에브라임"이나 "므낫세"가 가지고 있는 것과 같이, "시므온"이 진리의 의지(the will of truth)를 뜻하기 때문입니다. 이렇게 볼 때 성경말씀에서 "르우벤"이 교회에 속한 보편적인 본질적인 것을 뜻한다는 것을 잘 알 수 있겠습니다.

435[A]. 도장을 받은 자는 갓 지파에서 일만이천 명이다.
이 말씀은 그것에서 비롯된 삶에 속한 선을 뜻합니다. 이러한 것은, 이것에 관해서 곧 설명하겠지만, 삶에 속한 선(the good of life)을 가리키는 "갓 지파"의 뜻에서, 그리고 앞의 두 단락에서 설명된 것과 같이, 천계에 있고, 천계에 들어온 모든 것들을 가리키는 "도장을 받은 일만이천"의 뜻에서 명확합니다. "갓"이나, 그에게서 명명된 갓 지파가 교회에 있는 무엇을 표징한다는 것을 설명, 입증하기 전에 여기서 "갓 지파"가 뜻하는, 삶에 속한 선이 뜻하는 것이 무엇인지에 관해서 몇몇을 언급하여야 하겠습니다. 삶에 속한 선은 천적인 근원에서, 영적인 근원에서, 자연적인 근원에서 존재합니다. 천적인 근원(a celestial origin)에서 비롯된 삶에 속한 선은 그 선에서 비롯된 진리들을 통한 주님사랑에 속한 선에게서 온 삶에 속한 선입니다. 삶에 속한 선은 이런 것들의 결과입니다. 삶에 속한 이런 부류의 선은 여기서 "갓 지파"가 뜻하는 것인데, 그러므로 "그것에서 비롯된 삶에 속한 선"이라고 언급되었습니다.

다시 말하면 주님사랑에 속한 선에서 비롯된 것인데, 그것은 "유다 지파"가 뜻하는 것이고, 그리고 그 선에서 비롯된 진리들인 "르우벤 지파"가 뜻하는 것입니다. 영적인 근원에서 비롯된 삶에 속한 선은 그 선에서 비롯된 진리들을 통하여 이웃을 위한 인애에 속한 선에서 비롯된 삶에 속한 선입니다. 삶에 속한 이 선이 "므낫세"가 뜻하는 선입니다.

[2] 왜냐하면 열두 지파들은 여기서 네 등급(four class)으로 나뉘었고, 그리고 각 등급에는 세 지파들이 있었고, 그 시리즈로 있는 세 지파들은 마치 시작부터 끝까지, 또는 처음부터 마지막까지의 그런 것들을 뜻하고, 그리고 첫째 지파가 뜻하는 것은 교회에 속한 보편적인 본질적인 것들로 충분하게 이루어진 것을 뜻합니다. 제일 먼저 명명된 세 지파들은, 다시 말하면 유다·르우벤·갓 지파는 충분하게 천적인 선을 형성하는 것들을 뜻하지만, 그러나 뒤이어지는 지파들, 다시 말하면 아셀·납달리·므낫세 지파들은 영적인 선을 충분하게 형성하는 것들을 뜻합니다. 그러므로 그 지파들은 뒤이어져 있습니다.

[3] 더욱이 각각의 보편적인 본질적인 것을 충분하게 형성하고 이루는 세 가지 것들이 있는데, 다시 말하면 그것들은 사랑에 속한 선, 그 선에서 비롯된 진리, 그리고 그것에서 비롯된 삶에 속한 선입니다. 삶에 속한 선은 다른 둘의 결과입니다. 왜냐하면 만약에 셋째 것이 태어나지 않는다면 전자 둘은 전혀 존재할 수 없기 때문입니다. 다시 말하면 삶에 속한 선이 없다면 사랑에 속한 선이나 그 선에서 비롯된 진리는 전혀 존재할 수 없기 때문입니다. 이들 셋은 마치 마지막 원인(the final cause)·실제적인 원인(the effecting cause)·결과(the effect)와 같습니다. 사랑에 속한 선은 마지막 원인이요, 그

선에서 비롯된 진리는 실제적인 원인, 또는 그 선을 통해서 결과를 생산합니다. 그리고 삶에 속한 선은 선재하는 원인들(the prior causes)이 그것 안에서 존재를 가지는 결과입니다. 그것들이 존재하고 존재하기 위해서는, 만약에 그것 안에 결과가 있지 않다면 앞서의 양자는 결코 존재할 수 없습니다. 다시 말하면 이들 삼자들은 심장의 맥박(=고동·pulse), 폐장의 호흡(respiration), 신체의 행위(action)와 같습니다. 이들 셋은 하나를 이룹니다. 왜냐하면 만약에 몸이 활동을 하지 않는다면, 또는 자신을 행위에 두지 않는다면, 이런 경우는 사람이 죽었을 때인데, 그 때 나머지 양자는 중지, 소멸하기 때문입니다. 사랑에 속한 선, 그 선에서 비롯된 진리, 삶에 속한 선, 이 삼자는 앞서의 경우와 동일합니다. 사랑에 속한 선은 심장과 같고, 성경말씀에서 "심장"은 사랑에 속한 선을 뜻합니다. 그 선에서 비롯된 진리는 폐장과 같은데, 그것은 성경말씀에서 "숨결"(breath)이나 "영혼"(soul)이 뜻합니다. 그리고 삶에 속한 선은 나머지 것들이 그것 안에서 행동하고 사는 몸과 같습니다. 이들 셋은 그것이 존재를 취하는 모든 것 안에 있습니다. 그리고 이들 셋이 함께 존재할 때 거기에는 완전한 구성물이 존재합니다.

[4] "갓"이나 "갓 지파"가 뜻하는 것이 무엇인지 여러 뜻으로 먼저 설명하겠습니다. 최고의 뜻으로 "갓"(Gad)은 전능(全能)이나 전지(全知)에 대하여 주님을 뜻하고, 속뜻으로는 진리에 속한 선을 뜻하고, 겉뜻으로는 그것에서 비롯된 일들(works)을 뜻하는데, 그것은 삶에 속한 선을 가리킵니다. "갓"은 성경말씀의 개별적인 것이나 모든 것 안에 있기 때문에 그런 것들을 뜻하는데, 거기에는 극내적인 뜻, 내적인 뜻, 외적인 뜻이 있습

니다. 극내적인 뜻 안에는 주님께서 홀로 존재하는데, 그것은 그분을 다루고 있기 때문이고, 그분의 인성을 영광화하는 그분의 영화를 다루고 있고, 지옥을 정복, 질서에 맞게 천계를 정리 정돈하는 것과 주님 자신으로 말미암은 교회의 설시를 다루고 있기 때문입니다. 그러므로 극내적인 뜻으로는 각 지파는 그분의 속성(屬性)이나 그분의 업적(=일・work)에 관하여 주님을 뜻합니다. 이에 반하여 속뜻으로는 다루어지는 천계나 교회, 그리고 가르쳐지는 교리를 뜻합니다. 그러나 겉뜻으로 성경말씀은 문자적인 뜻 안에 있는 그런 것을 뜻합니다. 성경말씀에는 이런 세 종류의 뜻이 있는데, 그것은 세 천계들이 있기 때문입니다. 극내적인 뜻, 또는 천적인 뜻은 극내적인 천계, 또는 셋째 천계(=삼층천)를 위한 것입니다. 속뜻 또는 영적인 뜻은 중간천계 또는 이층천을 위한 것이고, 겉뜻 또는 영적 자연적인 뜻(spiritual-natural sense)은 일층천 또는 가장 낮은 천계를 위한 것입니다.

[5] 묵시록서의 이 장절에는 열두 지파들이 거명되었는데, "갓 지파"는 삶에 속한 선을 뜻하는데, 그 이유는 유다, 르우벤에 뒤이은 순서에 이어졌기 때문입니다. 여기서 "유다"는 사랑에 속한 선을 뜻하고, "르우벤"은 그 선에서 비롯된 진리를 뜻하고, 결과적으로 "갓"은 삶에 속한 선을 뜻합니다. 왜냐하면 삶에 속한 선은 그 선에서 비롯된 진리들을 통하여 사랑에 속한 선에서 존재를 취하기 때문이고, 그리고 순서에서 세 번째인 뒤이어지는 삶에 속한 선은, 위에서 언급한 것과 같이 전자 둘의 결과를 가리킵니다.

435[B]. 삶에 속한 선이 자연적인 사람의 선이기 때문에, 그러므로 르우벤 지파와 므낫세 반쪽 지파와 함께 요단 저쪽이

유산으로 갓 지파에게 주어졌습니다. 왜냐하면 요단 저쪽의 땅은 앞서의 단락에서 입증한 것과 같이, 외적인 교회를 뜻하기 때문이고, 그리고 자연적인 사람에게서 나온 것들은 외적인 교회에 속한 것이기 때문입니다. 교회 자체는 본질적으로 속사람, 즉 영적인 사람 안에 있는 것으로 여겨지지만, 그러나 외적인 교회는 겉사람, 즉 자연적인 사람 안에 있는데, 그럼에도 불구하고 이들은 마치 원인과 결과와 같이 하나처럼 반드시 활동하여야 합니다.

[6] 갓 지파에게 요단 저쪽을 유산으로 주어졌다는 것은 모세의 글에서 명확합니다. 민수기서의 말씀입니다.

> 르우벤 지파와 갓 지파와 므낫세의 반쪽 지파에게 요단 저쪽이 유산으로 주어졌는데, 그 곳은 가축 떼를 놓아 먹이기에 아주 적절한 곳이었다. 그 곳이 주어진 조건은 나머지 지파와 함께 가나안 땅을 차지하기 위하여 그들은 반드시 강을 건너야 하였고, 무장을 하여야 했다(민수기 32 : 1-마지막 절 : 34 : 14).

그리고 신명기서의 말씀입니다.

> 르우벤 자손과 갓 자손에게는 길르앗에서 계곡 중앙을 경계로 한 아르논 계곡까지와 암몬 자손의 경계인 얍복 강까지를 주었다. 그들이 차지한 지역은 서쪽으로는 요단 강까지 이르고, 북쪽으로는 긴네렛 호수까지 이르고, 남쪽으로는 사해까지 이르고, 동쪽으로는 비스가 산기슭까지 이른다(신명기 3 : 16, 17).

그리고 여호수아서의 말씀입니다.

> 다음은 모세가 갓 지파, 곧 갓 자손에게 그 가문을 따라 나누어

준 땅이다. 그들이 차지한 지역은 야셀과 길르앗의 모든 성읍과 랍바 앞의 아로엘까지 이르는 암몬 자손의 땅 반쪽과 헤스본에서 라맛미스바와 브도님까지와 마하나임에서 드빌 경계선까지인데, 요단 강 계곡에 있는 벳하람과 벳니므라와 숙곳과 사본, 곧 헤스본 왕 시혼의 나라의 남은 땅도 그들의 것이 되었다. 갓 지파의 서쪽 경계는 요단 강인데, 북쪽으로는 긴네렛 바다까지 이른다. 이것이 갓 자손이 그 가문을 따라 유산으로 받은 성읍과 마을들이다(여호수아 13 : 24-28).

"갓"의 뜻은 갓이 거명된 성경말씀의 여러 장절들에서 뿐만 아니라 유산으로 그 지파에게 주어진 땅들에게서 잘 알 수 있겠습니다. 성경말씀에서 이들이 거명된 곳은 헤스본, 야셀, 랍바, 라맛미스바, 알론 골짜기, 긴네렛, 피스가와 그 밖의 많은 곳들입니다. 만약에 유산으로 땅들이 그들에 주어진 지파들인 "르우벤 지파, 갓 지파, 므낫세의 반쪽 지파"의 뜻을 알지 못하면, 이들 땅들이 뜻하는 것이 무엇인지는 누구도 알 수 없습니다. 왜냐하면 그것들은 넓은 뜻이든 제한된 뜻이든, 이들 지파들이 뜻하는 그런 것들을 뜻하기 때문입니다.
[7] 예레미야서의 말씀입니다.

이것은 암몬 백성을 두고 하신 주님의 말씀이다.
"나 주가 이렇게 말한다.
이스라엘은 자식도 두지 못하고,
상속자도 두지 못하였느냐?
어찌하여 몰렉 신이 갓을 차지하고
몰렉의 백성이
갓의 성읍들에서 자리잡고 사느냐?
보아라, 그 날이 온다.

나 주의 말이다.
그 때에는 내가
암몬 백성이 사는 랍바에
전쟁의 함성이 들리게 하겠다.
그러면 랍바가 폐허 더미로 변하고,
그에 딸린 성읍들은 불에 타버리고,
이스라엘은 빼앗겼던 자기 땅을
다시 돌려 받게 될 것이다." ……
"아이 성이 멸망하였으니,
헤스본아, 통곡하여라.
랍바의 딸들아, 울부짖어라.
굵은 베 옷을 몸에 걸치고 애곡하여라.
이리 뛰고 저리 뛰며 몸부림 쳐라.
너희의 신 몰렉이 포로로 끌려가고,
몰렉을 섬기던 제사장들과 고관들도
다 함께 포로로 끌려갈 것이다."

(예레미야 49 : 1-3)

여기서도 "갓"이나 "이스라엘"이 뜻하는 것이 무엇인지 알지 못하는 사람은 어느 누구도 "아몬 자손들" "헤스본" "랍바"가 여기서 뜻하는 것이 무엇인지 알 수 없습니다. 왜냐하면 랍바, 헤스본과 암몬 땅의 반이 유산으로 갓 지파에게 주어졌기 때문입니다. 그러므로 이들 땅들은 "갓"이 일반적으로 뜻하는 것과 같이, 개별적으로도 그런 것들을 뜻합니다. 왜냐하면 "어찌하여 암몬 자손의 왕이 갓을 이어 받으며, 그의 백성이 갓의 성읍들에서 거하느냐?" 라고 언급되었기 때문입니다. 왜냐하면 성경말씀의 땅들·지역들·성읍들·강들·백성들의 모든 이름들은 교회에 속한 것들을 뜻하기 때문입니다. 여기서

"갓"은 교리에 속한 진리들에 일치하는 삶에 속한 선을 뜻하고, "이스라엘"은 진리의 측면에서 교회를 뜻합니다. "암몬의 자손들"은 진리의 위화를 뜻하고, "헤스본"은 자연적인 사람 안에 있는 진리의 생육(生育)을 뜻하고, "랍바의 딸들"은 자연적인 사람 안에 있는 진리의 정동들을 뜻하고, "아이 성"은 진리의 교리를 뜻합니다. 이런 것들을 잘 알게 되었을 때 이런 것들의 영적인 뜻이 시리즈로 뒤이어지고 있습니다. 즉 "암몬 자손에 대한 전쟁"은 진리의 위화들에 거스르는 것을 뜻하고, "이스라엘은 자식도 두지 못하고, 상속자도 두지 못하였느냐?" 는 말씀은 그 교회 안에는 진리의 지식들이나 선의 지식들이 전혀 없다는 것을 뜻합니다. "이스라엘"은 교회를 뜻하고, "그의 지식들"은 진리들을 뜻하고, "상속자"는 진리의 선을 뜻합니다. "어찌하여 그들의 왕이 갓을 이어 받느냐? 어찌하여 그의 백성이 그의 성읍들에서 자리잡고 사느냐?"(=어찌하여 갓을 차지하고, 갓의 성읍에서 자리잡고 사느냐?)는 말씀은 위화된 진리가 삶에 속한 선을 파괴하는 이유를 뜻하고, 교리적인 것들에 일치하는 삶을 왜곡시키는 이유를 뜻합니다. "보아라, 그 날이 오리니, 내가 암몬 백성이 사는 랍바에 전쟁의 함성(=경고)이 들리게 하고, 그러면 랍바가 폐허 더미로 변하게 하겠다"는 말씀은 그 교회의 멸망을, 다시 말하면 진리의 위화를, 그리고 그것 안에 있는 자들의 멸망을 뜻합니다. "그에 딸린 성읍들은 불에 타 버릴 것이다"(=그녀의 딸들은 불에 탈 것이다)는 말씀은 그 교회에 속한 정동들은 악에 속한 정욕들이 될 것이라는 것을 뜻합니다. "이스라엘은 빼앗겼던 자기 땅을 다시 돌려 받게 될 것이다"(=그 때에 이스라엘은 그의 상속자들이 되었던 자기들에게 상속자가 될 것이다)는 말씀은 선들에 대한 교회가 멸망할 것이라는 것을 뜻합니다. "아이 성이 멸망하였으니 헤스본아, 통곡하여라"는 말씀은 진리의 교리가 멸망되었기 때문에, 거기에 선에서 비롯된 진리의 생육(=다산)이 더 이상 없다는 것을 뜻하고, "랍바의 딸들아, 울부짖어라. 굵은 베 옷을 몸에 걸치고 애곡하여라"는 말씀은 거기에 더 이상 진리의 정동들이 없다는 것을 뜻하고, "이리 뛰고 저리 뛰며 몸부림쳐라"(=울타리 옆으로 오가며 달릴 것이다)는 말씀은 거짓들에게서 비롯된 생각이나 삶을 뜻하고, "이는 너희 신 몰렉이 포로로 끌려갔기 때문이다"(=그들의 왕이 포로로 끌려갔기 때문이다)는 말씀은 진리가 더 이상 없기 때문이라는 것을 뜻하고, "몰렉을 섬기던 제사장들과 고관들도 다 함께 포로로 끌려갈 것이다"(=그의 제사장들과 그의 고관들이 모두 다 사로잡혀갈 것이다)는 말씀은 선들이나 선에 속한 진리들이 더 이상 없을 것이라는 것을 뜻합니다. 이러한 사실은 "갓의 유산의 땅들"이 일반적으로 "갓"이 뜻하는 것들로 개별적으로 동일한 것들을 뜻한다는 것에서, 그리고 성경말씀에 거명된 땅들의 뜻이 유산으로 그들에게 주어진 그 지파의 뜻에서 잘 알 수 있다는 것에서 잘 알게 합니다. 에스겔서 48장 27절에 갓 지파에 유산으로 줄 것이라고 언급된 땅들은 그 밖의 다른 것을 뜻하지 않습니다. 확실한 것은 갓 지파가 갓 지파를 뜻하지 않고, 오히려 "갓"이 뜻하는 교회의 구성요소들과 같은 그런 것을 뜻한다는 것입니다. 왜냐하면 거기에는 그 때 갓 지파가 없었기 때문이고, 또한 없을 것이기 때문입니다.

[8] "갓"이 교리에 속한 진리들에게서 비롯된 삶의 선을 뜻한다는 것은 모세의 그 민족의 축복에서 명확합니다. 신명기서의 말씀입니다.

갓 지파를 두고서
그는 이렇게 말하였다.
"갓 지파의 땅을 넓혀 주신
하나님을 찬송하여라.
갓은 사자처럼 누었다가,
사로잡은 먹이의 팔과 머리를 찢는다.
그들은 가장 좋은 땅을 차지하였다.
한 지도자의 몫이 그들에게 배정되었다.
이스라엘의 지도자들이 함께 모였을 때에,
그들은 주의 계명을 지키고
율법에 복종하였다"(=갓을 광대케 하시는 이는 송축받으시리로다. 그는 사자처럼 거하며, 머리의 왕관으로 그 팔을 찢는도다. 그가 자신을 위하여 처음 부분을 마련하였으니, 입법자의 분깃에 그가 앉아 있었기에 그가 백성의 우두머리들과 함께 와서 그가 주의 정의와 이스라엘과 함께 하는 그분의 공의들을 시행하였도다)(신명기 33 : 20, 21).

이 말씀은 성언에서 비롯된 진리들에 일치하는 삶에 속한 선을 뜻하고, 그리고 천계의 입류가 그 선에 유입한다는 것 등이 "갓" 지파에 의하여 기술되었습니다. 그 선에 유입한 주님에게서 비롯된 진리의 입류는 "갓 지파의 땅을 넓혀 주신 하나님을 찬송하여라"(=갓을 광대케 하시는 이는 송축받으리로다)는 말씀이 뜻합니다. 여기서 "넓힌다"(=광대케 한다)는 것은 진리를 뜻하고, "갓"은 삶에 속한 선을 뜻하고, "찬송한다"(=송축받는 이)는 것은 주님을 뜻합니다. 온갖 거짓들로부터 안전하다는 것은 "사자처럼 거한다"(=사자처럼 누웠다)는 말씀이 뜻하고, 외적인 진리들이나 내적인 진리들에 의하여 양육(養育)된다는 것은 "사로잡은 먹이의 팔과 머리를 찢는다"(=머리의 왕관으로 그

팔을 찢는다)는 말씀이 뜻하는데, 왜냐하면 "팔"(the arm)이나 "머리의 왕관"(the crown of the head)은 제물에서 이 뜻을 가지기 때문입니다. 이런 진리들이 중요한 것들에서 비롯되었다는 것은 "그들은 가장 좋은 땅을 차지하였다"(=그가 자신을 위하여 처음 부분을 마련하였다)는 말씀이 뜻하고, 그리고 거기에 숨겨진 신령한 진리들은 "입법자의 분깃에 그가 앉아 있다"(=한 지도자의 몫이 그들에게 배정되었다)는 말씀이 뜻하고, 그것에서 비롯된 총명은 "그가 백성의 우두머리와 함께 왔다"(=이스라엘의 지도자들이 함께 모였다)는 말씀이 뜻하고, 그것에서 좋은 일들이 비롯되었다는 것은 "그가 주의 정의를 시행한다"(=그들은 주의 계명을 지킨다)는 말씀이 뜻하고, 거기에서 비롯된 교회에 속한 진리들은 "이스라엘과 함께 하는 그분의 공의들을 시행한다"(=그들은 율법에 복종하였다)는 말씀이 뜻합니다.

[9] "갓"이 삶에 속한 선을 뜻하는데, 그것은 그가 히브리말 "행운"(*troop*)에서 그의 이름이 명명되었기 때문입니다(창세기 30 : 10, 11). 히브리어에서 갓(*gad*)은 행운(*troop*)을 뜻하고, 영적인 뜻으로 "troop"은 일들(works)을 뜻합니다. 그리고 삶에 속한 선은 일들(works)을 가리키는 선들을 행하는데 존재합니다(A.C. 3934항 참조). 그의 아버지 이스라엘에 의하여 주어진 축복에서 그것은 모세의 글에 이와 같이 언급되었습니다. 창세기서의 말씀입니다.

갓은 적군의 공격을 받을 것이다.
마침내 적군의 뒤통수를 칠 것이다(=갓은, 군대가 그를 압도하겠으나, 마지막에는 그가 압도할 것이다)(창세기 49 : 19).

여기서 "갓"이 뜻하는 것이 무엇인지는 《천계비의》

6403-6406항에 설명된 것을 참조하시고, 또한 같은 책 6405항에는 이사야서의 그 말들이 뜻하는 것이 설명되었습니다. 이사야서의 말씀입니다.

> 그러나 나 주를 떠나서,
> 내 거룩한 산을 잊고,
> 갓(=행운의 신)에게 상을 차려 놓으며,
> 므니(=운명의 신)에게
> 섞은 술을 가득히 부어 바치는 자들아!
> (이사야 65 : 11)

436. 이렇게 볼 때 처음에 거명된 세 지파들, 즉 "유다·르우벤·갓 지파"가 개별적으로 뜻하는 것이 무엇인지는, 마치 이들 셋이 복합적으로 뜻하는 것과 같이 잘 알 수 있겠습니다. 왜냐하면 성경말씀에서 사람의 이름들(人名)이나 장소의 이름들(地名)은 그것의 각각의 그것 자체가 자기 자신의 것을 뜻할 뿐만 아니라, 복합체적으로 그것들이 시리즈로 사물들을 뜻하기 때문입니다. 이들 이름들 "유다·르우벤·갓"이 시리즈로 뜻하는 것은 극내적인 천계, 즉 삼층천에 있는 주님사랑 안에 있는 자들 모두를 뜻하고, 그리고 그것에서 비롯된 진리들 안에 있는 자들 모두를 뜻하고, 그리고 그 진리들을 통한 삶에 속한 선 안에 있는 자들 모두를 뜻합니다. 왜냐하면 이런 부류의 사람들은 열려진 삶에 속한 세 계도(階度)들을 가지고 있기 때문입니다. 가장 극내적인 계도(the inmost degree)는 주님사랑에 자신의 자리를 잡고 있고, 둘째 계도는 그 선에서 비롯된 진리에 자신의 자리를 차지하고, 궁극적인 계도는 삶에 속한 선에 자신의 자리를 차지하고 있습니다. 모든 사람 안에

는 삶에 속한 세 계도들이 있습니다. 셋째 천계(=삼층천)에 있는 자들 안에 있는 극내적인 계도(the inmost degree)는 열려 있습니다. 왜냐하면 이것은 주님으로 말미암아 주님사랑 안에 있는 자들과 직접적으로 열리기 때문입니다. 왜냐하면 그 사랑을 통하여 거기에 결합이 있기 때문이고, 따라서 영접, 수용이 있기 때문입니다. 이런 이유 때문에 그들은 모든 진리들 안에 있고, 그들은 자기 자신 안에서 그 진리들 보고, 그리고 이런 것들에 의하여 그들은 삶에 속한 선 안에 있습니다. 모든 천사 안에 삶에 속한 세 계도들이 있다는 것은 나의 저서 ≪천계와 지옥≫ 33·34항을 참조하시고, 삼층천에 있는 자들에게서 셋째 계도가 열려 있다는 것은 같은 책 208·209항을 참조하시고, 그리고 삼층천의 천사들의 성품이 무엇인지는 같은 책 24-26·267·270·271항을 참조하십시오.

437. 6절. 도장을 받은 자는 아셀 지파에서 일만이천 명이요, 납달리 지파에서 일만이천 명이요, 므낫세 지파에서 일만이천 명이다.

[6절] :
"도장을 받은 아셀 지파에서 일만이천 명"은 이웃을 향한 인애를 뜻하고, 그리고 그것 안에 있는 자는 모두 천계에 있고, 그리고 천계에 오른다는 것을 뜻합니다(본서 438항 참조). "도장을 받은 납달리 지파에서 일만이천 명"은 중생(regeneration)과 시험(temptation)을 뜻합니다(본서 439항 참조). "도장을 받은 므낫세 지파에서 일만이천 명"은 그것에서 비롯된 삶에 속한 선들을 뜻합니다(본서 440항 참조). 그리고 이들이 모두 둘째 천계에 있고, 그 천계에 오른다는 것을 뜻합니다(본서 441항 참조).

438. 6절. **도장을 받은 자는 아셀 지파에서 일만이천 명이다.** 이 말씀은 이웃을 향한 인애를 뜻하고, 그리고 그것 안에 있는 자는 모두 천계에 있고, 그리고 천계에 오른다는 것을 뜻합니다. 이러한 사실은, 그것에 관해서 곧 설명하겠지만, 인애(仁愛·charity)인 영적인 정동(the spiritual affection)을 가리키는 "아셀 지파"의 뜻에서 잘 알 수 있고, 그리고 위에서 언급한 것과 같이(본서 3433[A]항 참조) 천계에 있고, 그리고 천계에 오르는 자들을 가리키는 "도장 받은 일만이천 명"의 뜻에서 잘 알 수 있습니다. "아셀 지파"가 이른바 인애라고 부르는 이웃을 향한 사랑을 뜻한다는 것은 아래에서 아주 명확하게 할 것이지만, 이 명확한 것에서 바로 알아야 할 것은 열두 지파들이 모두 천계와 교회를 표징한다는 것이고, 그러므로 성경 말씀에서는 이런 것들을 뜻한다는 것이고, 그리고 각각의 지파가, 그리고 그것으로 인하여 각각의 지파가 보편적인 본질적인 어떤 몇몇이 천계와 교회의 구성요소를 뜻한다는 것입니다. 천계와 교회는 일반적으로 세 보편적인 것들로 형성되었는데, 그것은 말하자면 주님사랑, 이웃을 향한 인애, 그리고 믿음의 복종(the obedience of faith)입니다. 여기서 주님사랑(love to the Lord)은 위에서 언급한 것과 같이 처음 세 지파인 유다·르우벤·갓이 뜻하고, 이웃을 향한 인애(charity towards the neighbor)는 이들 세 지파들, 아셀·납달리·므낫세가 뜻합니다. 한편 믿음에 속한 복종은 다음에 거명된 세 지파들 시므온·레위·잇사갈이 뜻하고, 주님과 이런 모든 것들과의 결합은 마지막에 거명된 세 지파들, 스불론·요셉·베냐민이 뜻합니다. 간추려서 말하면, 이것은 이 순서로 거명된 모든 지파들의 뜻입니다. 왜냐하면 그들의 뜻은 그들의 이름이 거명된

순서에 종결되기 때문입니다(이것에 관해서 언급, 입증된 본서 431[C]・435[A]・436항 참조).

[2] 더욱이 "도장을 받은 사람"은 악한 사람에게서 분리되었고, 그리고 천계에 수용된 자들을 뜻합니다. 그리고 첫 번째 세 지파들은 주님사랑하는 자들 모두가 거기에 있는 최고의 천계, 즉 삼층천에 수용된 자들을 뜻하고, 지금 고려의 대상 하에 있는, 그 다음에 거명된 다음의 세 지파들은 이웃을 향한 인애 안에 있는 자들이 있는 중간천계, 즉 이층천에 수용된 자들을 뜻합니다. 한편, 그 다음에 이어진 세 지파들은 믿음의 복종(the obedience of faith)이라고 부르는 복종의 상태에 있는 자들이 있는 곳인, 가장 낮은 천계, 즉 일층천에 수용된 자들을 뜻합니다. 마지막 세 지파들은 주님에 의하여 세 천계들에 올리워진 자들의 모두의 수용을 뜻합니다. 왜냐하면 거기에는 세 천계들이 있고, 그리고 세 천계들은 사랑에 속한 선의 계도에 따라서 서로서로 분별되기 때문입니다. 이렇게 볼 때 우리가 먼저 알아야 할 것은 지파들의 둘째 계도, 다시 말하면 세 지파들 아셀・납달리・므낫세는 이웃을 향한 인애 안에 있는 자들을 뜻한다는 것입니다. "아셀 지파"는 이웃을 향한 인애를 뜻하고, "납달리 지파"는 그 인애 안에 있는 자들의 중생을 뜻하고, "므낫세 지파"는 그들의 삶에 속한 선을 뜻합니다.

[3] "아셀"이 주님의 나라에 있는 것을 뜻한다는 것이 무엇인지, 다시 말하면 교회 안에 있는 것을 뜻한다는 것이 무엇인지 먼저 설명하겠습니다. "아셀"은 영적인 정동의 축복을 뜻하고, 그리고 영적인 정동이 이웃을 향한 사랑, 즉 인애라고 불리우는 것이기 때문에, 그러므로 여기서 "아셀"은 인애(仁愛・charity)를 뜻합니다. 결과적으로 여기서 그 지파의 "일만이천

명"은 인애 안에 있는 모두를 뜻하고, 따라서 이층천, 즉 중간 천계에 있는 자들 모두를 뜻합니다. 아셀이 축복받은 것, 또는 축복으로 말미암아 그와 같이 불리웠다는 것은 히브리 낱말의 뜻에서, 그리고 그가 태어났을 때 야곱의 아내 레아에 의하여 그에 관해서 언급된 것에서 잘 알 수 있습니다. 창세기서의 그에 관한 그의 어머니의 말입니다.

레아는 "행복하구나, 여인들이 나를 행복하다고 말하리라" 하면서 그 아이의 이름을 아셀(=행복)이라고 하였다(창세기 30 : 13).

"그녀를 축복받았다고 부를 딸들"(=딸들이 나를 축복받았다고 부를 것이다)은 교회를 구성하는 것을 가리키는 진리에 속한 영적인 정동들을 뜻하는데, 천계를 가리키는 모든 내적인 축복은 이 영적인 정동에서 비롯되고, 그리고 이웃을 향한 인애 안에 있는 자들은 그 축복 안에 있습니다. 왜냐하면 이웃을 향한 인애는 바로 앞에서 언급한 것과 같이, 진리에 속한 영적인 정동을 가리키기 때문입니다. 그리고 진리에 속한 영적인 정동은 그것의 본질에서는 진리를 사랑하는 것이고, 다시 말하면 그것이 진리이기 때문에 진리를 사랑하는 것이 영적인 정동이기 때문입니다. 더욱이 영적인 뜻으로 이웃(the neighbor)은 선과 진리 이외의 아무것도 아니고, 그리고 인애가 이것을 위한 사랑이기 때문입니다. 이러한 내용은 ≪새 예루살렘의 교리≫, 인애라고 부르는 이웃을 향한 사랑에 관해서 언급한 84-107항을 참조하십시오. 나머지 구절의 내용은 ≪천계비의≫ 3936-3939항에 설명되었습니다.

[4] "아셀"이 사랑이나 인애에 속한 축복을 뜻한다는 것은 그의 아버지 이스라엘에 의한 아셀의 축복의 말씀에서 아주 명

확합니다. 창세기서의 말씀입니다.

> 아셀에게서는
> 먹을 거리가 넉넉히 나올 것이니,
> 그가 임금의 수라상을 맡을 것이다.
> (창세기 49 : 20)

"아셀에게서 나온다"는 것은 주님사랑에 속한 것이나 이웃을 향한 인애에 속한 것인 천적인 정동이나 영적인 정동에서 나오는 것을 뜻합니다. "그의 빵(=음식)이 기름지다"(=먹을거리가 넉넉하다)는 것은 선에서 비롯된 기쁨을 뜻하고, "그가 왕의 진찬을 바친다"(=그가 임금의 수라상을 맡을 것이다)는 말씀은 진리에서 비롯된 즐거움을 뜻합니다. 이 구절에 관한 상세한 설명은 《천계비의》 6408-6410항을 참조하십시오.
[5] "아셀"은 모세의 축복에서도 동일한 뜻을 가지고 있습니다. 다시 말하면 성경말씀에서 비롯된 진리의 정동에 속한 기쁨을 뜻합니다. 그 축복은 이러합니다. 신명기서의 말씀입니다.

> 아셀 지파를 두고서,
> 그는 이렇게 말하였다.
> "아셀 지파는 다른 어느 지파보다
> 복을 더 많이 받은 지파다.
> 그들은 형제들에게서 귀여움을 받으며,
> 그들의 땅은 올리브 나무로 가득히 찬다.
> 쇠와 놋으로 만든 문빗장으로
> 너희의 성문을 채웠으니,
> 너희는 안전하게 산다."

(신명기 33 : 24, 25)

이스라엘의 아들들에 대한 모세의 축복은 성언에 관한 비의(秘義)를 내포하고 있습니다. 그리고 가장 마지막에 언급된 아들인 "야셀"은 성언에서 비롯된 진리에 속한 영적인 정동을 뜻합니다. 그러므로 "아셀 지파는 다른 어느 지파보다 복을 더 많이 받은 지파다. 그들은 형제들에게서 귀여움을 받을 것이다"(=아셀은 자손으로 더불어 복을 받으며 그의 형제들에게 기쁨이 된다)라고 언급되었습니다. 여기서 "자손들"(=sons)은 진리들을 뜻하고, "형제들"(brethren)은 진리들에게서 비롯된 교회를 뜻하고, "복을 받는다", 또는 "마음에 든다"(=귀여움을 받는다 · 기쁨이 된다 · acceptable)는 것은 진리들에 속한 정동을 서술합니다. 문자적인 뜻으로 성경말씀의 진리들의 근원인 사랑에 속한 선은 "그의 땅은 올리브 나무로 가득히 찬다"(=그의 받은 기름에 잠길 것이다)는 말씀이 뜻합니다. 여기서 "발"(foot)은 성언의 문자적인 뜻에 속한 진리를 가리키는 궁극적인 것들 안에 있는 진리를 뜻하고, "기름"(oil)은 사랑에 속한 선을 뜻합니다. 성언의 궁극적인 것이 자연적인 진리나 선을 가리킨다는 것은 "네 신은 철과 놋이 될 것이다"(=쇠와 놋으로 만든 문빗장)는 말씀이 뜻하는데, 여기서 "철"(iron)은 자연적인 진리를 뜻하고, "놋쇠"(brass)는 자연적인 선을 뜻하고, "신발"(shoe)은 궁극적인 것을 뜻합니다. 성경말씀(=성언 · the Word)이 영원히 지속(持續)될 것이라는 것은 "네 날들처럼 네 힘도 그렇게 될 것이다"(=너희는 안전하게 살 것이다)는 말씀이 뜻합니다. "쇠"가 자연적인 진리를 뜻한다는 것은 본서 176항을 참조하시고, "놋"이 자연적인 선을 뜻한다는 것은 본서 70항을 참조하시고, "신"이 감관적인 것을 가리키는 자연적인

7장 1-17절

것의 궁극적인 것을 뜻한다는 것은 《천계비의》 1748・2162・6844항을 참조하십시오.

[6] "아셀"이 정동들에 속한 기쁨을 뜻하기 때문에 문자적인 뜻에서 비롯된 진리들 안에 있는 자들을 뜻합니다. 민수기서의 말씀입니다.

> 단 지파와 납달리 지파와 함께 진을 칠 지파는 북쪽에 진을 쳤다 (민수기 2 : 25-31).

광야에서 이스라엘 자손들의 야영(=진을 침)은 천계에 있는 천사적인 사회들의 배치나 정리정돈을 표징합니다(본서 431[C]항 참조). 그리고 북쪽에 진을 친다는 것은 인애에 속한 선으로 말미암아 그들의 거주장소를 북쪽에서 차지한 자들은 영적인 지식들의 정동 안에 있는 자들을 가리킵니다.

[7] "아셀"이 사랑이나 인애에서 비롯된 축복을 가리키는 영적인 축복을 뜻한다는 것은 에스겔서에서 볼 수 있는데, 그 예언서에는 새로운 땅과 새로운 성읍이 다루어졌고, 그리고 그 땅이 이스라엘의 모든 지파에 유산으로 분배되었고, 그리고 각각의 지파가 열두 대문의 성읍에 배정되었습니다. 아셀의 유산은 그 예언서 48장 1-3절에 기술되었고, 그 성문들은 이런 말씀으로 기술되었습니다. 에스겔서의 말씀입니다.

> 서쪽 성벽도 너비가 사천오백 자이고, 문이 셋 있는데, 하나는 갓 문이고, 하나는 아셀 문이고, 하나는 납달리 문이다. 이렇게 그 둘레가 만팔천 자이다. 이 성읍의 이름이 이제부터는 '여호와샤마'(=아도나이 샤마・주께서 거기에 계심)라고 불릴 것이다(에스겔 48 : 34, 35).

유산으로 분배된 "땅"은 교회를 뜻합니다. 그 땅이 분배된 "이스라엘 자손들"은 그 교회에 속한 복합체로서 선에서 비롯된 모든 진리들을 뜻합니다. "성읍"(the city)이 사랑에 속한 선에서 비롯된 진리의 교리를 뜻하는데, 그러므로 '여호와샤마'(*Jehovah shammah*), 즉 '주께서 거기에 계심'(아도나이 샤마・Jehovah-is-there)이라고 불리웠습니다. "문들"(the gates)은 교리적인 것들을 가리키는 입문적인 진리들(入門的 眞理・introductory)을 뜻하고, 여기서 "사천오백"(4,500)은 선에서 비롯된 모든 진리들을 뜻하고, "만팔천"(18,000)은 에워싸고, 방어하는 교리에 속한 모든 진리들을 뜻합니다. 이러한 내용은 그 숫자들에 이르기까지 여기에 거론된 개별적인 것들이나 전체적인 것들은 교회에 속한 것들을 뜻할 뿐만 아니라, 거기의 이스라엘 지파는 그 지파를 뜻하지 않고, 거명된 각각의 지파는 그 교회에 속한 그 어떤 보편적인 본질적인 것들을 뜻한다는 것을 아주 명확하게 합니다. 더욱이 여기서 "아셀"은 이웃을 향한 인애와 하나를 이루는 진리에 속한 영적인 정동을 뜻한다는 것도 명료합니다. "아셀"이 최고의 뜻으로는 영원(eternity)을 뜻하고, 속뜻으로는 사랑이나 인애에 속한 정동들의 행복에서 비롯된 삶에 속한 지복(至福・the felicity of life)을 뜻하고, 겉뜻으로는 그것에서 비롯된 자연적인 기쁨을 뜻한다는 것은 《천계비의》 3938・3939・6408항을 참조하십시오.

439. 도장을 받은 자는 납달리 지파에서 일만이천 명이다.
이 장절은 중생(重生・regeneration)과 시험(試驗・temptation)을 뜻합니다. 이러한 뜻은 "납달리"나 그의 지파가 표징하고, 그것에서 뜻하는 것에서 잘 알 수 있는데, "납달리"나 그 지파는 시험을 뜻하고, 그리고 그 뒤에 이어지는 상태를 뜻하기 때문입니다. 시험이 중생의 목적을 위해서 일어나기 때문에 중생 또한 "납달리"가 뜻합니다. 중생된 자들이 시험들을 겪는다는 것은 ≪새 예루살렘의 교리≫ 187-201항을 참조하십시오. "납달리"나 그것으로 말미암아 그에게서 명명된 그 지파가 시험을 뜻하고, 그 뒤의 상태를 뜻한다는 것은, 그래서 중생을 뜻한다는 것은 그녀의 몸종 빌하가 그를 낳았을 때, 라헬의 이런 말에서 잘 알 수 있습니다. 창세기서의 그의 말입니다.

> 라헬의 몸종인 빌하가 또 임신을 하여 야곱과의 사이에서 두 번째로 아들을 낳았다. 라헬은 "내가 언니와 크게 겨루어서 마침내 이겼다" 하면서 그 아이 이름을 납달리라고 하였다(창세기 30 : 7, 8).

"하나님의 씨름들"(=싸움들·wrestlings of God)은 영적인 시험들을 뜻하고, 그리고 라헬이 영적인 것을 가리키는 내적인 교회를 표징하고, 그리고 레아는 자연적인 것을 가리키는 외적인 교회를 표징하기 때문에, 그의 언니와의 라헬의 싸움(=씨름·다툼)이나 이김은 명확하게 영적인 것과 자연적인 것 사이의 다툼(=싸움·전쟁)을 뜻합니다. 그 이유는 모든 시험은 영적인 사람과 자연적인 사람 사이의 다툼이기 때문입니다. 왜냐하면 영적인 사람은 이것들이 천계에 있기 때문에 천계에 속한 것들을 사랑하고 원하기 때문입니다. 이에 반하여 자연적인 사람은 이 세상에 속한 것들을 사랑하고 원합니다. 그 이유는 그것이 이 세상에 있기 때문입니다. 결과적으로 이들 둘의 열망들은 서로 상반되기 때문입니다. 그것은 대립이나 격돌(激

突), 다툼을 야기(惹起)시키는데, 이것을 시험이라고 부릅니다.
[2] "납달리"가 시험과 그것 뒤에 이어지는 상태를 뜻한다는 것, 그리고 그것에서 비롯된 중생을 뜻한다는 것은 아래에 이어지는 장절들에게서 더욱 명확합니다. 그가 그의 아버지에게서 받은 축복의 말씀에서 잘 알 수 있습니다. 창세기서의 말씀입니다.

> 납달리는 풀어 놓은 암사슴이어서,
> 그 재롱이 귀여울 것이다(=아름다운 말들을 하는도다).
> (창세기 49 : 21)

여기서 "납달리"는 시험 뒤의 상태를 뜻하는데, 그 상태는 정동에서 비롯된 즐거움으로 충만합니다. 그것은 영적인 것과 자연적인 것, 그리고 선과 진리가 결합된 것입니다. 왜냐하면 이런 것들은 시험들을 통해서 결합하기 때문입니다. "풀어 놓은 암사슴"(=풀린 암사슴)은 자연적인 정동에 속한 자유(自由·freedom)를 뜻하고, "아름다운 말들을 한다"(=그 재롱이 귀여울 것이다)는 말씀은 마음의 기쁨(gladness of mind)을 뜻합니다. 이것의 상세한 설명은 A.C. 6412-6414항을 참조하십시오.
[3] 또다시 그가 모세에게서 받은 축복의 말씀에서 잘 알 수 있습니다. 신명기서의 말씀입니다.

> 납달리 지파를 두고서
> 그는 이렇게 말하였다.
> "은혜를 풍성히 받은 납달리야,
> 주께서 주시는 복을 가득 받은 납달리야!
> 너희는 서쪽과 남쪽을 차지하고 살아라."

(신명기 33 : 23)

이 장절도 역시 시험 뒤의 상태를 기술하고 있는데, 그 상태에서 사람은 사랑에 속한 모든 선과, 그리고 그것에서 비롯된 진리들로 가득 채워져 있습니다. 왜냐하면 시험들을 겪은 뒤에는 사람은 기쁨으로 충만하고, 그리고 선은 열매를 맺고(=생육하고), 진리는 그 사람과 더불어 증대하기 때문입니다. 사랑에 속한 선으로 충만하다는 것은 "은혜를 풍성히 받은 납달리"(=은총으로 만족하다)가 뜻하고, 그리고 그것에서 비롯된 진리들로 가득 채워졌다는 것은 "주께서 주시는 복을 가득 받았다"(=주의 복으로 가득 찼다)는 말씀이 뜻합니다. 결과적인 진리의 정동이나 예증(例證)은 "너희는 서쪽과 남쪽을 차지한다"는 말씀이 뜻하는데, 여기서 "서쪽"은 진리의 정동을 뜻하고, "남쪽"은 그것의 예증을 뜻합니다. 그 이유는 가르침을 받은 뒤, 천계에 올리워진 자들은 서쪽을 통해서 남쪽으로 옮기워지기 때문입니다. 다시 말하면 진리의 정동을 통하여 진리의 빛으로 옮기워지기 때문입니다.
[4] 사사기서의 드보라와 바락의 노래가사에서도 "납달리"는 동일한 뜻을 가지고 있습니다.

> 스불론은 죽음을 무릅쓰고
> 생명을 아끼지 않고 싸운 백성이요,
> 납달리도 들판 언덕 위에서
> 그렇게 싸운 백성이다.
> (사사기 5 : 18)

가나안의 왕의 군 지휘관인 시스라에 대항하여 싸운 지파들이 있었는데 그 지파가 그를 정복하였습니다. 그리고 나머지 열 지파는 평온하게 남아 있었습니다. 이러한 사실은 교회를 공격, 괴롭히는 악한 자들에 대항하여 싸우는 영적인 다툼을 표징합니다. 이러한 것은, 그것의 주제였던 드보라와 바락의 예언적인 가사에서 잘 알 수 있습니다. 스불론 지파와 납달리 지파만 싸웠는데, 그것은 "스불론"이 교회를 형성하는 선과 진리의 결합을 뜻하기 때문이고, 그리고 "납달리"는 그것을 공격, 괴롭히는 선과 진리의 결합을 저지, 방해하는 온갖 악들이나 거짓들에 대항하는 다툼을 뜻하기 때문입니다. 결과적으로 두 지파는 바로잡음(改革·reformation)과 거듭남(重生·regeneration)을 뜻합니다. 여기서 "들판의 언덕"은 그것으로 말미암아 그 다툼이 유지, 지속되는, 그 교회의 내면적인 것들을 뜻합니다. 그리고 "스불론과 납달리"와 함께 시험들에 의한 개혁과 중생을 뜻합니다(이사야 8 : 22 ; 9 : 1, 2 ; 마태 4 : 12-16 참조).
[5] 그러나 최고의 뜻으로 "스불론과 납달리"는 주님 안에 있는 신령존재와 신령인성의 합일(合一·the uniting)을 뜻합니다. 왜냐하면 최고의 뜻은 오직 주님만을 다루고 있고, 일반적으로는 그분의 인성의 영광화를 다루고 있고, 그리고 지옥의 정복을 다루고 있고, 그리고 주님에 의한 천계의 정리정돈을 다루고 있기 때문입니다. 이런 뜻으로 다윗의 글에는 스불론과 납달리가 언급되었습니다. 시편서의 말씀입니다.

> 하나님, 주께서 거둥하시는 것을
> 모든 사람이 보았습니다.
> 나의 왕, 나의 하나님께서
> 성소로 거둥하시는 모습을
> 그들이 보았습니다.

앞에서는 합창대가,
뒤에서는 현악대가,
한가운데서는 소녀들이,
소구 치며 찬양하기를,
"회중 한가운데서 하나님을 찬양하여라.
이스라엘 자손아,
주님을 찬양하여라" 합니다.
맨 앞에서는
막둥이 베냐민이 대열을 이끌고,
그 뒤에는
유다 대표들이 무리를 이루었고,
그 뒤에는 스불론 대표들이,
그 뒤에는 납달리 대표들이 따릅니다.
하나님, 주의 능력을 나타내 보이십시오(=너희의 하나님께서 너희를 위하여 그의 능력을 나타내 보이셨다).
하나님,
주께서 우리에게 발휘하신 그 능력을
나타내 보이십시오.
예루살렘에 있는 주의 성전을 보고,
뭇 왕이 주님께 예물을 드립니다.
갈대 숲에 사는 사나운 짐승들과
뭇 백성의 황소 떼와 송아지 떼를
꾸짖어 주십시오.
조공받기를 탐하는 무리를 짓밟으시고,
전쟁을 좋아하는 백성을 흩어 주십시오.
이집트에서는 사절단이
온갖 예물을 가지고 오고,
에티오피아에서는, 사람들이
하나님께 손을 들고 기도할 것입니다.

(시편 68 : 24-31)

이 장절은 영적인 뜻으로 주님의 강림과 그분의 인성의 영광화와 지옥의 정복에 관해서 다루고 있습니다. 결과적으로는 사람의 구원을 다루고 있습니다. 주님의 강림 때문에 주님의 찬양이 이런 말씀들에 의하여 기술되었습니다. "오, 하나님이여, 그들이 주의 행차하심(=하나님, 주께서 거둥하시는 것)을 보았으니, 곧 나의 하나님, 나의 왕이 성소에 행차하십입니다. 노래하는 자들이 앞서 가고, 악기를 연주하는 자들이 뒤따르며, 그들 중에 소녀들이 있어 탬버린(=소구)을 쳤나이다. 너희는 회중 가운데서 하나님, 곧 주를 이스라엘의 샘으로부터 찬양하여라"는 말씀입니다. 여기서 그것의 개별적인 뜻하는 것이 무엇인지는 위에 설명된 본서 340[A]항을 참조하십시오. 이것에 의하여 주님께서 일하시고, 그것들을 성취하신 주님의 이노센스는 "맨 앞에서는 막둥이 베냐민이 대열을 이끈다"는 말씀이 뜻합니다. 신령선에서 비롯된 신령진리는 "유다와 그들의 무리의 통치자들"(=대표들)이 뜻합니다. 주님의 영광화, 또는 주님 자신의 능력에 의한 신령존재와 신령인성의 합일은 "스불론의 통치자들(=대표들)과 납달리의 통치자들"(=대표들)이 뜻하고, 그리고 이것을 말미암아 주님의 인성(the Lord's Human)이 신령능력(Divine power)을 가지셨다는 것은 "하나님, 주의 능력을 나타내 보이십시오(=네 하나님께서 네 힘을 명령하셨다). 주께서 우리에게 발휘하신 그 능력을 나타내 보이십시오. 예루살렘에 있는 주의 성전을 보고, 뭇 왕이 주께 예물을 드립니다"는 말씀이 뜻합니다. 여기서 "성전"(temple)은 주님의 신령인성(the Lord's Divine Human)을 뜻하고, "예루살렘"은 주님께서 그것을 위해 행하시는 교회를 뜻합니다. 지옥의 정복은 "갈대 숲에 사는 사나운 짐승들과 뭇 백성의 황소 떼와 송아지 떼를 꾸짖는다. 모든 사람들을 조각들과 함께 굴복하게 하소서(=조공 받기를 좋아하는 무리를 짓밟는다). 전쟁을 좋아하는 백성을 흩어 주신다"(=주께서는 전쟁을 즐기는 백성들을 흩으소서) 라는 말씀이 뜻합니다. 여기서 "갈대 숲에 사는 사나운 짐승들(=야생 짐승들)이나 권력의 무리"(the congregation of the mighty·수소의 무리)는 교회에 속한 진리들이나 선들을 곡해하고 악용하는 자연적인 사람의 아는 능력(the knowing faculty)을 뜻하고, "백성의 무리"(=백성의 황소 떼)는 그 교회에 속한 선들을 뜻하고, "은조각들"(=조공받기를 탐하는 무리)은 그 교회에 속한 진리들을 뜻하고, "주께서는 전쟁을 좋아하는 백성을 흩으셨다"는 말씀은 진리들을 악용, 곡해하는 것이나, 그것들에 거슬러 추론하는 것을 뜻합니다.

[6] 지옥의 정복은 자연적인 사람의 정복을 뜻합니다. 왜냐하면 지옥에서 비롯된 악들은 자연적인 사람 안에 있기 때문입니다. 왜냐하면 그것 안에는 역시 자기사랑이나 세상사랑에 속한 쾌락들이 있기 때문이고, 이런 쾌락들을 확증하는 기억지들(=과학지들)이 있기 때문입니다. 이런 쾌락들이 목적들로 여겨질 때, 그리고 이런 것들이 지배적인 것이 되었을 때, 그것들은 그 교회에 속한 선들이나 진리들에 대항, 거스르게 됩니다. 자연적인 사람이 정복되었을 때 그것은 일치, 화합된 지식들(=과학지들)을 공급한다는 것이나, 진리나 선에 속한 앎들을 제공한다는 것은 "이집트에서는 사절단(=통치자들)이 온갖 예물을 가지고 오고, 에티오피아에서는 사람들이 하나님께 손을 들고 기도할 것이다"는 말씀이 뜻합니다. 여기서 "이집트"는 지식들(=과학지들)에 대한 자연적인 사람을 뜻하고, "에티오

피아"는 선과 진리의 앎들에 관한 자연적인 사람을 뜻합니다. 이런 몇몇의 예들에서 볼 때 성경말씀에서 "납달리"나 그의 지파의 뜻을 잘 알 수 있겠습니다. 다시 말하면 그것은 최고의 뜻으로는 그것에 의하여 지옥을 정복하시고, 그분의 인성을 영화하신 주님 당신의 능력을 뜻하고, 속뜻으로는 시험과 그 시험을 겪은 뒤의 상태들을 뜻하고, 겉뜻으로는 자연적인 사람에 의한 저항(抵抗)이나 반항(反抗) 따위를 뜻합니다. 그러므로 "납달리"는 개혁(=바로잡음·reformation)이나 중생(=거듭남·regeneration)을 뜻하는데, 그 이유는 이런 것들이 온갖 시험들의 결과들이기 때문입니다.

440[A]. 도장을 받은 자는 므낫세 지파에서 일만이천 명이다.
이 말씀은 그것에서 비롯된 삶에 속한 선들을 뜻합니다. 이러한 사실은 교회의 자의적인 원칙을 뜻하는, 그리고 그것에서 비롯된 삶에 속한 선을 뜻하는 "므낫세 지파"의 표징이나 그것의 뜻에서 잘 알 수 있습니다. 그것이 삶의 선을 뜻하는 것은 삶에 속한 선이 교회에 속한 자의적인 것, 즉 교회에 속한 사람의 자의적인 것과 하나를 이루기 때문인데, 그 이유는 한 사람이 원하는 것은 그가 행할 수 있을 때 행하는 것이라는 것은 행하는 의지 이외에 아무것도 아니기 때문인데, 이러한 사실은 의지가 멈출 때 행위는 멈춘다는 사실에서, 그리고 거기에 의지가 있는 한 행하는 것은 계속된다는 사실에서 잘 알 수 있습니다. 중생한 사람의 의지가 행하는 것은 삶에 속한 선입니다. 이런 이유 때문에 "므낫세"나 그의 지파는 교회의 자의적인 것을 뜻하기 때문에, 그러므로 역시 삶에 속한 선을 뜻합니다. 더욱이 삶에 속한 선은 "야셀이나 납달리"가 뜻하는 것인 중생 뒤에 이웃을 향한 인애의 결과는 그것의 원인에서 비롯된 결과와 같습니다. 왜냐하면 이웃을 향한 인애 안에 있는 자들은 주님에 의하여 중생되었고, 그리고 중생한 자들은 삶에 속한 선 안에 있기 때문입니다. 그 이유는 그들이 인애로 말미암아 행동하기 때문이고, 그리고 인애에서 비롯된 모든 행위는 삶에 속한 선이기 때문입니다.

[2] 교회를 형성하는 것은 둘이 있는데, 다시 말하면 그 둘은 교리에 속한 진리와 삶에 속한 선입니다. 이들 양자는 교회에 속한 사람이 되기 위해서는 반드시 사람 안에 있어야 합니다. "에브라임과 므낫세"는 성경말씀에서 이들 둘을 표징하고, 그것으로 말미암아 이들 둘을 뜻합니다. 여기서 "에브라임"은 교리에 속한 진리를 표징하고, "므낫세"는 삶에 속한 선을 표징합니다. 교리에 속한 진리는 또한 교회의 총명이라 하고, 삶에 속한 선은 그것의 자의적인 것이라고 합니다. 왜냐하면 진리는 이해에 속한 것이고, 선은 의지에 속한 것이기 때문입니다. 이런 이유 때문에 역시 "에브라임과 므낫세"는 교회의 총명과 자의적인 것을 뜻하는데, "에브라임"은 그것의 총명적인 것을 뜻하고, "므낫세"는 그것의 자의적인 것을 뜻합니다. 이런 것들이 "에브라임과 므낫세"에 의하여 표징되고, 뜻하기 위해서는 그들은 이집트 땅에서 요셉에게 태어나야 했습니다. 왜냐하면 "요셉"은 천적 영적인 것(the celestial-spiritual)을 뜻하기 때문이고, 또한 천적 왕국에 결합되어야 하는 영적인 왕국을 뜻하기 때문입니다. 그리고 "이집트의 땅"은 자연적인 것을 뜻하고, 결과적으로 "므낫세"는 천적 영적인 것에 속한 자연적인 출생 안에 있는 의지에 속한 선을 뜻하고, "에브라임"은 동일한 것에서 출생한 자연적인 것 안에 있는 이해에 속한 진리를 뜻합니다. 이들의 출생은 모세의 글에 이와 같이

기술되었습니다. 창세기서의 말씀입니다.

> 요셉과 온의 제사장 보디베라의 딸 아스낫 사이에서 두 아들이 태어난 것은 흉년이 들기 전이었다. 요셉은 "하나님이 나의 온갖 고난과 아버지 집 생각을 다 잊어버리게 하셨다" 하면서 맏아들의 이름을 므낫세(=잊게 한다)라고 지었다. 둘째는 "내가 고생하던 이 땅에서 하나님이 자손을 번성하게 해주셨다" 하면서 그 이름을 에브라임(=갑절로 열매를 맺는다)이라고 지었다(창세기 41 : 50-52).

속뜻으로 이들 장절의 낱말들의 뜻은 《천계비의》 5347-5356항에서 볼 수 있겠습니다. 다시 말하면 맏아들의 이름 "므낫세"는 자연적인 것 안에 있는 새로운 자의적인 것을 뜻하고, 그리고 그것의 성품이 무엇인지를 뜻합니다. 그리고 둘째의 이름 "에브라임"은 자연적인 것 안에 있는 새로운 총명적인 것을 뜻하고, 그리고 그것의 성품이 무엇인지를 뜻합니다. 마찬가지로 "므낫세"는 새로운 자연적인 사람(the new natural man)의 선을 뜻하고, "에브라임"은 그것의 진리를 뜻합니다(A.C. 5351・5354항 참조).
[3] 이러한 내용이 "므낫세와 에브라임"의 뜻이라는 것은, "르우벤과 시므온"과 같이, 그들이 야곱에 의하여 적용된 사실에서 잘 알 수 있습니다. 모세의 글에는 이렇게 기술되었습니다. 창세기서의 말씀입니다.

> 야곱이 요셉에게 말하였다. …… "내가 너를 보려고 여기 이집트로 오기 전에 네가 이집트 땅에서 낳은 두 아이는, 내가 낳은 아들로 삼고 싶다. 르우벤과 시므온이 나의 아들이듯이, 에브라임과 므낫세도 나의 아들로 한다. 이 두 아이 다음에 낳은 자식들

은 너의 아들이다. 이 두 아이는 형들과 함께 유산을 상속받게
할 것이다"(창세기 48 : 3, 5, 6).

여기서 "르우벤"은 교리에 속한 진리인 이해 안에 있는 진리
를 뜻하기 때문에, 그리고 "시므온"은 삶에 속한 선을 가리키
는 의지 안에 있는 진리를 뜻하기 때문에, 그러므로 야곱은
"르우벤과 시므온이 나의 아들이듯이, 에브라임과 므낫세도 나
의 아들로 한다"고 말하였습니다. 결과적으로 "에브라임"은
총명적인 진리를 뜻하고, "므낫세"는 자의적인 선을 뜻합니다.
이러한 내용은 충분하게 설명된 ≪천계비의≫ 6234-6241항을
참조하십시오.
[4] 동일한 내용은 아래에서와 같이, 그 때 이스라엘인 야곱에
의한 에브라임과 므낫세의 축복에서 잘 알 수 있습니다. 창세
기서의 말씀입니다.

야곱(=이스라엘)이 요셉을 축복하였다.
"나의 할아버지 아브라함과
아버지 이삭을 보살펴 주신 하나님,
내가 태어난 날로부터 오늘에 이르기까지
나의 목자가 되어주신 하나님,
온갖 어려움에서 나를 건져 주신 천사께서,
이 아이들에게 복을 내려 주시기를 빕니다.
나의 이름과
할아버지의 이름 아브라함과
아버지의 이름 이삭이
이 아이들에게서 살아 있게
하여 주시기를 빕니다.
이 아이들의 자손이

>   이 땅에서
>   크게 불어나게 하여 주시기를 빕니다."
>   (창세기 48 : 15, 16)

여기서도 역시 자연적인 것 안에 있는 "에브라임"은 총명적인 진리를 뜻하고, "므낫세"는 자의적인 선을 뜻한다는 것은 ≪천계비의≫ 6274-6285항에서 볼 수 있습니다. 그리고 또한 에브라임과 므낫세의 축복은 모세에 의하여 이렇게 이어지고 있습니다.

>   (요셉 지파를 두고서 그는 이렇게 말하였다.)
>   그들은 첫 수송아지와 같은 힘으로,
>   황소의 뿔과 같은 위력으로,
>   그 뿔로 만방을 들이받아
>   땅 끝까지 휩쓸 것이니,
>   에브라임의 자손은 만만이요,
>   므낫세의 자손은 천천이다.
>   (신명기 33 : 17)

이 장절은 본서 316[D]·336[B]에 설명되었습니다.
440[B]. 이들 양자는 자연적인 것 안에 있는 "에브라임"은 진리의 이해를 뜻하고, "므낫세"는 선의 의지를 뜻한다는 것은 아래의 장절들에게서 잘 알 수 있습니다. 이사야서의 말씀입니다.

>   만군의 주의 진노로 땅이 바싹 타버리니,
>   그 백성이 마치 불을 때는 땔감같이 되며,
>   아무도 그 형제자매를 아끼지 않을 것이다.

7장 1-17절

>오른쪽에서 뜯어먹어도 배가 고프고,
>왼쪽에서 삼켜도 배부르지 않아,
>각각 제 팔뚝(=자식)의 살점을 뜯어먹을 것이다.
>므낫세는 에브라임을 먹고,
>에브라임은 므낫세를 먹고,
>그들이 다 함께 유다에 대항할 것이다.
>그래도 주께서는 진노를 풀지 않으시고,
>심판을 계속하시려고
>여전히 손을 들고 계신다.
>(이사야 9 : 19-21)

"므낫세가 에브라임을 먹고, 에브라임은 므낫세를 먹는다"는 말씀은 여기서는 교회에 속한 모든 선과 진리가 선은 거짓을 통해서, 진리는 악을 통해서 멸망할 것을 뜻한다는 것은 이것의 개별적인 것이 설명된 본서 386[B]항에서 볼 수 있습니다. [5] 시편서의 말씀입니다.

>길르앗도 나의 것이요,
>므낫세도 나의 것이다.
>에브라임은 내 머리에 쓰는 투구요,
>유다는 나의 홀이다.
>(시편 60 : 7 ; 108 : 8)

여기서 "므낫세"는 교회의 선을 뜻하고, "에브라임"은 그 교회의 진리를 뜻하고, "길르앗"은 자연적인 것을 뜻합니다. 자연적인 것에서 진리는 선으로부터 신령능력을 가지기 때문에, "에브라임은 내 머리에 쓰는 투구(=힘)다"라고 언급되었습니다. 신령능력(=힘 · Divine power)은 자연적인 것 안에서는 선에서부터 진리를 통하여 옵니다. 그 이유는 자연적인 것은 내면적인 것들이 그것에 유입하는 궁극적인 것이기 때문입니다. 그리고 내면적인 것들은 영적인 것들이나 천적인 것들이 그것에 함께 존재하고 생존하는 곳이기 때문입니다. 결과적으로 거기가 그것들이 충만하게 존재하는 곳이고, 그리고 이것 안에, 그리고 이것으로 말미암아 모든 신령활동(=역사·Divine operation)은 존재하기 때문입니다. 이런 이유 때문에 성경말씀의 문자적인 뜻은, 그것이 자연적이기 때문에, 그것 안에 신령능력(Divine power)을 담고 있습니다. 이런 내용에 관해서는 본서 346항과 ≪천계비의≫ 9836항을 참조하십시오. 이렇게 볼 때 에브라임이 "에브라임은 내 머리의 힘"(=내 머리에 쓰는 투구)라고 언급된 이유를 잘 알 수 있겠습니다. 그리고 유다는 "나의 입법자"(=나의 홀)라고 언급되었는데, 그것은 "유다"가 영적인 뜻으로 내적인 신령진리, 즉 성언을 뜻하기 때문이고, 그리고 "입법자"(立法者·lawgiver)나 "법"(law)은 동일한 뜻을 가지고 있기 때문입니다.

[6] 같은 책의 말씀입니다.

> 아, 이스라엘의 목자이신 주님,
> 요셉을 양 떼처럼 인도하시는 주님,
> 귀를 기울여 주십시오.
> 그룹 위에 앉으신 주님,
> 나타나 주십시오(=빛을 비추소서).
> 에브라임과 베냐민과 므낫세 앞에서
> 나타나 주십시오.
> 주님의 능력을 떨쳐 주십시오.
> 우리를 도우러 와 주십시오(=우리를 구원하소서).

(시편 80 : 1, 2)

영적인 뜻에서 이 장절은 교회에 속한 자들을 가르치기 위한 주님에 대한 간구와 애원을 담고 있다는 것은 아주 명확합니다. 그리고 진리들에 의하여 그들을 선으로 인도하기를, 따라서 천계에 인도하기를 주님에게 간구한다는 것을 뜻한다는 것도 명확합니다. 주님께서는 가르치시고, 인도하시기 때문에 주님은 "이스라엘의 목자"(the Shepherd of Israel)라고 불리셨습니다. 그러므로 "당신은 요셉을 양 떼처럼 인도하신다"고 언급되었습니다. 여기서 "요셉"은 선에서 비롯된 진리들 안에 있는 교회에 속한 자들을 뜻합니다. "그룹 위에 앉으신 당신"은 천계 위에 계시는 주님을 뜻하는데, 그것에서 그분은 마음들에게 설명, 가르치는 빛을 보내십니다. 그러므로 "빛을 비추소서"(=나타나 주십시오)라는 말씀이 언급되었습니다. 진리의 빛이 자연적인 진리나 선 안에 있는 자들에게 침투하기 위해서는, 따라서 교회 안에 있는 가장 낮은 것에 침투하기 위한 것이라는 것은 "에브라임과 베냐민과 므낫세 앞에서 주의 힘을 나타내 주십시오" 라는 말씀이 뜻합니다. 여기서 "에브라임"은 자연적인 진리 안에 있는 자들을 뜻하고, 그리고 여기서 자연적인 진리는 문자적인 뜻 안에 있는 성경말씀의 진리와 같은 그런 진리를 가리킵니다. 그리고 "므낫세"는 선을 행하고, 진리를 배우는 것에 속한 기쁨을 가리키는 자연적인 선 안에 있는 자들을 뜻합니다. "베냐민"은 진리와 선의 결합적인 것, 또는 자연적인 것 안에 있는 결합하는 매체(媒體·the conjoining medium)를 뜻합니다. "힘을 나타낸다"(to stir up might)는 것은 그것에 들어가는 빛의 침투(the penetration of light)를 뜻하고, "우리를 구원하소서" 라는 말씀은 그들이 구원을 받아야 된다는 것을 뜻합니다.
[7] 자연적인 사람이 가지고 있는 모든 선은 영적인 것을 통해서 주님으로부터 입류하기 때문에, 그리고 그런 입류가 없으면 자연적인 것 안에는 결코 선이 있을 수 없기 때문에, 그리고 "므낫세"가 영적인 근원에서 비롯된 자연적인 사람 안에 있는 선을 표징하고, 따라서 그 선을 뜻하기 때문에, 그러므로 그 지파에게는 양자들 너머, 즉 요단 강 밖이나, 또는 이것 안쪽에, 즉 요단 강 안에 있는 것을 유산으로 주어졌습니다. 다시 말하면 그 지파의 반(半)에게는 요단 너머, 즉 요단 강 밖의 것을, 그리고 그 지파의 반에게는 요단 강 이쪽, 즉 요단 강 안쪽에 있는 것을 유산으로 주어졌습니다(민수기 32 : 33, 39, 40 ; 신명기 3 : 13 ; 여호수아 13 : 29-31 ; 17 : 5-13, 16-18 참조). 요단 강 너머, 즉 요단 강 밖의 땅은 자연적인 사람 안에 있는 사람들에게 있는 것을 가리키는 외적인 교회(the external church)를 표징하고 뜻하지만, 그러나 요단 강 이쪽, 즉 요단 강 안쪽의 땅은 영적인 사람 안에 있는 사람들에게 있는 내적인 교회(the internal church)를 표징하고 표의하는데, 이것들에 관해서는 본서 434[C]항을 참조하십시오. 다시 말하면 그것은 교회를 형성하는 선을 가리키고, 그리고 이 선은 영적인 사람에서부터 자연적인 사람에게 직접 입류하고, 그리고 이 입류가 없다면 교회는 그 사람에게 존재하지 않습니다. 그리고 이것이 교회에 속한 선을 뜻하는 므낫세 지파에게 요단 강 안쪽과 바깥쪽을 유산으로 준 이유입니다. 영적인 선은 자연적인 선에 직접적으로 입류한다는 것, 그러나 자연적인 진리에는 간접적으로 입류한다는 것은 ≪천계비의≫ 3314・3573・3576・3616・3969・3995・4563항을 참조하십시오. 따라서 거기에는 영적인 선과 자연적인 선 사이에는 대응(對應

・대구법・對句法・parallelism)이 있지만, 그러나 영적인 진리와 자연적인 진리 사이에는 그것이 없습니다(≪천계비의≫ 1831・1832・3514・3564항 참조). "므낫세"가, 의지에 속한 선과 동일한 것이지만, 교회에 속한 선, 즉 삶에 속한 선을 뜻한다는 것은 교회에 속한 진리를 가리키는, 또는 이해에 속한 진리와 동일한 것인 교리에 속한 진리를 가리키는 "에브라임"의 표징에서, 결과적으로는 "에브라임"의 뜻에서 잘 알 수 있습니다. 왜냐하면 이들은 형제이기 때문이고, 성경말씀에서 선과 진리는 형제들이라고 불리우기 때문입니다. "에브라임"이 교리에 속한 진리를 뜻하고, 따라서 교회에 속한 총명을 뜻한다는 것은 A.C. 5354항에서 잘 볼 수 있는데, 거기에는 에브라임에 관해서 언급된 성경말씀의 수많은 장절들이 인용되었고, 설명되었습니다(A.C. 3969・6222・6234・6238・6267・6296항 참조).

441. 이미 "아셀 지파"가 이웃을 향한 인애를 뜻한다는 것은 입증, 설명되었습니다. 그것은 이층천, 즉 중간천계에 있는 자들의 영적 내적인 것 자체를 뜻합니다. 그리고 "므낫세 지파"는, 그들의 영적 내적인 것에서 입류하는 영적 외적인 것(the spiritual-external)인 삶에 속한 선을 뜻한다는 것도 설명, 입증하였습니다. 한편, "납달리 지파"가 뜻하는 시험은 합일하는 중간매체를 뜻합니다. 왜냐하면 내적인 것과 외적인 것은 온갖 시험들에 의하여 합쳐지기 때문입니다. 이러한 내용은 이들 세 지파가 그들의 순서에 내포하고 있는 것이 무엇인지를 아주 명료하게 합니다. 여기서 반드시 주지하여야 할 것은 서로 일치하는 내적인 것과 외적인 것 양자들이 천계에서 존재하기 위하여 거기에는 반드시 사람과 천사가 함께 있어야 한다는 것입니다. 그것은 이들 중에서 하나 안에 있는 하나를

위해서는 불가능하고, 그리고 천계에 있다는 것도 불가능합니다. 다시 말하면 오직 내적인 것 안에만 있고, 또는 외적인 것 안에만 있다는 것은 불가능하다는 것입니다. 왜냐하면 내적인 것은 영혼(the soul)과 같고, 외적인 것은 몸(the body)과 같기 때문입니다. 영혼은 몸에 의한 것을 제외하면 아무것도 이룰 수 없기 때문입니다. 그리고 또한 영혼에서 비롯된 것을 제외하면 몸은 아무것도 이룰 수 없기 때문입니다. 그러므로 만약에 외적인 대응이나, 또는 대응적인 일치나 조화가 없다면 내적인 것은 아무런 힘이 없으며, 말하자면 생명이 없이 누워 있는 꼴입니다. 왜냐하면 거기에는 외적인 것 안에 있는 것이 있어야 하고, 그리고 그것을 통하여 내적인 것은 반드시 일을 하기 때문입니다. 그것은 마치 영혼이 안에서, 그리고 그것의 육체를 통해서 일을 하는 것과 꼭 같습니다. 마찬가지로 만약에 그것에 대응하는 내적인 것이 없다면 외적인 것은 마치 시체처럼 누워 있을 뿐입니다. 왜냐하면 거기에는 외적인 것이 그것으로 말미암아 반드시 일하는, 내적인 것이 필히 있어야 하기 때문입니다. 지금까지의 이런 설명은 "아셀"은 내적인 것을, "므낫세"는 대응하는 외적인 것을, 그리고 "유다"는, 위에 언급한 것과 같이, 내적인 것을, 그리고 "갓"은 대응하는 외적인 것을 각각 뜻한다는 것을 주지(周知)하기 위한 것입니다. 그것은 역시 모든 것에서도 비슷합니다. 그러므로 사람 안에는 내적인 것과 외적인 것이 있고, 내적인 것은 그의 영적인 것이라고 불리우는 것이고, 외적인 것은 그의 자연적인 것이라고 불리우는 것인데, 전자는 대응에 의하여 후자와 자신을 결합합니다. 그러므로 전자의 성품이 무엇인지는 후자가 가리키는 그런 것이고, 그리고 대응에 의하여 전자가 후자와 함께 하나(一體)를 이루지 못하는 모든 것은 흩어져 사라지고, 소멸(消滅)합니다.

442. 7절. **도장을 받은 자는 시므온 지파에서 일만이천 명이요, 레위 지파에서 일만이천 명이요, 잇사갈 지파에서 일만이천 명이다.**

[7절] :
"도장을 받은 자는 시므온 지파에서 일만이천 명이다"는 말씀은 복종(服從·obedience)을 뜻하고, 그리고 복종의 상태에 있는 자는 모두 천계에 있고, 그리고 천계에 오른다는 것을 뜻합니다(본서 443항 참조). "도장을 받은 자는 레위 지파에서 일만이천 명이다"는 말씀은 선한 일들(good works)을 뜻하고(본서 444항 참조), "도장을 받은 자는 잇사갈 지파에서 일만이천 명이다"는 말씀은 믿음(faith)과 구원(salvation)을 뜻합니다(본서 445항 참조).

443[A]. 7절. **도장을 받은 자는 시므온 지파에서 일만이천 명이다.**
이 말씀은 복종을 뜻하고, 그리고 복종의 상태에 있는 자는 모두 천계에 있고, 천계에 오른다는 것을 뜻합니다. 이러한 뜻이나 내용은, 이것에 관해서는 곧 설명하겠지만, 복종을 가리키는 "시므온 지파"의 표징이나 뜻에서 잘 알 수 있고, 그리고 위에서 언급한 것과 같이, 천계에 있는 자 모두를, 그리고 천계에 오를 자 모두를 가리키는 "도장을 받은 자 일만이천"의 뜻에서 잘 알 수 있습니다. 지금 여기에 거명된, 그리고 도장을 받은 자의 세 번째 등급을 형성하는 시므온 지파·레위 지파·잇사갈 지파는 일층천, 즉 가장 낮은 천계(lowest heaven)에 있는 자들을 뜻하고, 그리고 그 천계에 오를 자들을 뜻합니다. 왜냐하면 위에서 언급한 것과 같이 천계에 있는 자 모두나, 천계에 오를 자 모두가 여기서 다루어지고 있기 때문입니다. 그리고 세 천계가 있기 때문입니다. 삼층천 즉 극내적 천계, 이층천, 즉 중간천계, 일층천, 즉 가장 낮은 천계가 있고, 그리고 삼층천에 있는 자들이나, 이층천, 일층천에 있는 자들은 모두 분리, 따로따로 다루었기 때문입니다. 삼층천, 즉 극내적인 천계에 있고, 그 천계에 오른 자 모두는 "유다·르우벤·갓"이 뜻하고, 이들은 도장을 받은 자의 첫째 등급을 형성합니다. 이층천, 즉 중간천계에 있고, 그 천계에 오를 자들 모두는 "아셀·납달리·므낫세"가 뜻하고, 그러므로 이들은 도장을 받은 자의 둘째 등급을 형성합니다. 그러나 일층천, 즉 가장 낮은 천계에 있고, 그리고 그 천계에 오를 자들은 "시므온·레위·잇사갈"이 뜻하고, 이들은 도장을 받은 자의 셋째 등급을 형성합니다.

[2] 이 일층천, 즉 가장 낮은 천계에 속한 자들은, 성경말씀에 명령된 진리들이나 선들을 행하는 것에 모두 복종하는 존재이고, 그리고 또한 그들이 태어난 교회의 교리에 명령된 그런 것들에 복종하는 존재이고, 그리고 또한 그들이 어떤 대가(代價)나 주인 또는 종교적인 선생에게서 배워 들은 진리들이나 선들을 행하는 것들에 복종하는 존재이고, 그리고 그들로부터 그들은 이것은, 또는 저것은, 참되고, 선하고, 그리고 반드시 그런 것들을 행하여야 한다고 듣고 배웁니다. 이런 것들은 대부분은 진리들 안에 있지 않고, 오히려 무지(無知)에서 비롯된 거짓들 안에 있습니다. 뿐만 아니라 이런 거짓들은 그들이 자신들의 목적을 위하여 삶에 속한 선으로 가지고 있기 때문에, 마치 주님에 의하여 진리들인 양 영접, 수용됩니다. 그리고 이

런 것에 의하여 거짓들에 밀착된 악들은 제거됩니다. 이런 거짓들이나 그런 거짓들 안에 있는 자들에 관해서는 《새 예루살렘의 교리》 21항을 참조하십시오. 그 때 그런 부류는 가장 낮은 천계, 즉 일층천에 있습니다. 그러나 이층천, 즉 중간 천계에는 진리나 선을 알고자 하고, 이해하고자 하는 영적인 정동 안에 있는 그런 부류의 모두나, 그리고 그것을 행하려는 정동 안에 있는 그런 부류의 모두가 있습니다. 이에 반하여 삼층천, 즉 극내적 천계에는 사랑 안에 있는 자들이 있지만, 그러나 이들 두 등급들은 이미 앞에서 언급하였습니다.

[3] "시므온"과 그의 지파는 복종 상태에 있는 자들을 뜻하는데, 그 이유는 그 지파의 조상인 시므온은 "듣는다"(to hear)는 것을 뜻하는 낱말에서 명명(命名)되었기 때문이고, 그리고 듣는다(to hear)는 말은 복종하는 것(to obey)을 뜻하기 때문입니다. 이러한 내용은 그의 어머니 레아가 그를 낳았을 때 그녀가 한 말에서 잘 알 수 있습니다. 그녀가 한 말입니다.

> 그가 또 임신을 하여 아들을 낳았다. 그는 속으로 "주께서 내가 남편의 사랑을 받지 못하여 하소연하는 소리를 들으시고, 이렇게 또 아들을 주셨구나" 하면서, 아이 이름을 시므온이라고 하였다 (창세기 29 : 33).

이 낱말의 설명은 《천계비의》 3867-3872항을 참조하시고, 그리고 "듣는다"는 낱말이 거기에서는 복종하는 것을 뜻한다는 것은 같은 책 2542·3869·4653-4660·5017·5471·5475·7216·8361·8990·9331·9397·9926·10061항을 참조하시고, 본서 14·108·249항을 참조하십시오. "시므온"이 복종을 뜻하기 때문에, 역시 그는 믿음을 뜻합니다. 왜냐하면 믿음은 사람이 계명들에 복종하고, 행할 때 사람 안에서 믿음이 되기 때문입니다. 이에 앞서 사람이 성경말씀에서, 그리고 교회의 교리에서, 그리고 설교말씀에서 끌어낸 이런 것들에 속한 지식을 행한 것은 믿음처럼 보이지만, 그러나 이것은 사람이 이것들을 행하기 전까지는 진정한 믿음이 아닙니다. 그리고 그 때 그것 안에 기억에서 비롯된 생각의 사안(事案)만 있을 때 거기에는 의지에 속한 것은 전무(全無)하고, 결과적으로 그 사람에 속한 것은 아무것도 없습니다. 왜냐하면 의지가 그 사람 자신이기 때문입니다. 그러므로 사람이 이것을 행할 때 다시 말하면 복종할 때 그것은 의지 안에 들어오고, 따라서 그 사람 자신이 되고, 믿음이 되기 때문입니다.

[4] 복종을 가리키는 이 믿음은 그가 "시몬"(Simon)이라고 불리웠을 때 역시 베드로가 뜻하고, 그가 "요나의 아들 시몬"이라고 불리웠을 때 베드로는 진리의 정동을 가리키는 믿음을 뜻합니다(마태 16 : 17-19 ; 마가 1 : 16-18, 36 ; 14 : 37, 38 ; 누가 5 : 3-11 ; 7 : 40-43 ; 22 : 31-33 ; 24 : 34 ; 요한 1 : 40-42 ; 21 : 15-21). 위에 언급한 것과 같이 "시므온"이 히브리어에서 들음이나 경청(傾聽 · hearkening)이나 그것에서 비롯된 복종을 뜻하기 때문에 여기서 "요나의 아들"은 선에서 비롯된 진리를 뜻하고, 그러나 "베드로"는 진리 자체를 뜻합니다. 베드로가 주님에 의하여 어떤 때는 "베드로"라고, 어떤 때는 "시몬 베드로"라고, 어떤 때는 "요나의 아들 시몬"이라고 불리웠습니다. 이런 이름들(=호칭들)은 주님께서 지금 "베드로"라고 또는 "시몬"이나 "요나의 아들"이라고 한 것은 아무런 이유나 뜻이 없이 불리워진 것이라는 베드로에게서 어느 누구나 볼 수 있는 그런 뜻을 지니고 있다고 하겠습니다. 그 때 그에게 말씀하신 것은 그것이 뜻하는 것이 무엇인지를 명

료하게 합니다. 따라서 그가 주님은 하나님의 아들이시라고 고백하였을 때, 그리고 결과적으로는 그에게 하늘 나라의 열쇠들이 주어졌고, 그는 "요나의 아들 시몬"이라고 불리웠고(마태 16 : 17), 그리고 또는 그는 주님께서 예언서들에서 자주 나오는 것과 같이 반석(a rock · petra)이라고 불리웠습니다. 또다시 주님께서 그에게 "네가 나를 사랑하느냐"고 말씀하셨을 때 그는 "나는 주님을 사랑합니다"고 대답하셨을 때 그는 "요나의 아들 시몬"이라고 불리웠지만, 그러나 그가 곧 주님에게서 외면하고, 분개하였을 때, 인애에 속한 선을 뜻하는 요한이 예수의 뒤를 따랐기 때문에 그는 "베드로"라고 불리웠습니다(요한 21 : 15-21). 여기서 "베드로"는 선이 없는 진리, 또는 인애에서 분리된 믿음을 뜻합니다.

[5] 이렇게 볼 때 베드로가 그와 같이 명명되었을 때 "시몬"(Simon)은, 야곱의 아들 "시므온"과 같이 동일한 뜻을 가지고 있다는 것을 잘 알 수 있겠습니다. 다시 말하면 "시므온"의 뜻인 복종·인애에 속한 믿음·진리에 속한 정동을 뜻한다는 것, 그리고 일반적으로는 선에서 비롯된 진리를 뜻한다는 것을 잘 알 수 있겠습니다. 왜냐하면 히브리어에서 "시몬"(Simon)은 들음·경청·복종을 뜻하기 때문이고, 요나(Jonah)는 히브리말로 비둘기(dove)를 뜻하는데, 그것은 영적인 뜻으로 인애에 속한 선을 뜻하기 때문입니다. 그리고 "요나의 아들"(the son of Jonah)은 그 선에 속한 진리를, 또는 인애에 속한 믿음을 뜻하기 때문입니다. 반면 그가 베드로라는 이름이 비롯된 근원인 "반석"(rock · petra)은 진리와 믿음을 뜻하고, 나쁜 뜻으로는 거짓과 믿음의 결여(缺如 · absence of faith)를 뜻합니다(본서 411항 참조).

443[B]. [6] 야곱의 아들 "시므온"은 그에게서 명명된 그 지파와 함께 복종을 뜻하고, 그리고 의지 안에 있는 진리를, 그리고 그것으로 인하여 믿음을 뜻한다는 것은 반대적인 뜻으로는 그가 불복종을 뜻하고, 그리고 의지 안에 있는 거짓이나, 따라서 전혀 믿음이 없는 것을 가리키는, 따라서 의지에서 분리된 믿음을 뜻한다는 것에서 잘 알 수 있겠습니다. 왜냐하면 성경말씀의 대부분은 반대적인 뜻(=나쁜 뜻)을 가지고 있고, 그리고 그것들은 그 뜻으로는 반대적인 것들을 뜻하기 때문입니다. 이런 뜻에서 그의 아버지 이스라엘에 의하여 그의 아들들에 관해서 그의 예언(=유언)의 말에서 거명되었는데, 거기에는 이렇게 언급되었습니다. 창세기서의 말씀입니다.

> 시므온과 레위는 단짝 형제다.
> 그들이 휘두르는 칼은 난폭한 무기다.
> 나는 그들의 비밀 회담에 들어가지 않으며,
> 그들의 회의에 끼어들지 않을 것이다.
> 그들은 화가 난다고 사람을 죽이고,
> 장난삼아 소의 발목 힘줄을 끊었다.
> 그 노여움이 혹독하고,
> 그 분노가 맹렬하니,
> 저주를 받을 것이다.
> 그들을 야곱 자손들 사이에 분산시키고,
> 이스라엘 백성 사이에 흩어 버릴 것이다.
> (창세기 49 : 5-7)

여기서 "시므온과 레위는 단짝 형제이다"는 말씀은 인애에서 분리된 믿음을 뜻하고, "그들의 칼은 잔인한 도구다"(=그들이 휘두르는 칼은 난폭한 무기다)는 말씀은 그들의 교리적인 것들은 인애에 속한 일들을, 따라서 인애 자체를 파괴하는데 종사한다는 것을 뜻하고, "내 영혼아, 그들의 비밀에 들어오지 말아라"(=나는 그들의 비밀 회담에 들어가지 않는다)는 말씀은 영적인 선은 그들의 의지에 속한 악들을 알기를 원하지 않는다는 것을 뜻하고, "내 명예야, 너는 그들과 결합하지 말아라"(=그들의 회의에 끼어들지 않을 것이다)는 말씀은 영적인 진리가 그들의 생각들(=사상들)에 속한 거짓들을 알기를 원하지 않는다는 것을 뜻합니다. "이는 그들이 자기들의 분노로 사람을 죽이기 때문이다"(=그들은 화가 난다고 사람을 죽이기 때문이다)는 말씀은 그들이 스스로 전적으로 진리들에게서 외면(外面)하는 것을, 그리고 그들의 혐오(嫌惡)나 반감(反感) 가운데서 믿음을 소멸시키는 것을 뜻하고, "그들은 그들의 좋아하는 즐거움으로(=장난삼아) 소의 발목 힘줄을 끊는다"는 말씀은 그들의 타락한 의지로 말미암아 그들이 인애에 속한 외적인 선을 전적으로 쓸모없게 만드는 것을 뜻하고, "그들의 분노(=노여움)가 혹독하기 때문에 저주를 받을 것이다"는 말씀은 선에서 비롯된 비참한 혐오나 반감을, 결과적으로는 저주(詛呪)를 뜻하고, "그들의 진노(=분노)가 잔인(=맹렬)하기 때문에 저주를 받을 것이다"는 말씀은 선에서 비롯된 진리로 말미암은 혐오나 반감을 뜻하고, "내가 그들을 야곱 자손들 사이에 분산시킨다"(=그들을 야곱 가운데 나눈다)는 말씀은 이 믿음이 외적인 교회로부터 근절(根絶)될 것이라는 것을 뜻하고, "이스라엘 백성 사이에 흩어 버릴 것이다"는 말씀은 또한 내적인 교회로부터 이 믿음이 근절될 것이라는 것을 뜻합니다.   이에 대한 충분한 설명은 A.C. 6351-6361항을 참조하십시오.

[7] 첫 번째 세 아들들인 르우벤, 시므온, 레위는 그들의 아버

지 이스라엘에 의하여 배척되고, 매도(賣渡)되었는데, 그 이유는 예언(=유언)이 그 교회의 설시를 기술하고 있기 때문이고, 그리고 그 교회가 인애에서 분리된 믿음에 의하여 세워지지 않을 것이라는 것이 기술되었기 때문입니다. 그러나 그 교회는 주님에게서 비롯된 진리와 선에 의하여 세워집니다. 왜냐하면 그 때의 그 교회는 성경말씀을 그저 단순하게 안다는 과오 속에 빠져 있었기 때문이고, 그리고 성경말씀은 거룩하다고 말만 하고 성경말씀은 교회의 본질이라고 말만 하지, 삶이나 인애는 아니라고 말하기 때문입니다. 그리고 천계의 하나님이나 이 땅의 하나님은 주님 이외의 그 어떤 다른 분이라고 말하기 때문입니다. 이런 이유 때문에 그 예언에서 처음으로 태어난 세 아들들, 즉 르우벤, 시므온, 레위는 배척되었습니다. 그 이유는 거기서 "르우벤"은 오직 믿음만(faith only)을 뜻하기 때문이고, "시므온"은 인애가 없는 믿음을, 그리고 "레위"는 인애에 속한 선의 결여를 뜻하기 때문입니다. 결과적으로 시리즈로 이들 셋은 교회가 결코 존재하지 않는다는 것을 뜻하기 때문입니다. 왜냐하면 오직 믿음만이 구원의 본질(the essential of salvation)로서 당연한 것으로 여겨질 때 인애는 그 즉시 배척되고, 그리고 구원에 관해서 인애는 비본질적인 것으로 여겨지고, 전혀 무가치한 것으로 여겨지기 때문입니다. 그리고 이런 세 가지들이 이들 세 아들들이 뜻하기 때문에, 그러므로 그들은 그 교회를 뜻하는 그들의 아버지 이스라엘에 의하여 배척되었습니다. 더욱이 이들 셋은 각각 그 교회의 표징적인 것을 파괴하였습니다. 르우벤에 관한 말씀입니다.

이스라엘이 바로 그 지역에 머물 때에, 르우벤이 아버지의 첩 빌하를 범하였다(창세기 35 : 22).

7장 1-17절

시므온과 레위에 관한 말씀입니다.

> 히위 사람 하몰에게는 세겜이라는 아들이 있는데, …… 그는 야곱의 딸 디나를 보자, 데리고 가서 욕을 보였다. …… 세겜이 야곱의 딸을 욕보여서, 이스라엘 사람에게 부끄러운 일을 하였으므로, …… 야곱의 아들들은 슬픔과 분노를 억누르지 못하고 있었다. …… 그들은 하몰과 그의 아들 세겜도 칼로 쳐서 죽이고, …… 야곱의 다른 아들들은 그들의 누이가 욕을 본 그 성읍을 약탈하였다. …… 일이 이쯤 되니 야곱이 시므온과 레위를 나무랐다(창세기 34 : 1-31).

이런 행위는 영적인 뜻으로 야곱의 두 아들들, 다른 말로 하면 그들이 표징하는 교회의 구성요소들이 고대교회의 진리와 선을 소멸시켰지만, 그럼에도 불구하고 아직까지 그 교회가 하몰의 민족에게서 살아남아 생존해 있다는 것을 뜻합니다. 왜냐하면 이런 행위는 영적인 뜻으로 교회에 속한 모든 진리나 선이 인애에서 분리된 믿음에 의하여 깡그리 소멸, 멸망한다는 것을 뜻하기 때문입니다. 그러므로 이스라엘이 한 말인 "내 혼아, 너는 그들의 비밀 회담에 들어오지 말며, 그들의 회의에 끼어들지 않으며, 그들이 저주를 받을 것이니, 그것은 그들이 화가 난다고 사람을 죽이고, 장난삼아 소의 발목 힘줄을 끊기 때문에 저주를 받을 것이다"는 것이 개별적으로 뜻하는 것이 무엇인지를 뜻합니다. 왜냐하면 여기서 사람은 성경말씀 안에 있는 진리와 총명을 뜻하기 때문이고, "황소"는 도덕적인 선이나 자연적인 선을 뜻하기 때문입니다. 이들에 대한 충분한 설명은 A.C. 4426-4522항을 참조하십시오.

[8] 이런 이유 때문에 시므온은 모세의 축복에서 제외되었고 (신명기 33장), 그 사람 대신 에브라임과 므낫세가 거명되었는데, 그들은 교회에 속한 진리와 선을 뜻합니다. 그러나 비록 시므온과 레위가 그렇다고 하지만, 그럼에도 불구하고 다른 곳에서 그들은 인애에 속한 믿음과 인애를 뜻합니다. "시므온"은 인애에 속한 믿음을 뜻하고, "레위"는 인애를 뜻합니다. 그러므로 레위 지파는 제사장에 임명되었습니다. 왜냐하면 그것은 만약에 그가 율법이나 법령들에 일치하는 외적인 예배에 있다면, 무엇인가를 표징하는 그 인물의 성품은 문제가 아니기 때문입니다. 왜냐하면 표징은 인물을 고려하지 않고, 오히려 사물(事物)을 고려하기 때문입니다. 그리고 예배의 외적인 것을 제외하면 인물에서 요구되는 것은 아무것도 없기 때문입니다. 이런 것에 관해서는 A.C. 665·1097·1361·3147·3670·3881·4208·4281·4288·4292·4309·4444·4500·6304·7048·7439·8588·8788·8806·9229항을 참조하십시오. 이런 이유 때문에 묵시록서의 이 장절이나 성경말씀의 다른 곳에서 "시므온 지파"는 복종·인애의 믿음·진리의 정동을 뜻하고, 그리고 일반적으로는 위에서 언급한 것과 같이 선에서 비롯된 진리를 뜻합니다. "시므온"이나 그의 지파가 좋은 뜻으로 언급되었을 때에는 최고의 뜻으로는 섭리(攝理·providence)를 뜻하고, 속뜻으로는 의지 안에 있는 믿음을 뜻하고, 내면적인 뜻으로는 복종을 뜻하고, 그리고 겉뜻(the external sense)은 들음(hearing)을 뜻한다는 것은 A.C. 3869항을 참조하십시오.

444[A]. 도장을 받은 자는 레위 지파에서 일만이천 명이다.
이 말씀은 선한 일들(good works)을 뜻합니다. 이런 사실은 이웃을 향한 인애라고 부르는 영적인 사랑을 가리키는 "레위"나 그의 지파의 표징에서, 그리고 결과적으로는 "레위"나 그의 지파의 뜻에서 명확합니다. 여기서 "레위 지파"가 선한 일들(善行·good works)을 뜻하는데, 그 이유는 영적인 사랑, 또는 인애는 선을 가리키는 것들을 행하는데 존재하기 때문입니다. 그리고 이것들이 선한 일들이기 때문입니다. 본질적인 관점에서 보면 인애 자체는 진리나 선에 속한 정동을 가리키고, 그리고 정동이 있는 곳에는 진리들이나 선들에 일치하는 삶이 있습니다. 왜냐하면 정동을 위한 진리들이나 선들에 일치하는 삶이 없으면 거기에 정동이 전혀 없기 때문입니다. 만약에 이런 부류의 정동이 존재하는 것이 가능하고, 현존한다고 생각을 한다면 그것은 영적인 정동은 아니고, 자연적인 정동입니다. 정동의 이런 두 종류는 이런 것에서 차이가 있는데, 자연적인 정동은 목적으로서 자아(自我)나 세상을 취하고, 따라서 그것에 의하여 감동된 진리들이나 선들은 영예나 재물을 획득하기 위하여, 명성을 위하여 사랑받고 애지중지합니다. 그리고 그 때 배워 터득한 교리적인 것들에 일치하는 삶은 외면적인 겉모습을 목적한 자아로 말미암아 단순하게 드러나는데, 따라서 그것은 겉꾸민 삶이고, 내면적인 위선(僞善)을 가리킵니다. 반면에 영적인 정동은 목적으로서 주님, 천계, 영생(永生)을 갖는 것이고, 그리고 진리들이나 선들 안에 있는 이런 것들에 관심과 존경을 갖습니다. 따라서 그것은 영적으로 진리들이나 선들을 사랑합니다. 이 정동이 사람에게 있을 때 그 사람은 이런 진리들이나 선들을 생각하고, 원하는 것을 애지중지(愛之重之)합니다. 결과적으로 그것들에 따라서 사는 것을 애지중지 합니다. 진리들이나 선들에 따라서 산다는 것은 성경말씀에서 "행한다"(doing)는 낱말이 뜻하는 것이고, 그리고 삶 자체는 성경 말씀에서 아주 자주 거명된 "행위들"(deeds)이나 "일들"(works)이 뜻합니다. 그러므로 이런 것들은 유대사람에게 있었던 교회 안에 있는 "레위"나 그의 지파가 뜻하고, 표징하는 것을 가리킵니다.

[2] 이 정동이 교회의 진정한 본질이기 때문에, 레위 지파는 성직에 임명되었습니다. 이것은 또한 레위의 지팡이가 회막 안에서 아몬드 꽃을 핀 이유입니다. 그리고 이것은 다른 지파와 같이 그 지파에 유산을 주지 않은 이유입니다. 그러나 그들에게는 모든 것이 주어진 것입니다. 주지하여야 할 것은 레위 지파가 성직에 임명되었다는 것입니다. 왜냐하면 아론이 대제사장이 되었을 뿐만 아니라, 그에게서 이어지는 그의 자손들에게, 그리고 레위 사람 모두에게 성직자들로 세워졌기 때문입니다. 모세나 아론이 레위 지파였다는 것은 출애굽 6장 20절, 민수기 18장 2절에서 잘 볼 수 있고, 레위 사람들이 아론과 그의 아들을 성직자들로 세웠다는 것은 모세의 글에서 잘 볼 수 있습니다. 민수기서의 말씀입니다.

> 레위 지파 사람은 성막에서 봉사하는 사람들로서 회막 안에 있는 모든 기구를 보살피고, 이스라엘 자손이 해야 할 일을 돌보아야 한다. …… 그들은 이스라엘 자손 가운데서 뽑혀, 아론에게 아주 맡겨진 사람들이다. 너는 아론과 그의 아들들을 제사장으로 임명하여 그 직무를 보게 하여라. …… 모세와 아론과 아론의 아들들은 성막 앞에서 …… 그들은 이스라엘 자손의 직무를 대신하여 성소에서 직무를 맡은 이들이다. …… 너는 이스라엘 자손의 모든 맏아들 대신 레위 사람을 구별하여 세우고, …… 레위 사람은 나의 몫이다(민수기 3 : 1-51).

[3] 성직(聖職)이 이 지파에서 주어졌는데, 그 이유는 그 지파가 사랑과 인애를 표징하고, 그것으로 인하여 그것들을 뜻하기 때문입니다. 사랑과 인애는 선이나 진리에 속한 영적인 정동입니다. 정동은, 그것의 연속성이나 밀접한 관련에서 사랑에 관해서 서술하기 때문인데, 왜냐하면 정동은 사랑의 계속이고, 지속이기 때문입니다. 이러한 사실은 역시 성경말씀에서 성직이나 그것의 직무(=임무)가 뜻하는 것입니다. 왜냐하면 이 정동은 교회의 본질적인 것이기 때문이고, 그것이 있는 곳에 교회가 있기 때문이고, 그것이 없는 곳에는 교회가 존재하지 않기 때문입니다. 왜냐하면 선에 속한 정동이나 진리에 속한 정동은 사람의 진정한 영적인 생명이기 때문이고, 그리고 사람이 선과 진리에 의하여 감화, 감동되었을 때 그는 그의 생명의 측면에서 선과 진리 안에 있고, 그리고 그의 생각(思想) 자체는 다른 형체 안에 있는 정동 이외의 아무것도 아니기 때문입니다. 왜냐하면 사람이 생각한 것은 무엇이나 그는 정동에서 끌어내고, 취하기 때문입니다. 어느 누구도 정동이 없이는 아무 것도 생각할 수 없습니다. 이것이 레위 지파가 성직에 임명된 이유입니다. 동일한 것이 에스겔서에서 레위 사람들에 관해서 언급되었는데, 거기에서는 새 땅·새 성읍·새 성전 등이 다루어 졌습니다(에스겔 40 : 46 ; 43 : 19 ; 44 : 15 ; 48 : 11, 12).
[4] 레위 지파가 행위 안에 있는 인애를 표징하고, 그것으로 인하여 그것을 뜻하기 때문에, 따라서 인애에 속한 선들을 표징하고 뜻하기 때문에, 그리고 그것이 선한 일들이기 때문에 그러므로 이렇게 언급되었습니다. 민수기서의 말씀입니다.

아론의 이름이 새겨진 레위 지팡이가 회막 안에 있는 증거 앞에 두었을 때, 레위 집안 아론의 지팡이에는 움이 돋았을 뿐 아니라, 싹이 나고, 꽃이 피고 감복숭아(=아몬드) 열매까지 맺었다(민수기 17 : 2-11).

여기서 "감복숭아"(almonds)는 인애에 속한 선들을 뜻하는데, 그것은 이것들에 의하여 교회에 속해 있는 모든 것들은 사람 안에서 잘 자라고 번식하기 때문입니다. 왜냐하면 사람에게 인애에 속한 선이 있을 때 거기에는 역시 총명이 있고, 믿음이 있기 때문입니다. 왜냐하면 그 때 사람은 그가 성경말씀에서 알고자 하는 것의 이해의 정동 안에 있기 때문이고, 그리고 의지 안에는 그가 알고 있는 것에 따라서 행하는 것이 있기 때문입니다. 인애에 속한 선은 교회가 그것들 안에 있기 위해서는 교회에 속한 모든 것들 안에 반드시 있어야 합니다. 그리고 인애를 가리키는 선이나 진리에 속한 정동 자체는 모두에게 이해를 주고, 교훈이나 가르침을 주기 때문에, 그러므로 레위 지파에게 성직이 임명되었을 뿐만 아니라, 다른 지파에게 부여된 것과 같은 것이, 그 지파에게는 어떤 몫(lot)이나 유산이 전혀 없었고, 그러나 그들에게는 모든 것이 있었습니다. 이런 사실은 모세의 글인 민수기서 35장 1-34절과 여호수아서 21장 1-45절에서 잘 볼 수 있습니다. 그러므로 신명기서에는 이렇게 언급되었습니다.

그러므로 레위 사람에게는 그들의 동기들처럼 차지할 몫이나 유산이 없다. 그러나 주 하나님이 말씀하신 대로 주께서 친히 그들의 유산이 되었다(신명기 10 : 9).

[5] 그리고 앞에서 언급한 것과 같이 모든 사람은 그 사람 안

에 있는 선이나 진리의 정동에 일치하여 기억지(=과학지)·총 명·지혜를 터득하기 때문에 모세의 글에는 이렇게 언급되었 습니다. 신명기서의 말씀입니다.

> 그들은 주 너희의 하나님이 선택하셔서, 주를 섬기며 주의 이름으로 축복하는 직책을 맡은 사람으로서, 모든 소송과 분쟁을 판결할 것이다(신명기 21 : 5).

이 장절은 영적인 뜻으로 인애를 가리키는 선과 진리의 정동이 주님을 섬기고, 교회나 예배에 속한 것들을 가르치고, 거짓들과 진리들 사이나 악들과 선들 사이에 있는 것들을 분별한다는 것을 뜻합니다. 왜냐하면 "레위 자손들"은 영적인 뜻으로 인애를 가리키는, 선과 진리의 정동을 뜻하기 때문입니다. 이런 뜻에서 보면 성직을 위해서 레위 지파가 선택되었고, 그리고 유산으로 모든 지파의 것들이 그 지파에게 주었다는 것을 잘 알 수 있는데, 그것은 그 지파가 다른 지파에 비하여 보다 선하기 때문이 아니고, 다만 그 지파가 행위에서 인애나 선한 일들을 표징하기 때문인데, 그것들이 바로 사람 안에 있는 모든 선이나 진리에 속한 결과들을 가리킵니다.

444[B]. [6] 성경말씀에서 "레위 지파"가 선한 일들을 가리키는 인애에 속한 선들을 뜻한다는 것은 아래의 장절들에게서 잘 알 수 있겠습니다. 예레미야서의 말씀입니다.

> 그 때 그 시각이 되면, 한 의로운 가지를 다윗에게서 돋아나게 할 것이니, 그가 세상에 공평과 정의를 실현할 것이다. 그 때가 오면, 유다가 구원을 받을 것이며, 예루살렘(=이스라엘)이 안전한 거처가 될 것이다. 사람들이 예루살렘을 '주님은 우리의 구원이시

다' 하는 이름으로 부를 것이다. …… 이스라엘 민족의 왕좌에 앉을 사람이 다윗에게서 끊어지지 않을 것이다. 레위 지파의 제사장 가운데서도, 나에게 번제물을 바치며 곡식제물을 살라 바치고 희생제물을 바칠 사람이 끊어지지 않을 것이다. …… 낮에 대한 나의 약정과 밤에 대한 나의 약정을 너희가 깨뜨려서, 낮과 밤이 제시간에 오지 못하게 할 수 있겠느냐? 그런 일이 있을 수 없다면 나의 종 다윗에게 세운 나의 언약도 깨지는 일이 없고, 다윗에게도 그의 왕좌에 앉아서 다스릴 자손이 끊어지는 일이 없고, 나를 섬기는 레위 지파의 제사장들에게 세운 나의 언약도 깨지는 일이 없을 것이다. 셀 수 없이 많은 하늘의 별처럼, 측량할 수 없이 많은 바다의 모래처럼, 내가 나의 종 다윗의 자손과 나를 섬기는 레위 사람들을 불어나게 하겠다(예레미야 33 : 15-18, 20-22).

이 장절은 주님의 강림을 다루고 있는데, 그분이 "다윗의 가지"이시고 "주님은 우리의 구원이시다"(=주 우리의 의)라고 불릴 것이라는 것입니다. "그 때가 오면 유다가 구원을 받을 것이며, 예루살렘이 안전한 거처가 될 것이다"는 말씀은 그 때 주님사랑 안에 있는 자들은 구원을 받을 것이라는 것을 뜻합니다. 여기서 이스라엘이 안전하게 살 것이라는 말씀은 이웃을 향한 인애 안에 있는 자들은 악들이나 거짓들에 의한 공격을 받지 않을 것이고, 괴롭힘을 겪지 않을 것이라는 것을 뜻합니다. "이스라엘 민족의 왕좌에 앉을 사람이 다윗에게서 끊어지지 않을 것이다"는 말씀은 주님에게서 발출하는 신령진리는 그 때 교회에서 영속적으로 다스린다는 것을 가리고, 그리고 "이스라엘 집의 보좌"(=이스라엘 민족의 왕좌)는 신령진리가 그 안에서 다스리는 교회를 뜻합니다. "내 앞에 번제를 드리고, 음식제사에 불붙이고, 계속해서 희생제를 행할 사람이 레위 제사장들에게 한 사람도 부족하지 않을 것이다"(=레위 지파의 제사장 가운데서도 나에게 번제물을 바치며 곡식제물을 살라 바치고, 희생물을 바칠 사람이 끊어지지 않을 것이다)는 말씀은 그 때 사랑과 인애에 속한 선으로 말미암아, 그리고 믿음에 속한 진리들로 말미암아 영속적으로 예배가 있을 것이라는 것을 뜻합니다. 여기서 "레위 사람들"은 그런 예배 안에 있는 자들을 뜻하고, "번제물"(=번제)은 사랑의 선에서 비롯된 예배를 뜻하고, "곡식제물"은 이웃을 향한 인애의 선에서 비롯된 예배를 뜻하고, "희생제물"(=희생제사)은 믿음에 속한 진리들에게서 비롯된 예배를 뜻합니다.

[7] "만약 낮에 대한 나의 약정(=언약)과 밤에 대한 나의 약정(=언약)을 너희가 깰 수 있다면"이라는 말씀은 주님과의 결합을 성취하는 두 가지 것들, 즉 사랑과 믿음을 그들이 만약에 지키지 않는다면 이라는 것을 뜻합니다. 여기서 "언약"(=약정·covenant)은 결합을 뜻하고, "낮의 약정"(=언약)은 사랑에 의한 결합을 뜻하고, "밤의 약정"(=언약)은 믿음에 의한 결합을 뜻합니다. "나의 종 다윗에게 세운 나의 언약도 깨지는 일이 없고, 다윗에게도 그의 왕좌에 앉아서 다스릴 자손이 끊어지는 일이 없고, 나를 섬기는 레위 지파의 제사장들에게 세운 나의 언약도 깨지는 일이 없을 것이다"는 말씀은 그 때 그들은 신령진리도, 신령선도 가지지 못할 것이라는 것을 뜻하고, "레위 지파, 제사장들, 섬기는 자들"(ministers)은 주님사랑에 속한 선 안에 있는 자들이나, 그것에서 비롯된 예배 안에 있는 그런 것들을 뜻합니다. "셀 수 없이 많은 하늘의 별처럼, 측량할 수 없이 많은 바다의 모래처럼"이라는 말씀은 영적인 사람이나 자연적인 사람 안에 있는 진리나 선의 지식들을 뜻하는데, "하늘의 별들"이라는 말은 영적인 사람 안에 있는 지식들을 뜻하고, "바다의 모래"라는 말은 자연적인 사람 안에 있는 지식들

을 뜻합니다. "내가 나의 종 다윗의 자손과 나를 섬기는 레위 사람들을 불어나게 하겠다"는 말씀은 주님과의 결합을 가지고 있는 사람 안에 있는 신령진리의 번성과 신령선의 생육을 뜻합니다. 여기서는 다른 곳에서와 같이 "제사장 레위 사람"은 사랑이나 인애의 선 안에 있는 자들을 뜻하고, 추상적인 뜻으로는 그 선 자체를 뜻합니다.

[8] 말라기서의 말씀입니다.

    내가 나의 특사를 보내겠다.
    그가 나의 갈 길을 닦을 것이다.
    너희가 오랫동안 기다린 주가,
    문득 자기의 궁궐에 이를 것이다.
    너희가 오랫동안 기다린,
    그 언약의 특사가 이를 것이다. ……
    그러나 그가 이르는 날에,
    누가 견디어 내며,
    그가 나타나는 때에,
    누가 살아 남겠느냐?
    그는 금과 은을 연단하는 불과 같을 것이며,
    표백하는 잿물과 같을 것이다.
    그는,
    은을 정련하여 깨끗하게 하는 정련공처럼,
    자리를 잡고 앉아서
    레위 자손을 깨끗하게 할 것이다.
    금속 정련공이 은과 금을 정련하듯이,
    그가 그들을 깨끗하게 하면,
    그 레위 자손이 나 주에게
    올바른 제물을 드리게 될 것이다.
    유다와 예루살렘의 제물이

옛날처럼, 지난날처럼
나 주를 기쁘게 할 것이다.
(말라기 3 : 1-4)

영적인 뜻으로 이 장절이 뜻하는 것이 무엇인지는 앞에서 설명된 본서 242[D]항과 433[B]항에서 잘 볼 수 있겠습니다. 여기서 "레위 자손"은 인애의 선 안에 있는 자들이나 그것에서 비롯된 믿음의 선 안에 있는 자들을 뜻합니다. 이러한 뜻은 바로 오시기로 예언된 주님을 다루고 있고, 그리고 그분의 신령인성(His Divine Human)은 "주가 문득 이를 자기의 궁궐"(=그의 성전)이 뜻하고, 그리고 그분이 인애의 선 안에 있는, 그리고 그것으로 인한 믿음의 선 안에 있는 자들을 깨끗하게 할 것이라는 것은 "그가 레위 자손을 깨끗하게 하고, 깨끗하게 씻는다"는 말씀이 뜻합니다. 명확한 것은 레위 자손이 그들을 뜻하지 않는다는 것입니다. 왜냐하면 "그분이 그들을 정화하고, 깨끗하게 씻는다"고 언급되었기 때문이고, 그리고 "유다와 예루살렘의 제물이 그 때 주를 기쁘게 할 것이다"라고 언급되었기 때문입니다. 그리고 주지하여야 할 것은 주님께서 레위 사람들을 정화하시지 않았고, 깨끗하게 하시지도 않았다는 것이고, 그리고 유다나 예루살렘의 제물이 주님을 기쁘게 하지 않았다는 것입니다. 왜냐하면 그들은 전적으로 주님을 반대하였고, 그 때 희생제물이나 제물을 드리는 것에 의한 제사가 폐지되었기 때문입니다. 왜냐하면 여기서 "유다"는 주님사랑에 속한 선 안에 있는 모두를 뜻하기 때문이고, "예루살렘"은 교리에 속한 진리들 안에 있는 교회를 뜻하기 때문입니다(본서 433항 참조).
[9] 신명기서의 말씀입니다.

(모세가 이스라엘 자손에게 복을 빌었다.)
레위 지파를 두고서,
그는 이렇게 말하였다.
"레위에게 주의 둠밈을 주십시오.
주의 경건한 사람에게
우림을 주십시오.
주께서 이미 그를
맛사에서 시험하시고,
므리바 물가에서 그와 다투셨습니다.
그는 자기의 부모를 보고서도
'그들을 모른다'고 하였고,
형제자매를 외면하고,
자식마저 모르는 체하면서,
주의 계명에 순종하였으며,
주의 언약을 성실하게 지켰습니다.
그들은 주의 백성 야곱에게
주의 바른길을 가르치며,
이스라엘에게 주의 율법을 가르치며,
주 앞에 향을 피워 올리고,
주의 제단에 번제를 드리는 일을
계속하고 있습니다.
주님,
그들이 강해지도록 복을 베풀어 주시고,
그들이 하는 모든 일을
기쁘게 받아 주십시오.
그들과 맞서는 자들의 허리를 꺾으시고,
그들을 미워하는 자들을
다시 일어나지 못하게 하여 주십시오."

(신명기 33 : 8-11)

이 장절은 모세가 한 이스라엘 자손의 축복의 말씀으로 성경 말씀에 관해서 다루고 있습니다. 그 이유는 표징적인 뜻으로 모세에 의하여 뜻하고 있기 때문입니다. 그리고 "우림과 둠밈"은 신령선에서 빛을 발하는 신령진리를, 따라서 성언을 뜻하기 때문입니다. 그리고 여기서 "레위"는 진리의 영적인 정동을 뜻하고, "주께서 맛사에서 시험하시고, 주께서 므리바 물가에서 다투신 거룩한 사람"(=주의 경건한 사람·the holy man)은 신령진리의 측면에서 주님을 뜻하는데, 왜냐하면 그 근처에서 시험이 일어난 "바위"(the rock)는 주님을 뜻하기 때문이고, 그것에서 비롯된 "물"(the water)은 신령진리를 뜻하기 때문입니다. "그가 나는 너를 보지 못하였다고 말한 아버지와 어머니"는 주님을 시인하지 않는 이스라엘 교회를 뜻하는데, 그 교회는 선으로 말미암아서는 "아버지"라고 불리웠고, 진리로 말미암아서는 "어머니"라고 불리웠고, 그리고 "그가 시인하지 않은(=인정하지 않은) 그의 형제자매나, 그가 알지 못하는 그의 아들들"은 그들에게는 존재하지 않는 그 교회에 속한 선들이나 진리들을 뜻합니다. 여기서 "형제들"(=형제자매들)은 선들을 뜻하고, "아들들"은 진리들을 뜻하기 때문입니다.
[10] 그러나 "레위의 아들들"이 그 교회의 선들이나 진리들을 뜻하기 때문에, 그리고 일반적으로는 진리와 선의 영적인 정동을 뜻하기 때문에, 그들에 관해서 "그들이 주의 말씀을 준수하고(=주의 계명에 순종하고), 주의 언약을 지켰다. 그들이 야곱에게 주의 명령들을, 이스라엘에게 주의 율법을 가르칠 것이다 (=주의 언약을 성설하게 지켰다)"고 언급되었는데, 이 말씀은 진리의 영적인 정동 안에 있는 자들은 성경말씀을 행하고, 그 교

회에 속한 선들이나 진리들을 가르친다는 것을 뜻합니다. 왜냐하면 진리에 속한 영적인 정동은 행하고 가르친 것을 뜻하기 때문인데, 그 이유는 그것이 주님께서 입류하신 정동인데, 그것은 사람이 행한 선이고, 그 사람에게 가르친 진리입니다. 여기서 "성경말씀"(=성언·the Word)은 신령진리를 뜻하고, "그것을 지킨다"(=순종한다)는 것은 그것을 행하는 것을 뜻하고, "언약"은 그것에 의한 주님과의 결합을 뜻하고, "주의 바른 길"(=주의 명령들)은 성경말씀에서 비롯된 교리의 진리들을 뜻하고, "율법"은 진리에 속한 선을 뜻하고, "야곱과 이스라엘"은 교회를 뜻하고, "주 앞에 피워 올리는 향기"는 교리에 속한 진리들에게서 비롯된 예배를 뜻하고, "주의 제단 위에 드리는 온전한 번제의 희생"(=주의 제단에 드리는 번제)은 사랑에 속한 선에서 비롯된 예배를 뜻합니다. 진리에 의한 거짓들의 흩어짐(分散)은 "그를 대적하여 일어나는 자들의 허리를 치셨다"(=그들과 맞서는 자들의 허리를 꺾으신다)는 말씀이 뜻하고, 악들의 분산은 "그를 미워하는 자들의 허리를 다시 일어나지 못하게 한다"(=그들을 미워하는 자들을 다시 일어나지 못하게 한다)는 말씀이 뜻합니다. 이러한 것은 레위에 관해서 언급하고 있는데, 그 이유는 성언을 가리키는 신령진리는 오직 진리의 영적인 정동 안에 있는 자들과만 함께 있을 수 있기 때문입니다. 진리의 영적인 정동은 진리 자체를 사랑하는 것에 존재하고, 그것을 세상에 속한 모든 선보다 더 존경하는데 존재하는데, 그것은 그것을 통하여 사람은 영생을 얻기 때문이고, 그리고 사람 안에 활착(活着)되는 영생은 오직 그것에 의한 수단이 진리들이기 때문이고, 결과적으로는 성언이기 때문입니다. 왜냐하면 성언(=성경말씀)을 통하여 주님께서는 진리들을 가르치시기 때문입니다. 세상의 모든 선보다 으뜸으로 진리들을 사랑하는 것을 가리키는 진리에 속한 영적인 정동은 마태복음서에 주님에 의하여 이렇게 기술되었습니다. 마태복음서의 말씀입니다.

> 또 하늘 나라는 좋은 진주를 구하는 상인과 같다. 그가 값진 진주 하나를 발견하면, 가서 가진 것을 다 팔아서 그것을 산다(마태 13 : 45, 46).

여기서 "진주"는 진리를 뜻합니다. 사람이 주님에게서 비롯된 것인 선에서 비롯된 진리들을 통하는 것 이외의 다른 근원에서 영생을 결코 얻지 못한다는 것은 ≪새 예루살렘의 교리≫ 24항을 참조하십시오.

[11] "레위"가 사랑이나 인애를 뜻한다는 것은 그의 어머니 레아가 그를 낳았을 때 이런 말을 한 그의 어머니의 말에서 잘 알 수 있습니다. 창세기서의 말씀입니다.

> 그가 또 임신을 하여 아들을 낳았다. 그는 속으로 "내가 아들을 셋이나 낳았으니, 이제 남편도 별 수 없이 나에게 단단히 매이겠지"(=나와 결합하리로다) 하면서 아이 이름을 유다라고 하였다(창세기 29 : 34).

"그녀가 또 임신을 하고 아들을 낳았다"는 말씀은 영적인 임신과 출산을 뜻합니다. "그는 속으로 내가 그에게 세 아들을 낳아 주었으니 내 남편이 이제는 나와 결합하리라라고 말하였다"(=단단히 매이겠지 말하였다)는 것은 인애를 가리키는 영적인 사랑을 뜻하는데, 그것에 의하여 결합은 이루어집니다. "내가 그에게 세 아들들을 낳아 주었기 때문이다"는 말씀은 계속적인 것을 뜻하고, "그러므로 그녀가 그의 이름을 레위라고 불렀다"(=아이 이름을 레위라고 하였다)는 말씀은 사랑에 의한 결합을 뜻하고, 그리고 그것의 성품을 뜻합니다. 이 말씀에 관한 더 상세한 뜻은 ≪천계비의≫ 3873-3877항을 참조하십시오. "레위"는 단단한 부착(附着·cleaving)을 뜻하고 "부착한다"는 것은 신령사랑에 의한 결합을 뜻합니다. 계속적으로 태어난 레아의 세 아들인 "르우벤·시므온·레위"는 시리즈로 교회의 첫째나 으뜸되는 본질적인 것들을 뜻하는데, 다시 말하면 이해 안에 있는 진리, 의지 안에 있는 진리, 행위 안에 있는 진리를 뜻합니다. 주님의 제자들인 "베드로·야고보·요한"도 동일한 것을 뜻하는데, "베드로"는 이해 안에 있는 진리를 뜻하고, "야고보"는 의지 안에 있는 진리를, 그리고 요한은 행위 안에 있는 진리를 뜻하는데, 여기서 행위 안에 있는 진리는 삶에 속한 선, 또는 인애에 속한 선을 뜻합니다. 어원에서 "레위"는 사랑이나 인애를 통한 결합을 뜻하는 부착(cleaving)을 뜻합니다. 이것이 "부착"의 뜻이라는 것은 A.C. 3875항을 참조하십시오.

[12] 최고의 뜻으로 "레위"가 사랑이나 자비(慈悲·mercy)와 관련해서는 주님을 뜻한다는 것은 말라기서의 말씀에서 명확합니다.

　　내가 레위와 맺은 언약을 파기하지 않으려고
　　이 훈계를 주었다는 것을,
　　그 때에 가서야
　　너희가 비로소 알게 될 것이다. ……
　　내가 레위와 맺은 언약은,
　　생명과 평화가 약속된 언약이다.

7장 1-17절

> 나는 그가 나를 경외하도록
> 그와 언약을 맺었고,
> 그는 과연 나를 경외하며
> 나의 이름을 두려워하였다.
> 그는 늘 참된 법을 가르치고
> 그릇된 것을 말하지 않았다.
> 그는 나를 불편하게 하지 않고
> 나에게 늘 정직하였다.
> 그는 또한 많은 사람들을 도와서,
> 악한 길에서 돌아서게 하였다.
> 제사장의 입술은 지식을 지켜야 하겠고,
> 사람들이 그의 입에서
> 율법을 구하게 되어야 할 것이다.
> 제사장이야말로
> 만군의 주 나의 특사이기 때문이다.
> 그러나 너희는 바른 길에서 떠났고,
> 많은 사람들에게
> 율법을 버리고 곁길로 가도록 가르쳤다.
> 너희는 내가 레위와 맺은 언약을 어겼다.
> (말라기 2 : 4-8)

여기서 "레위"는 최고의 뜻으로는 그분의 신령인성의 측면에서 주님을 뜻합니다. 왜냐하면 레위에 관해서 이렇게 언급되었기 때문입니다. 즉 "그의 입에 진리의 법이 있었고, 그의 입술에는 죄악이 발견되지 않았다"(=그는 늘 참된 법을 가르치고, 그릇된 것을 말하지 않았다), 그리고 "제사장의 입술은 지식을 지켜야 하고, 사람들은 그의 입에서 율법을 찾아야 한다. 이는 그가 만군의 주의 사자이기 때문이다"라고 언급되었기 때문입니다. 그러므로 "레위와 맺은 언약"은 사랑이나 인애를 통한 주님과의 결합을 뜻하고, "생명과 평화의 약속"(=언약)은 그 결합을 뜻합니다. 여기서 그분에 대한 "경외"는 사랑을 뜻합니다. "사람들이 그의 입에서 율법을 찾는 제사장의 입술"은 교리에 속한 모든 진리가 주님에게서 비롯된다는 것, 그리고 주님사랑 안에 있는 자들에게 있다는 것을 뜻합니다. 그는 "만군의 주의 사자"라고 불리웠는데, 그것은 주님께서 성경말씀에서, 그리고 성경말씀을 통해서 가르치는 신령진리 때문입니다. "너희는 바른 길에서 떠났고, 많은 사람들에게 율법을 버리고 곁길로 가도록 가르쳤고, 너희는 내가 레위와 맺은 언약을 어겼다"는 말씀은 이스라엘 사람들 가운데 있었던 그 교회가 성경말씀에 속한 진리들을 왜곡하였고, 벗어나게 하고, 그리고 그것에서 비롯된 삶의 선들을 변절, 왜곡시켰다는 것을 뜻합니다. 따라서 주님과의 결합을 파괴시켰다는 것을 뜻합니다. 여기서 "길"(way)은 교리에 속한 진리들을 뜻하고, "율법"(law)은 그것의 선들을 뜻하고, "레위와의 언약"은 주님과의 결합을 뜻합니다. 이렇게 볼 때 표징적인 뜻으로 레위나 그의 지파가 뜻하는 것이 무엇인지 잘 알 수 있겠습니다. 다시 말하면 삶에 속한 선을 가리키는 인애의 선을 뜻한다는 것, 그리고 또한 선이나 진리에 속한 영적인 정동을 뜻한다는 것, 그리고 최고의 뜻으로는 영적인 사랑과 관계해서 주님을 뜻한다는 것을 잘 알 수 있겠습니다.

444[C]. [13] 성경말씀에 있는 대부분은 역시 반대의 뜻(=나쁜 뜻)을 가지고 있기 때문에, 그러므로 "레위"나 그의 지파도 그 뜻을 가지고 있습니다. 이 뜻으로 "레위"는 거짓에 속한 악을 뜻하는데, 그것은 인애에 속한 선에 정반대되는 것이고,

또한 인애에서 떨어져 나온 삶을 뜻합니다. 결과적으로 그것은 이웃을 향한 인애가 전혀 없는 것을 뜻합니다. 이러한 내용이 그의 아들들에 관한 아버지 이스라엘의 예언에서 "레위"가 뜻하는 것입니다. 창세기서의 말씀입니다.

> 시므온과 레위는 단짝 형제다.
> 그들이 휘두르는 칼은 난폭한 무기다.
> 나는 그들의 비밀 회담에 들어가지 않으며,
> 그들의 회의에 끼어들지 않을 것이다.
> 그들은 화가 난다고 사람을 죽이고,
> 장난삼아 소의 발목 힘줄을 끊었다.
> 그 노여움이 혹독하고,
> 그 분노가 맹렬하니,
> 저주를 받을 것이다.
> 그들을 야곱 자손들 사이에 분산시키고,
> 이스라엘 백성 사이에 흩어 버릴 것이다.
> (창세기 49 : 5-7)

이 장절들의 설명은 "시므온"이 다루어진 위의 단락에서 볼 수 있습니다(본서 443[B]항 참조).
[14] 다시 말하면 강도들에 의하여 거의 죽게 된 사람의 주님의 비유 말씀에서의 "레위 사람"은 반대적인 뜻을 가지고 있습니다. 그 비유가 여기서 설명될 것인데, 그 이유는 그것이 이웃을 향한 인애를 다루고 있기 때문이고, 그리고 주님께서는 거기에서 지금까지 알려지지 않은 대응에 의하여 시작부터 마지막까지 말씀하셨기 때문입니다. 누가복음서의 말씀입니다

> 그 율법교사는 자기를 옳게 보이고 싶어서 예수께 말하였다. "그

러면, 내 이웃이 누구입니까?" 예수께서 응답하여 말씀하셨다. "어떤 사람이 예루살렘에서 여리고로 내려가다가 강도들을 만났다. 강도들이 그 옷을 벗기고 때려서, 거의 죽게 된 채로 내버려 두고 갔다. 마침 어떤 제사장이 그 길로 내려가다가, 그 사람을 보고 피하여 지나갔다. 이와 같이, 레위 사람도 그 곳에 이르러서, 그 사람을 보고 피하여 지나갔다. 그러나 사마리아 사람은 길을 가다가, 그 사람이 있는 곳에 이르러, 그를 보고 측은한 마음이 들어서, 가까이 가서, 그 상처에 올리브 기름과 포도주를 붓고 싸맨 다음에, 자기 짐승에 태워서, 여관으로 데리고 가서 돌보아 주었다. 다음날 그는 두 데나리온을 꺼내어서, 여관 주인에게 주고, 말하기를 '이 사람을 돌보아 주십시오. 비용이 더 들면 내가 돌아오는 길에 갚겠습니다' 하였다. 너는 이 세 사람 가운데서, 누가 강도 만난 사람에게 이웃이 되어 주었다고 생각하느냐?" 그가 대답하였다. "그에게 자비를 베푼 사람입니다." 예수께서 그에게 말씀하셨다. "가서, 너도 그와 같이 하여라"(누가 10 : 29-37).

이 장절은 이웃을 향한 인애와 그리고 선한 일들에 관해서 다루고 있는데, 그 선한 일들에 의하여 인애는 실제나 완전함으로 존재한다는 것을 다루고 있습니다. 여기서 "예루살렘"은 거기에 참된 교리가 있는 교회를 뜻하고, 그리고 "여리고"는 거기에 진리와 선의 지식들이 있는 교회를 뜻합니다. 그러므로 "제사장"은 주님사랑을 가지고 있지 않는 자들을 뜻하고, "레위 사람"은 이웃을 향한 인애를 전혀 가지고 있지 않는 자들을, 따라서 그 때에 예루살렘에 있는 그런 부류의 작자들을 뜻합니다. 그러나 "사마리아 사람"은 인애의 선 가운데 있는 민족들을 뜻합니다. "예루살렘에서 여리고로 내려가는 어떤 사람"은 교회의 진리들이나 지식들을 배우기를 열망하는 자들을 뜻하고, "그 사람을 습격한 강도들"은 타락한 교회 안에 있는 자들을 뜻하는데, 그 당시의 유대교회가 그런 부류였습니다. "그들이 그의 옷을 벗기고, 때려서 거의 죽게 된 채로 내버려 두고 갔다"는 것은 그들이 그에게서 진리들을 빼앗고, 거짓들로 그를 물들였다는 것, 따라서 거의 영적인 생명이 남아 있지 않는 정도에 이르기까지 영적인 삶을 해치는 일을 한다는 것을 뜻합니다. 성경말씀에서 "옷을 벗긴다"(to strip)는 것은 진리들을 빼앗는 것을 뜻하고, "때린다"(to smite)는 것은 거짓들에 의하여 마음이나 영적인 생명을 해치는 것을 뜻하고, "반쯤 죽게 되었다"(=거의 죽게 되었다)는 것은 그 생명이 없는 것을 뜻하고, "측은한 마음이 들었다"(=가엾게 여겼다)는 것은 안에서부터 비롯된 자비나 인애를 뜻하는데, 그 자비와 인애는 하나를 이루었습니다. "그 상처에 올리브 기름과 포도주를 붓고 싸매었다"는 것은 사랑의 선이나 믿음의 진리로 그를 가르치는 것에 의하여 그의 생명에 위해(危害)를 가한 거짓들에 대하여 치료하는 것을 뜻합니다. 성경말씀에서 "기름"(=올리브 기름·oil)은 사랑의 선을 뜻하고, "포도주"는 믿음의 선이나 믿음의 진리를 뜻합니다. "자기 짐승에 태운다"는 것은 그가 할 수 있는데까지의 그의 이해에 일치하는 것을 행하는 것을 뜻합니다. 여기서 "말"은, 짐승과 마찬가지로, 이해를 뜻하고, "여관으로 데리고 가서 돌보아 주었다"는 것은 선이나 진리의 지식들로 잘 배운 자들에게 그를 인도하는 것을 뜻합니다. 여기서 "여관"(inn)은 먹거리나 마실거리를 사는 곳을 뜻하는데, 그 곳은 곧 선과 진리의 지식들을 뜻하고, 그리고 그것에서 비롯된 가르침에 의하여 서로 교류하는 영적인 영양분을 뜻합니다. "그가 여관 주인에게 두 데나리온을 주고 '이 사람을 돌보아 주십시오. 비용이 더 들면 내가 돌아오는 길에 갚겠다"'는 것은 그가 행할 수 있는 능력이나 받아들일 수 있는 능력의 정도의 인애에 속한 모든 것들을 뜻합니다. 이렇게 볼 때 "레위" "그의 지파" "레위 사람들"이 개별적으로 무엇을 뜻하는지 잘 알 수 있겠습니다. "레위"나 그에게서 명명된 레위 지파가 표징하고, 뜻하는 것에 관한 상세한 내용은 ≪천계비의≫ 3875-3877・4497・4502・4503・6352・10017항을 참조하십시오.

445. 도장을 받은 자는 잇사갈 지파에서 일만이천 명이다.
이 장절은 믿음과 구원을 뜻합니다. 이러한 사실은 사람에게서 천계와 구원을 완성하는 것을 가리키는 "잇사갈"과 그의 지파의 표징과 결과적인 뜻에서 잘 알 수 있습니다. 왜냐하면 어원에서 잇사갈(Issachar)은 포상(襃賞・reward)을 뜻하고, 그리고 사람에게서 천계와 구원을 이루는 것은 사랑과 믿음, 결과적으로는 "잇사갈 지파"가 뜻하는 그 둘이기 때문입니다. 포상(=상급・賞給・reward)은 성경말씀에서 자주 언급되는데, 예를 들면 "상급을 받을 것이다"는 것입니다. 그리고 그것은 영생(永生)이나 구원으로 이해되고, 그 밖의 많은 것은 천계적인 기쁨으로 이해됩니다. 그리고 가장 가까운 뜻으로 이것이 "상급"(=포상)의 뜻입니다. 만약에 사람이 주님의 계명들에 일치하여 산다면 그 사람에게서 영생・구원・천계적인 기쁨을 생각하는 것은 무방합니다. 그러나 그의 마음에 상급 따위를 목적하는 사람에게 그것은 무방한 것은 아닙니다. 왜냐하면 만약에 그 사람이 그것을 하고 있다면 그는 목적으로서 상급을 차지할 것이고, 그리고 그의 삶에 의하여 그는 천계나 구원을 받을만 하다는 생각에 아주 쉽게 빠져들게 될 것이고, 그리고 이런 생각은 그 사람으로 하여금 모든 개별적인 것에서 자신을 우러르는 생각을 가지게 할 것이기 때문입니다. 그리고 또한 이러한 자신에 대한 호의(好誼)나 관심은 그를 천계에서 멀리 옮길 것입니다. 왜냐하면 그 사람이 무엇을 행하는 것에서 자기 자신을 우러르는 한, 그는 천계를 우러르지 않기 때문입니다. 이것 때문에 성경말씀에서 상급은 그것 안에 천계나 영생이 있다는 것을 뜻합니다. 다시 말하면 일반적으로 사랑과 믿음, 그리고 그것에서 비롯된 총명과 지혜가 있다는 것을 뜻합니다. 왜냐하면 이런 것들 안에 구원이나 천계가 존재하고, 결과적으로는 천계적인 기쁨이 있기 때문입니다. 이렇게 볼 때 "잇사갈"이나 그의 지파의 뜻을 잘 알 수 있겠습니다.
[2] 여기서는 그것은 믿음을 뜻합니다. 그리고 "시므온 지파"가 복종을 뜻하고, "레위 지파"가 선한 일들을 뜻하기 때문에, 복종에서 비롯된 선한 일들 안에 있는 그들은 믿음 안에 있습니다. 이에 반하여 진리나 선의 영적인 정동에서 비롯된 삶의 선들 안에 있는 자들은 인애 안에 있고, 그리고 천적인 정동에서 비롯된 삶의 선들 안에 있는 자들은 주님사랑 안에 있습니다. 이것이 천계에서 천사들이 구분되는 방법입니다. 다시 말하면 천적인 정동(celestial affection)에서 비롯된 삶에 속한 선들 안에 있는 자들은 극내적인 천계, 즉 삼층천에 있고, 영적인 정동에서 비롯된 삶에 속한 선들 안에 있는 자들은 중간천계, 즉 이층천에 있습니다. 그리고 복종에서 비롯된 삶의 선들 안에 있는 자들은 가장 낮은 천계, 즉 일층천에 있는데, 이들 역시 믿음을 가지고 있다고 일러집니다. 왜냐하면 그들이 성경말씀의 문자적인 뜻에서, 그리고 설교자들에게서 들은 것들은 그들이 그들의 염려나 불안(apprehension)에 일치하여

믿는 것들이지만, 그러나 그들은 그것들이 참된 것인지 아닌지를 볼 수도 없고, 깨달을 수도 없습니다. 그러므로 믿어야 할 것이라는 것에 관한 그들의 생각은 믿음이라고 부릅니다. 왜냐하면 그것은 그럴 것이라는 것을 가리키는 총명적인 시각이나 지각이 없이 믿는 것을 믿음이라고 하고, 결과적으로 이런 부류의 작자들은 진리와 꼭같이 거짓을 믿을 수 있기 때문입니다. 그러나 믿는 것이 잘 알고 지각될 때, 이것은 믿음이라고 부르지 않고, 오히려 통각(統覺·apperception)이나 지각(知覺·perception)이라고 부릅니다. 왜냐하면 주님에 의하여 교화(敎化)된 이해가 보는 것이고(=지각하는 것이고), 그리고 의지는 감화감동되고, 그리고 행위들은 이들 양자에게서 유입되기 때문입니다.

[3] 여기서 "잇사갈"이나 그의 지파는 믿음을 뜻합니다. 그 이유는 도장을 받은 일만이천 명이 나온 그 각각의 세 지파들은 가장 낮은 천계, 즉 일층천에 있는 자들을 뜻하기 때문이고, 그 천계에 있는 자들은 복종에서 비롯된 선한 일들 안에 있고, 그리고 믿음 안에 있다고 언급되었기 때문입니다. 더욱이 이들 가운데 대부분은 구원에 속한 본질적인 것은 오로지 믿음이라고 하고, 그리고 그럼에도 불구하고 그들은 선한 일들에서 믿음을 분리시키지 않습니다. 왜냐하면 그들은 그들이 선한 일들 안에 있기 때문에 주님께서 그들에게 믿음을 부여(附與)하였다고 말하고, 만약에 그들이 선한 일들 안에 있지 않았다면 믿음은 주어지지 않았을 것이라고 말하기 때문입니다. 그러나 선한 일들에서 믿음을 분리시키는 자들은 믿음이 구원의 유일한 방법(the sole means)이라고 주장하고, 그리고 그들은 어찌되었든 그것에 의하여 구원받는다고 주장하지만, 그들

의 삶에 의하여 이것을 확증하는 자들은 낮은 천계에도 있지 않고 오히려 지옥에 있습니다.
[4] 그들이 행한 선한 일들 때문에 주어진다는 보상에 관심을 가지고 있는 자들은, 그리고 일들에 공로(功勞)를 두는 자들은, 그들의 아들에 관한 이스라엘의 예언(=유언)에서는 "잇사갈"이 뜻하는 자들입니다. 창세기서의 말씀입니다.

> 잇사갈은 안장 사이에 웅크린
> 뼈만 남은 나귀 같을 것이다.
> 살기에 편한 곳을 보거나,
> 안락한 땅을 만나면,
> 어깨를 들이밀어서 짐이나 지고,
> 압제를 받으며, 섬기는 노예가 될 것이다.
> (창세기 49 : 14, 15)

여기서 "잇사갈"은 일들에 대한 보상이나 보수(報酬)를 뜻합니다. "뼈만 남은 나귀"(=강한 나귀·a bony ass)는 가장 열악(劣惡)한 노예상태를 뜻하고, "안장 사이에 웅크린다"(=두 짐 사이에 구부리고 앉아 있다)는 것은 일들 가운데 있는 삶을 뜻하고, "살기에 편한 곳을 본다"는 것은 지복에 속한 충분한 보수가 없는 선에 속한 일들을 뜻하고, "안락한 땅을 만난다"는 것은 이런 지복 가운데 있는 주님의 나라 안에 있는 자들을 뜻합니다. "그는 어깨를 들이밀어서 짐이나 진다"는 것은 그럼에도 불구하고 그들은 모든 일에 애쓴다는 것을 뜻하고, "그는 압제를 받으며 섬기는 노예가 될 것이다"는 것은 공로를 목적하는 것을 뜻합니다. 이것의 상세한 설명은 A.C. 6387-6394항을 참조하십시오.

[5] 그러나 자신의 공로를 그들이 성취한 선한 일들에 두지 않고 그것 자체를 좋게 생각하고, 선한 것을 원하는 것에 천계나 영생의 지복을 두는 자들은, 그리고 그것으로 인하여 착한 행위에 그런 것들을 두는 자들은, 그리고 또한 진리나 선에 속한 영적인 정동 안에 있는 자들은 천계적인 혼인 안에 있는데, 다시 말하면 그들은 선과 진리의 혼인 안에 있습니다. 이러한 내용은 모세의 글에 의하여 뜻해지고 있습니다. 신명기서의 말씀입니다.

> 스불론 지파와 잇사갈 지파를 두고서,
> 그는 이렇게 말하였다.
> "스불론은 해상무역을 하여 번성하고
> 잇사갈은 집에 재산을 쌓는다.
> 그들은
> 외국 사람을 그들의 산마을로 초청하여,
> 거기서 의의 제사를 드린다.
> 바다 속에서 얻는 것으로 부자가 되고,
> 바닷가 모래 속에서도
> 감추어져 있는 보물을 취한다."
> (신명기 33 : 18, 19)

이 장절은 선과 진리의 혼인 안에 있는 자들에 관해서 언급하고 있습니다. 다시 말하면 이해나 생각에 관해서는 진리들 안에 있고, 의지나 정동에 대해서는 선들 안에 있는 자들에 관해서 언급하고 있습니다. "스불론"은 그 혼인(=결합)을 뜻하고, "잇사갈"은 진리와 선의 정동을 뜻합니다. "네가 나감을 기뻐하라"(=해상무역을 하여 번성한다)는 것은 모든 순수한 진리들이나 선들 안에서 기쁨을 취하는 것을 뜻하는데, 여기서 "나아감"(going out)은 모든 것들을 뜻하는데, 그 이유는 그것이 궁극적인 것, 결과, 종결(終結)을 뜻하기 때문입니다. "장막들 안에 있는 것을 기뻐하라"(=집에 재산을 쌓는다)는 것은 모든 예배 안에 있다는 것을 뜻합니다. "백성들(=외국 사람들)을 산으로 부른다"는 것은 거기에 사랑의 선이 있는 그들이 천계에 있기 때문이라는 것을 뜻하고, "거기서 의의 제사를 드린다"(=거기서 의의 희생제를 드린다)는 것은 선에서 비롯된 진리들에게서 비롯된 예배를 뜻하고, "바다 속에서 얻는 것으로 부자가 된다"(=바다의 풍요함을 흡수한다)는 것은 성경말씀에서 비롯된 교리의 진리들을 흡수하는 것을, 따라서 총명을 흡수하는 것을 뜻하고, "바닷가 모래 속에서도 감추어져 있는 보물을 취한다"(=모래에 감추인 보배를 흡수한다)는 것은 성경말씀의 문자적인 뜻 안에 감추어져 있는 영적인 것들을 뜻합니다.
[6] "유다 지파·잇사갈 지파·스불론 지파"가 사랑에 속한 선이 있는 천계를 뜻하기 때문에, 여기서 "유다 지파"는 그 선 자체를 뜻하고, "잇사갈 지파"는 그것의 정동들을 뜻하고, "스불론 지파"는 진리들과 결합된 그것의 결합을 뜻합니다. 민수기서의 말씀입니다.

> 이들 세 지파들은 회막의 동쪽에 진을 쳤다(민수기 2 : 3-9).

왜냐하면 사랑에 속한 선 안에 있는 자들은 천계의 동쪽에서 살기 때문입니다. 다시 말하면 선과 진리의 정동 안에 있는 자들은, 그리고 이것들의 혼인이나 결합 안에 있는 자들은, 또는 교리에 관해서는 진리들 안에 있고, 삶에 관해서는 선들 안에 있는 자들은 천계의 동쪽에 살기 때문입니다.

446. 8절. **도장을 받은 자는 스불론 지파에서 일만이천 명이**

요, 요셉 지파에서 일만이천 명이요, 베냐민 지파에서 일만이천 명이다.
[8절] :
"도장을 받은 스불론 지파에서 일만이천 명"은 삼층천에 있는 자들의 주님과의 결합을 뜻하고(본서 447항 참조), "도장을 받은 요셉 지파에서 일만이천 명"은 이층천에 있는 자들의 주님과의 결합을 뜻하고(본서 448항 참조), "도장을 받은 베냐민 지파에서 일만이천 명"은 가장 낮은 천계에 있는 자들의 주님과의 결합을 뜻합니다(본서 449항 참조).

447. 8절. **도장을 받은 자는 스불론 지파에서 일만이천 명이다.** 이 말씀은 삼층천에 있는 자들의 주님과의 결합을 뜻합니다. 이러한 것은 삼층천에 있는 자들의 주님과의 결합을 뜻하는 "스불론"과 그에게서 명명된 그 지파의 표징에서, 결과적으로는 그것의 뜻에서 잘 알 수 있습니다. 히브리어에서 "스불론"은 동거(同居·cohabitation)를 뜻하기 때문에, 그리고 동거는 영적인 뜻으로 결합을 뜻하기 때문에, 이러한 것들은 서로서로 사랑하는 자들에게 존재합니다. 여기서 "스불론"은 삼층천에 있는 자들의 주님과의 결합을 뜻하는데, 그것은 앞서의 아홉(9) 지파들은 천계에 있고, 그리고 천계에 오를 모두를 뜻하기 때문입니다. 그리고 거기에는 세 천계들, 즉 극내적 천계, 중간천계, 가장 낮은 천계가 있기 때문이고, 주님께서 당신에게 결합시킨 자들을 제외하면 어느 누구도 천계에 오를 수 없기 때문입니다. 그러므로 마지막에 거명된 세 지파들은 주님과의 결합을 뜻하고, 여기서 "스불론 지파"는 삼층천에 있는 자들의 주님과의 결합을 뜻하고, "요셉 지파"는 이층천에 있는 자들의 주님과의 결합을 뜻하고, "베냐민 지파"는 일층천(=가장 낮은

천계)에 있는 자들의 주님과의 결합을 뜻합니다.
[2] "스불론"은 최고의 뜻으로는 주님 안에서 신령존재 자체와 신령인성의 합일(合一·union)을 뜻하고, 속뜻으로는 천계와 주님, 교회와 주님의 결합을 뜻하고, 특정한 뜻으로는 그것 안에서의 선과 진리의 결합을 뜻합니다. 왜냐하면 이 결합에 의하여 세 층의 천계에 있는 그들과 주님의 결합이, 그리고 교회에 있는 그들과 주님의 결합은 이루어지기 때문입니다. 그리고 또한 이들에게 주님께서는 사랑의 선이나 인애의 선과 함께 입류하시기 때문이고, 그리고 그들에게는 그 선과 진리들의 결합이 있고, 그리고 그것에 의하여 사람이나 천사는 주님에게 결합하기 때문입니다. 이것이 "스불론"의 뜻인 동거(同居·cohabitation)가 뜻하는 내용입니다. 이러한 것이 "스불론"의 뜻이라는 것은 ≪천계비의≫ 3960·3961항에서 잘 볼 수 있는데, 거기에는 그가 태어났을 때 그의 어머니 레아가 한 말이 설명되었습니다. 그 때의 창세기서의 말씀입니다.

> 레아가 다시 임신하여서, 야곱과의 사이에 여섯 번째 아들이 태어났다. 레아는 "하나님이 나에게 이렇게 좋은 선물을 주셨구나. 내가 아들을 여섯이나 낳았으니, 이제부터는 나의 남편이 나에게 잘해 주겠지"(=이제는 그가 나와 함께 거하리라) 하면서 그 아이 이름을 스불론이라고 하였다(창세기 30 : 19, 20).

[3] "스불론"의 이 뜻에서 보면 아래 장절에서 그가 뜻하는 것이 무엇인지 잘 볼 수 있습니다. 그의 아들들에 관한 이스라엘의 예언(=유언)의 말씀입니다.

> 스불론은 바닷가에 살며,

그 해변은 배가 정박하는 항구가 될 것이다.
그의 영토는 시돈에까지 이를 것이다.
(창세기 49 : 13)

여기서 "스불론"은 천계적인 혼인이라고 부르는 선과 진리의 결합을 뜻합니다. "바닷가에서 산다"는 것은 영적인 것들과 자연적인 것들의 결합을 뜻하고, 그리고 "바다"는 자연적인 진리들인 지식들(=과학지들・기억지들)을 뜻합니다. "그 해변은 배가 정박하는 항구가 될 것이다"(=배들의 항구에서 살 것이다)는 말씀은 성경말씀에서 비롯된 교리적인 것들과의 영적인 결합을 뜻하고, "배들"은 온갖 종류의 교리적인 것들이나 지식들을 뜻합니다. "그의 지경은 시돈까지다"(=그의 영토는 시돈에까지 이를 것이다)는 것은 천적인 왕국에서 비롯된 선이나 진리의 지식들까지의 확장을 뜻합니다. 이것에 관한 상세한 설명은 A.C. 6382-6386항을 참조하십시오.

[4] 이스라엘의 아들들에 대한 모세의 예언에도 동일한 뜻이 있습니다. 신명기서의 말씀입니다.

스불론 지파와 잇사갈 지파를 두고서,
그는 이렇게 말하였다.
"스불론은 해상무역을 하여 번성하고
잇사갈은 집에 재산을 쌓는다.
그들은
외국 사람을 그들의 산마을로 초청하여,
거기서 의의 제사를 드린다.
바다 속에서 얻는 것으로 부자가 되고,
바닷가 모래 속에서도
감추어져 있는 보물을 취한다."

7장 1-17절   315

(신명기 33 : 18, 19)

여기서도 역시 "스불론"은 선과 진리의 혼인(=결합)을 뜻하는데, 이런 내용은 본서 445항의 단락에서 볼 수 있는데, 거기에는 이 예언이 설명되었습니다. 따라서 사사기서의 드보라와 바락의 예언의 말씀입니다.

> 마길에서는 지휘관들(=입법자들)이 내려오고
> 스불론에서는 지휘봉 잡은 이들이 내려왔다(=글쓰는 자의 펜을 다루는 자들이 나왔다). ……
> 스불론은 죽음을 무릎쓰고
> 생명을 아끼지 않고 싸운 백성이요,
> 납달리도 들판 언덕 위에서
> 그렇게 싸운 백성이다.
> 여러 왕들이 와서 싸움을 돋우었다.
> 가나안 왕들이
> 므깃도의 물 가 다아낙에서
> 싸움을 돋우었으나,
> 그들은 탈취물이나 은을
> 가져가지 못하였다.
> 별들이 하늘에서 시스라와 싸웠고,
> 그 다니는 길에서 그와 싸웠다.
> (사사기 5 : 14, 18-20)

이 예언의 말씀은 악에서 비롯된 거짓에 대항하는 선에서 비롯된 진리의 싸움에 관해서 다루고 있습니다. 하졸에서 다스리는 "가나안 왕"이나 바락과 드보라에 대항하여 싸우는 그의 군대의 대장 "시스라"는 악에 속한 거짓을 뜻하고, "바락과 드보라"는 선에 속한 진리를 뜻합니다. "납들리 지파와 스불론 지파"는 선에서 비롯된 진리로 말미암은 싸움을 뜻하기 때문에, "납달리 지파"는 싸움(combat)을 뜻하고, "스불론 지파"는 선과 진리의 결합을 뜻하기 때문에, 그러므로 다른 지파들은 아니지만, 이 두 지파들은 오직 싸우기 위하여 선택되었습니다(사사기 4 : 6). 이러한 것이 이 싸움을 뜻한다는 것이 무엇인지는 바락과 드보라에 의하여 발설된 예언에서 잘 알 수 있는데, 그 예언은 영적인 뜻으로 악에서 비롯된 거짓을 지배하는 선에서 비롯된 진리의 승리를 다루고 있고, 그리고 교회에 속한 정화(淨化・purification)와 개혁(改革・reformation)을 다루고 있습니다. 그러므로 여기서 "지휘관들(=입법자들)이 마길에서 내려왔다"는 것은 선에 속한 진리들이 삶에 속한 선에서 흘러 나온다는 것을 뜻합니다. 왜냐하면 "마길"(Machir)은 마길이 므낫세의 아들이기 때문에(창세기 50 : 23 ; 여호수아 13 : 31) "므낫세"와 같은 뜻을 가지기 때문입니다. 그리고 "지휘관들"(=입법자들・lawgivers)은 선에 속한 진리들 안에 있는 자들을 뜻하고, 추상적인 뜻으로는 선에 속한 진리들을 뜻하기 때문입니다. "스불론에서는 지휘봉(=글 쓰는 자의 펜)을 잡은 이들이 내려왔다"는 것은 진리와 선의 결합에서 비롯된 총명을 뜻하고, 여기서 "스불론"은, 위에 언급한 것과 같이, 진리와 선의 결합을 뜻하고, "지휘봉"(=글 쓰는 자의 펜・the staff of the scribe)은 총명을 뜻하기 때문입니다. "죽음을 무릎쓰고 생명을 아끼지 않고 싸운 백성 스불론이나 들판 언덕 위에서 그렇게 싸운 백성 납달리"는 자연적인 사람 안에 있는 영적인 사람에게서 비롯된 진리들에 의한, 그리고 그것의 입류나 결합에서 비롯된 진리들에 의한 싸움을 뜻합니다. 여기서 "들판 언덕들"(=들의 높은 곳)은 영적인 사람에 속한 내면적인 것들을 뜻하는데, 그것은 자연적인 사람이 싸우는 근원을 뜻합니다. "왕들이 와서 싸웠으니, 그 때 가나안 왕들이 므깃도의 물 가 다아낙에서 싸웠다"는 것은 그것에 대항하여 싸우는 악에 속한 거짓들을 뜻하고, "므깃도의 물 가 다아낙"은 그런 거짓들을 뜻하고, 그리고 그것들의 성질이 무엇인지를 뜻합니다. "그들은 돈(=탈취물이나 은)을 가져가지 못하였다"는 것은 그들이 선에서 비롯된 진리에 속한 것을 아무것도 취하지 못하고, 가져가지 못하였다는 것을 뜻합니다. "별들이 하늘에서 시스라와 싸웠고, 그 다니는 길에서 그와 싸웠다"(=그들이 하늘로부터 싸웠으니 그들의 길에서 별들이 시스라와 싸웠다)는 것은 주님으로부터 천계를 통하여 온 진리나 선의 지식들에 의한 싸움을 뜻하는데, 여기서 "별들"(stars)은 그런 지식들을 뜻하고, "길들"(courses)은 진리들을 뜻합니다.

[5] 또한 "스불론과 납달리"는 거짓들이나 악들에 대항하는 싸움을 통한 진리와 선의 결합을 뜻하고, 결과적으로는 개혁(=바로잡음·改革·reformation)을 뜻합니다. 마태복음서의 말씀입니다.

> 예수께서 나사렛을 떠나 스불론과 납달리 지역 바닷가에 있는 가버나움으로 가서 사셨다. 이것은 예언자 이사야를 시켜서 하신 말씀을 이루시려는 것이었다.
> "스불론과 납달리 땅,
> 요단 강 건너편,
> 바다로 가는 길목,
> 이방 사람들의 갈릴리,
> 어둠에 앉아 있는 백성이 큰 빛을 보았고,

그늘진 죽음의 땅에 앉은 사람들에게
빛이 비치었다."
그 때부터 예수께서는 "회개하여라. 하늘 나라가 가까이 왔다" 하고 선포하기 시작하였다(마태 4 : 13-17 ; 이사야 9 : 1, 2).

이사야서의 말씀은 주님에 관해서 언급하고 있습니다. 왜냐하면 "예언자 이사야를 시켜서 하신 말씀을 이루시려는 것이다"고 언급되었기 때문입니다. 그러므로 "스불론 땅과 납달리 땅과 이방 사람들의 갈릴리"는 삶에 속한 선 안에 있고, 진리들을 영접, 수용한, 따라서 선과 진리의 결합 안에 있는, 그리고 악들과 거짓들에 거스르는 싸움 안에 있는 이방 사람들에게 있는 교회의 설립을 뜻합니다. 이것이 교회의 설립을 뜻하고, 그리고 그런 민족의 개혁을 뜻한다는 것은 "요단 강 건너편 이방 사람들의 갈릴리"라고 언급된 것에서 잘 알 수 있고, 그리고 또한 "어둠에 앉아 있는 백성이 큰 빛을 보았고, 그늘진 죽음의 땅에 앉은 사람들에게 빛이 비치었다"는 말씀에서 잘 알 수 있겠습니다.
[6] "스불론과 납달리"는 최고의 뜻으로는 당신 자신에게 허락하신 시험들에 의한, 그리고 당신 자신의 능력에 의하여 취하신 승리들에 의한 신령존재와 주님의 신령인성의 합일을 뜻합니다. 이러한 것은 시편 68편 27-29절을 참조하십시오. 이것에 관해서는 본서 439항에 설명되었습니다. "스불론"의 이런 뜻 때문에 이렇게 언급되었습니다. 민수기서의 말씀입니다.

유다 지파는 잇사갈 지파와 스불론 지파와 함께 회막 주위의 동쪽에 진을 칠 것이다(민수기 2 : 3-10).

왜냐하면 회막 주위의 이스라엘 자손들의 진영들은 천계에 있는 천사적인 사회들의 정리정돈을 표징하고, 그것에서 비롯된 그 정리정돈을 뜻하기 때문입니다. 그리고 천계에서 동쪽을 향한다는 것은 주님사랑을 통한 주님과의 결합 안에 있는 자들을 가리킵니다. 왜냐하면 "유다 지파"는 주님사랑을 표징하고, "스불론 지파"는 주님과의 결합을 표징하기 때문입니다.

488[A]. 도장을 받은 자는 요셉 지파에서 일만이천 명이다.
이 말씀은 이층천(=중간천계)에 있는 자들의 주님과의 결합을 뜻합니다. 이러한 내용은 주님의 나라와 주님의 교회의 영적인 것을 가리키는 "요셉"과 요셉 지파의 표징과 그것의 뜻에서 잘 알 수 있습니다. 여기서 "요셉"은 이층천에 있는 자들의 주님과의 결합을 뜻하는데, 그 이유는 "요셉"이 주님의 영적인 나라를 뜻하기 때문이고, 그리고 이 나라는 이층천을 이루기 때문입니다. 왜냐하면 천계를 형성하는 것은 두 나라가 있는데 그것은 천적인 왕국(=천적인 나라·the celestial kingdom)과 영적인 왕국(the spiritual kingdom)입니다. 천적인 왕국은 삼층천, 즉 극내적인 천계에 있는 자들로 이루어졌고, 영적인 왕국은 이층천, 즉 중간천계에 있는 자들로 이루어졌습니다. 이 천계, 즉 이층천 안에 있는 자들의 주님과의 결합을 요셉이 뜻하는데, 그 이유는 "요셉"이 이 천계를 뜻하기 때문이고, 그리고 지파들의 네 번째 등급이 천계에 있는 자들의 모두의 주님과의 결합을 다루고 있기 때문이고, 그리고 천계에 오를 자들의 주님과의 결합을 다루고 있기 때문입니다. 후자의 결합은 이 등급의 첫째 등급인 "스불론 지파"가 뜻합니다. 왜냐하면 각각의 등급의 첫째 지파나 시리즈의 첫째 지파는 뒤에 이어지는 것에서 다루어진 주제를 지적, 나타내고 있기 때문이고, 그리고 뒤이어지는 지파들은 일반적으로 동일한 주제를 계속 다루고 있기 때문입니다. 그러므로 여기서는 결합을 지적하고 나타내고 있습니다. 이러한 내용이 "스불론 지파"가 삼층천에 있는 자들의 주님과의 결합을 뜻하는 이유이고, 그리고 "요셉 지파"가 이층천에 있는 자들의 주님과의 결합을 뜻하는 이유이고, 그리고 "베냐민 지파"가 일층천에 있는 자들의 주님과의 결합을 뜻하는 이유입니다.

[2] 성경말씀에서 "요셉"은 신령 영적인 것(the Divine spiritual)과 관련해서, 주님을 표징하고, 그것을 뜻한다는 것, 그리고 상대적인 뜻으로는 영적인 왕국을 뜻한다는 것 등은 역사서들이나 예언서들의 성경말씀에서 그에 관해서 언급되고, 관계된 모든 말씀에서 잘 알 수 있습니다. 요셉에 관해서 언급된 역사서인 창세기서의 말씀입니다.

> 요셉은 그가 묶은 곡식의 단 주위의 열한 개의 단이 요셉이 묶은 단에 절을 하였다는 꿈을 꾸었고, 해와 달과 열한 개의 별이 그에게 절을 하였다는 꿈을 꾸었다는 것을 말하였을 때, 그의 형들은 그를 더 미워하고, 시기하였지만, 아버지는 그 말을 마음에 두었다(창세기 37 : 4-11).

이 장절은 가장 세밀한 뜻(the nearest sense)으로는 그의 형제들이나 부모가 이집트에 올 것이고, 거기에서 그 땅의 주인인 그에게 경의(敬意)를 표하다는 것을 뜻합니다. 그러나 영적인 뜻으로 이 장절은 야곱과 그의 아들들이 표징하는 그 교회가 주님에게 스스로 복종, 따른다는 것을 뜻합니다. 왜냐하면 "요셉"은 앞에서 언급한 것과 같이, 신령 영적인 것과 관계해서는 주님을 표징하기 때문이고, 그리고 상대적인 뜻으로는 천계나 이 땅에 있는 주님의 영적인 왕국을 표징하기 때문입니다. 이 땅의 주님의 영적인 나라(=왕국)는 영적인 교회를 가리키고, 이 영적인 교회는, 속뜻으로, 그들이 이집트에 있을 때 야곱과 그의 아들들이 뜻하는 교회입니다.

[3] 그 뒤 이스라엘의 아들들이 표징하려는 한 교회가 세워졌다는 것이 요셉에 의하여 기술되었습니다. 그리고 이것은 요셉이 이집트에 내려 보내진 이유이고, 그 땅 전체를 다스리는 권력을 얻은 이유이고, 거기에 그의 아버지와 형제들을 초청, 그들을 돌보았다는 이유입니다. 그가 그 땅의 주인으로 있는 동안, 이집트 땅은 자연적인 것 안에 있는 영적인 교회를 표징하고, 야곱과 그의 아들들은 영적인 교회를 표징하지만, 그러나 이집트가 표징하는 자연적인 것 안에 있는 영적인 교회의 표징은 모세가 중생하고, 그가 이집트에서 이스라엘 사람들을 구출, 인도하기 시작할 때 끝났습니다. 이러한 사실들이나 내용들은 너무나 많고 다종다양하기 때문에 그것들은 ≪천계비의≫에 설명되었습니다.

[4] 신령 영적인 것과 관련한 주님의 표징이나, 그것에서 비롯된 주님의 영적 왕국의 표징은 모세의 글의 이런 말씀에 내포되어 있는데, 그것은 ≪천계비의≫ 5306-5329항에 설명된 것에서 잘 볼 수 있겠습니다. 창세기서의 말씀입니다.

바로가 신하들에게 말하였다. "하나님의 영이 함께 하는 사람을 이 사람 말고, 어디에서 또 찾을 수 있겠느냐?" 바로가 요셉에게 말하였다. "하나님이 너희에게 이 모든 것을 알리셨는데, 너처럼 명철하고, 슬기로운 사람이 어디에 또 있겠느냐? 네가 나의 집을 다스리는 책임자가 되어라. 나의 모든 백성은 너의 명령을 따를 것이다. 내가 너보다 높다는 것은, 내가 이 자리에 앉아 있다는 것뿐이다." 바로가 또 요셉에게 말하였다. "내가 너를 온 이집트 땅의 총리로 세운다." 그렇게 말하면서 바로는 손가락에 끼고 있는 옥새 반지를 빼서 요셉의 손가락에 끼우고, 고운 모시 옷을 입히고, 금목걸이를 목에다 걸어 주었다. 그런 다음에, 또 자기의 병거에 버금가는 병거에 요셉을 태우니, 사람들이 "물러나거라!"(=무릎을 꿇어라!) 하고 외쳤다. 이렇게 해서, 바로는 요셉을 온 이집트 땅의 총리로 세웠다. 바로가 요셉에게 말하였다. "나는 바로다. 이집트 온 땅에서, 총리의 허락이 없이는, 어느 누구도 손 하나 발 하나도 움직이지 못할 것이다"(창세기 41 : 38-44).

448[B]. [5] "요셉"이 최고의 뜻으로, 신령 영적인 것과의 관계에서 주님을 표징하기 때문에, 제일 먼저 주님의 신령 영적인 것(the Lord's Divine spiritual)이 무엇인지 설명되어야 하겠습니다. 천계는 두 왕국으로 나뉘어 있는데, 하나는 천적인 왕국(the celestial kingdom)이라고 부르고, 다른 하나는 영적인 왕국(the spiritual kingdom)이라고 부릅니다. 주님에게서 발출하는 신령적인 것은 신령진리에 합일된 신령선입니다. 신령진리에 속한 것보다 신령선에 속한 것을 더 많이 영접, 수용한 천계에 있는 자들 모두는 주님의 천적인 왕국을 형성하고, 이에 반하여 신령선에 속한 것에 비하여 신령진리에 속한 것을 더 많이 영접, 수용한 천계에 있는 자들 모두는 주님의 영적인 왕국을 형성합니다. 그러므로 주님의 천적인 왕국에 있는 천사들이 영접, 수용한 주님에 속한 신령적인 것은 신령 천적인 것(the Divine celestial)이라고 부르고, 주님의 영적인 왕국에 있는 천사들에 의하여 영접, 수용된 주님에 속한 신령한 것은 신령 영적인 것(the Divine spiritual)이라고 부릅니다. 그러나 반드시 주지하여야 할 것은 주님에서 비롯된 신령발출(神靈發

出)은 그것의 수용으로 말미암아 그와 같이 불리운다는 것이고, 그리고 신령한 것은 천적인 발출과 영적인 발출 두 개의 신령한 것들이 있는 것이 아닙니다. 왜냐하면 신령선은 신령천적인 것이라고 부르는 수용에서 비롯된 것이고, 신령진리는 신령영적인 것이라고 부르는 수용에서 비롯된 것인데, 이들은 둘(2) 아니고 하나(1)가 되기 위하여 그와 같이 합일 됩니다. 이러한 내용은 《천계와 지옥》 20-28항에 설명되었는데, 거기에는 두 왕국들이 천계들로 나뉘었다는 것이 다루어졌습니다. 그리고 같은 책 13·133·139항에는 신령발출에 관해서 다루어지고 있는데, 그것은 신령진리에 합일된 신령선을 가리킵니다. 그리고 그것들은 수용 그릇들 안에 있는 둘입니다.
[6] "요셉"이 신령 영적인 것과의 관계에서 주님을, 그리고 그것으로 말미암아 영적 왕국을 뜻한다는 것은 아래의 장절들에서 잘 볼 수 있겠습니다. 그들의 아버지에 의한 이스라엘의 아들들의 축복(=유언)의 말씀입니다.

  요셉은 열매가 많은 덩굴
  샘 곁에 있는 열매가 많은 덩굴
  그 가지가 담을 넘는다.
  사수들이 잔인하게 활을 쏘며 달려들어도,
  사수들이 적개심을 품고서
  그를 과녁으로 삼아도,
  요셉의 활은 그보다 튼튼하고,
  그의 팔에는 힘이 넘친다.
  야곱이 섬기는 '전능하신 분'의 능력이
  그와 함께 계시고,
  목자이신 이스라엘의 반석께서
  그와 함께 계시고,

너의 조상의 하나님이
너를 도우시고,
전능하신 분께서
너에게 복을 베푸시기 때문이다.
위로 하늘에서 내리는 복과,
아래로 깊은 샘에서 솟아오르는 복과
젖가슴에서 흐르는 복과,
태에서 잉태되는 복을 베푸실 것이다.
너의 아버지가 받은 복은
태고적 산맥이 받은 복보다 더 크며,
영원한 언덕이 받은 풍성함보다도 더 크다.
이 모든 복이 요셉에게로 돌아가며,
형제를 가운데서 으뜸이 된 사람에게
돌아갈 것이다.
(창세기 49 : 22-26)

이 장절은 "열매가 많은 아들 요셉"은 주님의 영적인 왕국이나 영적인 교회를 뜻하고, 최고의 뜻으로는 신령 영적인 것과의 관계에서 주님을 뜻합니다. "샘 곁에 있는 열매가 많은 아들"은 성경말씀에서 비롯된 진리들에 의한 결실(結實)을 뜻하고, "열매가 많은 아들"은 진리들에 의한 결실을 뜻하고, "샘"은 성경말씀(聖言)을 뜻합니다. "담 위에서 걷는 딸"(=담을 넘는 가지)은 악에서 비롯된 거짓들에 대항하는 선에서 비롯된 진리들에 의한 다툼(=싸움)에 대한 것을 뜻하는데, 여기서 "담"(wall)은 방어하는 진리를 뜻합니다. "그들이 그를 몹시 괴롭힐 것이다"(=사수들이 잔인하게 달려든다)는 것은 거짓들에 의한 저항을 뜻하고 "그들이 그에게 활을 쏜다"는 것은 그들이 거짓들로 말미암아 싸울 것이라는 것을 뜻하고, "사수들이 그를 미워할 것이다"는 것은 교리에 속한 거짓들에게서 비롯된 모든 적개심(敵愾心)을 가지고 있다는 것을 뜻합니다. "창들"(darts)이나 "화살"(arrows)이나, 그것에서 비롯된 "창을 던지는 사람"이나 "활을 쏘는 사람들"은 교리에 속한 거짓들에 대항하는 진리들에게서 비롯된 다툼이나 싸움을 뜻하지만, 여기서는 교리에 속한 거짓들에서 비롯된 진리들에 거스르는 다툼을 뜻합니다. "요셉의 활은 그보다 튼튼하다"(=요셉의 활이 더욱 강하다)는 것은 거짓들에 대항하여 싸우는 교리의 진리들에 의하여 안전하게 간수(看守)될 것이라는 것을 뜻합니다. 여기서 "활"은 교리를 뜻합니다. "그의 손의 팔에는 힘이 넘친다"(=그의 팔에는 힘이 넘친다)는 것은 싸움의 능력의 잠재력(潛在力)을 뜻하고, "야곱의 전능하신 하나님의 손을 통한다"(=야곱이 섬기는 전능하신 분의 능력이 그와 함께 한다)는 것은 주님의 신령인성의 전능(全能)에 의한다는 것을 뜻하고, "목자이신 이스라엘의 반석께서 그와 함께 하신다"(=거기에서 목자, 곧 이스라엘의 돌이 나온다)는 것은 왕국에 있는 모든 영적인 선이나 진리가 거기에서 나온다는 것을 뜻합니다. "너의 조상의 하나님 때문이다"(=네 아비의 하나님으로 말미암는다)는 것은 그가 고대교회의 하나님이시라는 것을 뜻합니다. "전능하신 분께서"(=샤다이께서)라는 말은 온갖 시험 뒤의 은혜를 베푸는 자(Benefactor)로서의 주님을 뜻하고, "위로 하늘에서 내리는 복을 베푸신다"는 것은 안에 있는 선들과 진리들로 복을 준다는 것을 뜻하고, "아래로 깊은 샘에서 솟아오르는 복을 베푸신다"는 것은 진리나 선의 지식들과 밖에서 비롯된 확증하는 지식들(=과학지들)로 복을 준다는 것을 뜻하고, "젖가슴에서 흐르는 복과, 태에서 잉태되는 복을 베푸신다"(=젖가슴의 복과 태의 복을 주신다)는 것은 이런 것들의 영적인 정동들이나 결합의 영적인 정동들을 뜻합니다. "너의 아버지가 받은 복은 태고적 산맥이 받은 복보다 더 크다"(=네 아비의 복들이 내 선조들의 복들보다 더 낫다)는 것은 요셉이 뜻하는 교회는 영적인 진리와 선에서 비롯되었다는 것을 뜻합니다. "너의 아버지가 받은 복은 영원한 언덕이 받은 풍성함보다 더 크다"(=영원한 산들의 정상의 한계에까지 이르렀다)는 것은 상호적인 천적인 사랑에서 비롯되었다는 것을 뜻합니다. "이 모든 복이 요셉에게 돌아간다"(=복들이 요셉의 머리 위에 있을 것이다)는 것은 내면적인 것들 안에 있는 이런 것들을 뜻하고, "형제들 가운데서 으뜸이 된 사람에게 돌아갈 것이다"(=그의 형제들에게서 분리된 요셉의 정수리 위에 있을 것이다)는 것은 외면적인 것들에 대한 그런 것들을 뜻합니다. 이것에 관한 상세한 설명은 A.C. 6416-6438항을 참조하십시오.

[7] 모세에 의한 이스라엘 자손들의 축복에 대한 신명기서의 말씀입니다.

    요셉 지파를 두고서
    그는 이렇게 말하였다.
    "주께서 그들의 땅에 복을 내리실 것이다.
    위에서는 하늘의 보물 이슬이 내리고,
    아래에서는 지하의 샘물이 솟아오른다.
    햇빛을 받아 익은 온갖 곡식과
    달빛을 받아 자라나는 온갖 과실이,
    그들의 땅에 풍성할 것이다.
    태고 적부터 있는 언덕은
    아주 좋은 과일로 뒤덮일 것이다.
    불타는 떨기나무 가운데서 말씀하시는 주,

7장 1-17절

선하신 주께서 그들의 땅에 복을 베푸시니,
그 땅이 온갖 좋은 산물로 가득할 것이다.
요셉이 그 형제 가운데 지도자였으니
이런 복을 요셉 지파가 받을 것이다.
(신명기 33 : 13-16)

이 장절은 성경말씀에서 비롯된 진리의 교리 안에 있는, 그리고 그것에 일치하는 삶 안에 있는 자들에게 있는 주님의 영적인 교회에 관해서 기술하고 있습니다. 여기서 "요셉의 땅"은 그 교회를 뜻하고, "위에서는 하늘의 보물들이 내리고, 아래에서는 지하의 샘물이 (복으로) 솟아오른다"(=하늘의 진귀한 것들과 이슬과 땅 밑에 있는 깊음이 요셉에게 내릴 것이다)는 것은 영적인 사람 안에 있는 성경말씀에서 비롯된 신령 진리들에게서 비롯된다는 것을 뜻하고, 그리고 자연적인 사람에게 유입한 영적인 사람의 입류에게서 비롯된다는 것을 뜻합니다. 여기서 "하늘의 진귀한 것들"은 신령 영적인 진리들, 또는 영적인 사람 안에 있는 진리들을 뜻합니다. 그리고 "이슬"은 그것에서 비롯된 입류를 뜻하고, "아래에서 솟아오르는 지하의 샘물"(=땅 밑에 있는 깊음)은 지각과 확증하는 지식들(=과학지들)을 위한 진리나 선의 지식들이 그것 안에 있는 자연적인 사람을 뜻합니다. "햇빛을 받아 익은 온갖 곡식과 달빛을 받아 자라나는 온갖 과일"(=태양이 내는 맛있는 과일들과 달이 내는 진귀한 것들)은 주님의 천적 왕국에서 유입하는 진리들에게서 비롯되는 것과, 주님의 영적 왕국에서 유입하는 진리들에게서 비롯되는 것을 뜻하는데, 여기서 "해에 속한 진귀한 것들"은 천적 왕국에서 유입하는 진리들을 뜻하고, "달들에 속한 진귀한 것들"은 영적 왕국에서 유입하는 진리들을 뜻하고, "낸다"나 "자란다"(=증대한다・생산한다・increase・produce)는 흘러나오는 것들을 뜻합니다. "동쪽의 산들의 첫 열매들과 영원한 언덕의 진귀한 것들"(=옛 산들의 최고품과 영원한 작은 산들의 진귀한 것들・태고 적부터 있는 언덕은 아주 좋은 과일로 뒤덮일 것이다)은 태고교회에 있었던 그런 것들을 뜻합니다. 여기서 "동쪽의 산들"(=옛 산들)은 주님사랑 안에 있었던 태고교회를 뜻하고, 그리고 "산"이 사랑을 뜻하고 "동쪽"(the east)이 주님을 뜻하기 때문에, "동쪽의 산들"에 의하여 그 태고교회는 기술되었고, "태고 적부터 있는 언덕"(=영원한 작은 산들)은 고대교회를 뜻하는데, 그 교회는 이웃을 향한 인애 안에 있었습니다. 이 교회는 "언덕들"(hills)이 이웃을 향한 인애를 뜻하기 때문에 "영원한 언덕들"에 의하여 기술되었습니다. "산들"이나 "언덕들"(=작은 산들)의 뜻이 이러한 것이라는 것은 본서 405항을 참조하십시오. "땅의 진귀한 것들이나 땅의 그것들의 풍성함"(=땅과 거기 충만한 진귀한 것들)은 외적인 영적인 교회를 뜻하는데, 그 교회는 진리나 선의 지식들에 일치하여 사는 자들에게 있습니다. 여기서 "땅"은 교회를 뜻하고 "풍성함"은 겉사람 안에 있는 지식들을 뜻합니다. "덤불 안에 거하시는 분의 호의"(=불타는 떨기나무 가운데서 말씀하시는 선하신 주)는 그분에게서 비롯된 모든 이런 것들을 가리키는 신령 영적인 것에 대한 주님을 뜻하고, "요셉이 그 형제 가운데 지도자였으니, 이런 복을 요셉 지파가 받을 것이다"(=요셉의 머리와 자기 형제들로부터 성별되었던 자(=나실인))의 머리 꼭대기에 복이 임할 것이라는 말씀은 내면적인 것들이나 외면적인 것들 양자에 대한 것을 뜻합니다.
448[C]. [8] 스가랴서의 말씀입니다.

내가 유다 족속을 강하게 하고,

7장 1-17절

요셉 족속을 구원하겠다.
내가 그들을 불쌍히 여기고,
그들을 모두 고향으로 돌아오게 할 것이니,
나에게 버림받은 적이 없는 사람들같이
될 것이다. ······
에브라임 사람들은 용사같이 되며,
그들의 마음은
포도주를 마신 듯이 기쁠 것이다.
그들의 아들딸들도
구원을 보고 기뻐할 것이며,
나 주가 한 일을 본 그들의 마음이
즐거울 것이다.
(스가랴 10 : 6, 7)

여기서 "유다 족속"(=유다의 집)은, 천적인 교회라고 부르는 주님사랑 안에 있는 교회를 뜻하고, "요셉 족속"(=요셉의 집)은, 영적인 교회라고 부르는 인애의 선이나 믿음의 진리들 안에 있는 교회를 뜻합니다. 그 교회의 진리들이 선으로 말미암아 능력을 가지고 있기 때문에, "그들은 에브라임 사람들과 같이 용사가 될 것이다"고 언급되었습니다. 왜냐하면 "에브라임"은 자연적인 사람 안에 있는 선에서 비롯된 진리를 뜻하는데, 그 진리는 능력(=힘·power)을 가지고 있습니다. 이 진리들에게서 비롯된 그런 것들의 즐거움은 "그들의 마음은 포도주를 마신 듯이 기쁠 것이다"는 말씀이 뜻합니다. 여기서 "포도주"는 선에서 비롯된 진리를 뜻합니다.

[9] 에스겔서의 말씀입니다.

(주께서 내게 말씀하셨다.) "너 사람아, 너는 막대기 하나를 가져다

가, 그 위에 '유다 및 그와 연합한 이스라엘 자손'이라고 써라. 막대기를 또 하나 가져다가 그 위에 '에브라임의 막대기, 곧 요셉 및 그와 연합한 이스라엘 온 족속'이라고 써라. 그리고 두 막대기가 하나가 되게 그 막대기를 서로 연결시켜라. 그것들이 네 손에서 하나가 될 것이다. 네 민족이 네게 묻기를 '이것이 무슨 뜻인지 우리에게 일러주지 않겠느냐?' 하면, 너는 그들에게 말하여 주어라. '나 주 하나님이 말한다. 내가 에브라임의 손 안에 있는 요셉과 그와 연합한 이스라엘 지파의 막대기를 가져다 놓고, 그 위에 유다의 막대기를 연결시켜서, 그 둘을 한 막대기로 만들겠다. 그들이 내 손에서 하나가 될 것이다' 하셨다 하여라. 또 너는 글 쓴 두 막대기를 그들이 보는 앞에서 네 손에 들고 그들에게 말해 주어라. '나 주 하나님이 말한다. 이스라엘 백성이 들어가 살고 있는 그 여러 민족 속에서 내가 그들을 데리고 나오며, 사방에서 그들을 모아다가, 그들의 땅으로 데리고 들어가겠다. 그들의 땅 이스라엘의 산 위에서 내가 그들을 한 백성으로 만들고, 한 임금이 그들을 다스리게 하며, 그들이 다시는 두 민족이 되지 않고, 두 나라가 갈라지지 않을 것이다'"(에스겔 37 : 16-22).

여기도 역시 "유다"는 사랑에 속한 선 안에 있는 천적인 교회를 뜻하고, "요셉"과 "에브라임"은 인애에 속한 선이나, 믿음에 속한 진리들 안에 있는 영적인 교회를 뜻합니다. 이들 두 교회가 마치 선과 진리가 하나가 되는 것과 같이, 주님에게서는 하나의 교회가 될 것이라는 것이 "두 막대기가 하나가 되게, 그 막대기를 서로 연결시켜라. 그것들이 네 손에서 하나가 될 것이다. 그들의 땅 이스라엘의 산 위에서 내가 그들을 한 백성으로 만들고, 한 임금이 그들을 다스리게 하며, 그들이 다시는 두 민족이 되지 않고, 두 나라로 갈라지지 않을 것이다"는 말씀이 뜻합니다. 그러나 이러한 뜻으로 앞에서 설명된 것에서 잘 볼 수 있습니다(본서 433[B]항 참조).
[10] 시편서의 말씀입니다.

> (하나님,)
> 주의 백성 야곱과 요셉 자손을
> 주의 팔로 속량하셨습니다(=주께서는 주의 팔로 주의 백성들인 야곱과 요셉의 아들들을 구속하셨습니다)(시편 77 : 15).

"야곱과 요셉의 아들들"은 그들의 종교적인 원칙들에 일치하는 삶의 선 안에 있는 자들을 뜻합니다. 왜냐하면 "야곱"은 성경말씀에서 삶에 속한 선 안에 있는 자들에게 있는 외적인 교회를 뜻하기 때문이고, 여기서 "요셉"은 므낫세나 에브라임을 뜻하기 때문입니다. 왜냐하면 "주께서 요셉의 아들들을 구속하셨다"고 하였는데, 그들이 겉사람에 관해서는, 따라서 삶에 관해서는 선이나 진리 안에 있는 자들을 뜻하기 때문입니다. "요셉의 아들들"인 므낫세와 에브라임이 이런 뜻을 지닌다는 것은 본서 440항을 참조하십시오. "주의 팔로 그들을 구속하셨다"는 것은 전능(全能)에 의하여 그들을 구원한다는 것을 뜻합니다. 왜냐하면 이런 자들은 주님의 이 세상 강림을 통하여 주님에 의하여 구원을 받기 때문이고, 다른 것으로는 구원을 받을 수 없기 때문입니다.
[11] 오바댜서의 말씀입니다.

> "더러는 시온 산으로 피하고
> 시온 산은 거룩한 곳이 될 것이다.
> 그 때에 야곱의 집은
> 다시 유산을 차지할 것이다.

야곱의 집은 불이 되고,
요셉의 집은 불꽃이 될 것이다.
그러나 에서의 집은 검불이 될 것이니
그 불이 검불에 붙어 검불을 사를 것이다.
에서의 집안에서는
아무도 살아남지 못할 것이다."
(오바댜 1 : 17, 18)

여기서 "에서와 그의 집"은 주님으로 말미암은 것이 아니고, 자기 자아로 말미암아 자신들이 총명스럽고 지혜롭다고 믿는 자들을 뜻합니다. 왜냐하면 오바댜서 8절에 "그 날에는 내가 에돔에서 슬기로운 사람(=총명스러운 사람)을 다 없애고, 에서의 방방곡곡에 지혜 있는 사람을 남겨 두지 않겠다"라고 언급되었기 때문인데, 이 말씀은 성경말씀의 문자적인 뜻으로 자기 자신들을 그들 자신의 사랑들을 선호(選好)하는 것들로 확증하는 자들을 뜻하기 때문입니다. "야곱의 집과 요셉의 집"은 교리에 속한 진리들에 일치하는 삶의 선 안에 있는 부류를 뜻하는데, 그것은 "야곱의 집"이 삶에 속한 선 안에 있는 자들을, 그리고 "요셉의 집"은 교리에 속한 진리들 안에 있는 자들을 뜻하기 때문입니다. 그리고 도피(逃避 · 구원 · escape)가 있고 거룩함이 있을 "시온 산"은 주님사랑을 뜻하고, 그것으로 말미암아 구원이 있고, 신령진리가 있다는 것을 뜻합니다. "에서의 집과 에서의 산을 유산으로 차지할 야곱의 집"과 "불이 될 야곱의 집과 불꽃이 될 요셉의 집"은 "에서"가 뜻하는 그런 장소에는 교리에 속한 진리들에 일치하는 삶에 속한 선 안에 있는 자들이 계속해서 이어질 것이라는 것을 뜻합니다. 영계에서는 이런 일이 일어나는데 자기 총명으로 말미암아 자만(自

慢・pride)에 빠져 있는 자들이나 자기 자신을 자기사랑이나 세상사랑을 선호하는 것으로 확증한 자들은 어떤 지역들이나 산들을 차지하고, 그리고 자기 자신들을 위한 가상천계(假像天界・a semblance of heaven)를 만들고, 그리고 자신들에게 속한 그 천계가 다른 자들의 것에 비하여 매우 뛰어나다고 철석같이 믿지만, 그러나 때가 이르게 되면, 그들은 그들의 장소들에게서 추방되고, 그리고 주님에게서 비롯된 교리의 진리들에 일치하는 삶의 선 안에 있는 자들이 그들을 대신하여 그 곳을 차지합니다. 이런 일에 관해서는 ≪최후심판≫이라는 나의 작은 저서를 참조하십시오. 이러한 내용은 속뜻으로 "야곱의 집은 그들의 유산을 차지할 것이고, 야곱의 집은 불이 되고, 요셉의 집은 불꽃이 되고, 에서의 집은 불이 지피는 검불이 될 것이다"는 말씀이 뜻하는 것이 무엇인지 명확하게 합니다.

[12] 아모스서의 말씀입니다.

> 거문고 소리에 맞추어서
> 헛된 노래를 흥얼대며,
> 다윗이나 된 것처럼
> 악기들을 만들어 내는 자들,
> 대접으로 포도주를 퍼마시며,
> 가장 좋은 향유를 몸에 바르면서도
> 요셉의 집이 망하는 것은
> 걱정도 하지 않는 자들 …….
> (아모스 6 : 5, 6)

이 장절은 외적인 것들 안에 있는 선한 정동들을 모조(模造), 가짜로 만드는 자들이나, 성경말씀에서 비롯된 수많은 것들을 확증하기 위하여 긁어모아서 결합시키는, 그럼에도 불구하고 내면적으로 악한 자들을 다루고 있습니다. 외적인 것들 안에 있는 선한 정동들을 가짜로 만든다는 것은 "거문고 소리에 맞추어 헛된 노래를 흥얼댄다, 악기들을 만들어 낸다, 가장 좋은 향유를 몸에 바른다"는 말씀이 뜻하고, 외현적인 것들을 목적해서 성경말씀에서 수많은 것들을 만들어 낸다는 것은 "대접으로 포도주를 퍼마신다"는 말씀이 뜻하고, 그들이 교회의 교리들에 속한 진리들에는 전혀 관심이 없고, 심지어 교회가 거짓들에 의하여 멸망할 것이라는 것까지도 전혀 관심이 없다는 것은 "요셉의 집이 망하는 것은 걱정도 하지 않는다"는 말씀이 뜻합니다. 여기서 "요셉"은 영적인 교회를 뜻하는데, 그 교회는 교리에 속한 진리들 가운데 있는 자들에 있는 교회입니다.

[13] 시편서의 말씀입니다.

> 아, 이스라엘의 목자이신 주님,
> 요셉을 양 떼처럼 인도하시는 주님,
> 귀를 귀울여 주십시오.
> 그룹 위에 앉으신 주님,
> 나타나 주십시오.
> 에브라임과 베냐민과 므낫세 앞에서
> 나타나 주십시오.
> 주님의 능력을 떨쳐 주십시오.
> 우리를 도우러 와 주십시오.
> (시편 80 : 1, 2)

여기서도 역시 "요셉"은 영적인 교회를 뜻합니다. 그 교회는

7장 1-17절

선에서 비롯된 진리들 안에 있는 자들에게 있는 교회입니다. 다시 말하면 삶에 관해서 교리의 진리들 안에 있는 자들에게 있는 교회입니다. 여기서 "에브라임·베냐민·므낫세"가 무엇을 뜻하는 것인지는 본서 440[B]항을 참조하십시오.
[14] 아모스서의 말씀입니다.

> 나 주가 이스라엘 가문에 선고한다.
> 너희는 나를 찾아라. 그러면 산다. ……
> 너희는 주를 찾아라. 그러면 산다.
> 그렇지 않으면,
> 주께서 요셉의 집에 불같이 달려드시어
> 베델을 살라버리실 것이니,
> 그 때에는
> 아무도 그 불을 끄지 못할 것이다. ……
> 행여 주 만군의 하나님이
> 남아 있는 요셉의 남은 자를
> 불쌍히 여기실지 모르니,
> 악을 미워하고, 선을 사랑하여라.
> 법정에서 올바르게 재판하여라.
> (아모스 5 : 4, 6, 15)

여기서 "이스라엘의 집"(=가문)은 영적인 교회를 뜻하고, "요셉의 집"은 교리에 속한 진리들에 관해서 교회를 뜻합니다. 만약에 그들이 진리와 선의 정동 안에 있지 않고, 그리고 그것들에 일치하는 삶 안에 있지 않다면, 교리의 진리들이 멸망할 것이라는 것은 "주께서 요셉의 집에 불같이 달려드실 것이다"는 말씀이 뜻하고, 그리고 "주 만군의 하나님이 남아 있는 요셉의 남은 자를 불쌍히 여기실 것이다"는 말씀은 "악을 미워하고,

선을 사랑하고, 법정에서 올바르게 재판한다"는 말씀이 뜻하는, 그들이 만약에 성경말씀에서 비롯된 선들이나 진리들에 따라서 산다면, 그들에게 있는 교리에 속한 남아 있는 진리들을 주님께서 보호, 보존하신다는 것을 뜻합니다.
[15] 시편서의 말씀입니다.

> 시편 읊으면서 소구를 두드려라.
> 수금을 타면서,
> 즐거운 가락으로 거문고를 타라.
> 새 달과 대보름날에, 우리의 축제날에,
> 나팔을 불어라.
> 이것은 이스라엘이 지킬 율례요,
> 야곱의 하나님이 주신 규례다.
> 하나님이 이집트 땅을 치려고 나가실 때에,
> 요셉에게 내리신 훈령이기 때문이다.
> 나는, 내가 알지 못하던 한 소리를 들었다.
> (시편 81 : 2-5)

"시를 읊으면서 소구를 두드려라, 수금을 타면서 즐거운 가락으로 거문고를 타라"는 말씀은 영적인 진리들이나 천적인 진리들에게서 비롯된 고백(=찬양)을 뜻하고, 그리고 진리와 선의 정동에 속한 기쁨들을 뜻합니다(본서 323[B]·326[D]항 참조). "새 달과 대보름날에, 우리의 축제날에, 나팔을 불어라"는 말씀은 이런 정동들의 기쁨에서 비롯된 예배를 뜻합니다. "이것은 이스라엘이 지킬 율례요, 야곱(=요셉)의 하나님이 주신 규례다"는 말씀은 이것들이 교리의 진리들 안에 있는 이스라엘 자손들 가운데 세워진 새로운 교회를 위한 것이라는 것을 뜻합니다. "하나님이 이집트 땅을 치려고 나가실 때에, 나는 내가 알지 못하던 한 소리를 들었다(=거기서 내가 이해할 수 없는 한 언어를 들었다)는 말씀은 옛 교회가 교리의 거짓들 안에 있게 된, 옛 교회가 멸망하게 된 때를 뜻하고, 내가 알지 못하는 한 소리"(=내가 이해할 수 없는 한 언어)는 교리의 거짓들을 뜻하는데, 왜냐하면 요셉이 거기에서 총리대신으로 있을 때의 "이집트"는 진리와 선의 앎들 안에 있는 교회를 표징하고, 그리고 확증하는 지식들(=과학지) 안에 있는 교회를 표징하기 때문입니다. 그러나 이스라엘 자손들이 미움을 받고 나쁘게 취급받기 시작할 때의 "이집트"는 그것 안에는 오직 거짓들만이 있는, 파괴된 교회를 표징하기 때문입니다. 왜냐하면 이렇게 언급되었기 때문입니다. 출애굽기서의 말씀입니다.

    요셉을 알지 못하는 새 왕이 일어나서 이집트를 다스리게 되었다
    (출애굽 1 : 8).

결과적으로 이스라엘 자손을 끊임없이 괴롭히는 바로와 함께 이집트 사람들은 홍해 바다에 수몰(水沒)되었습니다.
448[D]. [16] "요셉"이 최고의 뜻으로는 신령 영적인 것의 측면에서 주님을 뜻한다는 것은 아래의 시편서의 말씀에서 잘 알 수 있습니다.

    그런데 주님은
    그들보다 앞서 한 사람을 보내셨으니,
    그는 종으로 팔린 요셉이다.
    요셉은 그 발에 차꼬를 차고,
    그 목에는 쇠칼을 쓰고,
    마침내 그의 예언을 이루었다.

주의 말씀이 그를 단련시켰다.
왕은 사람을 보내서 그를 석방하였다.
뭇 백성의 통치자가
그를 자유의 몸이 되게 하였고,
그를 세워서,
나라의 살림을 보살피는 재상으로 삼아서,
자기의 모든 소유를 주관하게 하며,
그의 뜻대로 모든 신하를 다스리게 하며,
원로들에게 지혜를 가르치게 하였다.
그 때에
이스라엘이 이집트로 내려갔고,
야곱은 함의 땅에서 나그네로 살았다.
(시편 105 : 17-23)

주님께서 이 세상에 강림하셨을 때, 주님께서 어떻게 시험을 받으시고 겪으셨는지, 그리고 그 때 어떻게 주님께서는 천지(天地)의 주님이 되시고, 지옥을 정복하셨는지, 그리고 어떻게 천계를 질서에 맞게 회복시키셨고, 그리고 교회를 세우셨는지, 요셉의 이야기에 의하여 기술되었습니다. 그분이 어떻게 시험을 받으시고 겪으셨는지는 "요셉은 종으로 팔렸다, 그는 그 발에 차꼬를 차고, 그 목에는 쇠칼을 썼다"(=그의 발은 차꼬에 상했으며, 그가 쇠사슬에 매였다)는 말씀에 의하여 기술되었습니다. "그가 종으로 팔려갔다"는 것은 주님께서 아주 낮은 평가를 받았다는 것을 뜻하고, "그의 발은 차꼬에 상하였다"는 것은 말하자면 그분께서 구속(拘束)되었고, 그리고 감옥에 갇히셨는데, 그 이유는 거기에 그 어떤 자연적인 선도 없었기 때문이라는 것을 뜻합니다. "그가 쇠사슬에 매였다"(=그의 영혼은 쇠사슬에 들어갔다)는 것은 거기에 그 어떤 자연적인 진리는 더 이상 없고, 오직 거짓만 있기 때문에 그것이 그러하다는 것을 뜻합니다. 그의 신령존재에서 비롯된 신령진리를 통한 주님의 지옥의 정복은 "마침내 그의 예언을 이루었다. 주의 말씀이 그를 단련시켰다"(=주의 말씀이 임할 때까지 주의 말씀이 그를 연단하였다)는 말씀에 의하여 기술되었습니다. 여기서 "그의 말씀"(=그의 예언)은 신령진리를 뜻하고, "주의 말씀"(the saying of Jehovah)은 신령진리의 근원인 신령선을 뜻합니다. 주님께서 이와 같이 그분의 신성으로 말미암아 그분의 인성을 위하여 천지의 모든 것들을 다스리는 능력을 취하셨다는 것이 "왕은 사람을 보내서 그를 석방하였다, 뭇 백성의 통치자가 그를 자유의 몸이 되게 하였고, 그를 세워서 나라의 살림을 보살피는 재상으로 삼아서, 자기의 모든 소유를 주관하게 하였다"(=왕이 보내어 그를 풀어 주었으니, 백성의 통치자가 그를 자유케 하였다. 왕이 그를 왕의 집의 주와 왕의 모든 소유의 관리자로 삼았다)는 말씀에 의하여 기술되었습니다. 여기서 "보낸 왕"이나 "그를 자유케 한 백성의 통치자"는 그분 안에 있고, 그리고 그분에게서 비롯된 신령진리와 신령선을 뜻하고, 여기서 "왕"은 신령진리를 뜻하고, "통치자"(ruler)는 신령선을 뜻합니다. 왜냐하면 주님께서 성경말씀에서 신령진리로 말미암아 "왕"이라고 불리셨기 때문이고, 신령선으로 말미암아 "주"(the Lord)나 "통치자"(the Ruler)라고 불리셨기 때문입니다. "그를 세워서 나라의 살림과 자기의 모든 소유를 주관하게 하였다"(=왕이 그를 왕의 집과 왕의 모든 소유의 관리자로 삼았다)는 것은 선의 측면에서 천계와 교회를 뜻하고, "소유"는 진리의 측면에서 천계와 교회를 뜻합니다. 이러한 뜻은 주님 당신 자신에 속한 말씀들인 아버지의 모든 것들은 주님의 것이고, 모든 주님의 것들은 아버지의 것이다(요한 17 : 10)는 말씀이 뜻하는 동일한 뜻을 가지고 있고, 그리고 나는 하늘과 땅의 모든 권세를 받았다(마태 28 : 18)는 말씀이 뜻하는 동일한 뜻을 가지고 있습니다. 주님께서는 그분의 신성으로 말미암아 온갖 거짓들로부터 천계를 억제하신다는 것, 그리고 천계를 진리들 안에서 지키신다는 것, 따라서 그것들에게 총명이나 지혜를 준다는 것 등등이 "그의 뜻대로 모든 신하들을 다스리게 하며, 원로들에게 지혜를 가르치게 하였다"(=그에게 좋은 대로 왕의 고관들을 제어하며, 그의 원로들에게 지혜를 가르치게 하였다)는 말씀에 의하여 기술되었습니다. 여기서 "신하들"(=고관들)은 진리들 안에 있는 자들을 뜻하고, "원로들"은 총명이나 지혜 안에 있는 자들을 뜻합니다. 그 때 주님께서 땅 위에 교회를 세우셨다는 것은 "그 때에 이스라엘이 이집트에 내려갔다"(=이스라엘도 이집트로 들어왔다)는 말씀이 뜻하는데, 여기서 "이스라엘"은 교회를 뜻합니다. 왜냐하면 주님에 의한 교회의 설시는 이집트에 온 이스라엘의 아들들이 표징하기 때문인데, 그것은 주님께서 젖먹이었을 때 이집트에 주님의 옮김이 뜻합니다(마태 2 : 14, 15 ; 호세아 11 : 1). 그 때 교회에 속한 모든 것들이 멸망되었다는 것은 "야곱은 함의 땅에서 나그네로 살았다"는 말씀이 뜻하는데, 여기서 "야곱"은 삶에 속한 선 안에 있는 자들에게 있는 교회를 뜻하고, 그리고 "함의 땅"(the land of Ham)은 파괴된 교회를 뜻하기 때문입니다.

[17] 여기서나 성경말씀의 다른 곳에서 "이스라엘과 야곱"은 그들이 어디에 있었든, 또는 그들이 어디에 있든 이스라엘의 아들들이나, 야곱의 후손들을 뜻하지 않고, 오히려 그들에게 그 교회가 있는 그들 모두를 뜻합니다. 그것은 마치 "유다"가 성경말씀에서 유대 민족을 뜻하지 않고, 주님사랑 안에 존재하

는 그런 자들로 이루어지는 교회를 뜻하는 것과 같습니다. 이러한 내용에 관해서는 본서 433항을 참조하십시오. 왜냐하면 이스라엘의 아들들에게나, 야곱의 후손에게는 결코 교회가 있지 않았고, 오히려 그들은 단순히 그 교회를 표징하였기 때문입니다. 그러므로 그들은 교회에 속한 자들 모두를 뜻하고, 그리고 이러한 뜻은 성경말씀의 예언서들 뿐만 아니라, 역사서들에서도 마찬 가지인데, 이러한 사실은 앞서의 단락에서 입증되었습니다. 그러므로 역시 "요셉"과 그의 지파는 요셉이나 그의 지파를 뜻하지 않고, 오히려 최고의 뜻으로는 신령 영적인 측면에서 주님을 뜻하고, 그것으로 인하여 상대적인 뜻으로는 천계나 이 땅 위에 있는 주님의 영적인 나라를 뜻합니다. 마찬가지로 교리에 속한 진리들을 가리키는 그 나라를 구성하는 모든 것들을 뜻합니다.

[18] 에스겔서에는 주님에 의하여 세워질 새로운 영적인 교회(a new spiritual church)에 관한 기술이 있습니다. 그리고 그 교회의 교리로서의 이 교회는 "새 성읍·새 성전·새 땅이 뜻하는데, 그러므로 이렇게 언급되었습니다. 에스겔서의 말씀입니다.

> 너희가 이스라엘의 열두 지파에 따라서 유산으로 나누어 가져야 할 땅의 경계선은 다음과 같다. 요셉은 두 몫이다(에스겔 47 : 13).

여기서 "요셉"은 영적인 교회를 뜻하고, "줄들"(cords)은 결합을 뜻하고, 그리고 그 지파에서 나머지 쪽으로, 나머지 쪽에서 그 쪽까지의 전도(preaching)를 뜻하고, "이스라엘의 열두 지파들"은 그 교회에 속한 모든 것들을 뜻합니다.

449[A]. 도장을 받은 자는 베냐민 지파에서 일만이천 명이다.
이 말씀은 가장 낮은 천계에 있는 자들과 주님과의 결합을 뜻합니다. 이러한 내용은 "요셉"이 영적인 것 안에 있는 것을 표징하는 것과 같이, 자연적인 사람 안에 있는 영적 천적인 것(the spiritual-celestial)을 가리키는 "베냐민과 그에게서 명명된 그 지파"의 표징에서 명확합니다. 영적 천적인 것은 선에 결합된 진리입니다. 왜냐하면 본질에서 진리는 영적이고, 선은 천적이기 때문입니다. 그러므로 "베냐민"과 그의 지파는 자연적인 것 안에 있는 진리와 선을 뜻합니다. 따라서 여기서 그것은 가장 낮은 천계에 있는 자들과의 주님의 결합을 뜻합니다. 왜냐하면 가장 낮은 천계에는 영적인 것이나 천적인 것에서 비롯된 자연적인 선이나 자연적인 진리들 안에 있는 자들이 있기 때문입니다. 가장 낮은 천계에 있는 자들은 영적 자연적(spiritual-natural) 또는 천적 자연적(celestial-natural)이라고 하는데, 거기에 있는 전자는 주님의 영적 왕국에 속해 있고, 후자는 주님의 천적인 왕국에 속해 있습니다. 그러므로 영적 자연적인 것은 모든 것들이 영적인 이층천(=중간 천계)과 내통, 교류하고, 이에 반하여 천적 자연적인 것은 거기의 모든 것은 천적인, 삼층천(=극내적 천계)과 내통, 교류합니다. 이러한 내용은 앞서의 단락에서 이미 언급하였습니다.
[2] 이상의 모든 것에서 볼 때 성경말씀에서 서로 형제들인 "요셉"과 "베냐민"의 뜻은 잘 알 수 있겠습니다. "베냐민"이 자연적인 사랑 안에 있는 선에 결합된 진리를 뜻하기 때문에, 그리고 따라서 가장 낮은 천계에 있는 자들 안에 있는 선에 결합된 진리를 뜻하기 때문에, 그러므로 가장 마지막으로 야곱에게 태어났고, 그리고 그는 그를 "오른쪽의 아들"(son of the

right hand)이라고 불렀고, 어원에서 "베냐민"은 오른쪽의 아들을 뜻합니다. 그리고 또한 그는 베들레헴에서 태어났습니다. 그리고 그 성읍은 자연적인 것 안에 있는 선에 결합된 진리를 뜻합니다. 그가 베들레헴에서 태어났다는 것은 창세기 35장 16-19절을 참조하십시오. 선에 결합된 진리로 이루어진 자연적인 것이기 때문에 그가 마지막에 태어났다는 것은 사람에게 있는 교회의 궁극적인 것을 가리킵니다. 왜냐하면 사람에게는 생명에 속한 세 계도들(three degree of life)이 있기 때문에, 즉 극내적 계도·중간적 계도·궁극적 계도가 있기 때문입니다. 극내적인 계도에는 극내적 천계, 즉 삼층천에 있는 자들이 있고, 중간적 계도에는 중간천계, 즉 이층천에 있는 자들이 있고, 궁극적 천계에는 가장 낮은 천계, 즉 일층천에 있는 자들이 있기 때문입니다. 그러므로 극내적 계도에 있는 자들은 천적이라고 불리우고, 중간적 계도에 있는 자들은 영적이라고 불리우고, 궁극적 계도에 있는 자들은 영적 자연적(spiritual-natural), 또는 천적 자연적(celestial-natural)이라고 불리우고, 그리고 궁극적인 계도(the ultimate degree) 안에 있는 자들의 결합은 "베냐민"이 뜻합니다. 사람이나 천사 안에 있는 생명에 속한 이들 세 계도들에 관해서는 ≪천계와 지옥≫ 33·34·38·39·208·209·211·435항을 참조하십시오. 이러한 내용이 야곱의 아들들 중에서 막내로 베냐민이 태어난 이유입니다.

[3] 그가 "오른쪽의 아들"이라고 하였는데, 그 이유는 "아들"이 진리를 뜻하기 때문이고, 그리고 "오른쪽"(=오른손·right hand)은 선에서 비롯된 진리의 능력을 뜻하기 때문이고, 그리고 영계에서 자연적인 사람 안에 있는 선에서 비롯된 진리는 모든 능력을 가지고 있기 때문입니다. 영적인 사람이 가지고

있는 모든 능력은 이것 안에 있는데, 그 이유는 실행하는 원인 (the effecting cause)은 영적인 사람 안에 있고, 그 결과는 자연적인 사람 안에 있고, 그리고 실행하는 원인의 모든 능력은 결과를 통해서 자기 자체를 발휘(發揮), 나타나기 때문입니다. 영적인 사람의 모든 능력이 자연적인 것 안에 있고, 자연적인 것을 통해 있다는 것은 ≪천계비의≫ 9836항을 참조하십시오. 이런 이유 때문에 그는 "베냐민"이라고 불리웠습니다. 다시 말하면 "오른쪽의 아들"이라고 하였습니다. 그리고 "베들레헴"이 이와 동일한 뜻을 가지고 있기 때문에, 다시 말하면 자연적인 사람 안에 있는 선에 결합된 진리를 뜻하기 때문에, 역시 다윗도 거기에서 태어났고, 그리고 거기에서 왕으로 기름부음(塗油)을 받았습니다(사무엘 상 16 : 1-14 ; 17 : 12). 왜냐하면 왕으로서의 다윗은 선에서 비롯된 진리의 측면에서 주님을 표징하기 때문에, 그리고 역시 "왕"이 이 진리를 뜻하기 때문입니다(본서 29 · 31 · 205항 참조). 동일한 이유 때문에 주님께서도 베들레헴에서 탄생하셨습니다(마태 2 : 1, 5, 6). 그것은 그가 왕으로 태어났기 때문이고, 그분에게는 탄생에서부터 선에 결합된 진리가 있었습니다. 왜냐하면 모든 젖먹이는 자연적인 것으로 태어나고, 자연적인 것이기 때문입니다. 그 이유는 다음에 외적인 감관들이 되고, 세상적인 것이 되는 그것은 처음에는 개방적(opened)이고, 그리고 모든 사람에게서 이것은 진리의 무지(ignorant of truth)이고, 악의 열망(desirous of evil)이기 때문입니다. 그러나 오직 주님 안에 있는 자연적인 것은 선에 대한 열망(熱望 · a desire for good)이고, 그리고 진리에 대한 갈망(渴望 · a longing for truth)입니다. 왜냐하면 그의 영혼이라고 하는 사람 안에 있는 지배적인 정동(the ruling affection)은 아버지에게서 비롯되기 때문이고, 그리고 주님에게 있는 신령존재 자체인 아버지(聖父·the Father)에게서 비롯된 정동이나, 영혼은 신령사랑에 속한 신령선이기 때문입니다. [4] "베냐민"과 그의 지파가 자연적인 사람 안에 있는 선에 결합된 진리를 뜻하기 때문에 이렇게 언급되었습니다. 여호수아서의 말씀입니다.

> 가나안 땅에 있는 그의 땅은 유다의 자손들과 요셉의 자손들 사이에 있습니다. 그리고 그 때 여브스 사람들이 있었던 예루살렘 역시 유산으로 그 지파에 돌아갔다(여호수아 18 : 11-28).

그러므로 베냐민의 자손들은 그 뒤에 그 성읍을 차지한 유대 사람들과 함께 거기에서 살았습니다. 베냐민 지파는 요셉의 자손들 가운데 있는 자신의 땅을 차지하였는데, 그것은 그 지파가, 그리고 그것으로 인하여 선과 진리의 결합을 표징하기 때문입니다. 왜냐하면 "유다"는 그 교회의 선을 뜻하고, "요셉"은 그 교회의 진리를 뜻하기 때문입니다. 예루살렘이 그 지파에 돌아갔다는 것은 "예루살렘"이 교리나 예배의 측면에서 교회를 뜻하기 때문이고, 그리고 교회의 모든 교리는 선에 결합된 진리에 속한 교리이기 때문이고, 그리고 모든 예배는 자연적인 사람을 통해서 교리에 일치하여 이루어지기 때문입니다. 왜냐하면 이미 앞에서 언급한 것과 같이, 예배는 영적인 사람 안에 있는 실행하는 원인(the effecting cause)에서 비롯된 결과이기 때문입니다.

449[B]. [5] 이렇게 볼 때 아래의 장절에서 "베냐민"의 뜻을 잘 알 수 있겠습니다. 예레미야서의 말씀입니다.

유다의 성읍들과 예루살렘 주변과 베냐민 땅과 평원지대(=스펠라)와 산간지역과 남방에서부터 사람들이 번제물과 희생제물과 곡식제물과 유향을 가지고 와서, 주의 성전에서 감사의 제물로 바칠 것이다(예레미야 17 : 26).

"안식일"(the sabbata)이 주님 안에서의 신령존재와 신령인성의 합일을 뜻하기 때문에, 안식을 거룩하게 바치기 위하여 행하여졌습니다. 그리고 상대적인 뜻으로는 천계와, 교회와, 주님의 신령인성과의 결합을 뜻하고, 일반적으로는 선과 진리의 결합을 뜻하기 때문에 이 일은 행해졌습니다(≪천계비의≫ 8495 · 8510 · 10356 · 10367 · 10370 · 10374 · 10668 · 10730항 참조).
"유다의 성읍들과 예루살렘의 주변과 베냐민의 땅"은 자연적인 사람 안에 있는 선에 결합된 진리들을 뜻하고, "유다의 성읍들"은 선에 속한 결합된 진리들을 뜻하고 "예루살렘의 주변"은 자연적인 사람 안에 있는 교리에 속한 진리들을 뜻하고, "베냐민의 땅"은 그것들의 결합을 뜻합니다. 왜냐하면 "성읍들"은 진리들을 뜻하고, "유다"는 교회의 선을 뜻하고, "예루살렘"은 진리의 교리를, "주변"은, 자연적인 사람 안에 있는 선에 속한 진리들을 가리키는 주위나 아래에 있는, 그런 것들을 뜻하고, 그리고 "베냐민의 땅"은 자연적인 사람 안에 있는 이런 것들의 결합의 측면 교회를 뜻하기 때문입니다. "평원지대"(=낮은 땅)에서 · 산간 지역에서 · 남방에서부터라는 것은, 천적인 근원이나 영적인 근원에서 비롯된 자연적인 사람 안에 있는 선과 진리를 뜻하고, 여기서 "낮은 땅"(=평원지대 · lowland)은 자연적인 사람 안에 있는 선과 진리를 뜻하는데, 그것은 낮은 땅에는, 다시 말하면 산들이나 언덕들 아래에는, 가장 낮은 천계에 있는 자들이 살고 있기 때문이고, 그리고 앞에서 언급한 것과 같이 천적 자연적이라고 부르는, 또는 영적 자연적이라고 불리우는 자들이 살고 있기 때문입니다. "산들"은 천적인 선 안에 있는 자들을 뜻하고, "남쪽"은 영적인 선 안에 있는 자들을, 그리고 그것으로 인하여 진리의 빛 안에 있는 자들을 뜻합니다. "번제물과 희생제물과 곡식제물과 유향을 가지고 온다"는 것은 자연적인 사람 안에 있는 천적인 선과 영적인 선에서 비롯된 예배를 뜻하는데, 여기서 "번제물"은 천적인 선에서 비롯된 예배를 뜻하고, "희생제물"은 영적인 선에서 비롯된 예배를 뜻하고, "곡식제물과 유향"은 자연적인 사람 안에 있는 선과 그 선의 진리를 뜻합니다. 이런 내용이 이들 말씀의 뜻입니다. 거룩한 안식일에 그들이 "유다의 성읍들과, 예루살렘의 주변과, 베냐민의 땅과, 평원지대(=낮은 땅)와, 산간지역(=산들)과 남방에서부터 온다"고 언급된 이유이고, 그리고 가나안의 온 땅에서 오지 않는다고 언급된 이유입니다.

[6] 모든 이런 개별적인 것들이 천계나 교회에 속한 그런 것들을 뜻하기 때문에, 같은 예언서에는 동일한 것들이 거명, 언급되었습니다. 예레미야서의 말씀입니다.

산간지역의 성읍들과 평지(=낮은 땅)의 성읍들과 남쪽의 성읍들과 베냐민 땅과 예루살렘의 사방과, 유다의 성읍들에서, 목자들이 그들이 치는 양을 셀 것이다(예레미야 33 : 13).

그러므로 또 같은 책의 말씀입니다.

예루살렘의 사방과 유다의 성읍들과 산간지역의 성읍들과 평지(=낮은 땅)의 성읍들과 남쪽의 성읍들에서도, 사람들이 돈을 주고 밭을 사서 매매계약서를 쓰고, 봉인하고, 주인들을 세울 것이다.

포로로 잡혀 간 사람들을, 내가 돌아오게 할 것이기 때문이다(예레미야 32 : 44).

이 장절에서 "베냐민의 땅·예루살렘의 사방(=주변)·유다의 성읍들·산간지역(=산)의 성읍들·평지(=낮은 땅)의 성읍들·남쪽의 성읍들"은 위에 언급된 것과 같은 동일한 뜻을 가지고 있습니다. 따라서 "베냐민"은 자연적인 사람 안에 있는 진리와 선의 결합을, 그러므로 가장 낮은 천계에 있는 자들에게 있는 진리와 선의 결합을 뜻합니다.

[7] 또 같은 책의 말씀입니다.

"너희의 베냐민 자손아,
예루살렘에서 도망쳐 나와서 피하여라.
너희는 드고아(=예루살렘)에서 나팔을 불고
벳학게렘(=포도밭의 집)에서는 봉화불을 올려라.
재앙과 파멸이 북쪽에서 밀려온다."
(예레미야 6 : 1)

이 장절은 영적인 뜻으로 진리와 선에 관하여 교회의 황폐에 관해서 다루고 있습니다. 그 이유는 그것이 시온과 예루살렘에 거스르고 있기 때문입니다. 왜냐하면 "시온"은 교회의 선을 뜻하고, "예루살렘"은 그것의 진리를 뜻하기 때문입니다. 그리고 "베냐민의 자손들"은 선과 진리의 결합을 뜻하기 때문에, "예루살렘에서 도망쳐 피한다, 나팔을 분다, 포도밭의 집에서 봉화불을 올린다"고 그들이 언급되었습니다. 여기서 "나팔을 분다"는 것은 선에서 비롯된 진리들로 말미암아 그 교회에 거스르는 싸움을 뜻하고, "포도밭의 집"은 그 교회 자체를 뜻하고, "봉화불을 올린다"(=큰 불을 지핀다)는 것은 악한 사랑들(=애욕들)에 의한 교회의 파괴를 뜻하고, "재앙과 파멸이 밀려오는 북쪽"은 악의 거짓을 뜻하고, "큰 파멸"은 선과 진리의 분산(分散)을 뜻합니다.
[8] 시편서의 말씀입니다.

> 아, 이스라엘의 목자이신 주님,
> 요셉을 양 떼처럼 인도하시는 주님,
> 귀를 기울여 주십시오.
> 그룹 위에 앉으신 주님,
> 나타나 주십시오.
> 에브라임과 베냐민과 므낫세 앞에서
> 나타나 주십시오.
> 주님의 능력을 떨쳐 주십시오.
> 우리를 도우러 와 주십시오(=오셔서 우리를 구원하소서).
> (시편 80 : 1, 2)

여기서 "에브라임·베냐민·므낫세"는 그 사람 에브라임, 베냐민, 므낫세를 뜻하지 않고, 오히려 자연적인 진리나 선 안에 있는 자들을 뜻합니다. 그리고 그들에게 있는 이런 것들의 결합을 뜻합니다(본서 440[B]항 참조).
[9] 같은 책의 말씀입니다.

> "회중 한가운데서 하나님을 찬양하여라.
> 이스라엘 자손아,
> 주님을 찬양하여라" 합니다.
> 맨 앞에서는,
> 막둥이 베냐민이 대열을 이끌고,

그 뒤에는
유다 대표들이 무리를 이루었고,
그 뒤에는 스불론 대표들이,
그 뒤에는 납달리 대표들이 따릅니다.
(시편 68 : 26, 27)

여기서 베냐민과 유다 대표들·스불론 대표들·납달리 대표들은 그들을 뜻하지 않고, 이들 지파들이 뜻하는 그 교회에 속한 것들을 뜻합니다. "막둥이 베냐민"(=작은 베냐민)은 여기서는 자연적인 사람의 이노센스(innocence)를 뜻하고, 자연적인 사람의 이노센스는 거기에 있는 선과 진리의 결합 안에 있습니다. 이런 내용은 본서 439항을 참조하십시오.
[10] 모세에 의한 이스라엘 자손의 축복입니다. 신명기서의 말씀입니다.

베냐민 지파를 두고서,
그는 이렇게 말하였다.
"주께서 사랑하시는 베냐민은
주의 곁에서 안전하게 산다.
주께서 베냐민을 온종일 지켜 주신다.
베냐민은 주의 등에 업혀서 산다."
(신명기 33 : 12)

여기서 "베냐민"은 자연적인 것을 가리키는 궁극적인 뜻의 성경말씀을 뜻합니다. 왜냐하면 이것에는 모세에 의한 축복이 기술되었기 때문이고, 그리고 각각의 지파는 그것에 속한 어떤 것을 뜻하기 때문입니다. 자연적인 것을 가리키는 성경말씀의 궁극적인 것은 그것 안에 선과 진리의 혼인(=결합)이 있는데,

이러한 내용은 수많은 곳에서 입증하였습니다. 그러므로 "베냐민"은 "주의 사랑을 받는 자"라고 하였습니다. 그리고 "주께서 온종일 그를 보호하실 것이요, 그는 주의 어깨 사이에 거할 것이다"(=베냐민은 주의 등에 업혀서 산다)고 언급되었는데, 여기서 "어깨 사이에 산다"(=등에 업혀서 산다)는 것은 안전 가운데, 능력 가운데 있다는 것을 뜻합니다.

[11] 그의 아들에 관한 아버지 이스라엘의 예언에서(창세기 49 : 27), "베냐민"의 뜻은 ≪천계비의≫ 6439-6444항에 설명되었습니다. 그 예언에서 베냐민은 마지막으로 다루어졌는데, 그 이유는 그가 교회나 천계의 궁극적인 것을 뜻하기 때문입니다. 이 궁극적인 것은 자연적인 것을 가리키고, 그것 안에는 선에 결합된 진리가 있습니다.

[12] 이것이 "베냐민"의 뜻이기 때문에 이렇게 언급되었습니다. 민수기서의 말씀입니다.

> 에브라임, 므낫세, 베냐민 지파들은 회막을 중심으로 하여 그 둘레에 진을 치되, 서쪽에 진을 친다(민수기 2 : 18-24).

이 세 지파들은 자연적인 진리나 자연적인 선 안에 있는 모두를 뜻하고, 그리고 이것들의 결합 안에 있는 모두를 뜻합니다. "에브라임"은 자연적인 사람 안에 있는 진리를 뜻하고, "므낫세"는, 앞에서 언급한 것과 같이, 그것 안에 있는 선을 뜻하고, "베냐민"은 이것들의 결합을 뜻합니다. 이들 지파들이 서쪽에 진을 쳤는데, 그 이유는 천계에서 이들은 서쪽에 살고 있기 때문이고, 그리고 북쪽에는 선의 불영명의 상태나 진리의 불영명의 상태에 있는 자들이 살고 있기 때문에, 따라서 이들은 자연적인 선이나 자연적인 진리 안에 있기 때문입니다. 그러나 천계에서 동쪽이나 남쪽에 사는 자들은 선과 진리의 밝음의 상태에 있습니다. 이런 내용에 관해서는 ≪천계와 지옥≫ 141-153항을 참조하십시오.

[13] 이상에서 볼 때 밝히 알 수 있는 것은 "베냐민"이 성경 말씀에서 자연적인 사람 안에 있는 선과 진리의 결합을 뜻하고, 그리고 그것의 결합은 영적인 것에 있는 선을 통해서 존재한다는 것입니다. 왜냐하면 자연적인 사람 안에 있는 모든 선은 영적인 사람에게서 입류하기 때문입니다. 다시 말하면 영적인 사람을 통해서 주님에게서 입류하기 때문입니다. 이런 입류가 없다면 자연적인 사람 안에는 전혀 선이 없을 것입니다. 그러므로 "베냐민"은 자연적인 사람과 영적인 사람의 결합을 뜻합니다. 그리고 "요셉"은 영적인 사람과 천적인 사람의 결합을 뜻합니다.

450. 이들 열두 지파 가운데서, 그 지파에서 나온 일만이천 명이 도장을 받았다고 언급되었는데, 단의 지파는 거명되지 않고, 그 지파 대신에 므낫세 지파가 언급되었습니다. 단 지파가 거명되지 않은 것은 그 지파가 우리의 본문장(=묵시록 7장)에 지금 이어지는 것들을 표징하고, 뜻하기 때문입니다. 요한은 이렇게 기술하고 있습니다. "그 뒤에 내가 보니, 아무도 셀 수 없을 만큼 큰 무리가 있었습니다. 그들은 모든 민족과 종족과 백성과 언어에서 나온 사람들인데, 흰 두루마기를 입고, 종려나무 가지를 손에 들고 보좌 앞에 어린 양 앞에 서 있었습니다"(9절)는 말씀입니다. 왜냐하면 이들은 천계나 교회의 진정한 진리들 안에 있지 않는 그런 부류였지만, 그러나 그들의 종교적인 교리적인 것에 일치하는 삶에 속한 선 안에 있었고, 그리고 이들은 거짓들을 제외하면 거의 순수한 진리에서

멀리 떨어지지 않은 그런 부류이고, 그리고 그럼에도 불구하고 이런 거짓들은 진리들로서 주님에 의하여 용납, 인정되는 것들입니다. 그 이유는 이런 부류는 삶에 속한 선 안에 있기 때문이고, 그리고 이것 때문에 그들의 종교의 거짓들은 악으로 부패되지 않고, 타락되지 않았으며, 오히려 선에 치우쳐 있었기 때문입니다. 단 지파의 자리에 받아들여진 다른 자들은, 단 지파가 지파들의 마지막이기 때문에, 그러므로 주님나라에서 궁극적인 것들을 뜻하기 때문에, 그리고 거기에는 순수한 진리들은 결코 아니지만 그들의 종교에 일치하는 삶의 선이나 믿음의 선 안에 있는 자들이기 때문입니다. 단 지파에 관해서는 ≪천계비의≫ 1710 · 3920 · 3923 · 6396 · 10335항을 참조하십시오.

451. 9. 10절. 그 뒤에 내가 보니 아무도 그 수를 셀 수 없을 만큼 큰 무리가 있었습니다. 그들은 모든 민족과 종족과 백성과 언어에서 나온 사람들인데, 흰 두루마기를 입고, 종려나무 가지를 손에 들고, 보좌 앞과 어린 양 앞에 서 있었습니다. 그들은 큰 소리로
　　"구원은 보좌에 앉아 계신
　　우리 하나님과 어린 양의 것입니다"
하고 외쳤습니다.

[9절] :
"그 뒤에 내가 보니, 큰 무리가 있었다"는 것은 그것 안에는 순수한 진리가 전혀 없는 그들의 종교에 일치하는 삶에 속한 선 안에 있는 모든 자들을 뜻합니다(본서 452항 참조). "아무도 그 수를 셀 수 없다"는 것은 주님께서 홀로 그것들 안에 있는 선과 진리의 종류가 무엇인지, 선이 얼마나 많은지 아신

다는 것을 뜻합니다(본서 453항 참조). "모든 민족과 종족들에 게서 나왔다"는 것은 그들의 종교에 속한 교리적인 것들에 일치하는 삶의 측면에서 선 안에 있는 모두를 뜻합니다(본서 454 항 참조). "백성과 언어"는 무지(無知)에서 비롯된 다종다양한 종교들의 거짓들 안에 있는 자들 모두를 뜻합니다(본서 455항 참조). "보좌 앞과 어린 양 앞에 서 있다"는 것은 주님의 나라 안에 있는 부류를 뜻합니다(본서 456항 참조). "흰 두루마기를 입었다"는 것은 그 때 그들은 진리들 안에 있고, 그리고 거짓들에 대하여 보호된다는 것을 뜻합니다(본서 457항 참조). "그들의 손에 있는 종려나무 가지"는 진리들에 일치하는 삶에 속한 선 안에 있다는 것을 뜻합니다(본서 458항 참조).

[10절] :
"큰소리로 외친다"는 것은 진리의 선에서 비롯된 경배를, 결과적으로는 마음의 즐거움에서 비롯된 경배를 뜻합니다(본서 459 항 참조). "구원은 보좌에 앉아 계신 우리 하나님과 어린 양의 것이라는 외침"은 영원한 생명(永生)은 오직 주님에게서 온다는 고백이나 찬양을 뜻합니다(본서 460항 참조).

452. 9절. **그 뒤에 내가 보니 큰 무리가 있었다.**
이 말씀은 그것 안에 순수한 진리들은 전혀 없지만 그들 자신의 종교에 일치하는 삶에 속한 선 안에 있는 자들 모두를 뜻합니다. 이러한 내용은 각 지파에서 나온 "도장을 받은 일만이천 명"이 순수한 진리들이 있는 교회에 속한 자들을 뜻한다는 것에서 잘 알 수 있습니다. 왜냐하면 "이스라엘의 열두 지파들"은 순수한 선들이나 진리들 안에 있는 자들을 뜻하고, 그리고 추상적인 뜻으로는 교회에 속한 모든 선들이나 진리들을 뜻하기 때문입니다. 그러므로 지금 여기서 다루고 있는 자들은 그들의 종교에 일치하는 삶에 속한 선 안에 있는 자들을 뜻합니다. 그럼에도 불구하고 그것에는 순수한 진리들은 전혀 없습니다. "셀 수 없을 만큼 큰 무리"의 뜻이 이러하다는 것은 우리의 본문장 아래에서 잘 알 수 있는데, 거기에는 "이 사람들은 큰 환난을 겪어 낸 사람들이다"(14절)라고 언급되었습니다. 이것은 시험들을 겪었다는 것을 뜻하는데, 왜냐하면 그것 안에 순수한 진리들이 전혀 없는 그들의 종교에 일치하는 삶에 속한 선 안에 있는 자들은 저 세상에서 온갖 시험들을 겪고, 그 시험들에 의하여 그들의 종교의 온갖 거짓들은 흩어지고, 그리고 순수한 진리들이 그것들의 자리에 주입되고, 활착되기 때문입니다. 이상에서 "큰 무리"가 뜻하는 자들이 누구인지 잘 알 수 있겠습니다(이들에 관해서는 우리의 본문장 말미에서 다루어지겠습니다). 지금까지는 어느 누구도 성언이 존재하는 교회 안에 있든, 또는 교회 밖에 있든, 그의 종교에 일치하는 선한 삶을 산 자는 어느 누구도 결코 멸망, 저주받지 않는다고 알려져 있었습니다. 왜냐하면 순수한 진리들의 무지(無知)가 그들의 잘못이 아니었기 때문입니다. 더욱이 삶에 속한 선은 그것 안에 진리들을 알려고 하는 정동에 깊이 빠져 있기 때문에 이런 부류가 저 세상에 오게 되면 그들은 아주 쉽게 진리들을 영접, 수용하고, 그리고 그것들을 흡수합니다. 악하게 살고, 그리고 종교의 빛을 이룬 자들에게서는 사정은 전혀 다릅니다. 순수한 진리들 안에 있지 않고, 따라서 무지에서 비롯된 거짓들 안에 있지만, 그럼에도 불구하고 삶에 속한 선 안에 있는 자들은 본서 107·195[A]·356항에 다루어졌고, 천계에 있는 교회 밖에 있는 백성이나 민족들은 나의 저서 ≪천계와 지옥≫에서 다루어졌습니다. 아래의 내용은 역시

≪천계비의≫에서 다루어진 내용입니다. 거기에는 선에 화합, 일치하는 종교에 속한 거짓들이 있고, 그리고 불일치하는 거짓들이 있다는 것(9258·9259항 참조), 만약에 그것들이 선에 불일치하지 않는다면 종교의 거짓들은 악 안에 있는 자들에게서는 오직 악만 생성한다는 것(8311·8318항 참조), 종교의 거짓들은 선 안에 있는 자들에게는 전가(轉嫁)되지 않고, 오히려 악 안에 있는 자들에게 전가된다는 것(8051·8149항 참조), 순수하지 않은 진리들이나 또는 거짓들은 선 안에 있는 자들에게 있는 순수한 진리들과 제휴(提携)하지만, 그러나 악 안에 있는 자들의 것들과는 제휴하지 않는다는 것(3470·3471·4551·4552·7344·8149·9298항 참조), 거짓들이나 진리들은 성경말씀의 문자적인 뜻에서 비롯된 외현들에 의하여 서로 제휴한다는 것(7344항 참조), 거짓들은 선에 의하여 삶은 진리(truthlike)가 되지만, 그리고 그것들이 선에 적용되고, 그리고 선에 인도될 때에는 부드럽고, 온유하고, 악은 제거 된다는 것(8149항 참조), 선 안에 있는 자들에게 있는 종교의 거짓들은 진리들로서 주님에 의하여 영접, 수용된다는 것(4736·8149항 참조), 종교의 거짓에서 그것의 성질을 획득한 선은 만약에 거기에 무지(無知)가 있었다면, 그리고 만약에 그것 안에 이노센스(innocence)나 선한 목적이 있다면, 주님에 의하여 용인, 수용된다는 것(7887항 참조), 진리나 선의 외현들인 사람에게 있는 진리들은 거짓들로 물들여지고, 그럼에도 불구하고 주님께서는 그것들을 선 안에 사는 사람 안에 있는 순수한 진리들에 적응시킨다는 것(2053항 참조), 교회 밖에 있고, 그것으로 인하여 진리의 무지 안에 있는, 그리고 또한 교리의 거짓들이 있는 교회 안에 있는 자들에게 선 안에 거짓들이 있다는 것(2589-2604·2861

・2863・3263・3778・4189・4190・4197・6700・9256항 참조).

453[A]. 아무도 그 수를 셀 수 없다.
이 말씀은 주님께서 홀로 그를 안에 있는 선과 진리의 성품이 무엇인지 아신다는 것, 그리고 그것들이 얼마나 많은지 아신다는 것을 뜻합니다. 이러한 내용은 한 사물(事物)의 성질이 무엇인지를 뜻하기 때문에 따라서 헤아린다는 것(=계수한다는 것)이 한 사물의 성질을 아는 것을 뜻하는, 여기서는 지금 여기서 다루어지고 있는 자들에게 있는 선과 진리의 성질을 아는 것을 가리키는 "수"(數・number)의 뜻에서 잘 알 수 있습니다. 주님께서 홀로 이것을 아신다는 뜻은 "아무도 그 수를 셀 수 없다"는 것이 뜻하는 것입니다. 왜냐하면 사람이나 천사는 그 누구도 시리즈로 어떤 관계에 있는 다른 자들에게 있는 선과 진리의 성질을 결코 알지 못하기 때문이고, 다만 외적인 것들 안에 나타나 보이는 그것에 속한 어떤 것을 알기 때문입니다. 그럼에도 불구하고 모든 성품이나 성질은 무한한 확대에 속한 것입니다. 왜냐하면 그것은 자기 자체와 안에 숨겨져 있는 헤아릴 수 없이 수많은 것들과 결합하고, 그리고 밖에서 사는 것이나 모든 방향으로 퍼져 나가는 헤아릴 수 없는 수많은 것들과 결합하기 때문입니다. 어느 누구도 이 모든 것을 볼 수 없고, 알지 못하지만, 그러나 주님 홀로 아십니다. 그러므로 그것들의 성질에 따라서 정돈하고, 배열하시는 분은 오직 주님 뿐이십니다. 왜냐하면 주님께서는 모든 것의 성질이나 성품을 아시고, 따라서 그의 성품이 어떤 것인지 아시고, 그리고 영원히 그 사람에게 일어날 것이 무엇인지도 아시기 때문입니다. 그것은 전지(全知・omniscience)나 예견, 섭리라고 하는 주님의 시각(the Lord's sight)은 영원한 것이기 때문입니다. 이러한 것이 주님 이외에는 어느 누구도 어느 누구에게 있는 선과 진리의 성질을 알지 못하는 이유입니다. "수를 센다"(=계수한다 · to number)는 것이 선이나 진리의 성질을 안다는 것을 뜻한다는 것이 매우 이상하게 보이겠지만, 왜냐하면 어느 누구가 이런 낱말들을 읽을 때, 그리고 문자적인 뜻에 머물러 있다면 헤아릴 수 없이 큰 무리가 있다는 단순하게 뜻하는 것 이외의 다른 생각을 결코 가질 수 없기 때문인데, 그럼에도 불구하고 영적인 뜻으로 "수"(數 · number)는 성질이나 성품을 뜻하고, 따라서 "계수한다"(=센다 · to number)는 것은 성질이나 성품 따위를 아는 것을 뜻하고, 그것에 따라서 정리, 배열하는 것을 뜻합니다.

[2] 계수(計數)의 뜻이 이런 뜻이기 때문에 백성의 숫자를 조사한 다윗에게 형벌이 과해졌는데, 이러한 것이 사무엘 하서에 이렇게 기술되었습니다.

주께서 다시 이스라엘에게 진노하셔서, 주께서 다윗을 움직이시어 그들을 향하여 말씀하시기를 "가서 이스라엘과 유다의 인구를 조사하여라." 그래서 왕은 데리고 있는 군사령관 요압에게 지시하였다. "어서 단에서부터 브엘세바에 이르기까지 이스라엘의 모든 지파를 두루 다니며 인구를 조사하여서 이 백성의 수를 나에게 알려 주시오." 요압은 왕을 단념시켰으나, 임금의 말이 우세하였다. 다윗은 이렇게 인구를 조사하고 난 다음에, 스스로 양심의 가책을 받았다. 그래서 다윗이 주께 자백하였다. "내가 이러한 일을 해서, 큰 죄를 지었습니다. 그러나 주님, 이제 이 종의 죄를 용서해 주시기를 빕니다. 참으로 내가 너무나도 어리석은 일을 하였습니다." 그래서 예언자 갓이 다윗에게 보내졌다. 갓은 다윗에게 세 가지 형벌이 공표지었는데, 그 형벌들 중에서 다윗이 택한 것은 전염병을 택하였는데, 그 병으로 죽은 사람이 칠만 명이나 되었다(사무엘 하 24 : 1-마지막 절).

백성의 인구를 조사하는 것에 죄가 없다는 것을 누구가 모르겠습니까? 그럼에도 불구하고 그 죄악이 너무나도 크기 때문에, 다윗은 세 형벌 중에 그가 하나를 택하는 위협을 겪었는데, 그가 택한 것은 전염병이었고, 그 병으로 말미암아 칠만 명이 죽었습니다. 그러나 거기에는 이런 이유가 있었습니다. 다시 말하면 "이스라엘과 유다"는 천계나 이 땅에 있는 주님의 나라를 표징하고 뜻하기 때문이고, 그리고 "계수한다"는 것은 그들의 성품을 아는 것을 뜻하고, 결과적으로는 그들을 정리하고 배열하는 것을 뜻하는데, 이런 일은 오직 주님에게 속한 것입니다. 성경말씀에서 "계수한다"(=센다 · to number)는 것은 이런 뜻을 가지고 있습니다.

[3] "계수한다"(=센다 · to number)는 말은 모세의 글에서도 동일한 뜻을 지닙니다. 출애굽기서의 말씀입니다.

> (주께서 모세에게 말씀하셨다.) "내가 이스라엘 자손의 수를 세어 인구를 조사할 때에, 그들은 각자 자기 목숨 값으로 속전을 주께 바쳐야 한다. 그래야만 인구를 조사할 때에 그들에게 재앙이 미치지 않을 것이다(출애굽 30 : 12).

여기서도 역시 "계수한다"(=센다)는 것은 그들의 성품을 아는 것을 뜻하고, 또는 그들에게 있는 그 교회의 성질(=됨됨이)을 아는 것을 뜻하고, 그리고 그것에 따라서 정리, 배열하는 것을 뜻합니다. 이런 일은 오직 주님에게 속한 것이기 때문에, 따라서 "이스라엘 자손의 인구를 조사할 때에 그들은 각자 자기 목숨 값(=자기 영혼을 위한 몸값)으로 속전을 주께 바쳐야 한다.

그래야만 그들에게 재앙이 미치지 않을 것이다"고 언급되었습니다. 이 장절의 상세한 설명은 ≪천계비의≫ 10216-10232항을 참조하십시오.
[4] 다니엘서의 말씀입니다.

> 벨사살 왕은 술을 마시면서 …… 그의 아버지 느부갓네살 왕이 예루살렘 성전에서 가져 온 금그릇과 은그릇을 가져 오게 하여, 모두 그것으로 술을 마시게 할 참이었다. …… 바로 그 때에 갑자기 사람의 손이 나타나더니, 왕궁 석고 벽 위에다가 글을 쓰기 시작하였다. …… 기록된 글자는 바로 '메네 메네 데겔'과 '바르신'입니다. 이 글자를 해석하면 이러합니다. '메네'는 하나님이 이미 임금님의 나라의 시대를 계산하셔서 그것이 끝나게 하셨다는 것이고, '데겔'은 임금님이 저울에 달리셨는데, 무게가 부족함이 드러났다는 것이고, '바르신'은 임금님의 왕국이 나뉘어서 메대와 페르시아 사람에게 넘어갔다는 뜻입니다(다니엘 5 : 2, 5, 25-28).

여기서 "계산하였다, 계산하였다"(=계수하였다)는 것은 선과 진리의 성질에 관해서 조사하고, 알고 있다는 것을 뜻하고, "임금님의 나라가 계산되었다"는 것은 정리, 배열되었다는 것을 뜻합니다. 그 밖의 나머지의 뜻은 본서 373항을 참조하십시오.
[5] 이와 비슷한 이사야서의 말씀입니다.

> 나는 한창 나이에
> 스올(=무덤·죽음)의 문으로 들어가는가 싶었다.
> 남은 여생을 빼앗긴다는 생각도 들었다(=나의 연수가 끊어져서 음부의 문으로 갈 것이며, 내 연수의 나머지를 빼앗길 것이다)(이사야 38 : 10).

이 장절은 히스기야 왕이 병이 들었을 때 그에 관한 말씀입니다. 여기서도 "계산되었다"(to be numbered)는 것은 조사되고, 종결되었다는 것을 뜻합니다. "계산한다"는 말이나 "계산되었다"는 말은, 그것들이 문자나 그것의 자연적인 뜻의 근원인 성경말씀의 영적인 뜻과는 전혀 다른 뜻을 가지고 있습니다. 이러한 사실은 천계의 천사들에게 있는 숫자들이나 치수들(=도량의 단위들·measures)이 영적인 개념에서는 전혀 자리(place)를 가지지 못한다는 것, 다시 말하면 그것들은 계수나 치수에서 생각하지 않고, 오히려 한 사물의 성질에서 생각한다는 것에 잘 알 수 있습니다. 그러나 그것들의 이런 생각은 그것이 거기에서부터 자연적인 분위기(the natural sphere)에 내려오게 되면 숫자들이나 치수들에게 빠집니다. 그럼에도 불구하고 성경말씀은 사람들을 위한 것과 같이 천사들을 위해서도 동일하게 기술되었습니다. 결과적으로 성경말씀의 숫자들이나 계수에서 천사들은 거기서 다루어지는 사물의 성질이나 성품을 지각하지만, 이에 반하여 사람들은 숫자들이나 계수하는 것만을 이해합니다. 이러한 내용이나 사실은 이런 것에서, 즉 성경말씀의 모든 숫자는 사물이나 상태의 그 어떤 것을 뜻한다는 것에서 잘 알 수 있습니다. 이런 것에 관해서는 본서 203·336·429·430항을 참조하십시오.

453[B]. [6] 계수한다(=센다·numbering)는 말이 성경말씀의 여러 장절에 언급되었기 때문에, 그리고 그것은 한 사물의 성질을 아는 것을 뜻하기 때문에, 그리고 그 성질에 따라서 정돈하고 배열하는 것을 뜻하기 때문에, 확실한 그런 장절들을 여기에 인용하고자 합니다. 이사야서의 말씀입니다.

저 소리를 들어 보아라.
나라들이 소리치고

나라들이 모여서 떠드는 소리다.
만군의 주께서, 공격을 앞두고,
군대를 검열하실 것이다.
(이사야 13 : 4)

여기서 "나라들(=민족들의 왕국들)이 함께 모였다"는 것인 떠드는 소리는 여러 나라에서 모인 민족들을 뜻하지 않습니다. 왜냐하면 이 장절은 역사적인 것이 아니고, 예언적인 것을 뜻하기 때문입니다. 그러나 "민족들의 왕국이 함께 모였다"는 것은 하나로 결합, 밀집(密集)하기 위하여 만들어진 악들에 속한 거짓들을 뜻하고, "그들의 떠드는 소리"(=법석·tumult)는 진리들에 대항하여 싸우기 위한 그들의 협박(脅迫)이나 열망(熱望)을 뜻합니다. 왜냐하면 "왕국들"(=나라들)은 진리들에 관해서 서술하고, 반대적인 뜻(=나쁜 뜻)으로는 거짓들에 관해서 서술하기 때문입니다. 이에 반하여 "나라들"(=민족들·nations)은 선들에 관해서, 나쁜 뜻으로는 악들에 관해서 서술하기 때문입니다(본서 175·331항 참조). "법석"(=떠드는 소리·tumult)은 싸움에 대한 열정에 관해서, 여기서는 진리들에 거스르는 것에 관해서 서술합니다. "만군의 주가 싸움의 군사(=군대)를 소집한다"(=검열한다)는 것은, 악들에서 비롯된 거짓들에 대하여 주님에 의한 선에서 비롯된 진리들의 정리, 정돈을 뜻합니다. 성경말씀에서 주님은, 거짓들이나 악들에 대항하여 싸우는 진리들이나 선들로 말미암아 "만군의 주"(Jehovah of Hosts)라고 불리셨습니다. 왜냐하면 "제바오스"(Zebaoth)는 군대들을 뜻하고, "군대들"(=무리들·만군·hosts)은 천계나 교회에 속한 진리들이나 선들을 뜻하기 때문입니다. 그리고 "검열한다"(=수를 센다)는 것은 이런 것들을 정돈하는 것을 뜻하고, "전쟁"은 영적인 다툼을 뜻하기 때문입니다.
[7] 같은 책의 말씀입니다.

> 너희는 고개를 들어서,
> 저 위를 바라보아라.
> 누가 이 모든 별을 창조하였느냐?
> 바로 그분께서 천체를
> 군대처럼 불러내신다.
> 그는 능력이 많으시고 힘이 세셔서,
> 하나하나, 이름을 불러 나오게 하시니,
> 하나도 빠지는 일이 없다.
> (이사야 40 : 26)

"하늘의 별들"은 문자적인 뜻으로는 태양·달·별들을 뜻하는데, 왜냐하면 성경말씀에서 이런 것들이 "주의 군대"(=무리)라고 불리셨지만, 그러나 영적인 뜻으로 "군대"(=무리·host)는 복합적으로 천계나 교회에 속한 모든 선들이나 진리들을 뜻하기 때문입니다. 왜냐하면 "해"(=태양·sun)는 사랑의 선을 뜻하고, "달"(moon)은 믿음의 선을 뜻하고, "별들"(stars)은 선이나 진리에 속한 지식들을 뜻하기 때문입니다. 이런 뜻은 "너희는 눈을 높이 들어 누가 이런 것들을 창조하였는지 보라"는 말씀의 뜻을 명확하게 합니다. 여기서 "창조한다"는 것은 그것이 선들이나 진리들을 서술하는 경우, 사람에게서 그것들을 형성하는 것(to form)을 뜻하고, 그리고 그를 중생시키는 것을 뜻합니다. "무리들을 수효대로 이끌어 낸다"(=천체를 군대처럼 불러 낸다)는 것은 그것들이 그들과 함께 하는 그들의 성품에 따라서 진리들이나 선들을 정돈하는 것을 뜻하고, "누가 그들의 이름을 모두 불러낸다"(=하나하나 이름을 불러 나오게 한다)는 것은 누군가가 모든 것들의 성질을 알고, 따라서 배열한다는 것을 뜻합니다. 왜냐하면 성경에서 "이름"은 사물이나 상태(a thing or state)의 성질을 뜻하기 때문입니다.
[8] 그러므로 역시 요한복음의 말씀입니다.

> 양들은 그의 음성을 듣는다. 그리고 목자는 자기 양의 이름을 하나하나 불러서 이끌고 나간다(요한 10 : 3).

어디서도 꼭같은 표현인, "이끌고 나간다"(to lead out)나 "이름을 부른다"(to call by name)는 것이 이사야서의 말씀과 같이 사용되었습니다. 그리고 그것들은 동일한 뜻을 갖습니다. "이름"(name)이 사물이나 상태의 성질을 뜻한다는 것은 본서 102 · 135 · 148항을 참조하십시오. 시편서의 말씀입니다.

> (주님은)
> 별들의 수효를 헤아리시고,
> 그 하나하나에 이름을 붙여주신다(=그들을 모두 그들의 이름으로 부르신다)(시편 147 : 4).

"별들의 수효를 헤아리고 그들을 모두 그들의 이름으로 부르신다"는 것은 모든 진리들이나 선들을 뜻하고, 그리고 천계나 교회에 있는 그것들을 그것들의 성품에 따라서 배열하는 것을 뜻합니다. 또다른 이유 때문에 "주께서는 별들을 헤아리고, 그것들의 이름들에 의하여 그것들을 부른다"고 언급되었기 때문입니다.
[9] 예레미야서의 말씀입니다.

산간지역의 성읍들과 평지(=낮은 땅)의 성읍들과 남쪽의 성읍들과 베냐민 땅과 예루살렘의 사방과 유다의 성읍들에서, 목자들이 그들이 치는 양을 셀 것이다(예레미야 33 : 13).

"산들" "평지"(=낮은 땅) "남쪽" "베냐민의 땅" "예루살렘의 사방" "유다의 성읍들" 등등이 영적인 뜻으로 뜻하는 것이 무엇인지는, 이런 것들이 설명된 본서 449[B]에서 볼 수 있습니다. "목자들이 그들이 치는 양을 셀 것이다"(=양 떼들이 계수하는 자의 손 아래로 다시 지나갈 것이다)는 말씀은 그것들의 신분(身分)이나 성품에 일치하는 교회 안에 있는 내면적인 선들이나 진리들이 거기에 있을 것이라는 것을 뜻합니다. 왜냐하면 "양 떼들"은 내면적인 선들이나 진리들을 뜻하기 때문이고, 그리고 "떼"(=무리·flock)는 어린 양들·양들·염소 새끼들을 뜻하는데, 이런 것들은 영적인 선들이나 진리들을 가리키는 내면적인 선들이나 진리들을 뜻하기 때문이고, 이에 반하여 송아지들·수소들(=불깐 소들)·암소들(=젖소들)·황소들로 이루어진 "가축의 무리"(herds)는 자연적인 진리들이나 선들을 가리키는, 외현적인 선들이나 진리들을 뜻하기 때문입니다. 이런 뜻에 관해서는 ≪천계비의≫ 1565·2566·5913·6048·8937·10609항을 참조하십시오.
[10] 시편서의 말씀입니다.

주님, 주의 공의로우심으로
시온 산이 즐거워하고,
유다의 딸들이 기뻐서 외칩니다.
너희는 시온 성을 돌면서,

그 성을 둘러보고,
그 망대를 세어 보아라.
너희는 그 성벽을 자세히 보고,
그 궁궐을 찾아가 살펴보고,
다음 세대에게 그것을 설명해 주기를
"하나님께서 영원토록
우리의 하나님이시니,
죽을 때까지 우리를
인도하여 주신다" 하여라.
(시편 48 : 11-14)

"즐거워할 시온 산"은 천적인 교회를 뜻하는데, 그 교회 안에는 주님사랑 안에 있는 자들이 있습니다. "기뻐서 외칠 유다의 딸들"은 그들이 그 교회에 속한 것들을 가지고 있는 선과 진리의 정동들을 뜻하고, "주의 공의로우심 때문이다"는 말씀은 그들이 주님으로부터 차지한 신령진리들 때문이라는 것을 뜻하고, "시온 성을 에워싸고 그 성을 둘러본다"는 것은 사랑에서 비롯된 그 교회에 속한 것들을 환영하고, 얼싸안는 것을 뜻하고, "시온의 망대를 센다"는 것은 그 교회의 보다 높은 진리들이나 내면적인 진리들에게 생각(=상상력)을 주는 것을 뜻하고, 여기서 "센다"(=계수한다·to number)는 것은 그들의 성질이나 성품을 보고, 그 성질에 생각(=상상력)을 주는 것을 뜻하고, "망대들"(=탑들·towers)은 보다 높은 진리들이나 내면적인 진리들을 뜻하고, "그 성벽을 자세히 본다"(=너희의 마음을 성벽들에 둔다)는 것은 거짓들에 거슬러서 그 교회를 방어하는 외면적인 진리들을 사랑하는 것을 뜻하고, "그 궁궐을 찾아가 살펴본다"(=그 궁궐들을 유념한다)는 것은 진리의 선들을 지각하는 것을 뜻합니다. 왜냐하면 "집들"(houses)은 선들을 뜻하고, "궁궐들"(palaces)은 진리의 보다 고상한 선들을 뜻하기 때문입니다. "다음 세대에 그것을 설명해 준다"(=후대에 전한다)는 것은 영원한 그들의 영구불변(永久不變·permanence)을 뜻합니다. [11] 이사야서의 말씀입니다.

> 의롭게 사는 사람,
> 정직하게 말하는 사람,
> 권세를 부려
> 가난한 사람의 재산을 착취하는 일은
> 아예 생각지도 않는 사람,
> 뇌물을 거절하는 사람,
> 살인자의 음모에 귀를 막는 사람,
> 악을 꾀하는 것을 보지 않으려고
> 눈을 감는 사람 ……
> 네가 다시 한 번
> 왕의 장엄한 모습을 볼 것이며,
> 백성은 사방으로 확장된 영토를 볼 것이다.
> 너는 지난날 무서웠던 일들을 돌이켜보며,
> 격세지감을 느낄 것이다.
> 서슬이 시퍼렇던 이방인 총독,
> 가혹하게 세금을 물리고,
> 무리하게 재물을 빼앗던
> 이방인 세금 징수관들,
> 늘 너의 뒤를 밟으며 감시하던 정보원들,
> 모두 옛날이야기가 될 것이다.
> 악한 백성,
> 네가 알아듣지 못하는 언어로 말하는
> 그 악한 이방인을

다시는 더 보지 않을 것이다.
(이사야 33 : 15, 17-19)

"의롭게 살고, 정직하게 말한다"(=의롭게 행하고, 정직하게 말한다)는 것은 사랑의 선이나 인애의 선 안에서 산다는 것을 뜻하고, 그리고 진리들을 생각하고, 깨닫는 것을 뜻합니다. 왜냐하면 "걷는다"(to walk)는 것은 사는 것을 뜻하고, "의롭다"(=공의·righteousness)는 선에 관해서, "정직"(uprightness)은 진리에 관해서 서술하기 때문입니다. "네가 다시 한 번 왕의 장엄한 모습을 볼 것이다"(=너의 눈은 그의 아름다움 속에 있는 왕을 볼 것이다)는 것은 그들이 지혜에 이를 것이라는 것을 뜻하고, "왕"은 선에서 비롯된 진리를 뜻하고, "아름다움"(=장엄한 모습)은 그것의 지혜를 뜻합니다. 왜냐하면 지혜 안에 있는 신령진리는 그것의 아름다운 형제 안에 있기 때문입니다. "백성은 사방으로 확장된 영토를 볼 것이다"는 것은 천계에 이르는 지혜의 확장을 뜻하고, "땅"(=영토)은 교회를 뜻하고, 또한 천계를 뜻하고, "넓게 확장된다"는 것은 거기에 있는 확장이나 확대를 뜻합니다. "너는 지난날 무서웠던 일들을 돌이켜보며, 격세지감을 느낄 것이다. 서슬이 시퍼렇던 이방인 총독, 가혹하게 세금을 물리고, 무리하게 재물을 빼앗던 이방인 세금 징수관들, 늘 너의 뒤를 밟으며 감시하던 정보원들, 모두 옛날이야기가 될 것이다"(=네 마음은 공포를 생각해 내리라. 서기관이 어디에 있느냐? 수납하는 자가 어디에 있느냐? 망대를 헤아렸던 자가 어디에 있느냐?)는 말씀은 그 교회의 상태의 기억을 뜻하는데, 그 때 거기에는 총명이 없고, 지혜가 전혀 없는 것을 뜻하고, 그리고 그 때 위화된 내면적인 진리들이 있다는 것을 뜻합니다. 여기서 "공포"(terror)는 그 상태를 뜻하고, "서기

관"(scribe)은 총명을 뜻하고, "수납하는 자"(=무게를 재는 자)는 지혜를 뜻하고, "망대들"은 내면적인 진리들을 뜻하고, 그리고 이런 것들의 성질을 파괴한다는 것은 여기서는 "그것들을 헤아린다"(=그것들을 센다)는 말이 뜻하는 위화들에 의한 것을 뜻합니다. "너는 악한 백성을 더 보지 않을 것이다"는 것은 악에 속한 거짓들 안에 있는 자들을 보지 않는다는 것을 뜻하고, 그리고 추상적인 뜻으로는 그런 거짓들 자체를 뜻합니다. "이해할 수 없는 언어로 말하는 백성"(=입술의 깊음에 속한 백성)은 그것들이 진리들처럼 나타날 때까지 확증된 교리의 거짓들을 뜻하는데, 여기서 "입술"(lip)은 교리의 진리들을 뜻하고, 여기서는 보지 못하게 될 거짓을 뜻합니다.

[12] "센다"(=계수한다·to number)는 것은 역시 나쁜 정리정돈을 뜻하고, 결과적으로는 위화에 의한 파괴를 뜻합니다. 이것은 같은 책의 말씀에서도 확실합니다.

'다윗 성'에 뚫린 곳이 많은 것을 보았고,
'아랫못'에는 물을 저장하였다.
예루살렘에 있는 집의 수를 세어 보고는,
더러는 허물어다가, 뚫린 성벽을 막았다.
(이사야 22 : 9, 10)

"다윗 성"(=다윗의 집)은 교리에 속한 진리의 측면에서 교회를 뜻하고, "그 성의 뚫린 곳"(=파괴된 곳)은 난입(亂入)하는 거짓들을 뜻하고, "아랫못에 물을 저장한다"(=아랫못에 물들을 모았다)는 것은 성경말씀의 문자적인 뜻이나, 자연적인 사람에게서 수많은 것들을 수집(蒐集)하는 것을 뜻합니다. "예루살렘에 있는 못들"(the pools in Jerusalem)은 성경말씀의 외면적인 뜻이나 내면적인 뜻 가운데 있는 그런 부류의 진리들을 뜻하고, "높은 못의 물"(the waters of the higher pool)은 성경말씀의 내면적인 뜻 안에 있는 그런 부류의 진리들을 뜻하고, "낮은 못의 물"(the waters of the lower pool)은 성경말씀의 외면적인 뜻 안에 있는 그런 부류의 진리들을 뜻합니다. 왜냐하면 "물들"(waters)은 진리들을 뜻하고, 그리고 예루살렘에 있는 "못들"(pools)은, 예루살렘 밖에 있는 "호수들"(lakes)이나 "바다들"(seas)이 뜻하는 것과 같은, 동일한 뜻을 가지고 있기 때문입니다. 다시 말하면 진리들의 수집(蒐集)을 뜻하기 때문입니다. "예루살렘에 있는 집의 수를 센다"(=계수한다)는 것은 진리의 선들을 왜곡하고, 속이는 것을 뜻하고, "예루살렘에 있는 집들"은 교회의 진리에 속한 선들을 뜻하고, 그리고 "센다"(=계수한다·to number)는 것은 그릇된 판단(wrong apprehension)이나 악한 정돈(=악한 꾸밈·악한 조절·evil arrangement)을 뜻하는데, 그것은 거짓으로 해석하거나, 위화(僞化)하는 것을 가리킵니다. 그리고 "더러는 허물어다가 뚫린 성벽을 막았다"(=성벽을 보강하려고 집들을 헐었다)는 것은 철저한 거짓들로 구성하는 교리를 세우기 위하여 이런 선들을 파괴하는 것을 뜻합니다. 여기서 "성벽"(wall)은 좋은 뜻으로는 방어하는 교리의 진리를 뜻하고, 나쁜 뜻으로는 위화된 진리를 뜻하는데, 여기서 위화된 진리는 선이 없는 진리이기 때문입니다.

[13] 이와 같은 내용은 아래의 장절들에서 "날들을 계수한다"(numbering days)·"걸음걸이를 센다"·"머리카락을 센다"는 말이 뜻하는 것이 무엇인지 확실하게 합니다. 시편서의 말씀입니다.

우리의 날 계수함을 가르쳐 주셨다(시편 90 : 12).

욥기서의 말씀입니다.

> 지금은 주께서 내 모든 걸음걸음을 세고 계신다(욥기 14 : 16).

또 같은 책의 말씀입니다.

> 하나님은 내 모든 발걸음을 하나하나 세고 계신다(욥기 31 : 4).

누가복음서의 말씀입니다.

> 하나님께서는 너희의 머리카락까지도 다 세고 계신다(누가 12 : 7).

여기서 "센다"(=계수한다·to number)는 것은 가장 작은 것에서부터 가장 큰 것에 이르기까지 그것의 성질이나 성품을 아는 것을 뜻하고, 그리고 그것에 따라서 정돈하고, 배열하는 것, 다시 말하면 준비하고, 섭리하는 것을 뜻합니다. "날들"(days) "발걸음들"(steps) "머리카락들"(hairs)이 뜻하는 것이 무엇인지는 앞에서 언급하였고, 입증하였습니다.

454. 그들은 모든 민족과 종족에서 나온 사람들이다.
이 말씀은 그들의 종교의 교리적인 것들에 일치하는 삶에 관한 선 안에 있는 자들 모두를 뜻합니다. 이러한 사실은 선 안에 있는 자들을 가리키는 "민족"(nation)의 뜻에서(본서 175·331항 참조), 여기서는 삶에 속한 선 안에 있는 자들을 가리키는 "민족"의 뜻에서, 그리고 전체적인 복합체로 그 교회의 선들이나 진리들을 가리키는 "종족들"(=족속들)의 뜻에서(본서

431항 참조) 잘 알 수 있습니다. 그러나 여기서는 그들의 종교에 일치하는 삶의 선 안에 있는 자들이 다루어지고 있기 때문에, "종족들"(=족속들·tribes)은 그런 부류가 진리들이나 선들이라고 믿는 종교의 교리적인 것들을 뜻합니다. 이런 뜻이, 이런 것들이 다루어지는 경우, 성경말씀에서 "종족들"(=지파들)이 뜻하는 것입니다. 반면에 앞에서 다루어진 "이스라엘의 지파들"(=종족들)은 그 교회의 순수한 진리들이나 선들 안에 있는 자들 모두를 뜻하고, 추상적인 뜻으로는 그런 진리들이나 선들을 뜻합니다. 그러므로 여기서 "모든 민족과 종족에서 나왔다"는 말은 그들의 종교에 속한 교리적인 것들에 일치하는 삶에 관한 선 안에 있는 자들 모두를 뜻합니다.

455[A]. 백성과 언어에서 나온 사람들이다.
이 말씀은 무지(無知)에서 비롯된 거짓들 안에, 그리고 다양다종한 종교들에게서 비롯된 거짓들 안에 있는 자들 모두를 뜻합니다. 이러한 사실은 교리의 진리들 안에 있는 자들을 가리키는, 그리고 나쁜 뜻으로는 교리의 거짓들 안에 있는 자들을 가리키는 "백성들"의 뜻에서(본서 175항 참조) 잘 알 수 있습니다. 그러나 여기서는 무지에서 비롯된 교리의 거짓들 안에 있는 자들을 뜻합니다. 왜냐하면 비록 그들이 그들의 종교의 교리에서 비롯된 거짓들 가운데 있었지만, 여기서는 구원받은 자들이 다루어지고 있기 때문입니다. 비록 그것들이 참된 것이 아니지만, 그들이 참된 것이라고 믿는 그들의 종교의 교리적인 주장들(dogmas)에 일치하는 삶의 선 안에 있는 자들은 구원을 받습니다. 왜냐하면 거짓은 그의 종교의 도그마들(dogmas)에 일치하여 선하게 사는 자들에게는 어느 누구에게 전가(轉嫁)되지 않기 때문입니다. 그 이유는 그것이 그의 잘못(誤謬)이 아니고, 다만 그가 진리들에 무지(無知)하기 때문입니다. 왜냐하면 종교에 일치하는 삶의 선은 그것 자체 안에 진리를 알고자 하는 정동을 담고 있기 때문이고, 그리고 이런 사람들이 저 세상에 오게 되면 이런 진리들은 배우게 되고, 그리고 용납(容納)되기 때문입니다. 왜냐하면 사후(死後) 모든 정동은 그 사람에게 남기 때문입니다. 특히 진리들을 알고자 하는 정동은 그 사람에게 그대로 남기 때문입니다. 그 이유는 이것이 바로 영적인 정동이기 때문이고, 그리고 사람이 영적인 존재가 되었을 때 그 사람은 곧 그의 정동이기 때문입니다. 결과적으로 그때 간절히 열망한 진리들은 흡수되고, 따라서 심령 깊숙하게 영접, 수용되기 때문입니다. 사람이 선하게 살 때 종교의 거짓들은, 마치 진리들처럼, 주님에 의하여 수용됩니다(본서 452항 참조). 이상의 내용은 종교로 말미암은 그들의 고백이나 찬양을 뜻하는 언어들의 뜻에서 잘 알 수 있습니다. 왜냐하면 "언어"(=혀·tongue)는 말(言語·speech)를 뜻하고, 그리고 "언어"(speech)는 고백(=찬양)이나 종교를 뜻하기 때문입니다. 그 이유는 혀(=언어)는 종교에 관계되는 것들을 발설하고, 고백하기 때문입니다.

[2] 성경말씀에는 "입술"(lip)·"입"(mouth)·"혀"(=언어·tongue) 등이 자주 언급되고 있습니다. 그리고 "입술"은 교리를 뜻하고, "입"은 생각(=사상)을 뜻하고, "혀"(=언어)는 고백이나 찬양을 뜻합니다. 이것들—입술·입·혀—은 이런 것들이 사람의 외적인 것들이고, 그리고 이런 외적인 것들에 의하여 표현을 발견, 알게 하기 때문에, 이런 뜻을 가지고 있습니다. 그리고 그것이 바로 속뜻이나 영적인 뜻으로 뜻하는 내적인 것들입니다. 왜냐하면 문자적인 뜻으로 성경말씀은 눈 앞에

보이고, 감관들에 의하여 지각되는 외적인 것들로 구성되었고, 그러므로 문자 안에 있는 성경말씀은 자연적인 것이기 때문입니다. 그리고 이것은 그것이 담고 있는 신령진리가 궁극적인 것에, 따라서 충분함 가운데 존재하게 하기 위한 것입니다. 그러나 자연적인 것을 가리키는 이런 외적인 것들은 그것들 자체 안에 영적인 것들을 가리키는 내적인 것들을 내포, 담고 있습니다. 그러므로 이런 것들은 그것들이 뜻하는 것들입니다.
[3] "혀"(=언어·tongues)가 종교에 따라서 종교의 가르침에 일치하는 고백이나 찬양(confessions)을 뜻한다는 것은 아래의 장절들에게서 잘 알 수 있습니다. 이사야서의 말씀입니다.

> 내가 그들의 일과 생각을 알기에,
> 언어가 다른 모든 민족을
> 모을 때가 올 것이니,
> 그들이 와서 나의 영광을 볼 것이다(=내가 그들의 행위와 생각을 안다. 때가 되면 내가 모든 민족들과 언어들을 모으리니, 그러면 그들이 와서 나의 영광을 보리라)(이사야 66 : 18).

이 장절은 주님의 강림에 관해서 언급하고 있습니다. "민족들과 언어들"은 그들의 종교에 일치하는 삶의 선 안에 있는 자들 모두를 뜻합니다. 그리고 "언어"(=혀들·tongues)는 찬양이나 고백에 관해서 종교들을 뜻합니다. 그러므로 "그들이 와서 나의 영광을 볼 것이다"라고 언급되었습니다. 여기서 "영광"(glory)은, 그것에 의하여 교회가 존재하는, 신령진리를 뜻합니다.
[4] 다니엘서의 말씀입니다.

> 내가 밤에 이러한 환상을 보고 있을 때에
> 인자 같은 이(one like the Son of man)가 오는데,
> 하늘 구름을 타고 와서,
> 옛적부터 계신 분에게로 나아가,
> 그 앞에 섰다.
> 옛적부터 계신 분이
> 그에게 권세와 영광과 나라를 주셔서,
> 민족과 언어가 다른 뭇 백성이(=모든 백성과 민족들과 언어들로)
> 그를 경배하게 하셨다.
> (다니엘 7 : 13, 14)

"하늘 구름을 타고 오는 인자(人子·the Son of man)는 명확하게 주님을 뜻합니다. 그리고 "하늘 구름"(=하늘들의 구름들"(the clouds of heavens)은 문자 안에 있는 성언(=말씀·the Word)을 뜻하는데, 그것 안에는 장차 오실 주님이 언급되고 있습니다. 왜냐하면 성경말씀(=성언)은 그분을 다루고 있기 때문이고, 그리고 극내적인 뜻에서는 오직 그분만을 다루고 있기 때문입니다. 그러므로 이 장절은 "사람의 아들"(人子·the Son of man)을 언급하고 있는데, 그 이유는 주님께서는, 성언을 가리키는, 신령진리로 말미암아 "사람의 아들"이라고 불리셨기 때문입니다. 그러나 이것에 관해서는 이런 말씀이 설명된 본서 36항을 참조하십시오. 묵시록서의 말씀입니다.

> 보아라, 그가 구름을 타고 오신다.
> 눈이 있는 사람은 다 그를 볼 것이요,
> 그를 찌른 사람들도 볼 것이다.
> 땅 위의 모든 족속이 그분 때문에
> 가슴을 칠 것이다.

(묵시록 1 : 7)

신령선에서 비롯된 주님의 능력(the Lord's power)은 "권세"(權勢·dominion)가 뜻하고 "영광"은 신령진리에서 비롯된 주님의 능력을 뜻하고, 그리고 "나라"(=왕국·kingdom)는 천계와 교회를 뜻합니다. 여기서 "백성·언어·민족"은 그들의 종교에 일치하는 교리나 삶 안에 있는 자들 모두를 뜻하는데, 교리 안에 있는 자들은 "백성"이라고 불리웠고, 삶 안에 있는 자들은 "민족들"이라고 불리웠는데, 여기서 "언어"(=혀·tongues)는 종교들을 뜻합니다.

[5] 스가랴서의 말씀입니다.

> 그 때가 되면, 말이 다른 이방 사람 열 명이 유다 사람 하나의 옷자락을 붙잡고 '우리가 너와 함께 가겠다. 하나님이 너희와 함께 계신다는 말을 들었다' 하고 말할 것이다(스가랴 8 : 23).

이 말씀의 영적인 뜻은 앞에서 설명된 것에서 잘 알 수 있습니다(본서 433[D]항 참조). 다시 말하면 "유대 사람"은 주님사랑 안에 있는 자들이나, 주님에게서 비롯된 교리의 진리들 안에 있는 자들을 뜻하고, "여러 민족들의 모든 말들"(=언어들)은 다종다양한 종교들에 속한 자들을 뜻합니다.

455[B]. [6] 여기서 "언어들"(=혀들·tongues)은 아래의 장절들에서는 같은 뜻을 가지고 있습니다. 창세기서의 말씀입니다.

> 이들에게서 바닷가 백성들이 지역과 언어와 종족과 부족을 따라서 저마다 갈라져 나갔다. …… 이 사람들이 종족과 언어와 지역

과 부족을 따라서 갈라져 나간 셈의 자손이다(창세기 10 : 5, 31).

묵시록서의 말씀입니다.

그 때에 "너는 여러 백성과 민족과 언어와 왕들에 관해서 다시 예언을 하여야 한다" 하는 음성이 내게 들려 왔습니다(묵시록 10 : 11).

또 같은 책의 말씀입니다.

여러 백성과 종족과 언어와 민족에 속한 사람들이 사흘 반 동안 그 두 예언자의 시체를 볼 것이다(묵시록 11 : 9).

또 같은 책의 말씀입니다.

그 짐승은 성도들과 싸워서 이길 것을 허락받고, 또 모든 종족과 백성과 언어와 민족을 다스리는 권세를 받았습니다(묵시록 13 : 7).

역시 같은 책의 말씀입니다.

나는 또 다른 천사가 하늘 한가운데서 날아다니는 것을 보았습니다. 그에게는 땅 위에 살고 있는 사람과 모든 민족과 언어와 백성에게 전할 영원한 복음이 있었습니다(묵시록 14 : 6).

또 같은 책의 말씀입니다.

천사가 또 나에게 말하였습니다. "네가 본 물, 곧 그 창녀가 앉아 있는 물은 백성들과 무리들과 민족들과 언어들이다(묵시록 17 :

15).

여기서 "물들"(waters)은 성언에 속한 진리들에 뜻합니다. 왜냐하면 성경말씀에서 "물들"(waters)은 진리들을 뜻하고, 반대적인 뜻으로는 거짓들을 뜻하기 때문입니다. 그러므로 여기서 "백성들・무리들・민족들・언어들"은 위화(僞化)된 진리들 안에 있는 자들을 뜻하는데, 그것은 본질적으로 거짓들을 가리키고, 결과적으로는 악한 삶들 안에 있는 거짓들을 뜻합니다.
[7] 누가복음서의 말씀입니다.

> 그래서 그가 소리를 질러 말하기를 '아브라함 조상님, 나를 불쌍히 여겨 주십시오. 나사로를 보내서 그 손가락 끝에 물을 찍어서, 내 혀를 시원하게 하도록 해주십시오. 나는 이 불 속에서 몹시 고통을 당하고 있습니다' 하였다(누가 16 : 24).

다른 비유 말씀에서와 꼭같이, 이 비유 말씀에서 주님께서는 대응(對應)에 의하여 말씀하셨습니다. 이러한 사실은 비유의 말씀의 이런 말씀에서 잘 볼 수 있습니다. 그 비유에서 "부자"는 부자를 뜻하지 않고, 역시 "아브라함"도 아브라함을 뜻하지 않고, 그리고 또한 "나사로의 혀를 시원하게 할 그 물"은 물이나 혀를 뜻하지 않으며, "불"(=불 속)은 불꽃을 뜻하지 않습니다. 왜냐하면 지옥에서는 어느 누구도 불꽃에 의하여 고통을 받지 않기 때문입니다. 그러나 "부자"는 성경말씀이 있는 곳인 교회에 속한 사람을 뜻하고, 그들은 그것으로 말미암아 교리의 진리들을 가리키는, 영적인 재물들을 소유할 수 있습니다. 그러므로 여기서 "부자"는 그 당시 성언(=성경말씀)이 있는 유대 사람들을 뜻하고, "아브라함"은 주님을 뜻하고, "나

사로의 손가락 끝을 적셔서 부자를 시원하게 할 물"은 성언에
서 비롯된 진리를 뜻합니다. 여기서 "혀"는 성경말씀에 있는
진리들을 왜곡, 악용하기를 갈급해 하고, 열망하는 것을 뜻하
고, "불꽃"(flame)은 다종다양한 것을 가리키는 그 열망이나 갈
급(渴急)에 속한 형벌을 뜻합니다. 이러한 내용은 계속적인 이
런 것들이 뜻하는 것이 무엇인지, 그리고 "물로 혀를 시원하게
한다"는 것이 진리들을 왜곡, 악용하려는 갈급이나 열망을 가
라앉히는 것을 뜻한다는 것이나, 그리고 그것에 의하여 거짓들
을 확증하는 것을 뜻한다는 것을 아주 명확하게 합니다. 어느
누구가 혀를 시원하게 하기 위하여 물에 그의 손가락을 적시
는 것을 뜻하지 않는다는 것을 알 수 없겠습니까?
[8] 스가랴서의 말씀입니다.

> 예루살렘을 치러 오는 모든 민족을, 주께서 다음과 같은 재앙으로
> 치실 것이다. 그들이 제 발로 서 있는 동안에 살이 썩고, 눈동자
> 가 눈구멍 속에서 썩으며, 혀가 입 안에서 썩을 것이다(스가랴 14
> : 12).

이 말씀은 온갖 거짓들에 의하여 교리의 진리들을 파괴하려고
애쓰고 노력하는 자들에 대해서 언급하고 있습니다. 이러한
뜻은 "예루살렘을 치러 온다"(=예루살렘을 대적하여 싸운다)는
말씀이 뜻합니다. 여기서 "예루살렘"은 교리에 관해서 교회를
뜻하고, 그리고 그것으로 인하여 교회의 교리에 속한 진리들을
뜻합니다. "살이 썩는다"(=살이 녹아 없어질 것이다)는 것은 사
랑에 속한 모든 선이나, 삶에 속한 모든 선이 멸망할 것이라는
것을 뜻합니다. 왜냐하면 이것이 "살(flesh)이 뜻하는 것이기
때문입니다. "발로 서 있다"는 것은 그들이 전적으로 육체적

자연적(=관능적 자연적·corporeal-natural)인 것이 될 것이라는 것을 뜻하는데, "발"(feet)은 자연적인 사람에게 속한 것들을 뜻하고, 여기서는 그것의 가장 낮은 것들을 뜻합니다. "그의 눈동자가 눈구멍 속에서 썩을 것이다"(=녹아 없어질 것이다)는 것은 진리의 모든 이해가 멸망할 것이라는 것을 뜻하는데, "눈"(eyes)은 이해를 뜻하기 때문입니다. "혀가 입 안에서 썩을 것이다"(=녹아 없어질 것이다)는 것은 진리의 모든 지각이나 선의 모든 정동이 멸망할 것이라는 것을 뜻하는데, "혀"는 진리의 지각이나 선의 정동을 뜻하기 때문입니다. 그리고 진리의 지각은 그것의 말에서 비롯되고, 선의 정동은 맛보는 그것의 능력에서 비롯되기 때문입니다. 왜냐하면 "미각"(味覺·taste)은 식욕(appetite)·욕구(desire)·애정(affection) 등을 뜻하기 때문입니다.
[9] 사사기서의 말씀입니다.

> 주께서 기드온에게 이렇게 일러주셨다. "개가 핥는 것처럼 혀로 물을 핥는 사람과 무릎을 꿇고 물을 마시는 사람을 모두 구별하여 세워라." 손으로 물을 움켜 입에 대고 핥는 사람의 수가 삼백 명이었고, 그 밖의 백성들은 다 무릎을 꿇고 물을 마셨다. 주께서 기드온에게 이르셨다. "물을 핥아먹은 삼백 명으로 너희를 구원하겠다. 미디안 사람들을 너의 손에 넘겨주겠다. 나머지 군인은 모두 온 곳으로 돌려보내라."(사사기 7:5-7).

여기서 "미디안"은 진리를 살피고 염려하지 않는 자들을 뜻하는데, 그 이유는 그들이 모두가 전적으로 자연적이고, 외적이기 때문입니다. 그러므로 미디안은 "개처럼 손으로 물을 움켜 입에 대고 핥는 자들"에 의하여 멸망하였습니다. 이들은 진리들에 대하여 식욕을 가지고 있는 자들을 뜻하고, 따라서 그 어떤 자연적인 정동에서 진리들을 알려고 하는 자들을 뜻하는데, 여기서 "개"(dog)는 식욕이나 열망을 뜻하고, "물"은 진리들을, 그리고 "혀로 물을 핥는다"는 것은 무엇에 대한 식욕을 가지고 있고 열심히 찾는 것을 뜻하기 때문입니다. 그러므로 이들에 의하여 미디안은 강타를 당하였습니다. 어느 누구가 만약에 그것들이 어떤 표의(表意)를 가지고 있지 않다면, 그런 것들이 명령되지 않았을 것이라는 것을 모르겠습니다.

[10] 시편서의 말씀입니다.

> 주님은 그들을
> 주님 앞 그윽한 곳에 숨기시어
> 헐뜯는 무리에게서 그들을 지켜 주시고,
> 그들을 안전한 곳에 감추시어
> 말다툼하는 자들에게서 건져 주셨습니다.
> (시편 31 : 20)

"주께서 그들을 숨기시는 주님 앞 그윽한 곳"(=주께서 그들을 숨기시는 주의 면전의 은밀한 곳)은 신령사랑에 속한 신령선을 뜻하는데, 왜냐하면 "여호와의 얼굴"(the face of Jehovah)은 사랑의 선을 뜻하고, "숨기는 곳"(=은밀한 곳·the hiding place)은 사람 안에 있는 마음 속을 뜻하기 때문이고, "사람의 음모"(=우리의 헐뜯음·the pride of man)는 자기 총명의 거만을 뜻하고, "주께서 그들을 숨기시는 장막"(=안전한 곳)은 신령진리를 뜻하고, "말다툼"(=혀들의 다툼)은 그들이 진리에 대하여 추론하는 근원인 종교의 거짓을 뜻합니다. 이러한 내용은 이것들이 시리즈로 뜻하는 것이 무엇인지를 명확하게 합니다.

[11] 예레미야서의 말씀입니다.

> 이스라엘 백성아,
> 내가 먼 곳에서 한 민족을 데려다가,
> 너희를 치도록 하겠다. ……
> 그 민족의 언어(=혀)를 네가 알지 못하며,
> 그들이 말을 하여도
> 너희는 알아듣지 못한다. ……
> 네가 거둔 곡식과 너의 양식(=빵)을
> 그들이 먹어 치울 것이다.
> (예레미야 5 : 15, 17)

이 장절은, 데려오게 될, 알지 못하는 언어나, 알아듣지 못하는 말을 하는 한 민족을 뜻하지 않고, 오히려 전적으로 다른 종교에 속한 악한 민족을 뜻하고, 그것에서 비롯된 추론들을 그들이 알지 못하고 이해하지도 못하는 그들의 교리나 신조를 뜻합니다. 추상적인 뜻으로는 선에 속한 진리들에 전적으로 정반대인 악에 속한 거짓들을 뜻합니다. 왜냐하면 여기서 추상적인 뜻으로 "민족"(nation)은 악을 뜻하고, "혀"(=말·tongue)는 종교의 거짓을 뜻하고, "말한다"(to speak)는 것은 그것으로부터 추론하는 것을 뜻하기 때문입니다. 그러므로 "네가 거둔 곡식과 너의 양식을 그들이 먹어 치울 것이다"는 말씀이 부연되었습니다. 왜냐하면 "거둔 곡식"은 그것에 의하여 선이 존재하는 진리들을 뜻하고, "양식"(=빵)은 그것에서 비롯된 선을 뜻하고, "먹어 치운다"는 것은 다 써버리고, 박탈하는 것을 뜻하기 때문입니다.

[12] 에스겔서의 말씀입니다.

나는 너를 이스라엘 족속에게 보낸다. 어렵고 알기 힘든 외국말을 하는 민족에게 내가 너를 보내는 것이 아니다. 알아들을 수 없는 말, 알기 힘든 외국어를 사용하는 여러 민족에게 내가 너를 보내는 것이 아니다. 차라리 너를 그들에게 보내면, 그들은 너의 말을 들을 것이다(에스겔 3 : 5, 6)

"알아들을 수 없는 말(=생소한 말)이나 알기 힘든 외국어를 사용하지 않는 두터운 입술의 백성들이나 무거운 혀의 백성들"(=peoples of deep lip and heavy of tongue)은 이해할 수 없는 교리(an unintelligible doctrine)에 빠져 있는 자들을 뜻하고, 따라서 이해, 파악할 수 없는 교리나 신조를 가지고 있는, 추상적인 뜻으로는 종교를 뜻합니다. 그 이유는 "입술"(lip)이 교리를 뜻하고, "혀"(=말·tongue)는 종교를 뜻하고, "말들"(=언어들·words)은 그것의 교리나 신조를 뜻하기 때문입니다. 그러므로 이런 백성들은 그것에 의하여 여호와를 아는, 다시 말하면 주님을 아는, 성언을 가지지 못한 민족들을 뜻합니다. 그들이 가르침을 받을 때 이들은 신령진리들을 영접, 수용할 것이라는 것이 "차라리 너를 그들에게 보내면, 그들은 너의 말을 들을 것이다"는 말씀이 뜻합니다.
[13] 이사야서의 말씀입니다.

악한 백성,
네가 알아듣지 못하는 언어로 말을 하며,
이해할 수도 없는 언어로 말하는,
그 악한 이방인을
다시는 더 보지 않을 것이다.
(이사야 33 : 19)

"입술이 깊은 백성"(=어려운 말을 하는 백성)이나 "더듬는 말을 하는 백성"(=이해할 수 없는 말·상스러운 말을 하는 백성)은 위에서 언급된 "두터운 입술의 백성들이나 무거운 혀의 백성들"이 뜻하는 것과 같은 뜻을 가지고 있습니다. 확실하게는 이해할 수 없는 말을 가지고 말하는 백성은 그 백성을 뜻하지 않습니다. 왜냐하면 "총명이 없이 혀에 있는 상스러운 말이 있다"(=더듬는 방언이 있다)는 것이 부연되었기 때문입니다. 왜냐하면 거기에는 그들의 종교 안에 있는 것을 제외하면, 이런 부류의 혀(=말)나 언어에는 총명이 있을 것이기 때문입니다.

[14] 같은 책의 말씀입니다.

> 내가 나를 두고 맹세한다.
> 나의 입에서 공의로운 말이 나갔으니,
> 그 말이 그저 되돌아오지는 않는다.
> 모두가 내 앞에 무릎을 꿇을 것이다.
> 모두들 나에게 충성을 맹세할 것이다.
> (이사야 45 : 23)

이 장절은 주님의 강림에 관해서 언급하고 있습니다. "모두가 무릎을 꿇을 것이다"는 것은 영적인 선에서 비롯된 자연적인 선 안에 있는 자들이 그분을 예배할 것이다는 것을 뜻하는데, 그것은 "무릎"(the knee)이 영적인 선과 자연적인 선의 결합을 뜻하기 때문입니다. 이런 뜻은 무릎을 꿇는다는 것이 자연적인 것 안에 있는 영적인 선이나 기쁨에서 비롯된 시인·감사·경배를 뜻한다는 것을 입증합니다. "모두들 나에게 충성을 맹세할 것이다"(=모든 혀가 맹세할 것이다)는 것은 모두가 종교에서 비롯된 선 안에 계신 주님을 찬양할 것이다는 것을 뜻하고, 여기서 "맹세한다"(to swear)는 것은 찬양하고 고백하는 것을 뜻하고, "혀"(=말·tongue)는 모두가 그것에 따라서 사는 종교를 뜻합니다.
[15] 시편서의 말씀입니다.

> 내 혀로 주님의 의를 선포하겠습니다.
> 온종일 주님을 찬양하겠습니다.
> (시편 35 : 28)

여기서도 역시 "혀"(tongue)는 교회의 교리에서 비롯된 고백이나 찬양을 뜻하는데, 그것은 "선포한다"(=묵상한다)고 언급되었기 때문입니다. 그리고 "의"(righteousness)는 교회의 선을 서술하기 때문이고, "찬양한다"는 것은 교회의 진리를 서술하기 때문입니다. 이러한 사실은 성경말씀 어디에서나 마찬가지입니다.
[16] 같은 책의 말씀입니다.

> 내 혀도 온종일,
> 주의 의로우심을 말할 것입니다.
> (시편 71 : 24)

또 같은 책의 말씀입니다.

> 나를 에워싸고 있는 자들이
> 승리하지 못하게 해주십시오.
> 그들이 남들에게 퍼붓는 재앙을

다시 그들에게 되덮어 주십시오.
숯불이 그들 위에 쏟아지게 하시고,
그들이 불구덩이나 수렁에 빠져서
다시는 일어나지 못하게 해주십시오.
혀를 놀려 남을 모함하는 사람은,
세상에서 다시는 버티지 못하게 해주십시오.
폭력을 놀이삼아 행사하는 사람들에게는,
큰 재앙이 늘 따라다니게 해주십시오.
(시편 140 : 9-11)

"쓸개"(=증오나 악담·gall)는 본질적으로 거짓을 가리키는 위화된 진리를 뜻하고, "그들의 입술의 악담"(mischief)은 거기에서 비롯된 교리의 거짓을 뜻합니다. 왜냐하면 "입술들"(lips)은 교리를 뜻하고, "그들 위에 쏟아지는 숯불"이나 "그들이 쫓겨나 빠질 불구덩이"는 자기 총명이나 자기사랑에서 비롯된 자만이나 교만을 뜻하고, 그들은 이런 것들을 통해서 전적인 거짓들에 빠집니다. 여기서 "숯불"(burning coals)은 자기 총명의 자만을 뜻하고, "불"(fire)은 자기사랑을 뜻하고, "수렁"(=구멍·pits)은 거짓들을 뜻합니다. 더욱이 교회 안에 있는 교리의 모든 거짓들이나 성경말씀의 위화들은 자기 총명의 자만이나 자기사랑에서 솟아납니다. 이러한 뜻이나 내용은 "남을 모함하는 사람의 혀가 세상에서 다시는 버티지 못한다"는 말씀이 뜻하는 것을 명확하게 합니다. 다시 말하면 거짓 종교(a false religion)를 뜻합니다.
[17] 같은 책의 말씀입니다.

내가 사람을 잡아먹는
사자들 가운데 누워 있어 보니,

그들의 이빨은 창끝과 같고,
화살촉과도 같고,
그들의 혀는 날카로운 칼과도 같았습니다.
(시편 57 : 4)

여기서 "사자들"은 진리들에 속한 교회를 빼앗고, 따라서 그것을 파괴하는 자들을 뜻합니다. "불 위에 있는 사람의 아들들"은 교회의 진리들 안에 있는 자들을 뜻하고, 추상적인 뜻으로는 진리들 자체를 뜻합니다. "불 위에 놓여 있다"고 언급된 것은 자기총명의 거만에 의한 것을 뜻하는데, 그것에게서 거짓들은 왔습니다. "그들의 이빨은 창끝과 같고 화살촉과도 같다"는 것은 외적인 감관적인 것들에게서 비롯된 추론들을 뜻하고, 따라서 그것에 의하여 진리들이 파괴되는 종교의 오류들이나 거짓들에게서 비롯된 추론들을 뜻합니다. 여기서 "이빨"(teeth)은, 외적인 감관적인 것들을 가리키는, 사람의 생명의 궁극적인 것들을 뜻하고, 지금 여기서는 이런 것들에서 비롯된 추론을 뜻하고, "혀"(tongue)는 종교에 속한 거짓들을 뜻하기 때문에, 그러므로 "그들의 혀는 날카로운 칼과 같다"라고 언급되었습니다. 여기서 "칼"(sword)은 거짓들에 의한 진리의 파괴를 뜻합니다.

[18] 욥기서의 말씀입니다.

네가 낚시로 리워야단을 낚을 수 있으며,
끈으로 그 혀를 맬 수 있느냐?
(욥기 41 : 1)

이 장이나 앞서의 장에서 다루어진 베헤못(the behemoth)이나 리워야단(the leviathan)이나, 이들 양자는 자연적인 사람을 뜻하고, "베헤못"은 자연적인 사랑의 기쁨들이라고 하는 선들에 관한 자연적인 사람을 뜻하고, "리워야단"은, 자연적인 빛의 근원을 가리키는 지식들이나 아는 것들(cognitions)이라고 부르는 진리들에 관한 자연적인 사람을 뜻합니다. 이들은 모두 고대문체(古代文體)에 일치하는 순수한 대응들에 의하여 기술되었습니다. 오직 하나님에 의해서만 억제될 수 있는 지식들(=과학지들)에 의한 자연의 빛에서 비롯된 추론들이 그 본문장이나 그 뒤에 이어지는 장에서 "리워야단"에 의하여 기술되었고, 그리고 이런 말들 "네가 낚시로 리워야단을 낚을 수 있으며, 끈으로 그의 혀를 맬 수 있느냐?"는 말에 의하여 기술되었습니다. 여기서 "혀"는 지식들(=과학지들)에게서 비롯된 추론을 뜻합니다. "리워야단"이 지식들(=과학지들)을 우러르는 자연적인 사람을 뜻한다는 것은 그것들이 언급된 여러 장절에서 잘 알 수 있겠습니다. 예를 들면 이사야 27 : 1 ; 시편 74 : 14 ; 104 : 26 등 입니다. 리워야단을 뜻하는 "고래"가 지식들(=과학지들)에 관해서 자연적인 사람을 뜻한다는 사실에서도 잘 알 수 있겠습니다.

[19] 이사야서의 말씀입니다.

> 그들은 경솔하지 않을 것이며,
> 사려깊게 행동할 것이며,
> 그들이 의도한 것을 분명하게 말할 것이다(=조급한 자의 마음도 지식을 깨닫고, 더듬거리는 자들의 혀가 분명하게 말할 것이다)(이사야 32 : 4).

"조급한 자"는 언급된 것을 무엇이나 이미 사로잡고 있는 자들, 따라서 거짓들을 사로잡고 믿는 자들을 뜻합니다. 이런 자들에 관해서 "그들도 지식을 깨닫고, 총명스럽게 될 것이다"고 언급되었습니다. 다시 말하면 진리들을 영접, 수용할 것이라고 언급되었습니다. "말을 더듬는 사람들"(stammers)은 교회의 진리들을 이해, 파악하는 것이 어려운 자들을 뜻합니다. 그들이 그것들을 정동으로 말미암아 고백하고 찬양할 것이라는 것은 "그들의 혀가 분명하게 말할 것이다"는 말씀이 뜻하는데, 여기서 "즉각이나 신속"(swiftness)은 정동에 관해서 서술합니다.

[20] 같은 책의 말씀입니다.

> 그 때에
> 다리를 절던 사람이 사슴처럼 뛰고,
> 말을 못하던 혀가 노래를 부를 것이다.
> 광야에서 물이 솟겠고,
> 사막에 시냇물이 흐를 것이다.
> (이사야 35 : 6)

이 장절은 주님의 강림을 언급하고 있습니다. "다리를 저는 사람"은 순수한 선은 아니지만, 선 안에 있는 자들을 뜻하고, 그것은 그들이 그것을 통해서 선이 비롯된 진리의 무지 안에 있기 때문입니다. "사슴처럼 뛴다"는 것은 진리의 지각에서 비롯된 기쁨을 취하는 것을 뜻하고, "벙어리"는 진리의 무지(無知) 때문에 주님을 찬양할 수 없고, 그리고 교회에 속한 순수한 진리들을 고백할 수 없는 자들을 뜻합니다. "그들이 노래를 부를 것이다"는 것은 진리의 이해에서 비롯된 즐거움을 뜻하고, "물이 광야에서 솟는다"는 것은 그것들이 전에 없었던 곳에서 진리들이 열릴 것이라는 것을 뜻하고, "시냇물이 사막에서 흐른다"는 것은 거기에 있는 총명을 뜻합니다. 왜냐하면 "물"은 진리들을 뜻하고, "시냇물들"은 총명을 뜻하기 때문입니다.

455[C]. [21] 이러한 뜻이나 내용은 "주님께서 고치신 말 더듬고 귀먹은 사람"이 영적인 뜻으로 뜻하는 것이 무엇인지 아주 명확하게 합니다. 마가복음서에 이렇게 기술되었습니다.

> 그런데 사람들이 귀 먹고 말 더듬는 사람을 예수께 데리고 와서, 손을 얹어 주시기를 간청하였다. 예수께서 그를 무리로부터 따로 데려가서, 손가락을 그의 귀에 넣고, 침을 뱉어서, 그의 혀에 손을 대셨다. 그리고 하늘을 우러러보시고서 탄식하시고, 그에게 말씀하시기를 "에바다" 하셨다. 그것은 '열리라'는 뜻이다. 그러자 곧 그의 귀가 열리고 혀가 풀려서, 말을 똑바로 하였다(마가 7 : 32-35).

그것들이 신령하기 때문에 주님의 기적들은 천계나 교회에 속한 것들을 내포하고 있고, 뜻하고 있습니다. 그러므로 기적들은 영적인 생명의 다종다양한 치유들을 뜻하는 온갖 질병들의 치유들을 가리킵니다. 이러한 내용은 ≪천계비의≫ 7337·8364·9031항에서 잘 볼 수 있습니다. "귀머거리"는 진리의 이해가 없는 자들을 뜻하고, 그것으로 인한 복종이 전혀 없는 것을 뜻합니다. "그의 말하는 것의 장애"(his difficulty in speaking)는 주님의 찬양이나 교회의 진리의 고백에서 그런 어려움을 뜻하고, 주님에 의하여 열린 "귀"(the ears)는 진리의 지각이나 순종을 뜻하고, 주님에 의하여 묶였던 풀린 "혀"는 주님의 찬양과 교회의 진리들의 고백을 뜻합니다.

[22] 다시 주님의 부활 뒤 사도들이나 다른 사람들이 새로운 혀(=방언·new tongues)로 말하였다는 것은 주님의 찬양과 새로운 교회의 진리들의 고백을 뜻합니다. 따라서 이것은 마가복음서의 말씀에 관계하고 있습니다.

> (예수께서 그들에게 말씀하셨다.) 믿는 사람들에게는 이런 표적들이 따를 터인데, 곧 내 이름으로 귀신을 내쫓으시며, 새 방언(=새 혀·new tongue)으로 말할 것이다(마가 16 : 17).

"귀신을 내쫓는다"는 것은 악에 속한 거짓들을 제거하고 배척하는 것을 뜻하고, "새 방언(=새 혀)으로 말한다"는 것은 주님을 찬양하고, 그분에게서 비롯된 교회의 진리들을 고백하는 것을 뜻합니다. 그러므로 사도행전에는 이렇게 기술되었습니다.

> 그들에게 불길이 솟아오르는 것과 같은 혀들이 갈래갈래 갈라지면서 나타나더니, 각 사람 위에 내려앉았다. 그들은 모두 성령으로 충만해서, 성령이 시키는 대로 각각 다른 방언으로 말하기 시작하였다(사도행전 2 : 3, 4).

"불"(the fire)은 진리의 사랑을 뜻하고 "성령으로 충만하다"는 것은 주님으로부터 신령진리의 수용을 뜻하고, "다른 방언들"(=새로운 혀들·new tongues)은 진리의 사랑, 즉 열정에서 비롯된 찬양이나 고백을 뜻합니다. 왜냐하면 위에서 언급한 것과 같이, 모든 신령기적들, 결과적으로 성경말씀에 거명된 모든 기적들은 영적인 것들이나 천적인 것들을 담고 있고, 뜻하는데, 다시 말하면 천계나 교회에 속한 그런 것들을 담고 있고, 뜻하기 때문입니다. 이것에 의하여 신령기적들은 신령하지 않은 기적들과 분별, 구분됩니다. "혀들"(=언어들)이 일상적인 뜻의 언어(speech)를 뜻하지 않는다는 것을 입증하기 위하여 성경말씀의 많은 장절에서 인용할 필요는 없겠지만, 그러나 교회의 진리들에게서 비롯된 찬양들(=고백들)을 뜻하고, 반대적인 뜻으로는 어떤 종교의 거짓들에게서 비롯된 찬양들(=고백들)을 뜻합니다.

456. (그들은) **보좌 앞과 어린 양 앞에 서 있었습니다.**
이 말씀은 주님의 왕국에 있는 자들을 뜻합니다. 이러한 것은 주님과 관련해서는 천계와 교회를 가리키는 보좌의 뜻에서 잘 알 수 있습니다(본서 253항 참조). "어린 양"(the Lamb)이 신령인성(=신령인간·the Divine Human)과 관계해서는 주님을 뜻한다는 것은 본서 314항에서 잘 알 수 있습니다. 결과적으로 "보좌 앞과 어린 양 앞에 서 있다"는 것은 그들이 주님의 왕국에 있다는 것을 뜻합니다. 주님의 왕국은 천계와 교회를 가리키는데, 거기에서는 주님을 예배하고 그분의 신령인성 안에 있는 신령존재가 시인됩니다. 마음 속에서 이것을 시인하는 모두는 천계에 있고, 천계에 들어갑니다. 마음 속에서 이것을 시인하는 자들이라고 언급하였는데, 그것은 만약에 삶에 속한 선 안에 있지 않다면, 그리고 그것으로 인하여 교리의 진리들 안에 있지 않다면, 어느 누구도 그것을 시인할 수 없기 때문입니다. 이 땅의 수많은 사람이 이것을 입으로 말할 수는 있지만, 그러나 그럼에도 불구하고 만약에 그들이 선하게 살지 않는다면 그것을 마음 속에서 시인할 수는 없습니다. 또 한편 이 세상에서 삶을 마친 뒤, 천계에 있고, 천계에 들어가는 자들만이 이것을 입으로 시인할 수 있고, 더욱이 그것을 시인할 수 있습니다.

457. 그들은 흰 두루마기를 입고 …….

이 말씀은 그 때 그들이 진리들 안에 있고, 거짓들로부터 보호받는 자들을 뜻합니다. 이러한 사실은 신령진리의 수용과 거짓들로부터의 방어(=보호)를 가리키는 "흰 두루마기"(=흰 옷·white robes)의 뜻에서 잘 알 수 있습니다(본서 395[A]항 참조).

458[A]. 그들은 종려나무 가지를 손에 들고 …….

이 말씀은 진리들에 일치하는 삶의 선 안에 있다는 것을 뜻합니다. 이러한 사실은 진리의 선을 가리키는, 다시 말하면 곧 설명하겠지만, 영적인 선을 가리키는 "손"(=손바닥·palm)의 뜻에서, 그리고 또한 능력(power)을 가리키는, 따라서 사람 안에 있는 모든 역량(力量·ability)을 가리키는 "손"(hands)의 뜻에서 (본서 72·79항 참조) 잘 알 수 있습니다. 그러므로 "그들의 손들(hands) 안에 있는 손(=손바닥·palms)은 진리의 선이 그것들 안에 있다는 것, 또는 그들이 진리의 선 안에 있다는 것을 뜻합니다. 그것이 어느 누구에게 있을 때, 진리의 선은 삶에 속한 선(=선한 삶)을 가리킵니다. 왜냐하면 진리는 그것에 일치하는 삶에 의하여 선이 되기 때문입니다. 그 전에는 진리는 어느 누구 안에 있는 선은 아닙니다. 왜냐하면 진리가 철저하게 기억 안에 있고, 그리고 그것에서 비롯된 생각 안에 있을 때 그것은 선이 아니고, 그러나 그것이 의지 안에 들어오고, 그것으로 인하여 행위에 들어왔을 때 그것은 선이 되기 때문입니다. 왜냐하면 진리를 선으로 바꾸는 것이 의지(意志·the will)이기 때문입니다. 이러한 것은 사람이 원하는 것을 그는 선이라고 부른다는 사실에 의하여, 그리고 그가 생각한 것을 그는 진리라고 부르는 사실에 의하여 입증됩니다. 그의 영에 속한 의지를 가리키는 사람의 내면적인 의지(man's interior will)는 그의 사랑의 수용그릇입니다. 왜냐하면 사람이 그의 영으로 말미암아 사랑하는 것은 그가 원하는 것이기 때문이고, 그것으로 말미암아 그가 원하는 것은 그가 행하는 것이기 때문입니다. 그러므로 그의 의지에 속한 진리는 그의 사랑에 속한 것이고, 그리고 그의 사랑에 속한 것을 그는 선이라고 부릅니다. 이러한 일련의 것은 선이 진리들에 의하여 사람 안에서 어떻게 형성되는지를 명료하게 하고, 그리고 사랑 안에 있는 선이라고 하는 모든 선은 삶에 속한 선(=선한 삶)이라는 것을 명확하게 합니다. 사람이 생각 안에 이 선이나 저 선을 가질 수 있기 때문에, 비록 의지에 속한 것은 아니지만, 역시 생각에 속한 선이 있다고 믿습니다. 그러나 그것은 아직까지는 선은 아니고, 다만 진리일 뿐입니다. 거기에 있는 생각은 선이 진리처럼 있는 그런 것입니다. 그리고 한 사물이 선이라고 안다는 것이나 따라서 생각한다는 것은 진리로 여겨지지만, 그러나 생각 안에 있는 그 진리가 원할 만큼 사랑할 때, 그리고 원하는 것으로 말미암아 행해질 때, 그 때 그것은 사랑에 속한 것이기 때문에 그것은 선이 됩니다.

[2] 이러한 것은 아래의 예에 의하여 예증될 수 있겠습니다. 육신을 입은 삶에서 인애를 믿는 사람에게는, 그리고 교회의 본질을, 따라서 구원에 이르는 본질이 믿음이 아니라고 믿는 사람에게는 영들(spirits)이 있습니다. 그럼에도 불구하고 그들은 인애의 삶을 살지 않습니다. 왜냐하면 이것이 철저한 그들의 생각이고 결론이기 때문입니다. 그러나 그들에게 일러진 것은, 인애가 구원한다는 단순한 생각이나 그 생각으로 말미암아 믿는 것은, 그리고 원하지도 않고, 따라서 행동하지도 않는다는 것은 오직 믿음이 구원한다는 것을 믿는 것과 비슷하고,

그러므로 그들은 쫓겨난다는 것입니다. 이러한 내용은, 그것을 원하지도 않고, 행하지도 않고, 그리고 단순하게 선을 생각하는 것은 어느 누구에게서 선을 형성하지 않는다는 것을 아주 명료하게 만듭니다. 만약에 사람이 진리들의 지식들이나 선 자체들을 얻는다면, 그리고 그것들을 원하고 행하는 것에 의한 삶이 없이, 단순한 생각에서 그것들에 대하여 참고 견딜 수 있다는 것이 어느 누구에게 선을 형성하는 것이 아니라는 것을 명확하게 한다는 것도 명확하게 합니다. 이러한 설명은, 그것이 어느 누구 안에 있을 때 진리의 선, 다시 말하면 영적인 선이 삶에 속한 선이라는 것을 잘 알게 하기 위한 것입니다. 그리고 그것은 "그들의 손 안에 있는 종려나무"가 뜻하는 것입니다.

[3] "종려나무"(palms)가 영적인 선을 뜻하기 때문에 솔로몬에 의하여 건축된 성전 안에는 그것이 있었고, 그리고 그 밖의 것들이 있었는데 종려나무는 성전의 벽에 조각, 장식되었는데 이것은 열왕기 상서에 기술되었습니다.

> 그(=솔로몬)는 성전의 지성소와 외실의 벽으로 돌아가면서, 그룹의 형상과 종려나무와 활짝 핀 꽃 모양을 새겼다. …… 그리고 올리브 나무로 만든 문 두 짝에는, 그룹의 형상과 종려나무와 활짝 핀 꽃 모양을 새겼다(열왕기 상 6 : 29, 32).

여기서 "성전의 벽들"은 천계의 궁극적인 것들이나 교회의 궁극적인 것을 뜻하는데, 그것은 내면적인 것들에서 생겨난 결과들이고, 그리고 "문들"(doors)은 천계나 교회에 들어가는 입구를 뜻하고, 그것들에 새겨진 "그룹"(cherubim)은 극내적 천계(=삼층천)의 선을 가리키는 천적인 선을 뜻하고, "종려나무"는 이층천의 선을 가리키는 영적인 선을 뜻하고, 그리고 "꽃들"은 가장 낮은 천계의 선을 가리키는 영적 자연적인 선 (spiritual-natural good)을 뜻합니다. 따라서 이들 셋은 그들의 순서 가운데 있는 세 천계의 선들을 뜻합니다. 그러나 최고의 뜻으로 그룹(cherubim)은 주님의 신령섭리(the Lord's Divine Providence)나 역시 보호나 방어(guard)를 뜻하고, "종려나무" 는 주님의 신령지혜(the Lord's Divine wisdom)를 뜻하고, "꽃 들"은 주님의 신령총명을 뜻합니다. 왜냐하면 주님에게서 발출하는 신령진리에 합일된 신령선은 신령섭리와 같이, 삼층천, 즉 극내적 천계에 영접, 수용되기 때문이고, 그리고 이층천, 즉 중간천계에는 신령지혜처럼 영접, 수용되기 때문이고, 일층천, 즉 가장 낮은 천계에서는 신령총명처럼 영접, 수용되기 때문입니다.

[4] 에스겔서에서 "새로운 성전"(the new temple)에 있는 "그룹과 종려나무들"도 동일한 뜻을 갖습니다. 에스겔서의 말씀입니다.

> 그 판자에는 그룹과 종려나무들을 새겼는데, 두 그룹 사이에 종려나무가 하나씩 있고, 그룹마다 두 얼굴이 있었다. 사람의 얼굴은 이쪽에 있는 종려나무를 바라보고, 사자의 얼굴은 저쪽에 있는 종려나무를 바라보고 있었다. 성전 벽 전체가 이와 같았다. 성전 바닥에서 문의 통로의 윗부분에 이르기까지 모든 벽에 그룹과 종려나무들을 새겨 두었다. …… 네 개의 문짝에는 모두 그룹들과 종려나무들이 새겨져 있어서, 성전의 모든 벽에 새겨진 모습과 같았다. …… 성전의 곁방과 디딤판에도 모두 같은 장식이 되어 있었다(에스겔 41 : 18-20, 25, 26).

여기서 "새 성전"은 주님께서 이 세상에 강림하셨을 때, 주님에 의하여 세워질 새로운 교회를 뜻합니다. 왜냐하면 새 성읍, 새 성전, 새 땅의 이 기술은 새로운 교회에 속한 모든 것들을, 그리고 그것에서 비롯된 새로운 천계에 속한 모든 것들을 뜻하기 때문이고, 그리고 이런 것들은 순수한 대응들에 의하여 기술되었기 때문입니다.

458[B]. "장막절의 명절"(the feast of tabernacles)이 진리들에 의한 선의 이식(移植)을 뜻하기 때문에 이런 말씀이 명령되었습니다. 레위기서의 말씀입니다.

> 첫날 너희는 좋은 나무(=보기 좋은 나무들)에서 딴 열매를 가져오고, 또 종려나무 가지와 무성한 나뭇가지와 갯버들을 꺾어 들고, 주 너희의 하나님 앞에서 이레 동안 절기를 즐겨라(레위기 23 : 40).

"좋은 나무의 열매"(=명예의 나무의 열매·the fruit of the tree of honor)는 천적인 선을 뜻하고, "종려나무"는 영적인 선, 즉 진리의 선을 뜻하고, "무성한 나뭇가지"(=빽빽한 나무들의 가지들)는 그것의 선과 함께 하는 진리를 뜻하고, "갯버들"(=시내버들들)은 외적 감관적인 것들에 속한 것을 가리키는, 자연적인 사람의 가장 낮은 진리들이나 선들을 뜻합니다. 따라서 이들 넷(4)은 사람 안에 있는 첫째에서부터 마지막에 이르기까지 그들의 순서 안에 있는 모든 선들이나 진리들을 뜻합니다.

[5] "종려나무"가 영적인 선을 뜻하기 때문에, 그리고 영적인 선에서 마음의 모든 즐거움이 나오기 때문에, 왜냐하면 영적인 선은 정동 자체를 가리키고, 또한 영적인 진리의 사랑이기 때문에, 그러므로 전자, 즉 "그들의 손에 들린 종려나무들"에 의

하여 사람들은 마음에 속한 그들의 즐거움이 입증됩니다. 이러한 내용이 아래의 장절의 뜻입니다. 요한복음서의 말씀입니다.

> 이튿날에는 명절을 지키러 온 많은 무리가, 예수께서 예루살렘에 들어오신다는 말을 듣고, 종려나무 가지를 꺾어 들고, 그를 맞으러 나가서 외쳤다.
> "호산아!"
> "주님의 이름으로 오시는 이에게 복이 있기를!"
> "이스라엘의 왕에게 복이 있기를!"
> (요한 12 : 12, 13)

[6] "종려나무"는 아래 장절에서는, 영적인 선이나 진리의 선(the good of truth)을 뜻합니다. 시편서의 말씀입니다.

> 의인은 종려나무처럼 우거지고,
> 레바논의 백향목처럼 높이 치솟을 것이다.
> 주의 집에 뿌리를 내렸으니,
> 우리 하나님의 뜰 안에서
> 크게 번성할 것이다.
> (시편 92 : 12, 13)

"의인"은 선 안에 있는 자들을 뜻합니다. 왜냐하면 성경말씀에서 "의인"은 사랑에 속한 선 안에 있는 자들을 뜻하기 때문이고, "거룩한 사람"(the holy)은 그 선에서 비롯된 진리들 안에 있는 자들을 뜻하기 때문입니다(본서 204항 참조). 따라서 "의인"에 대해서 "그는 종려나무처럼 우거지고, 레바논의 백향목처럼 높이 치솟을 것이다"고 언급되었습니다. 왜냐하면 그 사람에게 있는 선의 생육(=다산·the fructification of good)은

"그가 종려나무처럼 우거질 것이다"(=번성할 것이다)는 말이 뜻하고, 진리의 번성(the multiplication)은 "레바논의 백향목처럼 높이 치솟을 것이다"(=자랄 것이다)는 말이 뜻하기 때문입니다. 여기서 "종려나무"는 영적인 선을 뜻하고, "백향목"은 그 선에 속한 진리를 뜻하고, "레바논"은 영적인 교회를 뜻합니다. "그것들이 심겨진 주의 집"(=여호와의 집)이나 "그것들이 크게 번성할 하나님의 뜰"은 천계와 교회를 뜻합니다. 그리고 "여호와의 집"(=주의 집)은 내적인 교회(the internal church)를 뜻하고, "그 뜰"은 외적인 교회(the external church)를 뜻하고, 심는다(移植)는 것은 사랑의 선이나 인애의 선이 사는 곳인, 사람의 내면적인 것들 안에서 성취, 완수된 것을 뜻하고, 자란다(=성장한다)는 것은 삶에 속한 선이 사는 곳인, 사람의 외면적인 것에서 일어나는 것을 뜻합니다.

[7] 요엘서의 말씀입니다.

> 포도나무가 마르고,
> 무화과나무도 시들었다.
> 석류나무, 종려나무, 사과나무 할 것 없이,
> 밭에 있는 나무가 모두 말라 죽었다.
> (요엘 1 : 12)

이 장절은 그 교회에 있는 진리와 선의 황폐화(荒廢化)를 뜻하고, 그리고 그것으로 인한 마음의 모든 즐거움, 다시 말하면 모든 영적인 즐거움의 황폐화를 뜻합니다. 왜냐하면 "포도나무"는 그 교회의 영적인 선과 진리를 뜻하기 때문이고, "무화과나무"는 그것에서 비롯된 자연적인 선과 진리를, 그리고 "석류나무"는 자연적인 것의 궁극적인 것을 가리키는 감관적인 진리와 선을 뜻하고, "종려나무"는 영적인 선에서 비롯된 마음의 즐거움을, 그리고 "사과나무"는 영적인 선에서 터득한 자연적인 선에서 비롯된 동일한 것을 뜻하기 때문입니다. "모두 말라 죽는다는 밭에 있는 나무들"은 선의 지각이나 진리의 지식이 거기에 아무것도 없다는 것을 뜻합니다. 영적인 즐거움이나 거기에서 비롯된 자연적인 즐거움은 "종려나무"와 "사과나무"가 뜻하기 때문에, 따라서 "사람들의 아들들에게서 기쁨(=백성의 기쁨)이 모두 사라졌다"는 말씀이 부연되었습니다. 여기서 "사람의 아들들"은 성경말씀에서 선에서 비롯된 진리들 안에 있는 자들을 뜻하고, "즐거움"(=기쁨·joy)은 오직 진리들을 통한 선에서 비롯되는 것을 가리키는 영적인 기쁨을 뜻합니다. 어느 누구가 밭에 있는 포도나무·무화과나무·석류나무·종려나무·사과나무가 여기서 그 나무들을 뜻하기 않는다는 것을 모르겠습니까? 성경말씀에서 그와 같이 언급된 이유나, 그리고 이런 나무들이 시들고 말랐다고 언급된 것이 그 교회에 대한 결말이 무엇이겠습니까?

[8] 예레미야서의 말씀입니다.

    그들의 우상은 숲 속에서 베어 온 나무요,
    조각가가 연장으로 다듬어서 만든
    공예품이다.
    그들은 은과 금으로 그것을
    아름답게 꾸미고,
    망치로 못을 박아 고정시켜서,
    쓰러지지 않게 하였다.
    그것들은 논에 세운 허수아비와 같아서(=그것들은 종려나무처럼 곧게 서 있으나),

말을 하지 못한다.
걸어 다닐 수도 없다.
(예레미야 10 : 3-5)

이 장절은 누구의 고유속성(one's own)에서 비롯된 선을 가리키는, 그러나 이것은 본질적으로 선이 아닌 것을 가리키는 영적인 것에서 분리된 자연적인 선을 기술하고 있습니다. 그러나 주로 자기사랑이나 세상사랑에서 비롯된 탐욕이나 욕망의 쾌락을 가리키는데, 이것은 하나의 선처럼 느낄 뿐입니다. 사람이 자기 자신 안에서 선의 외관을 꾸미고, 그리고 그것이 선이라는 종지(宗旨)를 어떻게 그와 같이 형성하는지가 "사람이 숲에서 도끼로 나무를 자르고, 기술자가 손으로 만든 작품이다"(=숲 속에서 베어 온 나무요, 조각가가 연장으로 다듬어서 만든 공예품이다)는 말씀에 의하여 기술되었습니다. "나무"(wood)는 선을 뜻하고, 여기서는 그런 부류의 선을 뜻하고, "숲"(forest)은 자연적인 것을 뜻하고, 여기서는 영적인 것에서 분리된 자연적인 것을 뜻하고, "조각가가 연장으로 다듬어서 만든 공예품"(=기술자가 손으로 만든 작품)은 어느 누구의 고유속성(=자아·one's own·proprium)이나 자기 총명에서 비롯된 것을 뜻합니다. 그것에 의하여 위화(僞化)된 것을 가리키는 성경말씀에서 비롯된 진리들이나 선들에 의한 이것의 확증은 "그가 은과 금으로 그것을 꾸미고 고정시켰다"는 말씀이 기술하고 있는데, "은"은 성경말씀에서 비롯된 진리를 뜻하고, "금"은 성경말씀에서 비롯된 선을 뜻하고, 자기 자신의 고유속성(=자아·proprium)에서 비롯된 확증들에 의하여 결합하는 이것을 만드는 것이 "못과 망치로 고정시켜서 쓰러지지 않게 하였다"는 말씀에 의하여 기술되었습니다. 따라서 진리들에 의하여 형성된 선처럼 나타나는 그것들의 외현(外現)이 "그들은 종려나무 처럼 곧게 서 있다"는 말씀이 뜻합니다.
[9] 모세의 글입니다.

> 그들이 엘림에 이르렀다. 거기에는 샘이 열두 곳이나 있고, 종려나무가 일흔 그루나 있었다. 그들은 그 곳 물가에 진을 쳤다(출애굽 15 : 27 ; 민수기 33 : 9).

이 역사적인 사실도 역시 영적인 뜻을 담고 있습니다. 왜냐하면 성경말씀의 모든 역사들 안에는 영적인 뜻이 있기 때문입니다. 여기서 "그들이 엘림에 이르렀다"는 것은 실증이나 정동의 상태(a state of illustration and affection)를 뜻하고, 따라서 시험 뒤에 있는 위로(慰勞·consolation)를 뜻합니다. 그리고 "열두 곳의 샘"은 그 때 그들이 모든 넉넉함 가운데 진리들을 가지고 있다는 것을 뜻하고, "일흔 그루의 종려나무들"은 그들이 마찬가지로 진리들에 속한 선들을 가지고 있다는 것을 뜻합니다. "그들이 그 곳 물가에 진을 쳤다"는 것은 시험 뒤의 선에 의하여 진리의 정리나 배치를 뜻합니다. 이러한 것은 ≪천계비의≫ 8366-8370항에 설명된 것에서 잘 알 수 있습니다.
[10] "여리고"(Jericho)가 진리의 선(the good of truth)을 뜻하기 때문에 이런 말씀이 있습니다.

> 그 성읍(=여리고)은 종려나무 성읍이라고 하였다(신명기 34 : 3 ; 사사기 1 : 16 ; 3 : 13).

왜냐하면 성경말씀의 장소들이나 성읍들의 모든 이름들은 천계나 교회에 속한 그런 부류의 것들을 뜻하는데, 이것들은 영적인 것이라고 하기 때문입니다. 그리고 "여리고"(Jericho)는 진리의 선을 뜻합니다. "여리고"의 이런 뜻 때문에 주님께서 사마리아 사람의 비유에서 이렇게 말씀하셨습니다. 누가복음서의 말씀입니다.

> 어떤 사람이 예루살렘에서 여리고로 내려가다가 강도들을 만났다 (누가 10 : 30).

이 말씀은 진리들에 의한 선에 대한 것을 뜻합니다. 왜냐하면 "예루살렘"은 교리의 진리를 뜻하고, "여리고"는 진리의 선을 뜻하기 때문인데, "진리의 선"은 삶에 속한 선을 가리키고, 강도들에 의하여 상해를 입은 사람에게 이것을 실천하였습니다.
[11] 또한 여리고의 이런 뜻 때문입니다.

> 여호수아가 여리고에 가까이 갔을 때에 눈을 들어서 보니, 어떤 사람이 손에 칼을 빼들고 자기 앞에 서 있었다. 여호수아가 그에게 다가가서 물었다. "너는 우리 편이냐? 우리의 원수 편이냐?" …… 주의 군대 사령관이 여호수아에게 말하였다. "네가 서 있는 곳은 거룩한 곳이니, 너의 발에서 신을 벗어라." 여호수아가 그대로 하였다(여호수아 5 : 13, 15).
> 그리고 그들은 그 성읍과 그 안에 있는 모든 것을 불로 태웠다. 그러나 은이나 금이나 놋이나 철로 만든 그릇만은 주의 집 금고에 들여 놓았다(여호수아 6 : 24).

이상에서 볼 때 여리고가 "종려나무의 성읍"이라고 불리운 이유를 잘 알 수 있겠습니다.
[12] 더욱이 영계에서, 그리고 영적인 선이나, 또는 진리의 선

안에 있는 천사들이 있는 낙원에서 아주 큰 풍부함 가운데 있는 종려나무가 보였고, 그리고 그것으로 말미암아 "종려나무"가 진리의 선을 뜻한다는 것은 아주 명확합니다. 왜냐하면 그 세계에서 보이는 모든 것들은 생명의 상태나 정동의 상태의 표징들이기 때문에, 따라서 천사들에게 있는 선과 진리의 표징들이기 때문입니다.

459. 10절. **그들은 큰소리로 외쳤습니다.**
이 말씀은 진리의 선에서 비롯된 결과적으로는 마음의 기쁨에서 비롯된 경배를 뜻합니다. 이러한 뜻은 진리의 선에서 비롯된, 그러므로 마음의 기쁨에서 비롯된 경배를 가리키는 "큰소리로 외친다"는 말의 뜻에서 명확합니다. 왜냐하면 "외친다"(=소리친다·to cry)는 것은 외침이 이런 부류의 정동의 결과이기 때문에, 내면적인 정동을 뜻하기 때문입니다. 왜냐하면 사람이 내면적인 정동 안에 있고, 그리고 그것으로 인하여 고백의 상태에 들어갔을 때, 그는 크게 소리치기 때문입니다. 그런 일은 성경말씀에서 "소리친다"는 것은, 그것이 기쁨이든 슬픔이든, 또는 그 어떤 정동이든, 영적인 정동을 뜻하는 것에서 비롯된 것이기 때문입니다(본서 393·424항 참조). 지금 여기서는 진리의 선에서 비롯된 경배를 뜻하는데, 이런 것은 앞에서나 뒤에 이어지는 내용에서 명확합니다. 앞에서 비롯된 것은, 바로 앞에서 언급한 것과 같이, 그런 부류 안에 있는 진리의 선을 뜻하는 "그들의 손에 든 종려나무"가 언급되었기 때문이고, 그리고 그 뒤에 이어지는 것에서 비롯된 것은 그들이 "구원은 보좌에 앉아 계신 우리 하나님과 어린 양의 것이다"고 외쳤기 때문이고, 그리고 "모든 천사들과 장로들과 네 생물들이 보좌 앞에 엎드려 하나님을 경배하였다"고 외쳤기 때문입니다. 더욱이 고백(=찬양)을 가리키는 주님의 모든 경배는 진리의 선에서, 다시 말하면 진리들을 통해서 선들에게서 비롯되기 때문입니다. "큰소리"(a great voice)는 역시 선에서 비롯된 진리를 뜻하는데, 여기서 "소리"(voice)는 진리를 뜻하고, "크다"(great)는 선에 관해서 서술합니다. "소리"(=음성·voice)가 진리를 뜻한다는 것은 본서 261항에서 볼 수 있고, "크다"(great)나 "큼"(=거대·greatness)이 선에 관해서 서술한다는 것은 본서 336[A]·337·424항에서 볼 수 있습니다.

460. 그들은 큰소리로 "구원은 보좌에 앉아 계신 우리 하나님과 어린 양의 것이다" 하고 외쳤습니다(=큰 음성으로 소리 질러 말하기를 "구원이 보좌에 앉으신 우리 하나님과 어린 양에게 있다" 하였다).

이 말씀은 영원한 생명(永生·eternal life)은 오직 주님에게서 온다는 고백(=찬양·confession)을 뜻합니다. 이러한 사실은 고백(=찬양)하는 것을 가리키는 "소리 질러 말한다"(saying)는 낱말의 뜻에서 잘 알 수 있습니다. 왜냐하면 고백(=찬양)이 뒤이어지기 때문입니다. 그리고 또한 신령선이나 신령진리와의 관계에서 주님을 가리키는 "보좌에 앉으신 우리 하나님과 어린 양에게 있다"는 말씀의 뜻에서 잘 알 수 있겠습니다. 여기서 "어린 양"(the Lamb)은 신령진리와의 관계에서 주님을 뜻한다는 것은 본서 134·253[A]·297·314항에서 잘 볼 수 있습니다. 그리고 또한 그것은 영원한 생명(永生·eternal life)을 가리키는 "구원"(salvation)의 뜻에서 명백합니다. 왜냐하면 영생은 성경말씀에서 영원한 구원(eternal salvation)을 뜻하기 때문입니다.

[2] "그분에게 구원이 있다"는 말씀은 구원이 그분에게 온다는 것을 뜻하는데, 그 이유는 그분께서 구원이시기 때문입니

다. 왜냐하면 구원에 속한 모든 것이나, 영생에 속한 모든 것은 주님에게서 비롯된 것이고, 그리고 사람이나 천사에게 있는 것이기 때문입니다. 그것은 사람에게 있는 사랑의 모든 선이나, 믿음의 모든 진리는 사람과 함께 하는 주님의 것이지, 결코 사람의 것은 아니기 때문입니다. 왜냐하면 그것이 바로 신령발출(神靈發出·the Divine proceeding)이기 때문인데, 그것은 천계에서 천사들에게 있는 주님이시고, 교회에서는 사람들에게 있는 주님이시기 때문이고, 그리고 사랑의 선이나 믿음의 진리에서부터 구원과 영생이 오기 때문입니다. 그러므로 그것이 언급되었을 때 구원은 주님의 것이고, 그리고 주님 당신이 구원이시라는 것인데, 이러한 것은 아래의 장절들에게서 알 수 있는 것과 같이 이러한 내용이 어떻게 이해될 것인지를 명료하게 합니다. 이사야서의 말씀입니다.

> 그 날이 오면,
> 사람들은 이런 말을 할 것이다.
> 바로 이분이 우리의 하나님이시다.
> 우리가 하나님을 의지하였으니,
> 하나님께서 우리를 구원하신다.
> 바로 이분이 주님이시다.
> 우리가 주님을 의지한다.
> 우리를 구원하여 주셨으니
> 기뻐하며 즐거워하자.
> (이사야 25 : 9)

같은 책의 말씀입니다.

> 내가 이기는 그 날은 지체되지 않는다.

7장 1-17절

> 내가 시온을 구원하고,
> 이스라엘 안에서 나의 영광을 나타내겠다.
> (이사야 46 : 13)

같은 책의 말씀입니다.

> 땅 끝까지 나의 구원이 미치게 하려고,
> 내가 너를 '뭇 민족의 빛'으로 삼았다.
> (이사야 49 : 6)

또 같은 책의 말씀입니다.

> 보아라, 주께서 땅 끝까지 선포하신다.
> 딸 시온에게 일러주어라.
> 보아라, 너의 구원자가 오신다.
> 그가 구원한 백성을 데리고 오신다.
> 그가 찾은 백성을 앞장 세우고 오신다.
> (이사야 62 : 11)

시편서의 말씀입니다.

> 하나님,
> 시온에서 나오셔서,
> 이스라엘을 구원하여 주십시오!
> 주께서 당신의 백성을
> 그들의 땅으로 되돌려 보내실 때에,
> 야곱은 기뻐하고,
> 이스라엘은 즐거워할 것이다.

(시편 14 : 7 ; 53 : 6)

이 장절은 주님에 관해서 언급하고 있는데, 구원에 속한 행위에서, 여기서 그분은 구원이라고 불리셨습니다. 이런 이유 때문에 그분은 사람에게 있는 구원이십니다. 왜냐하면 주님께서 사람과 함께 계시는 것에 비례하여 사람은 구원을 받기 때문입니다. 그래서 누가복음서에는 이렇게 언급되었습니다.

(시므온이 아기를 자기 팔에 받아서 안고, 하나님을 찬양하여 말하였다.)
내 눈이 주의 구원을 보았습니다.
주께서 이것을
모든 백성 앞에 마련하셨으니,
이것은
이방 사람들에게는 계시하시는 빛이요,
주의 백성 이스라엘에게는 영광입니다.
(누가 2 : 30-32)

다시 말하면 이러한 내용이 주님께서 "예수"(Jesus)라고 불리우신 이유입니다. 왜냐하면 예수(Jesus)는 구원을 뜻하기 때문입니다.
[3] 이 양자는 주님을 뜻하기 때문에 "보좌에 앉으신 분과 어린 양"이 함께 언급되었습니다. "보좌에 앉으신 분"은 신령선과의 관계에서 주님을 뜻하고, "어린 양"(the Lamb)은 신령진리와의 관계에서 주님을 뜻하고, 이 양자는 그분의 신령인성(His Divine Human)에서 비롯되었습니다. 이러한 내용은 앞에서 인용된 장절들에서 잘 입증되었습니다. 그러므로 성경말씀 어디에서나 보좌에 앉으셨다고 언급된 어린 양(the Lamb)은,

예를 들면, "보아라, 보좌 가운데 어린 양이 서 있다"(묵시록 5 : 6), "보좌 한가운데 계신 어린 양이 그들의 목자가 되신다" (묵시록 7 : 17), 그리고 지금 우리의 본문에서 홀로 어린 양이 하나님이시라고 불리셨는데(묵시록 7 : 11, 12), "그들은 보좌 앞에 엎드려 하나님을 경배하면서, 권능과 힘이 우리 하나님께 영원무궁하도록 있다고 말하였다"고 하였습니다. 여기서의 뜻은 마치 그들이 두 존재처럼, 주님께서 "아버지"(the Father)와 "아들"(the Son)에 관해서 말씀하셨을 때와 같이, 동일한 뜻을 뜻합니다. 그럼에도 불구하고 그 때 "아버지"(the Father)에 의해서는 그분은 본질적으로 신령존재(the Divine)를 뜻하고, "아들"에 의해서는 그 신령존재에서 비롯된 그분의 인성(=그분의 인간·His Human)을 뜻합니다. 이러한 사실은 그분께서 말씀하셨을 때, 아버지께서는 그분(Him) 안에 계시고, 그분(He)은 아버지(the Father) 안에 계신다, 그리고 그분(He)과 아버지(the Father)는 하나(one)이시다는 것을 아주 명료하게 가르치고 있습니다. "보좌에 앉으신 분과 어린 양"이라는 말씀의 이 뜻은 다른 곳의 말씀들에서도 동일한 뜻입니다. 여기서 "어린 양"은 주님의 신령인성(the Lord's Divine Human)을 뜻한다는 것, 그리고 상대적인 뜻으로는, 이노센스에 속한 선(the good of innocence)을 뜻한다는 것은 본서 314항을 참조하십시오.

461. 11, 12절. 모든 천사들은 보좌와 장로들과 네 생물을 둘러 서 있다가, 보좌 앞에 엎드려 하나님께 경배하면서 "아멘, 찬송과 영광과 지혜와 감사와 존귀와 권능과 힘이 우리 하나님께 영원무궁 하도록 있습니다. 아멘!" 하고 말하였습니다.

[11절] :
"보좌에 둘러 선 모든 천사들과 장로들과 네 생물들"은 보편

적인 천계(the universal heaven)와 주님과의 결합을 뜻합니다 (본서 462항 참조). "그들이 그 보좌 앞에 얼굴을 대고 엎드려 하나님께 경배하였다"는 것은 매우 많은 자들이 구원을 받았 다는 겸허(謙虛)한 마음(a humble heart)에서 비롯된 감사를 뜻 합니다(본서 463항 참조).

[12절] :
"아멘! 하고 말하였다"는 것은 신령선에서 비롯된 신령진리와 의 관계에서 주님을 뜻합니다(본서 464항 참조). "찬송과 영광 과 지혜"는 이것들이 주님에서 나오는 신령진리에서 비롯되었 다는 것을 뜻합니다(본서 465항 참조). "감사와 존귀"는 이것 들이 주님에게서 나오는 신령선에서 비롯된다는 것을 뜻합니 다(본서 466항 참조). "권능과 힘"은 신령진리를 통해서 신령 선에서 비롯된 전능(全能)을 뜻합니다(본서 467항 참조). "우리 하나님에게 영원무궁 하도록 있습니다" 라는 것은 영원히 계 시는 주님을 뜻하고(본서 468항 참조), "아멘"은 신령존재에게 서 비롯된 확증을 뜻합니다(본서 469항 참조).

462. 11절. **보좌 둘레에 선 모든 천사들과 장로들과 네 생물 은**(엎드려 하나님께 경배하였다.)
이 말씀은 보편적인 천계(the universal heaven)와 주님과의 결 합을 뜻합니다. 이러한 뜻은 주님과의 결합을 가리키는 "보좌 둘레에 서 있다"는 말씀의 뜻에서 잘 알 수 있습니다. 왜냐하 면 "보좌에 앉으신 분과 어린 양"은, 바로 위에서 설명한 것과 같이, 오직 주님을 뜻하기 때문입니다(본서 460항 참조). "둘레 에 서 있다"(to stand around)는 것은 결합을 뜻합니다. 왜냐 하면 영계에서 거기에 있는 자들과의 결합은 현존(現存)하는 것으로 보이기 때문입니다. 그리고 거기에 있는 자들의 그것들은 현존하지 않는 것으로 나타나는 결합은 전혀 없기 때문입니다. 그리고 또한 세 천계들에 있는 자들을 가리키는, 따라서 보편적인 천계에 있는 자들을 가리키는 "천사들·장로들·네 생물들"은 삼층천, 즉 극내적인 천계에 있는 자들을 뜻하기 때문입니다. "스물네 장로들"(=24 장로들)이나 "네 생물들"은 일반적으로는 높은 천계들(the higher heavens)을 뜻하고, 개별적으로는 "장로들"은 이층천, 즉 중간천계에 있는 자들을 뜻하고, 그리고 "네 생물들"은 삼층천, 즉 극내적인 천계에 있는 자들을 뜻한다는 것은 본서 313[A]·322·362항에서 잘 볼 수 있습니다. 거기에서 아래의 것이 이어지고 있습니다. 여기서 "천사들"은 낮은 천계들(the lower heaven)을 뜻합니다. 사실 천계에 있는 자들은 모두 천사들이라고 불리우지만, 그러나 그들은 나머지들에 비하여 보다 큰 총명이나 지혜 안에 있기 때문에 여기서는 "장로들"이라고 불리웠고, 그리고 "네 생물들"은 그 보좌에 가장 가까이 서 있었기 때문입니다. 이것이 요한에 의하여 위에 있는 것으로 보였기 때문입니다. 여기서 우리가 주지하여야 할 것은 요한은 "스물 네 장로들" "게르빔"(=네 생물들)과 함께 천사들의 매우 큰 숫자를 보았다는 것입니다. 그리고 그들은 천계에 있는, 다시 말하면 보편적인 천계에 있는 모두는 아닙니다. 왜냐하면 이것은 예언적인 견해(a prophetic vision)이고, 그것이 보여진 것들이 표의적인 것들이기 때문입니다. 여기서 보여진 극소수는 "스물 네 장로들"이 이층천, 즉 중간천계를 뜻하고, "네 생물들"은 삼층천, 즉 극내적인 천계를 뜻하는 온 천계나 보편적인 천계를 뜻하기 때문입니다.

463. 그들은 보좌 앞에 엎드려 하나님께 경배하였다(=얼굴을

대고 엎드려 하나님께 경배를 드렸다).

이 말씀이 주님에 의하여 매우 많은 자들이 구원받았다는 겸허한 마음에서 비롯된 감사를 뜻합니다. 이러한 뜻은 여기서는 겸허한 마음에서 비롯된 감사를 드리는 것을 가리키는 "얼굴을 대고 엎드려 경배한다"(=예배한다)는 말씀의 뜻에서 명확합니다. 왜냐하면 "얼굴을 대고 엎드린다"는 것은 얼굴을 땅에 댄다(=떨군다)는 것은 얼굴이 이런 겸허나 겸비에 대응하기 때문에, 마음에 속한 겸허나 겸비를 뜻하기 때문입니다. 왜냐하면 육신의 모든 행위들이나 행동들은 둘(=양자)이 대응에 의하여 하나가 되는 마음의 여러 정동들에 대응하기 때문입니다. 따라서 예배에서 하나님 앞에서 얼굴을 대고, 엎드린다는 것은 대응에 의하여 마음의 겸허와 하나를 이루기 때문입니다. 이것으로 말미암아 그것은 고대 사람들에게서 하나의 관습(慣習·custom)이 되었습니다. 그리고 예배에서 진정으로 얼굴을 땅에 대고 엎드리는 것은 수많은 민족에게 계속 이어지고 있습니다. 한편 작금의 기독교계에서도 무릎을 꿇는다는 것은 단순한 관습입니다. "예배한다"는 것이 수많은 사람이 구원받았다는 것의 감사를 뜻한다는 것은 앞서의 것이나 뒤에 이어지는 사실에서 아주 명백합니다. 왜냐하면 비록 그들이 진정한 진리들을 가지지 못하였다고 해도, 그들의 종교에 일치하는 선 안에서 산 사람들의 구원이 지금 여기서 다루어지고 있기 때문입니다. 보편적인 천계에 의한 이것 때문의 감사는 지금 아래에 이어지는 것입니다. "그들이 그들의 얼굴을 대고 예배한다" "얼굴을 떨군다"는 것이 언급되었는데, 그것은 사랑의 선에서 비롯된 마음의 겸허의 입증입니다. 그리고 "하나님을 예배한다"는 것은 그 선에서 비롯된 진리들에 의한 마음의 겸허의 입증입니다.

464. 12절. **말하기를 '아멘' 하였다.**
이 말씀은 신령선에서 비롯된 신령진리와의 관계에서 주님을 뜻합니다. 그러한 사실은 진리를 가리키는 "아멘"(Amen)의 뜻에서 명확합니다. 그리고 주님께서 진리 자체이시기 때문에, 이것은 주님께서 요한복음 14장 6절에서 말씀하셨는데, "아멘"은 최고의 뜻으로는 신령진리와의 관계에서 주님을 뜻합니다. 여기서 "아멘"이 이것을 뜻한다는 것은 세 천계의 천사들이 그것을 주님에게 말하였기 때문입니다. 여기서 "아멘"은 언급된 것의 기원(祈願)을 나타내고, 그리고 또한 종국에는 선에서 비롯된 신령진리와의 관계에의 주님은 처음 것들 안에 계시고, 그리고 궁극적인 것들 안에 계신다는 것을 나타내고, 또한 주님 당신은 처음(the First)이시고, 나중(the Last)이시라는 것을 나타냅니다. 왜냐하면 신령선에 합일한 신령진리는 천계에서 주님이시기 때문입니다. 왜냐하면 이것이 천계의 모든 것들이고, 그것에서 비롯된 신령발출(the Divine proceeding)이고, 그리고 천계 자체가 비롯된 근원인 신령발출이기 때문입니다. 이러한 내용은 저서 ≪천계와 지옥≫ 13·126-140·275항을 참조하십시오. 처음 것들 안에 있고, 궁극적인 것들 안에 있다는 것이 모든 것들 안에 있다는 것을 뜻한다는 것은 본서 41·417항을 참조하시고, 그리고 ≪천계비의≫ 10044·10329·10335항을 참조하시고, 그리고 "아멘"이 신령진리와의 관계에서 주님을 뜻한다는 것은 본서 228항을 참조하십시오.

465. 찬송과 영광과 지혜가(우리 하나님에게 있다.)
이 말씀은 세 천계들에서 이것들이 주님에게서 발출하는 신령진리에서 비롯된 것이라는 것을 뜻합니다. 이러한 내용은 신령진리의 수용을 뜻하는, 그리고 그것에서 비롯된 생육(生育・結實・fructification)을 뜻하는 "찬송"(the blessing)의 뜻에서, 그리고 그것에서 비롯된 지복(至福)이나 영생(永生)을 가리키는 "찬송"의 뜻에서 명백합니다. 성경말씀에서 "찬송"(=고백・blessing)의 뜻이 이런 것이라는 것은 본서 340항을 참조하십시오. 그리고 또한 내면적인 것들 안에 있는 신령진리의 수용을 가리키는 "영광"(glory)의 뜻에서(본서 34・288・345항 참조), 그리고 극내적인 것들 안에 있는 신령진리의 수용을 가리키는 "지혜"(wisdom)의 뜻에서 잘 알 수 있습니다. 왜냐하면 지혜는 이것에서 비롯되기 때문입니다. 이들 셋, 즉 "찬송・영광・지혜"가 언급되었는데, 그것은 이것들이 세・천계(three heavens)의 천사들에 의하여 일러졌기 때문입니다(본서 462항 참조). 가장 낮은 천계, 즉 일층천의 신령진리의 수용은 "찬송"(blessing)이라고 하였고, 중간천계, 즉 이층천의 신령진리의 수용은 "영광"(glory)이라고 하였고, 극내적 천계, 즉 삼층천의 신령진리의 수용은 "지혜"(wisdom)라고 하였습니다. "찬송과 영광과 지혜가 영원무궁하도록 우리 하나님에 있다"고 말한다는 것은 이런 것들이 그분으로 말미암아 천계에 있다는 것을 뜻합니다. 왜냐하면 그런 것들이 천계에 있는 자들에게 있을 때 "찬송・영광・지혜"는 "하나님에게 있다"고 언급되기 때문입니다. 왜냐하면 그들에게는 신령찬송(Divine blessing)・신령영광(Divine glory)・신령지혜(Divine wisdom)가 있기 때문입니다. 이러한 사실은 주님께서 요한복음서에서 친히 가르치셨습니다. 요한복음서의 말씀입니다.

> 너희가 열매를 많이 맺어서 나의 제자가 되면, 이것으로 나의 아버지께서 영광을 받으실 것이다(요한 15 : 8).

같은 책의 말씀입니다.

> 나의 것은 모두 아버지의 것이고, 아버지의 것은 모두 나의 것입니다. 나는 그들로 말미암아 영광을 받았습니다(요한 17 : 10).

이러한 내용은 "구원이 하나님에게 있다"는 것에 관해서 언급한 것과 같습니다(본서 460항 참조). 그러므로 "하나님이 찬송 받으신다" "하나님에게 찬양을 돌린다"고 말하는 것은 고대사람들에게는 하나의 관습이었습니다. "하나님에게 영광과 지혜가 있다"는 말씀도 마찬가지인데, 그것은 그분에게 찬송·영광·지혜가 있다는 것을 뜻하지 않는데, 그 이유는 모든 찬송·영광·지혜가 모두 그분에게서 오기 때문입니다. 그러나 그것들은 모든 사람에게는 그분에게서 온 것들이라는 것을 뜻합니다. 그들이 수용한 이런 것들을 오직 하나님에게 그것들을 돌려 보내고, 자신에게는 아무것도 돌려보내지 않는다는 것을 이런 식으로 말하였습니다. 이런 이유 때문에 그들은 자신들이 아니고 신령존재로 말미암아 이런식으로 말하였습니다.

466. 감사와 존귀가 (우리 하나님에게 있다.)
이 말씀은 이것이 세 천계에서 주님에게서 발출하는 신령선에서 비롯된다는 것을 뜻합니다. 이러한 뜻은 "찬송·영광·지혜"가 신령진리의 수용에 관해서 서술하기 때문에, 따라서 "감사와 존귀"는 신령선의 수용에 관해서 뜻한다는 것에서 명백합니다. 왜냐하면 주님에게서 발출하는 것들 둘(2)이 있는데, 천계나 이 땅에 있는 모든 것들은 그것에서 비롯되기 때문입니다. 다시 말하면 신령진리와 신령선에게서 비롯되기 때문입니다. 신령진리는 천사들이나 사람들에게 있는 총명이나 지혜

의 근원이고, 신령선은 그들에게 있는 모든 인애와 사랑의 근
원입니다. 합일된 이들 둘은 그것들의 진정한 근원에서 하나
로 존재하기 위하여 주님에게서 발출합니다. 그러나 그것들을
수용하는 천사들이나 사람들에게서는 그것들은 둘(2)입니다.
이런 이유 때문에 그들에게는 생명의 두 수용그릇(the
receptacles of life)이 있는데, 그것은 이해와 의지라고 불리우
는 것입니다. 여기서 이해는 진리의 수용그릇이고, 의지는 신
령선의 수용그릇입니다. 또한 동일한 말이지만, 이해는 주님
에게서 비롯되는 지혜의 수용그릇이고, 의지는 주님에게서 비
롯되는 사랑의 수용그릇입니다. 그러나 이들 둘, 즉 신령진리
와 신령선이, 따라서 이해와 의지가 천사들이나 사람들에게서
하나인 것에 비례하여 그들은 주님과의 결합의 상태에 있습니
다. 그러나 이것들이 하나가 아닌 것에 비례하여 천사들이나
사람들은 그 결합 안에 있지 않습니다.

[2] 성경말씀은 그것에 의하여 천사들과 사람들이 주님과의
결합이 있기 위하여 사람들에게 주어졌기 때문에, 그러므로 그
것의 모든 부분에는 선에 결합된 진리가 있고, 진리에 결합된
선이 있습니다. 그 이유는 성경말씀에서, 특히 예언서에는 두
표현들(two expressions)이 있는데, 그것들 중의 하나는 신령진
리와 관계되고, 다른 하나는 선과 관계합니다. 그러나 성경말
씀에서 이런 결합은 천계에 있는 천사들에 의하여 보여지고,
지상에 있는 자들이 영적인 뜻을 보기 위하여 그들에게는 성
경말씀이 부여(賦與)되었습니다. 왜냐하면 거기에는 진리와 관
계를 가지고 있는 표현이 있고, 선과 관계를 가진 표현이 있기
때문입니다. 그러므로 어디에나 거의 동일한 뜻을 가지고 있
는 표현들이 있는데, 하나는 진리에 속한 것들의 말뜻(表意)이

있고, 다른 하나는 선에 속한 것들의 말뜻이 있습니다. 성경말씀에는 성경말씀이 신령한 것이기 때문에 이런 합일(合一·union)이 있고, 그리고 신령존재에게서는 신령선에 합일된 신령진리가 발출합니다. 성경말씀에서 이 합일이나, 또는 지상에서는 지금까지 알려지지 않은 선과 진리의 혼인(=결합)에 관해서는 본서 238·288항을 참조하시고, 그리고 ≪천계비의≫ 683·793·801·2516·2712·3004·3005·3009·4158·5138·5194·5502·6343·7022·7945·8339·9263·9314항을 참조하십시오. 이런 내용들은 위에서 입증된 것과 같이(본서 465항 참조), "찬송·영광·지혜"가 신령존재에게서 비롯된 진리들에 관해서 서술한다는 것을 주지시키기 위하여 언급되었고, 그리고 "감사와 존귀"는 신령존재에서 비롯된 선들에 관해서 서술한다는 것을 주지시키기 위하여 언급되었습니다. 성경말씀에서 "영광"(glory)은 진리에 관해서 서술하고, "존귀"(honor)는 선에 관해서 서술한다는 것은 본서 288·345항을 참조하십시오. 거기에는 성경말씀에서 다양한 장절들에 의하여 그것이 입증되었습니다. 여기서 "감사"(thanksgiving)는 선에 관해서 서술합니다. 왜냐하면 "찬송"(blessing)은 보다 높은 것을 뜻하기 때문이고, 그리고 찬송은 진리들에 의하여, 입에 의하여 표현되기 때문입니다. 이에 반하여 감사는 선에서 나온 마음에서부터 나오기 때문입니다.

467. 권능과 힘이 (우리 하나님께 있다.)

이 말씀은 신령진리를 통하여 신령선에게서 비롯되는 전능(全能·omnipotence)을 뜻합니다. 이러한 내용은 주님에 관해서 서술할 때, 전능을 가리키는 "권능과 힘"(power and strength)의 뜻에서 잘 알 수 있습니다. 그러나 "권능"(權能·power)은 신령진리에 관해서 서술하고, "힘"(strength)은 신령선에 관해서 서술합니다. 따라서 양자 "권능과 힘"은 신령진리를 통하여 신령선에서 비롯된 전능을 뜻합니다. "권능"(權能·power·*potestas*)은 주님에 관해서 언급할 경우 전능을 뜻하고(본서 338항 참조), 그리고 진리들이 선으로 말미암아 모든 권능(*potetia*)을 갖는다는 것, 또는 선이 진리들에 의하여 모든 권능을 갖는다는 것이나, 그리고 주님께서 신령진리에 의하여 신령선으로 말미암아 전능을 가지셨다는 것은 본서 209·333항과 ≪천계와 지옥≫ 228-233항을 참조하십시오. 왜냐하면 성경말씀의 모든 개별적인 것 안에는 선과 진리의 혼인(=결합)을 목적해서 "권능"과 "힘" 양자가 언급되었기 때문입니다. 그렇지 않다면 그것들의 하나의 언급으로 충분하였을 것입니다. 이러한 것은 그 밖의 많은 장절들에서도 진실입니다.

468. 우리 하나님께 영원무궁 하도록 있습니다.
이 말씀은 주님께서 영원하시다는 것을 뜻합니다. 왜냐하면 "우리 하나님"(our God)은 보좌에 앉으신 분과 "어린 양"을 뜻하기 때문이고, 이들 둘은 오직 주님을 뜻하기 때문입니다. "보좌에 앉으신 분"은 신령선과의 관계에서 주님을 뜻하고, "어린 양"은 신령진리와의 관계에서 주님을 뜻하기 때문입니다. 이러한 내용은 본서 460항에서 언급, 입증되었습니다. 주님과 관련해서 "영원무궁 하도록"이라는 말은 영원을 뜻합니다. "영원까지"가 아니고, "영원무궁 하도록"(=세대들의 세대들까지)이라는 표현이 사용되었는데, 그것은 "세대들의 세대들"(ages of ages)이 자연적인 표현이지만, 그러나 "영원까지"(=영원히·to eternity)는 영적인 표현이기 때문입니다. 그리고 성경말씀의 문자적인 뜻은 자연적이지만, 이에 반하여 성경말씀의 속뜻은 영적이고, 그리고 후자는 전자 안에 담겨 있습니다. 이러한 것도 성경말씀의 어디에서나 꼭같습니다. 따라서 다니엘서의 말씀입니다.

> 예부터 계신 분이
> 그에게(=인자에게) 권세와 영광과 나라를 주서서
> 민족과 언어가 다른 뭇 백성이
> 그를 경배하셨다.
> 그 권세는 영원한 권세여서,
> 옮겨 가지 않을 것이며,
> 그 나라가 멸망하지 않을 것이다.
> (다니엘 7 : 14)

이사야서의 말씀입니다.

> 너희는 영원토록 주님을 의지하여라.
> 주 하나님만이
> 너희를 보호하는 영원한 반석이시다.
> (이사야 26 : 4)

같은 책의 말씀입니다.

> 이스라엘의 구원은 영원할 것입니다.
> 너희 이스라엘아,
> 너희가 영원토록 부끄러움을 당하지 않고,
> 창피한 일을 당하지 않을 것이다.
> (이사야 45 : 17)

또 같은 책의 말씀입니다.

> 내 구원은 영원하며,
> 내 공의는 꺾이지 않을 것이다. ······
> 나의 공의는 영원하며,
> 나의 구원은 세세에 미칠 것이다.
> (이사야 51 : 6, 8)

시편서의 말씀입니다.

> 산들이 생기기 전에,
> 땅과 세계가 생기기 전에,
> 영원부터 영원까지,
> 주님은 나의 하나님이십니다.
> (시편 90 : 2)

같은 책의 말씀입니다.

> 주님을 두려워하는 사람에게는
> 주의 사랑이 영원에서 영원까지 이르고,
> 주의 의로우심은 자손 만 대에 이를 것이다.
> (시편 103 : 17)

묵시록서의 말씀입니다.

> 그에게 영광과 권세가 영원무궁 하도록 있기를 빕니다. ······ 보아라, 영원무궁 하도록 살아 있어서, 사망과 지옥의 열쇠를 가지고 있다(묵시록 1 : 6, 18).

같은 책의 말씀입니다.

"보좌에 앉으신 분과 어린 양께서는 찬양과 존귀와 영광과 권능을 영원무궁 하도록 받으십시오." 그러자 네 생물은 "아멘!" 하고, 장로들은 엎드려서 경배하였습니다(묵시록 5 : 13, 14).

또 같은 책의 말씀입니다.

하늘을 창조하시고, …… 영원무궁 하도록 살아 계시는 분을 두고 맹세하였습니다(묵시록 10 : 6).

또 같은 책의 말씀입니다.

세상의 나라는
우리 주님의 것이 되고,
그리스도의 것이 되었다.
주께서 영원히 다스리실 것이다.
(묵시록 11 : 15)

이 밖에 다른 여러 장절들이 있습니다. 더욱이 성경말씀에서 "세대"(age)는, 시간이 영원한 것과 꼭같이, 고대로부터의 시간을 뜻합니다. 그것은 이 세상에서도 동일한 뜻을 갖습니다. 그러나 "시대"의 이런 뜻은 적절한 곳에서 다루겠습니다.

469. "아멘!" 하고 (말하였습니다.)

이 말씀은 신령존재에서 비롯된 확증(confirmation)을 뜻합니다. 이러한 것은 진리를 뜻하는, 그리고 그것으로 인하여 주님에게서 비롯된 신령진리를 가리키는, 그러나 여기서는 신령존재에서 비롯된 확증을 가리키는 "아멘"의 뜻에서 명확합니다(본서 464항 참조). 그 이유는 그것이 천사들의 예배의 마감(終結)이기 때문입니다. 신령존재에게서 비롯된 확증은 이것이 신령진리라는 것, 따라서 그것이 그러하다는 것을 뜻합니다. 어느 누구나 마음으로부터 신령진리를 말할 때 주님께서는 그것을 확증합니다. 그리고 확증은 다른 어떤 근원에서 올 수 없습니다. 이러한 것이 기도의 말미(末尾)의 "아멘"의 뜻입니다. "아멘"이 신령존재에게서 비롯된 확증을 뜻한다는 것은 본서 34항에서 잘 볼 수 있습니다.

470. 13-17절. 그 때에 장로들 가운데 하나가 "흰 두루마기를 입은 이 사람들은 누구이며, 또 어디에서 왔습니까?" 하고 나에게 물었습니다. 나는 "장로님께서 잘 알고 계시지 않습니까?" 하고 내가 대답하였더니, 그는 나에게 이렇게 말하였습니다. "이 사람들은 큰 환난을 겪어 낸 사람들입니다. 그들은 어린 양이 흘리신 피에 자기들의 두루마기를 빨아서 희게 하였습니다.

그러므로 그들은
하나님의 보좌 앞에 있고,
하나님의 성전에서
밤낮 그분을 섬기고 있습니다.
그리고 그 보좌에 앉으신 분께서
그들을 덮는 장막이 되어 주실 것입니다.
그들은 다시는 주리지 않고,
목마르지도 않고,
태양이나 그 밖의 어떤 열도

그들을 괴롭히지 못할 것입니다.
보좌 한가운데 계신 어린 양이
그들의 목자가 되셔서,
생명의 샘물로
그들을 인도하실 것이고,
하나님께서 그들의 눈에서
눈물을 말끔히 씻어 주실 것입니다."
[13절] :
"장로들 가운데 하나가 나에게 물었다"는 것은 주님으로부터 천계에서 나온 입류(入流)를 뜻하고, 그리고 거기에서 비롯된 지각(知覺)을 뜻합니다(본서 471항 참조). "흰 두루마기를 입은 이 사람들은 누구이며, 또 어디에서 왔습니까?" 라는 말씀은 지금은 진리들 안에 있는, 그리고 주님의 보호 안에 있는 자들에 관해서, 그리고 그들의 성품이 무엇이고, 그들이 어디에서 왔는지를 뜻합니다(본서 472항 참조).
[14절] :
"'나는 그분에게 장로님께서(=주여) 잘 알고 계시지 않습니까?' 하고 말하였다"는 것은 주님께서 홀로 이것을 아신다는 것을 뜻합니다(본서 473항 참조). "그는 나에게 이렇게 말하였습니다. '이 사람들은 큰 환난을 겪어 낸 사람들입니다'"는 말씀은 이들은 그들이 시험들 안에 있었던 자들이라는 것을 뜻합니다 (본서 474항 참조). "이들은 그들의 두루마기를 빨았다"는 것은 온갖 시험들에 의한 거짓들의 제거(除去)를 뜻하고(본서 475항 참조), "그들은 어린 양의 피에 그들의 두루마기를 희게 하였다"는 것은 주님에게서 비롯된 신령진리의 이식(移植)을 뜻합니다(본서 476항 참조).

[15절] :
"그러므로 그들은 하나님의 보좌 앞에 있다"는 것은 이런 이유 때문에 그들은 주님에게 결합되었다는 것을 뜻합니다(본서 477항 참조). "그들은 하나님의 성전에서 밤낮 그분을 섬기고 있다"는 것은 그들이 천계에서 진리들 안에 변함없이 있다는 것을 뜻합니다(본서 478항 참조). "그 보좌에 앉으신 분께서 그들을 덮는 장막이 되어 주실 것이다"(=보좌에 앉으신 분께서 그들 가운데 거하신다)는 것은 그들에게 있는 진리들에 유입한 신령선의 입류를 뜻합니다(본서 479항 참조).
[16절] :
"그들은 다시는 주리지 않고, 목마르지도 않는다"는 것은 선과 진리가 그들에게 부족하지 않을 것을, 또한 결과적으로 그들에게 지복(至福)이 부족하지 않는다는 것을 뜻합니다(본서 480항 참조). "태양이나 그 밖의 어떤 열도 그들을 괴롭히지 못할 것이다"는 것은 악과 정욕에서 비롯된 거짓이 그들에게 미치지 못할 것이라는 것을 뜻합니다(본서 481항 참조).
[17절] :
"보좌 한가운데 계신 어린 양이 그들을 먹이시기 때문이다"(=목자가 되실 것이기 때문이다)는 것은 주님께서 그들을 천계로부터 가르치실 것을 뜻합니다(본서 482항 참조). "그 어린 양은 생명의 샘물로 그들을 인도하실 것이다"는 것은 신령진리들 안에 있다는 것을 뜻합니다(본서 483항 참조). "하나님께서 그들의 눈에서 눈물을 말끔히 씻어 주실 것이다"는 것은, 온갖 거짓들이 시험들에 의하여 제거된 뒤에, 진리의 정동에서 비롯된 축복의 상태를 뜻합니다(본서 484항 참조).

471. 13절. 그 때에 장로들 가운데 하나(=한 사람)가 대답하여

7장 1-17절

나에게 말하였다.
이 말씀은 주님으로부터 천계에서 비롯된 입류(入流)를 뜻하고, 그것에서 비롯된 지각(知覺)을 뜻합니다. 이런 뜻은 주님이 계시는 천계를 뜻하는 장로들에 관해서 서술할 때 "말한다"는 것이 지각을 뜻하기 때문에, 입류와 지각을 가리키는 "대답하고 말한다"는 말의 뜻에서 명확하고, 그리고 또한 이들에 관해서는 앞에서 언급하였지만(본서 462항 참조), 총명의 상태에 있고, 그리고 그들을 통해서 대답이 비롯된 이층천, 즉 중간천계에 있는 자들을 가리키는 "장로들"(the elders)의 뜻에서 잘 알 수 있습니다. 비록 천사들을 통해서 온다고 할지라도 모든 입류가 오로지 주님에게서 비롯되기 때문에, 여기의 이런 말들은 주님에게서 비롯되어 천계에서 나온 입류와 지각을 뜻합니다. 이런 말들에 이런 뜻이 있다는 것은 낯설게 보일 것이지만, 그러나 천계에서는 이와 다른 방법으로 지각되지 않습니다. 이런 것이 낯설게 보이는 것은 이것이 역사적인 것 같이 언급되었기 때문이고, 그리고 역사적인 것들은 보다 순수한 예언적인 것들에 비하여 더 순수한 영적인 뜻 안에 숨겨져 있기 때문입니다. 그러나 성경말씀의 역사적인 모든 부분들은 역시 영적인 뜻을 담고 있기 때문이고, 더욱이 예언자들이 영에 속한 환상(the vision of the spirit) 가운데 있을 때 그들에게 나타나 보이고, 일러진 역사적 예언적(historical-prophetical)인 것들은 영적인 뜻을 담고 있기 때문입니다. 왜냐하면 이런 부류의 모든 것들은 표징적(representative)이고 표의적(significative)이기 때문입니다. 예를 들어 보겠습니다. 요한이 본 "스물넷(24) 장로들"과 "네(4) 생물들"입니다. 이것은 앞에서 설명, 입증하였듯이, 보다 높은 천계의 천사들을 표징하고, 표의하는 역사적-

예언적(historical-prophetical)입니다. 그러므로 뒤어지는 "장로들 가운데 한 사람이 그에게 말하였다"는 것은 마찬가지로 주님으로부터 천계를 통하여 온 입류와 지각을 뜻하는 표의적인 것입니다.
[2] "그가 대답하였다"는 것은 여기서는 일상적인 뜻으로 대답하는 것을 뜻하지 않습니다. 이러한 사실은 거기에 물음이 전혀 없었을 때, 그와 같은 그것의 언급에서 밝히 알 수 있습니다. 왜냐하면 대답한다는 것은 물음을 뜻하기 때문입니다. 그러므로 여기서 그것은 흰 옷(=흰 두루마기)을 입은 것으로 보이는 자들에 관한 생각과 관계를 가지고 있습니다. 더욱이 성경말씀에서는 "대답한다"는 표현은 자주 나오고, 그리고 그것은 주님과의 관계에서는 입류·영감(靈感·inspiration)·지각·전달(傳達·information)을 뜻하고, 마찬가지로 자비(慈悲·mercy)·도움(aid)을 뜻합니다. 이러한 사실은 아래의 장절들에서 잘 알 수 있습니다. 이사야서의 말씀입니다.

> 너희를 구원해야 할 때가 되면,
> 내가 너희에게 은혜를 베풀겠고,
> 살려 달라고 부르짖는 날에는,
> 내가 그 간구를 듣고 너희를 돕겠다.
> (이사야 49 : 8)

시편서의 말씀입니다.

> 주님,
> 우리의 왕에게 승리를 안겨 주십시오.
> 우리가 부를 때에, 응답하여 주십시오(=주여, 구원하소서. 우리가 부

를 때에 왕은 우리를 들으소서)(시편 20 : 9).

같은 책의 말씀입니다.

나의 옳음을 변호해 주시는 하나님!
내가 부르짖을 때에 응답하여 주십시오(=오, 나의 의의 하나님이여,
내가 부를 때에 내게 들어주소서)(시편 4 : 1).

같은 책의 말씀입니다.

나를 굽어살펴 주십시오.
나에게 응답하여 주십시오.
(시편 13 : 3)

또 같은 책의 말씀입니다.

하나님,
내가 주님을 부르니,
내게 응답하여 주십시오(=오, 하나님이여, 내가 주를 불렀사오니 이는
주께서 내게 들으실 것임이니이다)(시편 17 : 6).

또 같은 책의 말씀입니다.

내가 주님을 애써 찾았더니,
주께서 나에게 응답하셨다.
(시편 34 : 4)
그가 나를 부를 때에, 내가 응답하겠다.
(시편 91 : 15)

내가 고난을 받을 때에
주님께 부르짖었더니,
주께서 나에게 응답하여 주셨다.
(시편 120 : 1)

이 밖에도 여러 장절들이 있습니다. 이 장절이나 다른 장절에서 "대답한다"는 것은 대답하는 것을 뜻하지 않고, 생각에 유입하는 것을 뜻하고, 지각을 주는 것을, 그리고 동정심에서 도움(help)을 주는 것을 뜻합니다. 이렇게 볼 때 주님과의 관계에서 "대답들"(answers)은 입류에서 비롯된 지각들을 뜻합니다. 여기서 꼭 알아야 할 것은 주님에게서 지각에 들어온 것은 무엇이나 입류(入流·influx)라고 부른다는 것입니다.

472. "흰 두루마기를 입은 이 사람들은 누구이며, 또 어디에서 왔습니까?" 하고 나에게 물었다.
이 말씀은 지금 주님의 보호 안에 있는 자들에 관한 그들의 성품이 무엇이고, 그들이 어디에서 왔는지(出處)를 뜻합니다. 이러한 것은 그것에 관해서 앞에서 언급한 것과 같이(본서 395[A]·457항 참조) 지금은 진리들 가운데 있고, 그리고 주님의 보호 가운데 있는 자들을 가리키는 "흰 두루마기를 입었다"는 말의 뜻에서, 그리고 또한 그들의 성품이 무엇인지, 그리고 그들이 어디에서 왔는지를 가리키는 "이들이 누구이고, 또 어디에서 왔는가?" 라는 말의 뜻에서 잘 알 수 있습니다. "그들이 누구이고, 그들이 어디에서 왔느냐?"는 것은 그들의 성품이 무엇이고, 그들이 어디에서 왔는지를 뜻한다는 것은 영계에서 천사들은 그들이 다른 자들을 보고, 만났을 때, 그들이 누구이고, 그들이 어디에서 왔는지 묻지 않지만, 그러나 그들이 어떤 성품인지 묻기 때문입니다. 그러므로 이것은 이런 말들이 뜻하는 영적인 개념입니다. 천사들은 다만 그들이 본 자들의 성품에 관해서만 묻는데, 그것은 영계에서 모두의 사는 곳(居住地)은 그들에게 있는 정동의 성품과 일치하기 때문이고, 그리고 또한 "그들이 누구인지"를 묻는다는 것은 인품(人品)들을 필연적으로 수반(隨伴)하고 있기 때문이고, 그리고 "그들이 어디에서 왔는지"를 묻는다는 것은 장소를 내포하고 있기 때문입니다. 그리고 영적인 생각이나, 결과적으로 천사들의 영적인 언어에는 인물이나 장소의 개념은 전혀 없고, 그러나 그것들 대신에 성품에 관한 사물의 개념이나 상태의 개념이 있기 때문입니다. 그러므로 역시 거기에 있는 모든 것은 그의 성품에서 이름이 주어집니다. 천사들이 인물이나 장소로부터 추상적으로 생각한다는 것이나, 그리고 그들의 지혜가 그것에서 비롯된다는 것 등은 본서 99・100・270・325[A]항을 참조하십시오. 이렇게 볼 때 "그들이 누구이고, 그들이 어디에서 왔느냐?"는 말은 영적인 뜻으로 그들의 성품이 무엇이고, 그들이 산 곳이 어디인지를 뜻한다는 것은 잘 알 수 있고, 그리고 그들의 성품이 또한 아래에서와 같이 기술되었다는 것도 잘 알 수 있겠습니다.

473. 14절. 나는 "장로님께서 잘 알고 계시지 않습니까?" 하고 내가 대답하였다.
이 말씀은 주님께서 홀로 이것을 아신다는 것을 뜻합니다. 이러한 사실은 앞에서 언급한 것에서 명확합니다. 다시 말하면 대답한 "장로들 중의 하나"는, 그리고 지금 "주여, 당신께서 아시나이다"(=장로님께서 잘 알고 계신다)라는 말이 일러진 자는 주님으로부터 천계에서 나온 것을 뜻합니다. 왜냐하면 성경말씀에서 천사들에 의하여 사람들에게 일러진 것은 무엇이나 천사들에 의한 것을 뜻하지 않고, 오히려 그들을 통하여 주님에 의하여 언급된 것을 뜻하기 때문입니다. 이런 이유 때문에 성경말씀의 여기서나 다른 곳에서 말한다는 천사들은 여호와로 불리웁니다. 그리고 이런 이유 때문에, 심지어 천사들에 의하여 말하였다고 하는 말씀은 신령(Divine)합니다. 왜냐하면 어느 누구도 자신으로 말미암아서는, 심지어 천사까지도 성언 안에 있는 신령한 것들인 그런 것을 말할 수 없기 때문이고, 그리고 사실 어떤 진리도 본질적으로 신령한 것은 아니기 때문입니다. 주님께서는 이것을 천사들을 통하여 행하실 수 있습니다. 이러한 내용은 "주여, 당신이 아십니다"는 것이 주님께서 홀로 그것을 아신다는 것을 뜻한다는 아주 명료하게 합니다.

474. 그는 나에게 이렇게 말하였습니다. "이 사람들은 큰 환난을 겪어 낸 사람들입니다."
이 말씀은 이들이 시험들 안에 있었던 그들이라는 전달(=정보)을 뜻합니다. 이러한 것은 전달이나 정보를 가리키는 "그가 나에게 말하였다"는 말의 뜻에서, 그리고 이것에 관해서는 곧 언급하겠지만, 시험들을 가리키는 "큰 환난"(=고통·역경·affliction)의 뜻에서 잘 알 수 있습니다. 여기서 영계에서 무지(無知)에서 비롯된 거짓들 안에서 겪는 시험들에 관해서, 그리고 여기서 다루어지는 자들에 관해서 먼저 몇 가지를 언급하겠습니다. 영계에서는 그들이 믿었던 교리의 거짓들이 그것 안에 있는, 그들의 종교에 일치하여 선하게 살았던 자들 만이 시험들을 겪습니다. 왜냐하면 시험들에 의하여 거짓들은 흔들리게 되고, 그리고 진리들이 활착(活着)되고, 따라서 그들은 천계를 준비하기 때문입니다. 왜냐하면 천계에 오를 자들은 모두 반드시 진리들 안에 있어야만 하기 때문입니다. 그러므로 그들이 거짓들 안에 있는 한, 그들은 천계에 오를 수 없습니다. 이것이 주님에게서 발출한 신령진리가 천계를 이루는 이유이고, 그리고 거기에 있는 천사들의 생명(=삶)을 이루는 이유입니다. 결과적으로 거짓들은 진리들에 정반대의 것이기 때문에, 그리고 반대되는 것은 진리들을 파괴하기 때문에, 이런 거짓들은 제일 먼저 제거되어야 하고, 그리고 그것들은 시험들에 의하여 옮겨져야 합니다. 시험들이 이런 씀씀이(善用)를 이룬다는 것은 시험들이 다루어진 ≪새 예루살렘의 교리≫ 187-201항을 참조하십시오. 이런 일은 그들의 육신의 삶 뒤 영계에서의 시험들에 의하여 있게 되는데, 그 이유는 이 세상에 있는 동안 세력을 떨치는 그들의 종교의 거짓들 때문에 그들은 시험을 받지 않기 때문입니다. 필히 주지하여야 할 것은 시험들을 겪는 자는 모두 구원을 받는다는 것입니다. 한편 악에서 비롯된 거짓들 안에 있는 악한 사람들은 시험을 겪지 않습니다. 왜냐하면 진리들은 그들 안에 활착될 수 없기 때문입니다. 악한 삶은 이런 식으로 계속 이어지기 때문입니다. 그러나 이들에게서 그들의 진리들이 제거되면, 따라서 그들이 오로지 거짓들 안에 남아 있게 되면, 그 때 그들은 거짓이 비롯된 근원인 악의 성질에 일치한 밑바닥에까지 지옥으로 빠지게 됩니다. 한마디로 천계에 오를 자들은 거짓들에 관해서 뒤흔들리게 되고, 한편 지옥에 들어갈 자들은 진리들에 관해서 뒤흔들리게 됩니다. 다시 말하면 천계에 오를 자들에게서는 온갖 거짓들이 제거되고, 지옥에 빠질 자들에게서는 진리들이 제거됩니다. 왜냐하면 거짓들을 가지고서는 어느 누구도 천계에 오를 수 없기 때문이고, 그리고 진리들을 가지고서는 어느 누구도 지옥에 들어갈 수 없기 때문입니다. 그 이유는 선에서 비롯된 진리들이 천계를 이루기 때문이고, 그리고 악에서 비롯된 거짓들은 지옥을 만들기 때문입니다. 그들이 겪는 온갖 시험들이 그들에게 있는 거짓들을 쫓아 버린다는 것이 성경말씀의 수많은 장절들에게서 다루어지고 있습니다. 특히 시편서에서 다루어지고 있는데, 거기에서는 "고통들"(=재난들·afflictions)·"환난들"(tribulations)·"흔들림들"(vastations)이라고 하였는데, 그러나 여기에 그런 장절들을 일일이 인용할 필요는 없겠습니다. 그 이유는 그런 것들이 없어도 "환난들"이나 "고통들"(=재난들)은, 선한 사람에 관해서 서술할 때, 영적인 뜻으로 온갖 시험들을 뜻한다는 것을 잘 알 수 있기 때문입니다.

475[A]. 그들은 자기들의 두루마기를 빨았다.
이 말씀은 온갖 시험들에 의한 거짓의 옮김(除去·the removal of falsities)을 뜻합니다. 이러한 것은 거짓들이나 악들로부터 정화(淨化)하는 것을 가리키는, 결과적으로는 그것들을 제거하는 것을 가리키는 "빤다"(洗濯·to wash)의 뜻에서 잘 알 수 있습니다. 왜냐하면 사람이나 영, 또는 천사에게 있는 악들이나 거짓들은 없어지지 않고, 다만 옮겨지기(to be removed) 때문입니다. 그리고 그것들이 옮겨질 때 그것의 겉모습은 그것들이 없어지는 것처럼 보입니다. 이것에 관해서는 《새 예루살렘의 교리》 166·170항을 참조하십시오. 그것으로 말미암아 "빤다"(=빨래한다·to wash)는 것은 거짓들을 옮기는 것이고, 따라서 정화하는 것을 뜻합니다. 그리고 또한 앞에서 언급한 것과 같이(본서 395항 참조) 일반적으로 보호하는 진리들(protecting truths)을 가리키는 "겉옷"(=두루마기·robes)의 뜻에서 잘 알 수 있지만, 그러나 여기서는 이미 세탁되었고, 희게 된 "겉옷"(=두루마기)은 아직까지 그것에서 정화되지 않은 거짓을 뜻합니다. 왜냐하면 무지(無知)에서 비롯된 거짓들 안에 있는 자들은 영계에서 처음에는 다양한 색깔들의 어두운 색의 옷들을 걸친 것으로 보이고, 그리고 그들이 시험들 가운데 있을 때에는 더러운 옷들을 입은 모습으로 보이기 때문입니다. 그러나 그들이 시험들에게서 나오게 되면 그들은 거짓들로부터의 그들의 정화에 따라서 빛나는 흰 겉옷들(white robes)을 입은 모습으로 나타납니다. 저 세상에서 모두 각자는 그에게 있는 진리들에 일치하는, 또는 그들에게 있는 거짓들에 일치하는 옷들을 입고 나타납니다. 이것이 "옷들"(=의상들·garments) 이 진리들을 뜻하고, 나쁜 뜻으로는 거짓들을 뜻하는 이유입니다(본서 195·271항 참조). 이렇게 볼 때 "그들이 그들의 두루마기를 빨아서 희게 하였다"는 말씀의 뜻을 잘 알 수 있겠습니다.

[2] 고대에 교회에 속한 외적인 모든 것들이 영적인 것들이나 천적인 것들의 표징이었고, 표의였을 때 세탁(=씻는 일·washings)은 그것의 용도(用途)로 만들어졌습니다. 그리고 그것들(=씻는 일·세탁하는 일)은 거짓들이나 악들로부터의 정화들을 표징하였습니다. 씻는 일(washings)이 이런 뜻을 갖는 것은 "물"(waters)이 진리들을 뜻하기 때문이고, "불결"(=더러움·不潔·filth)은 거짓들이나 악들을 뜻하기 때문이고, 그리고 온갖 거짓들이나 악들로부터의 모든 정화는 진리들에 의하여 이루어지기 때문입니다. "물"이 진리들을 뜻한다는 것은 본서 71항을 참조하십시오. 이것이 명령(=계명)에 의하여 씻는 예전(禮典)이 제정된 이유입니다. 왜냐하면 그들에게는 표징적인

교회가 있었고, 그 교회에 속한 모든 것들은 영적인 것들의 표의적이었기 때문이고, 그리고 "씻는 일"은 거짓들이나 악들로부터의 정화를 뜻하고, 그것으로 인하여 중생(重生)을 뜻하기 때문입니다. 그것은 이런 목적 때문입니다. 출애굽기서의 말씀입니다.

> 놋쇠로 만든 물두멍을 회막의 입구에 두어서, 그들이 회막에 들어갈 때에는 물로 씻어야 죽지 않는다(출애굽 30 : 18-20).
> 놋쇠로 바다 모양의 물통을 만들어서, 성전 밖에 두었는데, 아주 큰 물통은 놋쇠의 바다라고 불렀고, 열 개의 작은 물통들도 두었다(열왕기 상 7 : 23-39).

[3] "씻음"(=세척·washings)의 뜻의 이런 이유 때문에 아론과 그의 아들들이 제사장직에 임명되었을 때 이렇게 언급되었습니다. 모세의 글입니다.

> 너(=모세)는 아론과 그의 아들들을 회막 어귀로 데리고 와서 목욕을 하게 하고, 그들을 거룩하게 구별하라는 명령을 받았다(출애굽 29 : 4 ; 40 : 12 ; 레위기 8 : 6).

왜냐하면 제사장들은, 임금들이 신령진리와의 관계에서 주님을 표징하듯이, 신령선과의 관계에서 주님을 표징하기 때문입니다. 결과적으로 제사장들은 흠이 없는 순수한 것을 가리키는 신령거룩(the Divine holiness)을 표징합니다. 아론과 그의 아들들은 모세에 의한 씻음에 의하여 이런 표징에 앉혀졌습니다. 그러므로 비록 씻음에 의하여 그들에게 결코 신성이 수여되지 않는다고 할지라도 "따라서 그들은 거룩하게 될 것이다"라는 말이 언급되었습니다.

[4] 그러므로 이런 계명도 언급되었습니다. 모세의 글입니다.

> 아론과 그의 아들들이 그 물로 손과 발을 씻을 것이다. 그들이 회막에 들어갈 때에는, 물로 씻어야 죽지 않는다. 그들이 나 주에게 제물을 살라 바치려고 제단으로 가까이 갈 때에도, 그렇게 해야 한다. 이와 같이 그들은 그들의 손과 발을 씻어야 죽지 않는다. 이것은 그와 그의 자손이 대대로 지켜야 할 영원한 규례이다(출애굽 30 : 19-21 ; 40 : 30, 31).
>
> 그는 먼저 물로 몸을 씻고 나서, 그 다음에 이 옷들을 입어야 한다(레위기 16 : 4, 24).

"손과 발을 씻는다"는 것은 자연적인 사람의 정화를 뜻하고, "몸을 씻는다"는 것은 영적인 사람의 정화를 뜻합니다. 그러므로 이런 것이 엄명되었습니다. 민수기서의 말씀입니다.

> 너는 이스라엘 자손 가운데서 레위 사람을 데려다가, 그들을 정결하게 하여라. 그들을 정결하게 할 때에는 이렇게 하여라. 속죄의 물을 그들에게 뿌린 다음에, 온몸의 털을 삭도로 다 밀고, 옷을 빨아 입게 하면, 그들은 정결하게 된다(민수기 8 : 6, 7).

이 일은 레위 사람들에게 행해졌는데, 그것은 그들이 아론이나 그의 아들들 밑에서 교회에 속한 외적인 것들 안에서 봉사하는 일을 하였기 때문입니다. 그리고 그 교회의 외적인 것들의 정화는 속죄의 물을 뿌리는 것에 의하여, 그리고 온몸의 털을 미는 것에 의하여, 그리고 옷을 빠는 것에 의하여 표징되었기 때문입니다.

[5] 더욱이 불결한 것들을 만지는 것(觸手)에 의하여 불결하게

된 자는 모두 자신들이나 그들의 옷들을 씻고, 빨아야 하는데, 이런 것에 의하여 깨끗하게 된다고 언급되었습니다. 예를 들면 이런 말씀입니다.

> 저절로 죽었거나 야수에게 물려 찢겨 죽은 것을 먹은 사람은 …… 자기 옷을 빨아야 하고, 물로 목욕을 하여야 한다. …… 그러나 그가 옷을 빨지도 않고 목욕을 하지도 않으면, 그는 죄값을 치러야 한다(레위기 17 : 15, 16).
> 고름을 흘리는 남자가 눕는 자리는 모두 부정하다. 그가 앉는 자리도 모두 부정하다. 그의 잠자리에 닿는 사람은 모두 그 옷을 빨고, 물로 목욕을 하여야 한다. …… 고름을 흘리는 남자의 몸에 닿는 사람들도 모두 그 옷을 빨고 물로 목욕을 하여야 한다(레위기 15 : 4-12).
> 부정하다는 선언을 받은 그 사람은 옷을 빨고 털을 모두 밀고, 물로 목욕을 하면 정하게 된다. …… 이레째 되는 날에, 그는 다시 털을 모두 밀어야 한다. 머리카락과 수염과 눈썹까지, 털을 다 밀어야 한다. 그런 다음에, 옷을 빨고 물로 목욕을 하면, 그는 정하게 된다(레위기 14 : 8, 9).
> 부정한 것에 닿아서 부정하게 된 각종 그릇들은 모두 부정을 탄다. 이렇게 부정을 탄 것은 물에 담가야 한다(레위기 11 : 32).

만약에 어느 누구가 그들의 몸이나 손과 발, 또는 옷가지를 씻고 빠는 것이 그 자신을 깨끗하게 하고 거룩하게 한다고 생각한다면, 다시 말하면 그들의 온갖 죄악들에게서 정화된다고 생각한다면, 그는 큰 과오를 범하는 것입니다. 왜냐하면 죄악은 불결한 것을 물에 의하여 씻겨 지고 제거되는 것이 아니고, 오히려 그것은 씻어 내리는 것, 다시 말하면 진리들에 의하여, 그리고 그것들에 일치하는 삶에 의하여 옮겨지는 것이기 때문입니다. 그리고 이런 일은 오직 씻음이나 빠는 것에 의한 표징입니다. 왜냐하면 "물"은 진리들을 뜻하고, 그리고 거기에 진리들에 따라서 사는 삶이 있을 때 진리들은 그 사람을 정화하기 때문입니다.
[6] 이런 외적인 것들이 악들이나 거짓들로부터의 정화에 전혀 아무것도 공헌(貢獻)하지 못한다는 것은 주님께서는 마태복음서에서 명확하게 가르치셨습니다. 마태복음서의 말씀입니다.

> 율법학자들과 바리새파 사람들아, 위선자들아, 너희에게 화가 있다! 너희는 잔과 접시의 겉은 깨끗이 하지만, 그 안은 탐욕과 방종으로 가득 채우기 때문이다. 눈먼 바리새파 사람들아! 먼저 잔 속을 깨끗이 하여라. 그러면 그 겉도 깨끗하게 될 것이다(마태 23 : 25, 26).

유대사람들과 바리새파 사람들이 식사 전에 제자들이 그들의 손을 씻지 않는다는 것을 비난할 때 주님께서 가르치신 것들과 꼭같습니다. 왜냐하면 주님께서 이렇게 가르치셨기 때문입니다.

> 마음에서 악한 생각들이 나오는데, 곧 살인과 간음과 음행과 도둑질과 거짓증언과 비방이다. 이런 것들이 사람을 더럽힌다. 그러나 손을 씻지 않고서 먹는 것은, 사람을 더럽히지 않는다(마태 15 : 19, 20 ; 마가 7 : 1-23 ; 누가 11 : 38, 39).

이것에서 밝히 알 수 있는 것은, 유대 사람들은 그들의 씻음에 의하여 마음에서 나오는 악들을 가리키는 그들의 영적인 더러움에서 결코 죄악이 씻겨지지도 않고, 깨끗해지지도 않는다는 것입니다. 그 이유는 이런 악들은 속에 자리잡고 살기 때문입니다. 그리고 이 세상에서 그들은, 육체에 달라붙어 있는 불결과 공통하여 아무것도 가지고 있지 않기 때문입니다. "먼저 잔과 접시의 속을 깨끗이 하여라, 그러면 그 겉도 깨끗하게 될 것이다"는 것이 언급되었습니다. 왜냐하면 사람에게 있는 겉은 안이 깨끗해지기까지는 결코 깨끗해 질 수 없기 때문입니다. 왜냐하면 겉은 안에 의하여 깨끗해지기 때문입니다. "잔과 접시"(cup and platter)는 진리와 선을 영접, 수용하는 것인 사람의 내면적인 것들이나 외면적인 것들을 뜻합니다. 왜냐하면 잔은 포도주를 담는 것을 가리키고, 접시는 음식을 담는 것인데, 그리고 "포도주"(wine)는 진리를 뜻하고, "음식"(=먹거리 · food)은 "빵"이 뜻하는 것, 다시 말하면 선을 뜻하기 때문입니다. 이러한 것은 "먼저 잔과 접시의 속을 깨끗이 하여라. 그러면 그 겉도 깨끗하게 될 것이다"는 말씀의 영적인 뜻으로 그 뜻을 명확하게 합니다.

[7] 주님께서 여기서 말씀하신 것은 주님께서 요한복음서에서 베드로에게 말씀하신 것에 관한 제자들의 발을 씻은 주님의 "세족"(洗足)이 뜻하는 것과 동일한 뜻을 가지고 있습니다. 요한복음서의 말씀입니다.

> 예수께서 그에게 대답하였다. "이미 목욕한 사람은 온 몸이 깨끗하니, 발 밖에는 씻을 필요가 없다"(요한 13 : 10).

여기서 "목욕한 사람"은 내적으로 깨끗한 자를 뜻합니다. "그의 발 밖에는 씻을 필요가 없다"는 것은 그 때 그 사람은 반듯이 외적으로 깨끗해져야 한다는 것을 뜻합니다. 왜냐하면

"발"(the feet)은 겉사람, 즉 자연적인 사람을 뜻하기 때문입니다(본서 69항 참조). 이 비의(秘義)에 관한 더 상세한 것은 ≪새 예루살렘의 교리≫ 179·181항과 ≪천계비의≫에 이어지는 것에서 명확하게 될 것입니다. 왜냐하면 내적이나 영적으로, 또는 외적이나 자연적으로 정화하려는 사람은 반드시 내적인 것에 의하여 외적인 것이 정화되어야 하기 때문입니다(A.C. 3868·3870·3872·3876·3877·3882항 참조). 속사람은 겉사람이 정화하기 전에 정화되어야 하는데, 그 이유는 속사람은 천계의 빛 안에 있고, 겉사람은 이 세상의 빛 안에 있기 때문입니다(A.C. 3321·3325·3469·3493·4353·8746·9325항 참조). 겉사람 또는 자연적인 사람은 속사람 또는 영적인 사람을 통하여 주님에 의해 정화됩니다(A.C. 3286·3288·3321항 참조). 사람은 겉사람 또는 자연적인 사람이 정화되기 전에는 정화되지 않습니다(A.C. 8742-8747·9043·9046·9061·9325·9334항 참조). 만약에 자연적인 사람이 정화되지 않는다면 영적인 사람은 폐쇄되고 종결됩니다(A.C. 6299항 참조). 진리들이나 믿음의 선들이나 사랑에 관해서는 그것은 마치 장님과 같습니다(A.C. 3493·3969항 참조). 속사람은 성경말씀의 진리들을 알고(knowing), 이해하고(understanding), 생각하는(thinking) 것에 의하여 정화되고, 겉사람은 그것들을 원하고 행하는 것에 의하여 정화됩니다. 이러한 내용은 베드로에게 하신 주님의 말씀을 반드시 어떻게 이해하여야 하는지, 즉 "목욕한 사람은 발 밖에 씻을 필요가 없다"는 말씀을 어떻게 이해해야 하는지를 명확하게 합니다. 그리고 또한 주님께서 바리새파 사람들에게 하신 주님의 말씀, 즉 "먼저 잔과 접시의 속을 깨끗이 하여라. 그러면 겉도 깨끗해진다"는 말씀을 어떻게 이해해야 하는지 명확하게 합니다.
[8] 속사람은 믿음에 속한 진리들에 의하여 정화된다는 것, 그리고 겉사람은 그것들에 일치하는 삶에 의하여 정화된다는 것은 주님의 이런 말씀이 뜻합니다. 요한복음서의 말씀입니다.

> 예수께서 대답하셨다. "내가 진정으로 진정으로 너에게 말한다. 누구든지 물과 성령으로 나지 않으면, 하나님 나라에 들어갈 수 없다"(요한 3 : 5).

여기서 "물"은 믿음의 진리들을 뜻하고, "영"(=성령)은 그것들에 일치하여 사는 삶을 뜻합니다.
475[B]. [9] 이렇게 볼 때 아래 장절에서 "씻는다"(washing)는 것이 무엇을 뜻하는지 잘 알 수 있겠습니다. 에스겔서의 말씀입니다.

> 내가 너를 목욕을 시켜서 네 몸에 묻은 피를 씻어내고, 기름을 발라 주었다(에스겔 16 : 9).

이 말씀은 교회를 뜻하는 예루살렘에 관해서 언급하였습니다. 온갖 악들이나 거짓들로부터의 그것의 정화는 "내가 너를 물로 목욕을 시켰고, 네 몸에 묻은 피를 씻어 내고, 기름을 발라 주었다"는 말씀이 뜻합니다. 여기서 "물로 씻는다"(=목욕시킨다)는 것은 진리들에 의한 교회의 정화를 뜻하고, "피를 씻어낸다"는 것은 거짓들이나 악들로부터의 정화를 뜻합니다. 교회가 사랑의 선으로 물든다는 것은 "내가 너에게 기름을 발랐다"는 말씀이 뜻하고, 여기서 "기름"(oil)은 사랑의 선을 뜻합니다.

[10] 이사야서의 말씀입니다.

주께서
딸 시온의 부정을 씻어 주시고,
심판의 영과 불의 영을 보내셔서,
예루살렘의 피를 말끔히 닦아 주실 것이다.
(이사야 4 : 4)

"딸 시온의 부정을 씻는다"는 것은 자기사랑에 속한 악들로부터 천적인 교회에 속한 자들의 정동을 정화하는 것을 뜻하고, 여기서 "부정"(filth)은 자기사랑에 속한 악을 뜻하고, "딸들"은 정동을 뜻하고, "시온"은 주님사랑 가운데 있는 교회를 뜻하는데, 그러므로 그 교회는 천적인 교회(a celestial church)라고 불리웠습니다. "예루살렘의 피를 말끔히 닦는다"는 것은 악에 속한 거짓들로부터 동일한 정동들을 정화하는 것을 뜻하는데, 여기서 "피"(bloods)는 악에 속한 거짓을 뜻합니다. "심판의 영과 불의 영"(=씻는 영·the spirit of judgment and the spirit of cleansing)은 진리의 이해와 진리의 정동에 의한 것을 뜻합니다. 여기서 "영"(spirit)은 주님에게서 발출하는 신령진리를 뜻하고, "심판의 영"은 거기에서 비롯되는 진리의 이해를 뜻하고, "불의 영"(=씻는 영)은 진리에 속한 영적인 정동을 뜻하는데, 그것은 씻는 것을 가리키기 때문입니다.
[11] 욥기서의 말씀입니다.

비록 내가 눈으로(=비누로) 몸을 씻고,
잿물로 손을 깨끗이 닦아도
주께서

나를 다시 시궁창에 처넣으시니,
내 옷인들 나를 좋아하겠습니까?
(욥기 9 : 30, 31)

이 말씀은 만약에 어느 누구가 비록 진리들이나 선들에 의하여, 또는 진짜로 보이는 것에 의한 것이라고 해도 그의 자신의 애씀들에 의하여 자기 자신을 정화하기를 시도(試圖)한다면, 그럼에도 불구하고 그는 자기 자신을 온갖 거짓들에게로 인도할 것이라는 것을 뜻합니다. 여기서 "자기 자신을 씻는다"는 것은 자기 자신을 정화하는 것을 뜻하고 "눈으로(=눈의 물·waters of snow) 씻는다"는 것은 진리들이나 또는 진짜 같이 보이는 것을 뜻하고, "잿물"(=비누·soap)은 그것들이 비롯된 근원인 선을 뜻하고, "시궁창"(=개천·the pit)은 거짓을 뜻합니다. 위화된 진리가 이것에서 비롯되었다는 것은 "내 옷인들 나를 좋아하겠습니까?"(=내 옷마저도 나를 혐오한다)는 말씀이 뜻합니다. 여기서 "옷들"(=겉옷들)은 진리들을 뜻하고, 그것들이 위화되었을 때 "누구를 혐오한다"고 언급되었습니다. 그리고 이런 일은 사람이 자기 총명에서 결론들을 억측(臆測)하고, 끌어낼 때 행해집니다.

[12] 창세기서의 말씀입니다.

그는 옷을 포도주에다 빨며,
그 겉옷은 포도의 붉은 즙으로 빨 것이다.
(창세기 49 : 11)

이 장절은 유다에 관해 언급된 것인데, 여기서 "유다"는 신령 진리의 관계에서 주님을 뜻합니다. 그분께서 이 세상에 계실 때 그분께서 그의 인성(His Human) 안에 있는 이것을 전적으로 정화하였다는 것은, "그는 옷을 포도주에다 빨며, 그 겉옷은 포도의 붉은 즙으로 빨았다"는 말씀이 뜻합니다. 여기서 "옷"(vesture)이나 "겉옷"(=가리개·covering)은 그분의 인성(His Human)을 뜻하고, "포도주"(wine)와 "포도의 붉은 즙"(=피·the blood of grapes)은 신령진리를 뜻합니다. 이러한 내용은 A.C. 6377·6378항에서 설명된 것을 참조할 수 있습니다.
[13] "씻는다"(=빤다·to wash)는 것이 거짓들이나 악들로부터 정화하는 것을 뜻한다는 것은 이사야서의 말씀에서 명확합니다. 그 책의 말씀입니다.

> 너희는 씻어라.
> 스스로 정결하게 하여라.
> 내가 보는 앞에서
> 너희의 악한 행실을 버려라.
> 악한 일을 그치고,
> 옳은 일을 하는 것을 배워라.
> (이사야 1 : 16, 17)

"씻는다"(=빤다)는 것이 거짓들이나 악들을 포기하고, 버리는 것(to put away)을 뜻하기 때문에, "내가 보는 앞에서(=내 안전(眼前)에서) 너희의 악한 행실을 버려라. 악한 일을 그쳐라"는 말씀이 부연되었습니다.
[14] 예레미야서의 말씀입니다.

> 예루살렘아, 네가 구원을 받으려면,
> 너의 마음에서 악을 씻어 버려라.

> 네가 언제까지 흉악한 생각을
> 너의 속에 품고 있을 작정이냐?
> (예레미야 4 : 14)

이 말씀 역시 같은 뜻을 지니고 있습니다. 시편서의 말씀입니다.

> 내 죄악을 말끔히 씻어 주시고,
> 내 죄를 깨끗이 없애 주십시오. ……
> 우슬초로 내 죄를 정결케 해주십시오.
> 내가 깨끗하게 될 것입니다.
> 나를 씻어 주십시오.
> 내가 눈보다 더 희게 될 것입니다.
> (시편 51 : 2, 7)

여기서 "씻는다"(to wash)는 것은 명확하게 거짓들이나 악들로부터 정화하는 것을 뜻합니다. 왜냐하면 "내 죄악을 말끔히 씻어 주시고, 내 죄를 깨끗이 없애 주십시오"라고 언급되었고, 그 뒤에는 "나를 씻어 주십시오. 내가 눈보다 더 희게 될 것입니다"라고 언급되었기 때문입니다. "죄악을 말끔히 씻는다"는 것은 악들에게서 씻는 것을 뜻합니다. 왜냐하면 "죄악"(iniquity)은 거짓들에 관해서 서술하고 "죄"(sin)는 악들에 관해서 서술하기 때문입니다. 그리고 속죄의 물(the water of expiation)은 우슬초(hyssop)에서 준비하기 때문에 "우슬초로 내 죄를 정결케 해주십시오. 내가 깨끗하게 될 것입니다"는 말씀이 언급되었습니다.

[15] 예레미야서의 말씀입니다.

7장 1-17절					445

> 네가 잿물로 몸을 씻고,
> 비누로 아무리 몸을 닦아도,
> 너의 더러운 죄악은
> 여전히 내 앞에 남아 있다.
> (예레미야 2 : 22)

여기서도 역시 씻는다는 것(washings)이 영적인 씻음을 표징하고, 그것에서 비롯된 영적인 씻음을 뜻한다는 것은 아주 명확합니다. 그것은 곧 거짓들이나 악들로부터의 정화들을 가리킵니다. 왜냐하면 "네가 잿물로 몸을 씻고, 비누로 아무리 몸을 닦아도 너의 더러운 죄악은 여전히 내 앞에 있다"(=네 죄악이 내 앞에 새겨져 있다)고 언급되었기 때문입니다.
[16] 따라서 시편서의 말씀도 마찬가지입니다.

> 내가 깨끗한 마음으로 살아온 것과
> 죄를 짓지 않고 깨끗하게 살아온 것이
> 허사라는 말인가?
> 하나님,
> 주께서는 온종일 나를 괴롭히셨으며,
> 아침마다 나를 벌하셨습니다.
> (시편 73 : 13, 14)

"무죄함으로 내 손을 씻는다"(=죄를 짓지 않고 깨끗하게 산다)는 것은 어느 누구가 악들이나 거짓들로부터 이노센스하고, 순결하는 것을 증거하는 것을 뜻합니다. 왜냐하면 손을 씻는다는 것은 이노센스의 입증(=증거)을 뜻하기 때문입니다. 이 사실은 이런 사실에서 잘 볼 수 있습니다. 마태복음서의 말씀입니다.

빌라도가 …… 무리 앞에서 손을 씻고 말하기를 "나는 이 사람의 피에 대하여 책임이 없으니, 알아서 하시오" 하였다(=나는 이 의로운 사람의 피에 대하여 무죄하니 너희가 맡으라 하였다)(마태 27 : 24).

[17] "씻음"(washing)이 거짓들이나 악들로부터의 정화를 뜻하기 때문에 "어느 장님"은 진리들을 보지 못하는 자들을 뜻하기 때문에, 그러므로 거짓들 안에 있는 자들을 뜻합니다. 요한복음서의 말씀입니다.

예수께서 땅에 침을 뱉어서, 그것으로 진흙을 개어 그의 눈에 바르시고, 그에게 실로암 못으로 가서 씻으라고 말씀하셨다. 눈먼 사람이 가서 씻고 눈이 밝아져서 돌아갔다(요한 9 : 6, 7, 11, 15).

여기서 "눈먼 사람"은 그들이 감관적이기 때문에, 그리고 외적인 감관들 앞에 드러난 것들만을 보기 때문에, 진리에 속한 것은 아무것도 볼 수 없는 자들을 표징합니다. 그리고 진리들 대신에 온갖 오류들은 그것에서 비롯되고, 그리고 그들이 성경 말씀의 문자의 뜻을 적용하여 이런 것들의 확증에 이르는 자들을 표징합니다. "침으로 갠 진흙"은 감관적인 진리(sensual truth)를 뜻하고, 성경말씀은 그런 부류의 인물들을 위하여 그런 것들을 담고 있습니다. "호수의 물이나 실로암 못의 물"은 성경말씀의 진리들을 뜻합니다. 왜냐하면 모든 것들은 심지어 예루살렘에 있는 물까지도 표의적(significative)이기 때문입니다. 그리고 "씻는다"는 것은 본질적으로 거짓들을 가리키는 오류들로부터 정화하는 것을 뜻합니다. 이상에서 볼 때 시리즈로 언급된 이런 것들이 뜻하는 것이 무엇인지 잘 알 수 있겠습니다. 왜냐하면 주님께서 이 세상에 계실 때 행하신 주님의 모든 이적들이나 하신 일들은 신령천적인 것들이나 신령영적인 것들을 뜻하기 때문입니다. 다시 말하면 천계나 교회에 속한 그런 것들을 뜻하기 때문입니다. 그리고 그것들이 신령한 것이고, 신령존재로 항상 처음 것들로부터 궁극적인 것들 안에서 역사하시고, 따라서 충만함 가운데 계십니다. 여기서 궁극적인 것들이란 이 세상에서 안전(眼前)에 보이는 그런 것들을 가리킵니다. 이것이 주님께서 대응하는 자연계 안에 있는 그런 것들에 의하여 말씀하시고, 성경말씀을 쓰신 이유입니다.

[18] 이것은 엘리사의 명령에 의하여 문둥병 환자 나아만이 성취한 기적과 동일한 뜻입니다. 그것은 열왕기 하서에 이렇게 기술되었습니다.

> (시리아의 나아만 장군은 문둥병으로 고생을 하였다.) 엘리사는 사환을 시켜서, 요단 강으로 가서 몸을 일곱 번 씻으면, 장군의 몸이 다시 깨끗하게 될 것이라고 말하였다. …… 그리하여 나아만은 하나님의 사람이 시키는대로 요단 강으로 가서 일곱 번 몸을 씻었다. 그러자 그의 살결이 어린 아이의 살결처럼 새 살로 돌아와, 깨끗하게 나았다(열왕기 하 5 : 10, 14).

"시리아의 문둥병자 나아만"은 성경말씀에서 비롯된 진리와 선의 지식들을 위화하는 자들을 표징하고 뜻합니다. 왜냐하면 "문둥병"(leprosy)은 거짓들을 뜻하고, "시리아"는 진리와 선의 지식들을 뜻하기 때문입니다. "요단 강의 물"은 교회에 인도하는 진리들을 뜻하는데, 그것은 성경말씀에서 비롯된 진리와 선의 지식들입니다. 왜냐하면 요단 강은 가나안 땅에 들어가는 첫 번째 경계이고, 그리고 "가나안 땅"은 교회를 뜻하기 때문입니다. 이것은 "요단의 물"이 성경말씀에서 비롯된 진리와 선의 첫 번째 지식을 가리키는 입문적인 지식들(introductory truths)을 뜻하는 이유입니다. "요단 강"의 이 뜻 때문에 나아만은 그 물에 일곱 번 자기 자신을 씻는 것이 명령되었는데, 그것은 위화된 진리들로부터의 정화(淨化)를 뜻하고, 여기서 "일곱 번"(seven times)은 충분한 것을 뜻하고, 그리고 거룩한 것에 관해서 서술하는데, 그런 것들이 신령한 진리들입니다. "일곱 번"이 이런 뜻을 가지고 있기 때문에 "그의 살결이 어린 아이의 살결처럼 새 살로 돌아왔다"고 언급하였는데, 다시 돌아온 살결은 영적인 생명을 뜻하고, 그것은 신령진리들을 통하여 중생한 자들이 가지고 있는 그런 것들입니다.

[19] "요단의 물"이 성경말씀에서 비롯된 진리와 선의 지식들을 가리키는 교회에 안내하는 진리들을 뜻하기 때문에, 그리고 거기에서 "씻는다"는 것이 거짓들로부터의 정화를 뜻하기 때문에, 그리고 결과적으로 주님에 의한 개혁(改革・reformation)과 중생(重生・regeneration)을 뜻하기 때문에, 그러므로 요한에 의한 제일 처음 요단 강에서 수행된 세례(洗禮・baptism)가 제정되었습니다(마태 3 : 11-16 ; 마가 1 : 4-13). 이 첫 번째 예전(禮典)은 주님에 관해서 그의 강림과 주님에 의한 구원에 관해서 성경말씀에서 비롯된 지식들로의 입문(入門)이나 시작을 뜻합니다. 그리고 사람은 성경말씀에서 비롯된 진리들을 통하여 주님에 의해 개혁되고, 중생되기 때문에 세례를 지킬 것을 주님께서 명령하셨습니다(마태 28 : 19). 왜냐하면 사람이 개혁, 중생되는 것은 성경말씀에서 비롯된 진리들에 의한 것이기 때문이고, 그리고 개혁시키고, 중생시키시는 존재는 주님이시

기 때문입니다. 이것에 관한 더 상세한 내용은 ≪새 예루살렘의 교리≫ 202-209항을 참조하십시오.
[20] 요한이 언급한 것입니다.

> 요한은 모든 사람에게 대답하여 말하였다. "나는 여러분에게 물로 세례를 줍니다. 나보다 더 능력이 있는 분이 오십니다. …… 그는 여러분에게 성령과 불로 세례를 주실 것입니다"(누가 3 : 16 ; 요한 1 : 33).

이 장절은 오직 요한이 주님에 관해서 성경말씀에서 비롯된 지식들에게 그들을 개통시키는 것을 뜻하고, 따라서 그분을 영접, 수용하기 위하여 그들을 준비시키는 것을 뜻하지만, 그러나 사실은 주님 당신이 그분에게서 발출하는 신령진리와 신령선에 의하여 사람을 중생시키십니다. 왜냐하면 요한은 엘리야가 표징하는 것과 꼭같은 것을 표징하기 때문입니다. 다시 말하면 성언(聖言·the Word)을 표징합니다. 요한이 세례를 줄 때 사용한 "물"은 입문(入門)적인 진리들(introductory truths)을 뜻하는데, 그것은 주님에 관해서 성경말씀에서 터득한 지식들을 가리킵니다. 그리고 "성령"(聖靈·the Holy Spirit)은 주님에게서 발출하는 신령진리를 뜻하고, "불"(fire)은 주님에게서 발출하는 신령선을 뜻하고, "세례"는 성경말씀에서 비롯된 신령진리들에 의하여 주님에 의한 중생을 뜻합니다.
[21] 씻음(washings)은 고대교회에서 제정되었습니다. 그 뒤 세례는 그들의 자리를 갖게 되었는데, 그럼에도 불구하고 세례는 일반적으로는 천계가 인류와 결합하기 위한 표징적 예전(the representative rite)이고, 표의적 예전(the significative rite)이었고, 개별적으로는 교회에 속한 사람과 천계를 결합하기 위

한 그런 것들이었습니다. 왜냐하면 사람이 궁극적인 것들 안에 있을 때 천계는 사람에게 결합하기 때문입니다. 다시 말하면 그의 자연적인 사람에 관해서 이 세상에 있는 그런 것들 안에 있을 때 천계는 사람과 결합합니다. 한편 사람은 그의 영적인 사람에 관해서 천계에 있는 그런 것들 안에 있을 때 천계는 사람과 결합합니다. 이 밖의 다른 방법에 의한 결합은 불가능합니다. 이러한 내용이 세례가 제정된 이유입니다. 성만찬(聖晚餐·the holy supper)도 역시 마찬가지입니다. 마찬가지로 성경말씀이 이 세상에 있는 그런 것들에 의하여 기술된 이유입니다. 이에 반하여 그것에는 영적인 뜻이 있는데, 그것의 모든 것은 천계에 있는 그런 것들을 담고 있습니다. 다시 말하면 성경말씀의 문자의 뜻은 자연적이고, 이에 반하여 문자의 뜻 안에는 영적인 뜻이 있습니다. 이 뜻에 의하여 성경말씀(聖言·the Word)은 교회에 속한 사람들을 천계에 속한 천사들과 결합시킨다는 것은 저서 ≪천계와 지옥≫ 303-310항에서 볼 수 있고, 그리고 작은 책 ≪백마론≫(白馬論·the white Horse)의 시작부터 마지막까지에서 볼 수 있습니다. 그리고 마찬가지로 성만찬도 결합시킨다는 것은 ≪새 예루살렘의 교리≫ 210-222항을 참조하시고, 참된 세례에 관한 것도 그것에서 볼 수 있습니다. 그러나 만약에 사람이 교회의 진리들 안에 있고, 동시에 그것들에 일치하는 삶 안에 있지 않으면서 세례가 사람의 구원에 일익을 공헌한다고 믿는 사람은 아주 아주 큰 과오를 범하고 있습니다. 왜냐하면 세례는 하나의 외적인 것이고, 내적인 것이 없다면 그것은 구원에 결코 아무것도 도움이 되지 않지만, 그러나 그것은 외적인 것이 내적 안에 결합되었을 때 구원에 공헌하기 때문입니다. 내적인 세례가 성경말씀의 진리들과 그것에 일치하는 삶에 의하여 온갖 거짓들이나 악들이 주님에 의하여 제거된다는 것, 따라서 사람이 중생된다는 것을 가리킨다는 것이 주님께서 가르치신 것인데(마태 23：16：27), 이러한 내용은 이 단락의 앞에서 설명되었습니다.

476. 그들은 어린 양이 흘리신 피에 자기들의 두루마기를 빨아서 희게 하였습니다(=그들은 자기들이 옷을 씻어 어린 양의 피로 희게 하였다).

이 말씀은 주님에게서 비롯된 신령진리의 이식(移植·implantation)을 뜻합니다. 이러한 것은 거짓들을 벗기고, 진리들을 입는 것을 뜻하는 "두루마기를 희게 하였다"는 말씀의 뜻에서 잘 알 수 있습니다. 왜냐하면 "희다"(white)나 "희게 만든다"는 것은 진리들에 관해서 서술하고, 그리고 "두루마기들"(=겉옷·robes)은 이런 진리들을 뜻하기 때문입니다. "희다"나 "희게 만든다"는 것이 진리들에 관해서 서술한다는 것은 본서 196항을 참조하시고, "겉옷들"(=두루마기들·robes)이 일반적으로 진리들을 뜻한다는 것은 본서 395[A]항을 참조하십시오. "그들의 두루마기를 희게 하였다"고 언급되었는데, 그것은 거짓들 안에 있는 자들의 옷들(garments)은 영계에서 거무스름하게 보이고, 더럽혀진 것(stained)처럼 보이기 때문입니다. 그리고 온갖 시험들에 빠져 있는 자들의 겉옷은 불결하게 보입니다. 그러나 그들이 시험들에게서 빠져나오자마자 그때 그들은 신령진리들로 물들게 되어, 점들은 없이 희고, 빛나는 옷들로 그들에게 보입니다. 이러한 내용은 바로 앞에서 언급되었습니다. 그것이 우리의 본문 "그들은 그들의 옷을 희게 만들었다"는 말씀이, 그들은 거짓들을 벗어 버리고 진리들을 입었다는 것을 뜻하는 이유입니다. 앞서의 내용은 주님에게서 발출하는 신령진리를 가리키는 "어린 양의 피"의 뜻에서(본서 329[A-F]항 참조) 명확합니다. 그리고 시험들에 빠져 있을 때 거짓들은 털려 없어지고 진리들이 이식, 활착(活着)되기 때문에, 그러므로 일반적으로 "그들은 어린 양의 피로 그들의 옷(=두루마기)을 희게 하였다"는 말씀은 주님에게서 비롯된 신령진리의 이식을 뜻합니다. 성경말씀의 문자적인 뜻으로 "어린 양의 피"(the blood of the Lamb)는 십자가의 고통(=열정·the passion of the cross)을 뜻하지만, 그러나 속뜻이나 영적인 뜻으로 그것은 주님에게서 발출하는 신령진리를 뜻합니다. 왜냐하면 사람이 거짓들이나 악들에게서 정화되는 것은 이것에 의한 것이기 때문입니다. 다시 말하면 그의 옷(=두루마기)이 하얗게 되었기 때문입니다. 십자가의 고통(=열정)이 주님의 마지막 시험을 가리키고, 주님께서는 그것에 의하여 주님은 충분하게 지옥을 정복하시었고, 그분의 인성(His Human)을 영화시키셨습니다. 그리고 이 일이 완수되고 끝이 났을 때, 주님께서 진리의 영(the Spirit of Truth)인, 위로자(=성령·the Comforter)를 보내셨는데, 그것은 그분의 영화하신 인성(His glorified Human)에서 발출하는 신령진리를 뜻합니다. 이것은 요한복음서에서 가르치셨고(요한 7 : 39), 그리고 다른 여러 곳에서도 가르치셨습니다. 그것은 신령진리에 의한 것인데, 그것이 영접, 수용되었을 때, 사람은 십자가 위에서 흘리신 피에 의한 것이 아니고, 주님에 의하여 개혁되고 중생되고, 그리고 구원받는 것은 신령진리에 의한 것입니다. 이것에 관한 더 상세한 내용은 ≪새 예루살렘의 교리≫ 293·294항을 참조하십시오. 그리고 ≪천계비의≫에서 인용된 거기에 있는 것을 참조하십시오. 이러한 것은 천사들의 겉옷은 희고 밝은 것에서 나오는 빛남(glistening)에서 나오는 것이며, 십자가 위의 주님의 보혈(寶血)에 관한 믿음이나 생각에서 나오지 않고 오히려 주님에게서 나오는 것입니다. 왜냐하면 앞에서 이미 언급한 것과 같이 그들의 옷들은 그들에게 있는 진리들과 일치하는 전부이기 때문입니다. 그리고 또한 주님이 고통에 관해서 생각하도록 허락된 천사는 아무도 없고, 다만 그분의 영광화(His glorification)에 관해서, 그분에 의한 신령존재의 수용에 관해서, 생각하는 것만 허용되었습니다.

477. 15절. **그러므로 그들은 하나님의 보좌 앞에 있습니다.**
이 말씀은 이런 이유 때문에 그들이 주님에게 결합되었다는 것을 뜻합니다. 이것은 주님에게 결합된 것을 가리키는 "하나님의 보좌 앞에 있다"는 말씀의 뜻에서 잘 알 수 있습니다. "주님과의 결합이 하나님의 보좌 주위에 서 있다"는 말씀이 뜻한다는 것은 본서 462항에서 잘 볼 수 있습니다. 그리고 "하나님의 보좌 앞에 있다"는 말씀이 그것과 동일한 뜻을 뜻합니다. "하나님의 보좌 앞"은 주님 앞에 있는 것을 뜻합니다. 왜냐하면 주님께서는 아래의 17절의 "보좌 한가운데 계신 어린 양이 그들을 인도하실 것이다"(=그들을 먹이실 것이다)라고 언급되었기 때문입니다.

478. 그들은 하나님의 성전에서 밤낮 그분을 섬기고 있습니다.
이 장절은 그들이 변함없이 천계에 있는 진리들 안에 있다는 것을 뜻합니다. 이것은 곧 아래에서 이것에 관해서 언급하겠지만, 진리들 안에 있는 자들에 관해서 언급하고 있는 "섬긴다"(serving)는 말의 뜻에서 명확하고, 그리고 변함없는, 그리고 이것에 관해서도 곧 언급하겠지만, 모든 상태에 있는 것을 가리키는 "낮과 밤"(=밤낮·day and night)의 뜻에서, 그리고 신령진리가 통치하는 곳인 천계를 가리키는 하나님의 "성전"(the temple of God)의 뜻에서(본서 220·391[B]항 참조) 잘 알 수 있습니다. 그러므로 이런 낱말들은 그들이 천계에 있는 진리들 안에 변함없이 간직되어 있다는 것을 뜻합니다. 이것이 그 뜻입니다. 그 이유는 앞에서 언급한 것과 같이 무지(無知)에서 비롯된 거짓들 안에서 이 세상의 그들의 일생을 보낸 자들을 다루고 있기 때문입니다. 무지에서 비롯된 거짓들 안에 있고, 그리고 그들의 종교에 일치한 선한 삶 안에 있는 자들은 그들 안에 있는 거짓들이 물러나고, 퇴출(退出)되고, 그리고 진리들이 그것들의 자리에 이식, 활착되기 전에는 누구도 구원될 수 없습니다. 그리고 진리들은 온갖 시험들에 의하여 이식, 활착됩니다. 그러므로 비록 그들이 진리들에 의하여 퇴출된다고 해도 이것들이 시험에서 드러나고 지워졌을 때에도, 거짓들은 여전히 남아 있습니다. 왜냐하면 사람이나 영 또는 천사에게서 완전히 씻겨져 제거되는 악이나 거짓스러운 것은 전혀 없고, 다만 움츠러들기 때문입니다. 왜냐하면 그런 것들은 그들의 악들이나 거짓들에게서 물러나게(to withhold) 하시고, 그리고 선이나 진리 안에 그것들을 간직하시기(to hold) 때문입니다. 이런 일이 있을 때 그것들은 그들에게 악들이나 거짓들 밖에 있는 것처럼 보입니다. 이런 이유 때문에 만약에 이 세상에서 무지에서 비롯된 거짓들 안에 있는 자들이 주님에 의하여 변함없이 진리들 안에 간수되지 않는다면 그들은 거짓들 속에 빠지게 될 것입니다 그러므로 이러한 내용이나 사실은 "그들은 하나님의 성전에서 밤낮 그분을 섬기고 있다"는 말씀이 뜻하는 것입니다. 여기서 "성전"은 역시 진리들이 통치하는 천계를 뜻합니다.

[2] 그들의 종교에 일치하는 선한 삶을 사는 그들의 삶은 그들을 구원하지만, 그러나 사실 그들이 거짓들 안에 있는 한, 그것은 구원하지 못합니다. 그러므로 이 세상에서의 그들의 생애를 마친 뒤 그들 안에 있는 거짓들은 다만 물러나 있는 것입니다. 그들은 그 전에는 구원받을 수 없습니다. 그 이유는 선은 진리들에게서 그것의 본질을 취하고 얻기 때문입니다. 왜냐하면 선은 진리의 본질(the esse of truth)이고, 진리는 선의 형체(the form of good)이기 때문입니다. 그러므로 선은 진리들의 성질에 일치합니다. 이렇게 볼 때 어느 누구가 비록 착하게 살았다고 해도 그가 진리들 가운데 있기 전에는 그는 천계에 오를 수 없다는 것은 아주 명료하게 합니다. 이런 이유 때문에 천계에 오를 사람들을 위한 교육의 장소들(places of instruction)이 있는데, 그 이유는 그가 교육을 이수(履修)하기 전까지는 어느 누구도 천계에 오를 수 없기 때문입니다. 천계에 오를 자들을 위한 교육이나 교육의 장소들에 관해서는 ≪천계와 지옥≫ 512-520항을 참조하십시오.

[3] "그들이 하나님의 성전에서 밤낮 그분을 섬기고 있다"고 언급되었지만, 그러나 이 말씀은 그들이 계속해서 성전에 있다는 것, 또는 변함없이 예배나 기도 가운데 있다는 것을 뜻하는 것은 아닙니다. 왜냐하면 이런 일은 천계에서 행해지지 않기 때문입니다. 거기에 있는 자는, 이 세상에 있는 것과 같이, 자기의 직업(職業)이나 고용(雇傭)상태에 있고, 이 세상에서와 같이 때로는 성전 안에 있습니다. 그럼에도 불구하고 그들이 계속해서 진리들 안에 있을 때, 그들은 "성전에서 밤낮으로 하나님을 섬긴다"고 말합니다. 왜냐하면 이와 같이 내면적으로 그

들은 부단히 그분을 섬기고 있기 때문입니다. 왜냐하면 모든 선한 영이나 천사는 자기 자신의 진리이고 자기 자신의 선이기 때문입니다. 왜냐하면 그것들이 진리나 선의 정동들이기 때문입니다. 정동이나 사랑은 모두의 생명을 형성합니다. 결과적으로 진리의 정동 안에 있는 자들은, 심지어 그들의 직업들, 사업들, 고용들 안에 있다고 해도, 변함없이 주님을 섬기고 있습니다. 왜냐하면 속에 내재해 있는 정동은 계속해서 통치하고, 그리고 섬기고 있기 때문입니다. 더욱이 이것이 주님께서 열망하시는 섬김이고 예배입니다. 그러나 그것이 변함없이 성전들이나 예배 안에 있는 것은 아닙니다. 거기에서 성전에 있고, 예배 안에 있지만, 그러나 그들이 진리들 안에 있지 않다는 것은 주님을 섬기는 것이 아니지만, 그러나 주님을 섬기는 것은 진리들 안에 있는 것이고, 그리고 모든 일에 성실하고, 바르게 행동하는 것입니다. 왜냐하면 그 때 사람에게 있는 진리·성실·정의에 속한 원칙들이 주님을 섬기는 것이기 때문입니다. 이 세상의 생애를 마친 사후의 사람은, 비록 예배만을 통한 것은 아니지만, 이런 것들을 통하여, 천계에 있을 수 있습니다. 왜냐하면 이런 것들이 없는 예배, 결과적으로는 진리가 결여(缺如)된 예배는 속빈 강정 같은 예배(empty worship)이고, 그것에는 전혀 입류(入流)는 없기 때문입니다. 성경말씀에서 봉사하는 일(serving)이나 섬기는 일(ministering)이나 "종들"(servants)이나 섬기는 자들(ministers)에 관한 언급이나 거명(擧名), 그리고 진리들 안에 있는 자들은 "주님의 종들"이나, 그리고 "그분을 섬긴다"는 것으로 언급되었습니다. 이에 반하여 선 안에 있는 자들은 "주님의 하인"(=주님의 성직자·ministers of the Lord)과, 그리고 "주님을 돕는 것"(to minister to Him)이라고 언급되었습니다. 성경말씀에서 진리들 안에 있는 자들이 "종들"(servants)이라고 불리웠다는 것은 본서 6항을 참조하시고, 선 안에 있는 자들이 "하인들"(ministers)이라고 불리웠다는 것은 본서 155항을 참조하십시오.

479. 그 보좌에 앉으신 분께서 그들을 덮는 장막이 되어 주실 것이다(=보좌에 앉으신 분께서 그들 가운데 거하실 것이다).
이 말씀은 그들에게 있는 진리들에게 유입하는 신령선의 입류를 뜻합니다. 이러한 것은 앞에서 언급한 것과 같이(본서 297·343·460항 참조), 신령선과의 관계에서 주님을 가리키는 "보좌에 앉으신 분"의 뜻에서, 그리고 그들의 진리들에 선으로 유입하는 것을 가리키는 "그들 가운데 산다"(=그들을 덮는 장막이 될 것이다)는 말씀의 뜻에서 잘 알 수 있겠습니다. 왜냐하면 "산다"(=거한다·to dwell)는 것은 성경말씀에서 선에 관해서 서술하기 때문입니다. 따라서 "거주자들"(=주민들·dwellers)은 선 안에 있는 자들을 뜻하기 때문입니다. 그러므로 여기서와 같이 "거한다"(to dwell)는 것이 주님에 관해서 서술될 때 "그들 가운데 거한다"는 것은 신령선의 입류를 뜻합니다. 이것은 진리들에의 입류인데, 그 이유는 이런 것들 안에 있는 진리들은 바로 여기서 다루고 있는 것이기 때문입니다. 그리고 또한 천계에 있는 자 모두는 주님에게서 비롯된 신령선에 속한 진리들에의 입류에 의하여 진리들 안에 간수되기 때문입니다. 왜냐하면 신령선만이 진리에 입류할 수 있기 때문입니다. 그것은 진리들이 선에서 비롯되기 때문입니다. 그리고 그것은 진리들이 선의 형체들(forms of good)이기 때문입니다. 이것이 바로 사람이 선 안에 있어야 한다는 이유입니다. 그리고 그것에 의하여 주님께서는 선에 대응하는 진리들에게 입류하십니다. 주님께서 사람에게 있는 진리들에게 직접적으로 입류하신다고 생각하는 사람은 큰 과오를 저지르는 것입니다. 이런 입류는 《천계비의》에서 다루어졌습니다. 다시 말하면 주님의 입류는 사람에 있는 선에 들어오고, 그리고 그 선을 통하여 사람에게 있는 진리들에 입류하십니다. 그러나 그 역(逆)은 아닙니다(A.C. 5482・5649・6027・8685・8701・10153항 참조). 입류는 선을 통해서 온갖 종류의 진리들에 유입한다는 것, 그러나 특히 순수한 진리들에 유입한다는 것은 A.C. 2531・2554항을 참조하시고, 그리고 선 안에는 진리들의 수용의 기능(=능력)이 있다는 것은 A.C. 8321항을 참조하시고, 그리고 선에서 분리된 진리들에게 주님의 입류는 결코 없다는 것은 1831・1832・3514・3564항을 참조하십시오. 이렇게 볼 때 밝히 알 수 있는 것은 우리의 지금 본문이나, 앞절에 포함된 것들이 어떻게 결합, 밀착(密着)되었는지 잘 알 수 있다는 것입니다. 다시 말하면 시험들에 의하여 주님에게서 비롯된 진리들이 그 사람 안에 활착된 자들은 계속적인 그것들에 유입하는 신령진리의 입류에 의하여 진리들 안에 간수되어 있다는 것입니다. "산다"(=거주한다・to dwell)는 것이 성경말씀에서 선에 관하여 서술한다는 것은 A.C. 2268・2451・2712・3613・8269・8309・10153항을 참조하시고, 그리고 "주님이 사시는 곳"(the dwelling place of the Lord)은 선에 관하여 천계나 교회를 뜻합니다. 결과적으로는 천계나 교회의 선을 뜻하고, 사람과의 관계에서는 그에게 있는 선을 뜻합니다(8269・8309항 참조).

480. 16절. 그들은 다시는 주리지 않고 목마르지도 않을 것이

다.

이 장절은 선과 진리가 그들을 저버리지 않을 것이고, 또한 결과적으로 지복(至福)도 모자라지 않을 것이라는 것을 뜻합니다. 이러한 것은 선의 풍족을 가리키는 "주리지 않는다"(=굶주리지 않는다)는 말의 뜻에서 명확한데, 그러므로 여기서 "그들이 다시는 주리지 않을 것이다"는 말씀은 거기에 선의 부족이나 결핍(缺乏)이 없을 것이라는 것을 뜻합니다. 그리고 또한 진리의 부족을 가리키는 "목마르다"는 말의 뜻에서 명확한데, 그러므로 "그들이 목마르지 않을 것이다"는 것은 거기에 진리의 부족이나 결핍이 없을 것이라는 것을 뜻합니다. 이런 동일한 말들은 역시 지복(至福)을 뜻하는데, 그 이유는 천계에서 천사들이 누리고 있는 모든 지복이나 행복은 그들이 주님에게서 영접, 수용한 선과 진리에서 비롯되고, 그리고 그것들에 일치하기 때문입니다. 다시 말하면 이런 것들의 수용에 일치하기 때문입니다. 모든 천계적인 지복이나, 모든 천계적인 기쁨이 선과 진리의 정동 안에 있다는 것, 결과적으로 천사들은 그런 것 안에 있는 선과 진리의 결합(=혼인)에 있다는 것은 ≪천계와 지옥≫ 395-414항에서 잘 볼 수 있습니다. "그들이 주리지 않을 것이다"는 말씀은 선이 그들에게 부족하지 않을 것이라는 것을 뜻합니다. 그 이유는 "빵"(bread)이 사랑의 선(the good of love)을 뜻하기 때문이고, 그리고 "굶주린다"(=배고프다)는 것은 빵이나 먹거리에 관해서 서술하기 때문입니다. "그들이 목마르지 않을 것이다"는 것은 진리가 그들에게 부족하지 않을 것이라는 것을 뜻하는데, 그것은 "물"이나 "포도주"가 진리를 뜻하기 때문이고, 그리고 "목마르다"는 것은 물이나 포도주에 관해서 서술하기 때문입니다. 이러한 내용이 성경말씀에서 "배고프다"(to hunger)는 말이나 "목마르다"(to thirst)는 말이 자주 언급되는 이유입니다. 그러나 이런 낱말은 자연적인 굶주림이나 목마름을 뜻하지 않고, 오히려 영적인 기근(飢饉)이나 갈급(渴急)을 뜻하는데, 그것은 그들에 대한 열망과 함께 진리와 선의 지식들의 빼앗김(剝奪), 부족, 무지(無知) 따위를 가리킵니다. 성경말씀에서 "배고픔과 목마름"의 뜻이나 "기근과 기갈"의 뜻이 이런 것이라는 것은 본서 386항에서 잘 볼 수 있는데, 거기에는 배고픔이나 목마름에 관한 성경말씀의 수많은 장절들이 인용, 설명되었습니다.

481. 태양이나 그 밖의 어떤 열도 그들을 괴롭히지 못할 것이다.
이 장절은 악이나 거짓이 온갖 욕망(=정욕)들에게서 그들에게 생기지 않고, 미치지 못할 것이라는 것을 뜻합니다. 이러한 뜻은 신령사랑과의 관계에서 주님을 뜻하는, 그리고 사람들이나 영들이나 천사들에게 있는 주님에게서 비롯된 주님사랑의 선을 뜻하는 "태양"(太陽·해·sun)의 뜻에서 명확합니다. 그리고 반대의 뜻에서 여기서는 자기사랑(自我愛)이나 온갖 욕망이나 정욕에서 나온 악을 뜻한다는 것에서 명확합니다. 이러한 내용에 관해서는 본서 401항이나, ≪천계와 지옥≫ 116-125항을 참조하십시오. 그리고 또한 그 악에서 비롯된 거짓을 뜻하는 "열"(熱·heat)의 뜻에서, 그러므로 온갖 욕망들이나 정욕들에서 비롯된 거짓을 뜻하는 것에서 명확합니다. 왜냐하면 사람이 이런 열의 상태에 있을 때, 다시 말하면 그가 그런 열로 불태울 때, 그는 그의 열을 가라앉게 하기 위하여 무엇인가를 마시기를 열망하기 때문입니다. "음료를 취한다"는 것이나 "마신다"는 것은 진리들을 흡수하는 것을 뜻하고, 반대의 뜻으로는 거짓들을 흡수하는 것을 뜻합니다. 그 이유는 음료에 적합한 "물"이나 "포도주"는 진리들을 뜻하기 때문입니다.
[2] "열"(熱·heat)이 탐욕이나 욕망에서 비롯된 거짓을 뜻한다는 것, 또는 거짓에 대한 탐욕이나 욕망을 뜻한다는 것은 아래의 장절들에게서 잘 볼 수 있습니다. 예레미야서의 말씀입니다.

> 주를 믿고 의지하는 사람은
> 복을 받을 것이다.
> 그는 물가에 심은 나무와 같아서
> 뿌리를 개울가에 뻗으니,
> 잎이 언제나 푸르므로,
> 무더위가 닥쳐와도 걱정이 없고,
> 가뭄이 심해도, 걱정이 없다.
> 그 나무는 언제나 열매를 맺는다.
> (예레미야 17 : 7, 8)

주님에 의하여 인도받기를 스스로 열망하는 사람이 한 나무에 비유되었고, 그것의 성장이나 그것의 결실(結實)에 비유되었습니다. 그것은 "나무"(木)가 성경말씀에서는 지식들이나 진리나 선의 지각을 뜻하기 때문이고, 결과적으로 이런 것들이 내재해 있는 그 사람을 뜻하기 때문입니다. "물가에 심은 나무"는 주님에게서 비롯된 진리들이 그에게 있는 사람을 뜻하는데, 여기서 "물"은 진리들을 뜻하기 때문입니다. "뿌리를 개울가로 뻗는다"는 것은 영적인 사람으로부터 자연적인 사람에게로 확대하는 총명의 확장을 뜻합니다. 그것은 "강"(=물가·the river)이 총명을 뜻하기 때문에, 그리고 "뿌리들"은 영적인 사람에게서 자연적인 사람에게 뻗는 것을 뜻하기 때문에 이렇게 언급되었습니다. "그는 무더위(=열)가 닥쳐와도 걱정이 없다"는 말씀은 거짓에 속한 욕망이나 탐욕 따위에 나쁜 영향을 받지 않는다는 것을 뜻합니다. "그러나 잎이 언제나 푸를 것이다"는 것은 지식들(=과학지들)이 진리들에 의하여 생기발랄할 것이라는 것을 뜻합니다. "그러므로 그 나무는 가뭄이 심해도 걱정이 없고, 언제나 열매를 맺을 것이다"(=가뭄의 해에도 염려하지 않고, 열매를 맺는 것도 그치지 아니할 것이다)는 말씀은 진리나 선이 전혀 없는 상태에도 거기에는 이런 것들의 손실이나 박탈 따위의 두려움이 전혀 없고, 다만 심지어 그 때에도 선에 결합된 진리들은 열매를 잘 맺을 것이라는 것을 뜻합니다. "가뭄의 해"(=가뭄이 심하다)는 진리의 상실이나 박탈의 상태를 뜻합니다. 이것은 영들이나 천사들에게는 상태의 변질(=변경·alternation of state)이 있기 때문인데, 이런 변질들에 관해서는 ≪천계와 지옥≫ 154-161항을 참조하십시오.

[3] 이사야서의 말씀입니다.

 참으로 주께서는
 가난한 사람들의 요새이시며,
 곤경에 빠진 불쌍한 사람들의 요새이시며,
 폭풍우를 피할 피난처이시며,
 뙤약볕을 막는 그늘이십니다.
 흉악한 자들의 기세는
 성벽을 뒤흔드는 폭풍과 같고,
 사막의 열기와 같습니다.
 그러나 주께서는
 이방 사람의 함성을 잠잠하게 하셨습니다.
 구름 그늘이 뙤약볕의 열기를 식히듯이,

7장 1-17절

포악한 자들의 노랫소리를
그치게 하셨습니다.
(이사야 25 : 4, 5)

여기서 "가난한 사람들이나 불쌍한 사람들"은 진리의 무지로 말미암아 선의 결핍 안에 있는 자들을 뜻하고, 그리고 그럼에도 불구하고 그것들에 대한 열망을 가지고 있는 자들을 뜻합니다. "폭풍우"(=범람·inundation)나 "뙤약볕"(=더위·heat)은 자아(=자기속성)에서 솟아 나고, 유입하는 악들이나 거짓들과의 관계를 가지고 있는 것이나, 악 안에 있는 다른 자들에게서 비롯된 악들이나 거짓을 뜻합니다. "흉악한 자들의 기세"는 교회에 속한 선들이나 진리들에 반대되는 것들을 뜻하고, 이런 선들이나 진리들을 파괴하기를 애쓰는 자들이 "흉악한 자들"이라고 불리웠고, "그들의 기세"(=돌풍·blast)는 파괴하기를 열망하는 것을 뜻합니다. "주께서는 이방 사람의 함성을 잠잠하게 하신다"는 말씀은 주님께서는 악에서 비롯된 거짓들의 자극이나 흥분 따위를 잠잠하게 누그러뜨리시고 제거하신다는 것을 뜻합니다. 여기서 "함성"(=소동·소음·tumult)은 자극이나 흥분을 뜻하고, "이방 사람들"은 악에서 비롯된 거짓들을 뜻하고, "잠잠하게 한다"는 것은 가라앉히고 옮기는 것을 뜻합니다. "그가 구름 그늘에 의하여 열기를 식힐 것이다"는 것은 거짓의 탐욕으로부터 막아주는 것을 뜻하는데, 여기서 "열기"(heat)는 거짓의 탐욕을 뜻하고, "구름 그늘"은 그것으로부터의 방어(防禦)를 뜻합니다. 왜냐하면 "구름의 그늘"(=구름의 그림자)은 태양의 열기를 조절, 경감시키기 때문이고, 그리고 그것의 작열(灼熱)을 가라앉히는 것을 뜻하기 때문입니다.

[4] 예레미야서의 말씀입니다.

그의 시체는 무더운 낮에도 추운 밤에도, 바깥에 버려져 뒹굴 것이다(예레미야 36 : 30).

이 장절은 유다 왕 여호야김에 관해서 언급하고 있는데, 그 뒤 그는 예레미야에 의하여 기술된 두루마리를 태워버렸는데 그와 같은 행동은 교회에 속한 진리들이 거짓들에 대한 욕망과 그리고 결과적으로는 진리들에 대한 혐오(嫌惡)에 의하여 멸망될 것을 뜻합니다. 유대의 왕들은 성경말씀에서 선에서 비롯된 진리들을 표징하고, 그리고 그것으로 인하여 선에서 비롯된 진리들을 뜻하는데, 이 왕은 장차 멸망될 교회의 진리를 표징하고 뜻합니다. "그가 태워버린 두루마리"는 성언(=성경말씀)을 뜻하는데, 그것이 위화되고 섞음질 되었을 때 그것이 태워졌다고 언급되었습니다. 그리고 이런 일은 악에서 비롯된 거짓의 탐욕에 의하여 행해집니다. "시체"는 영적인 생명이 없는 교회의 사람을 뜻하는데, 그 생명은 성경말씀에서 비롯된 진리들에 의하여 소유됩니다. 이 생명이 사멸(死滅)되었을 때 오직 거짓들만이 열망되고, 진리들은 회피(回避)하게 되는데, 결과적으로 사람은 시체가 되고, 그리고 그 사람은 영적인 뜻으로 "시체"라고 불리웁니다. 거짓들에 대한 열망은 "한낮의 열기"(=무더운 낮)가 뜻하고, 진리들에게서 비롯된 혐오는 "한밤의 추위"(=추운 밤)가 뜻합니다. 왜냐하면 그것의 본질 안에 있는 신령진리를 가리키는 천계의 빛이 악에서 비롯된 거짓들 안에 있는 자들에게 유입할 때 그들은 악에서 비롯된 거짓의 온기에 대응하는 강렬함 때문에 차갑게 되기 때문입니다.

[5] 같은 책의 말씀입니다.

7장 1-17절

> 그래서 그들이 목이 타고 배가 고플 때에,
> 나는 그들에게 잔치를 베풀어
> 모두 취하게 흥겹도록 만들 터이니,
> 그들이 모두 기절하고 쓰러져서,
> 영영 깨어날 수 없는 잠에 빠지게 하겠다.
> (예레미야 51 : 39)

이 말씀은 "바빌론"에 관해서 언급하고 있는데, 여기서 그것은 선과 진리의 모독(=악용이나 남용)을 뜻합니다. "그들이 열기가 오르면"(=그들이 목이 타고 배가 고플 때)이라는 말씀은 진리들을 위화하고, 선들을 섞음질하는 열기나 욕망을 뜻합니다. "그들에게 연회를 베풀고, 그들이 모두 취하고, 흥겹게 만든다"(=승리감에 도취하게 한다)는 것은 최고도에 이른 위화들이나 왜곡에서 비롯된 발광(發狂)이나 미친 것을 뜻합니다. "그들의 연회"는 선이나 진리의 모독이나 섞음질을 뜻하고, 취함(酩酊)이나 흥겨움(rejoicing)은 최고도나 마지막 정도의 광기(狂氣)를 뜻하고, "영영 잠이 들어 깨어나지 못한다"(=영영 깨어날 수 없는 잠에 빠지게 한다)는 것은 영원히 진리의 지각을 가지지 못한다는 것을 뜻합니다.

[6] 호세아서의 말씀입니다.

> 그들은 모두 빵 굽는 화덕처럼 뜨거워져서,
> 그들의 통치자들을 죽인다.
> 이렇게 왕들이 하나하나 죽어 가는데도
> 어느 누구도 나 주에게 호소하지 않는다.
> (호세아 7 : 7)

"빵 굽는 화덕처럼 뜨거워졌다"는 것은 그것에 속한 사랑(=애욕)에서 비롯된 거짓에 대한 그들의 탐욕이나 욕망을 뜻하고, "그들의 통치자들을 죽이고(=그들의 지판관들을 삼킨다), 그들의 왕들이 하나하나 죽어 간다"(=쓰러진다)는 것은 그것을 구성하는 진리들을 모두 잃게 되었을 때의 모든 총명의 파괴나 멸망을 뜻합니다. "재판관들"(=통치자들)은 총명스러운 것을 뜻하고, 추상적인 뜻으로는 총명에 속한 것들을 뜻합니다. 여기서 "왕들"은 진리들을 뜻합니다. "어느 누구도 나 주에게 호소하지 않는다"(=그들 가운데 나를 부르는 자가 아무도 없다)는 것은 신령존재에게서 비롯된 진리들에 대하여 어느 누구도 염려, 걱정하지 않는다는 것을 뜻합니다.

[7] 욥기서의 말씀입니다.

> 악한 사람은 ……
> 다시는 포도원에 갈 일이 없을 것이다.
> 날이 가물고 무더워지면
> 눈 녹은 물이 증발하는 것 같이,
> 죄인들도 그렇게 스올로 사라질 것이다.
> (욥기 24 : 18, 19)

"포도원에 가는 길을 누구도 보지 못한다"(=포도원에 갈 일이 없다)는 것은 아무리 해도 교회의 진리들을 완성하지 못한다는 것을 뜻하고, "가뭄과 무더위가 눈 녹은 물을 증발한다"는 것은 진리의 결핍을 뜻하고, 결과적으로는 거짓에 대한 욕망이나 탐욕이 모든 진정한 진리들을 파괴할 것이라는 것을 뜻합니다. "눈 녹은 물"(the waters of snow)은 진정한 진리를 뜻합니다.

[8] 이사야서의 말씀입니다.

감옥에 갇혀 있는 죄수들에게는
"나가거라. 너희는 자유인이 되었다!"
하고 말하겠고,
어둠 속에 갇혀 있는 사람들에게는
"밝은 곳으로 나오너라!" 하고 말하겠다.
그들이 어디로 가든지
먹을거리를 얻게 할 것이며,
메말랐던 모든 산을
그들이 먹을거리를 얻는
초장이 되게 하겠다.
그들은 배고프거나 목마르지 않으며,
무더위나 햇볕도
그들을 해치지 못할 것이니,
이것은 긍휼히 여기시는 분께서
그들을 이끄시기 때문이며,
샘이 솟는 곳으로
그들을 인도하시기 때문이다.
(이사야 49 : 9, 10)

이 장절의 개별적인 것들이 뜻하는 것이 무엇인지는 설명할 필요가 없겠습니다. 왜냐하면 그것들은 지금 설명된 묵시록에 있는 것들에 유사하기 때문입니다. 묵시록서에는 "그들은 다시는 주리지 않고, 목마르지도 않고, 태양이나 그 밖의 어떤 열도 그들을 괴롭히지 못할 것입니다. 보좌 한가운데 계신 어린 양이 그들의 목자가 되셔서, 생명의 샘물로 인도하실 것이다"고 언급되었기 때문입니다. 예언서에 있는 것과 마찬가지로, 묵시록서에 있는 것들은 주님에 관해서 언급하고 있습니다. 이사야서에서 "나가거라"라고 말한 갇혀 있는 죄수들이나, 밝은 곳으로 "나오너라"라고 말한 어둠 속에 갇혀있는 사람들은 그들의 종교에 일치하여 선 안에서 산 민족들을 뜻하지만, 그럼에도 불구하고 그들은 무지(無知)에서 비롯된 거짓들 안에 있었던 자들입니다. 이들은 시험들 안에 있을 때 "갇힌 자"(the bound)라고 불리웠고, 그리고 "어둠"은 무지에서 비롯된 거짓들을 뜻합니다. "무더위가 그들을 해치지 못할 것이다"는 것은 탐욕이나 정욕에서 비롯된 거짓이 그들에게 영향을 끼치지 못할 것이라는 것을 뜻합니다.

[9] 묵시록서의 말씀입니다.

> 넷째 천사가 그 대접을 해에다가 쏟았습니다. 해는 불로 사람을 태우라는 허락을 받았습니다. 그래서 사람들은 몹시 뜨거운 열에 탔습니다. 그러나 그들은 이 재앙을 지배하는 권세를 가지신 하나님의 이름을 모독하였고, 회개하지 않았고, 하나님께 영광을 돌리지 않았습니다(묵시록 16 : 8, 9).

이 말씀들은 뒤에 적절한 곳에서 설명되겠습니다. 여기서 "해"(the sun)는 신령사랑을 뜻하기 때문에 그러므로 "열"(=불)은 진리에 대한 열렬한 열망을 뜻합니다. 예를 들면 이사야서 8장 4절, 스가랴서 8장 2절에서 "폭염"(heat)은 여호와, 즉 주님의 탓으로 돌리는 것을 가리킵니다. 수많은 장절들에서 "노여움"(=성·화·anger)이나 "격분"(wrath)은 하나님에 관해서 서술할 경우 "노여움"은 선에 대한 열정(zeal)을 뜻하고, "격분"은 진리에 대한 열정을 뜻합니다. 왜냐하면 어원에서 "격분"이나 "열"은 동일한 낱말에서 왔기 때문입니다.

482. 17절. 보좌 한가운데 계신 어린 양이 그들의 목자가 되시기 때문이다(=그들을 먹이시기 때문이다).

이 말씀은 주님께서 천계에서 나온 그들을 가르치실 것이라는 것을 뜻합니다. 이 뜻은 이것에 관해서 이미 언급한 것과 같이(본서 297・343・464항 참조), 신령진리와의 관계에서 주님을 가리키는 "어린 양"(the Lamb)의 뜻에서, 그리고 천계를 가리키는 "보좌"의 뜻에서(본서 253[A]항 참조) 명확합니다. "보좌 한가운데"라는 말은 보편적인 천계(the universal heaven)에 있다는 것을 뜻합니다. 왜냐하면 "한가운데"(in the midst)는 각각이나 모든 것 안에, 다시 말하면 전체 안에 있는 것을 뜻하기 때문입니다(본서 213항 참조). 그리고 또한 이것에 관해서는 곧 설명하겠지만, 가르치는 것을 가리키는 "먹인다"(=목자가 된다・to feed)는 낱말의 뜻에서 잘 알 수 있습니다. 이러한 내용은 "보좌 한가운데 계신 어린 양이 그들을 먹이신다"는 말씀이 주님께서 천계에서 비롯된 그들을 가르치실 것이라는 것을 뜻한다는 것을 아주 명확하게 합니다. 여기서는 "보좌 한가운데 계신 어린 양이 그들을 먹일 것이다"고 언급되었고, 위에서는 "보좌에 앉으신 분께서 그들을 덮을 장막이 되어 주실 것이다"(=보좌에 앉으신 분께서 그들 가운데 거하실 것이다)고 언급되었는데, 이 장절들은 "보좌에 앉으신 분"이나 "보좌 한가운데 계신 어린 양" 양자가 주님을 뜻한다는 것은 아주 더 명확하게 합니다. 그러나 "보좌에 앉으신 분"은 신령선과의 관계에서 주님을 뜻하고, "보좌 한가운데 계신 주님"은 신령진리의 관계에서 주님을 뜻합니다. 왜냐하면 보좌에 앉으신 분에 관해서 언급할 경우 "산다"(=거한다・to dwell)는 말은 선에 관해서 서술하기 때문이고(본서 470항 참조), 그리고 어린 양에 관해서 언급할 때 "먹인다"(to feed)는 말은 진리들에 관해서 서술하기 때문입니다. 왜냐하면 "먹인다"(to feed)는 것은 진리들을 가르치는 것을 뜻하기 때문입니다.
[2] 구약의 성경말씀에 자주 언급된 "여호와"나 "하나님"의 거명이나, 그리고 "여호와"나 "이스라엘의 거룩한 분"에 관한 거명이나 양자는 오직 주님만을 뜻합니다. 여기서 "여호와"는 신령선과의 관계에서 주님을 뜻하고, "하나님"이나 "이스라엘의 거룩한 분"은 신령진리와의 관계에서 주님을 뜻합니다. 성경말씀의 개별적인 모든 것 안에 있는 신령선과 신령진리의 혼인(=결합) 때문에 그와 같이 언급되었습니다. "먹인다"(to feed)는 말이 가르치는 것(to instruct)을 뜻한다는 것은 더 이상의 설명 없이도 잘 알 수 있겠습니다. 그 이유는 가르치는 자들을 "목자들"(=목사들·pastors·사육자들·feeders)이라고 부르는 성경말씀에서 취한 관습이기 때문이고, 그리고 가르침을 받는 자들은 "양 떼"(=양의 무리·a flock)라고 부르는 성경말씀에서 비롯된 관습이기 때문입니다. 그러나 그들이 그와 같이 불리운 이유는 아직까지 잘 알려지지 않았기 때문에, 그러므로 그 이유를 설명하고자 합니다. 천계에서 눈 앞에 보여지는 모든 것들은 표징적이고, 자연적인 외현들 하에 있는 표징하는 것은 천사들이 생각하고, 그리고 그것에 의하여 그들이 감동받는 영적인 것들입니다. 따라서 그들의 안전(眼前)에 드러난 그들의 생각들(thoughts)이나 정동들(affections)은 이 세상에 존재하는 그런 형체들 안에 있습니다. 다시 말하면 자연적인 것들에 유사한 형체들 안에 있습니다. 그리고 이것은 대응의 덕택에 의하여 주님께서 영적인 것들과 자연적인 것들 사이에 대응을 세우셨습니다. 이러한 대응은 수많은 곳에서 다루어졌고, 특히 ≪천계와 지옥≫ 87-102항과 103-115항에서 잘 볼 수 있습니다. 천계에서 양들·어린 양들·염소들이 푸른 초원

에서, 또는 뜰(gardens)에서 풀을 뜯는 모습으로 보이는 것은 이 대응에서 비롯된 것이고, 그리고 이런 모습들은 교회의 선들이나 진리들 안에 있는 자의 생각들에서, 그리고 이런 것들로 말미암아 총명스럽고 지혜롭게 생각하는 자들의 생각들에게서 생겨납니다. 성경말씀에 "먹이는 것"이나 목부(牧夫·feeders)나 목자에 관해서와 같이 그렇게 아주 자주 "양 떼"나 "목장"(pasture)에 관한 언급은 대응에서 비롯된 것입니다. 왜냐하면 문자적인 성경말씀(聖言)은 천계에서 안전에 나타나 보이는 그런 것들로 이루어졌기 때문이고, 그리고 이런 것들은 영적인 것들에 해당하는 것을 뜻하기 때문입니다.

[3] 교회에 잘 알려진 것과 같이 "먹인다"(=친다·to feed)는 것은 가르치는 것(to instruct)을 뜻하고, "풀을 뜯긴다"(pasture)는 것으 교육을 뜻하고, "목자"(shepherd)는 교사를 뜻합니다. 약간의 장절에 나오는 "풀을 먹인다"(feeding)는 것이나, "풀을 뜯긴다"는 것은 별다른 설명 없이 인용될 것입니다. 이사야서의 말씀입니다.

> 그 때에 너의 가축은
> 넓게 트인 목장에서 풀을 뜯을 것이다.
> (이사야 30 : 23)

또 같은 책의 말씀입니다.

> 그는 목자와 같이 그의 양 떼를 먹이시며,
> 어린 양들을 팔로 모으시고 품에 안으시며,
> 젖을 먹이는 어미 양들을
> 조심스럽게 이끄신다.

(이사야 40 : 11)

또 같은 책의 말씀입니다.

    감옥에 갇혀 있는 죄수들에게는
    "나가거라. 너희는 자유인이 되었다!"
    하고 말하겠고,
    어둠 속에 갇혀 있는 사람들에게는
    "밝은 곳으로 나오너라!" 하고 말하겠다.
    그들이 어디로 가든지
    먹을거리를 얻게 할 것이며
    메말랐던 모든 산을
    그들이 먹을걸리를 얻는
    초장이 되게 하겠다.
    (이사야 49 : 9)

예레미야서의 말씀입니다.

    내 백성을 치는 목자들에게 말한다. 너희는 내 양 떼를 흩어서
    몰아내고, 그 양들을 돌보아 주지 아니하였다. ……
    진실로 저주(=이런 자들) 때문에 땅이 슬퍼하며,
    광야의 초장들은 슬퍼한다(=메마른다).
    (예레미야 23 : 2, 10)

같은 책의 말씀입니다.

    그는 이스라엘을 갈멜과 바산에서 풀을 뜯게 할 것이다(예레미야 50 : 19).

7장 1-17절

에스겔서의 말씀입니다.

내가 나의 양 떼를 찾아서 돌보아 주겠다. …… 내가 그 여러 나라에서 그들을 모아다가, 그들의 땅으로 데리고 들어가서, 이스라엘의 산과 여러 시냇가와 그 땅의 모든 거주지에서 그들을 먹이겠다. 좋은 초원에서 내가 그들을 먹이고, 이스라엘의 높은 산 위에 그들의 목장을 만들어 주겠다. 그들이 거기 좋은 목장에서 누우며, 이스라엘의 산 위에서 좋은 풀을 뜯어 먹을 것이다(에스겔 34 : 11, 13, 14).

호세아서의 말씀입니다.

나는 저 광야에서,
그 메마른 땅에서,
너희를 먹이고 살렸다.
그들을 잘 먹였다.
(호세아 13 : 5, 6)

요엘서의 말씀입니다.

풀밭이 없어,
가축들이 울부짖고,
소 떼가 정신없이 헤매며,
양 떼도 괴로워한다.
(요엘 1 : 18)

미가서의 말씀입니다.

> 너 베들레헴 에브라다야,
> 너는 유다의 여러 족속 가운데서
> 작은 족속이지만,
> 이스라엘을 다스릴 자가
> 네게서 내게로 나올 것이다. ……
> 그가 주께서 주신 능력을 가지고,
> 그의 하나님 주의 이름의 위엄을
> 의지하고 서서
> 그의 떼를 먹일 것이다.
> (미가 5 : 2, 4)

같은 책의 말씀입니다.

> 주님, 주의 지팡이로
> 주의 백성을 인도하시는 목자가
> 되어 주십시오.
> 이 백성은
> 주께서 선택하신 주의 소유입니다. ……
> 옛날처럼 주의 백성을
> 바산과 길르앗에서 먹여 주십시오.
> (미가 7 : 14)

스바냐서의 말씀입니다.

> 이스라엘에 살아 남은 자는 ……
> 그들이 잘 먹고 편히 쉴 것이다.
> (스바냐 3 : 13)

7장 1-17절

시편서의 말씀입니다.

> 주님은 나의 목자시니,
> 내게 아쉬움 없어라.
> 나를 푸른 풀밭에 누이시며
> 쉴 만한 물가로 인도하신다.
> (시편 23 : 1, 2)

같은 책의 말씀입니다.

> 주님의 종 다윗을 선택하시되,
> 양의 우리에서 일하는 그를 뽑으셨다.
> 암양을 돌보는 그를 데려다가,
> 그의 백성 야곱과
> 그의 유산 이스라엘의 목자가 되게 하셨다.
> 그래서 그는
> 한결같은 마음으로 그들을 기르고,
> 슬기로운 손으로 그들을 인도하였다.
> (시편 78 : 70-72)

또 같은 책의 말씀입니다.

> 너희는 주님이 하나님이심을 알아라.
> 그가 우리를 지으셨으니
> 우리는 그의 것이요, 그의 백성이요,
> 그가 기르시는 양이다.
> (시편 100 : 3)

요한복음서의 말씀입니다.

> 예수께서 시몬 베드로에게 물으셨다. "요한의 아들 시몬아, 네가 이 사람들보다 나를 더 사랑하느냐?" …… 베드로가 대답하였다. "주님, 그렇습니다." 예수께서 그에게 "내 어린 양을 먹여라" 하고 말씀하셨다. 예수께서 두 번째로 "내 양을 쳐라." 예수께서 그에게 말씀하셨다. "내 양을 먹여라"(요한 21 : 15-17).

이 밖에도 여러 장절들이 있습니다. 그 장절에서 "먹인다"(to feed)는 것은 진리들을 가르치는 것을 뜻하고, "풀을 뜯긴다"(pasture)는 것은 그들이 가르침을 받은 진리들을 뜻합니다.
483[A]. (보좌 한가운데 계신 어린 양이) **생명의 샘물로 그들을 인도하실 것이다.**
이 말씀은 신령진리들 안에 있는 것을 뜻합니다. 이러한 뜻은 신령진리들을 가리키는 "생명의 샘물"(living fountains of waters)의 뜻에서 명확합니다. 여기서 "살아 있다"(living)는 것은 신령존재로 말미암아 사는 것을 뜻하고, "샘"(fountain)은 성언(聖言)을 뜻하고, "물"(waters)은 그것에서 비롯된 진리들을 뜻합니다. "살아 있는 물"(生水·living waters)은 성경말씀에 자주 언급되는데, 그것은 주님에게서 오고, 그리고 영접, 수용된 진리들을 뜻합니다. 이들이 살아 있는데, 그것은 주님께서 친히 가르치신 것과 같이, 주님께서 생명 자체이시기 때문이고, 그리고 생명 자체에서 온 것은 살아있지만, 이에 반하여 사람에게서 온 것은 죽은 것입니다. 주님께서 진리들에게 생명을 주시기 위하여 주님은 선을 통하여 그들에게 입류하시고, 그리고 선은 살아 있게 합니다. 주님께서는 역시 보다 높은 것에서, 또는 내면적인 영역에서 나오시고, 그리고 영적인 마음을 개방하시고, 그것에 진리의 정동을 주십니다. 그리고 진리의 영적인 정동은 사람에게 있는 천계의 생명 자체입니다. 이 생명은 주님께서 진리들에 의하여 사람에게 주입(注入)시킨 것입니다. 이러한 내용은 아래의 장절들에서 "생명의 샘물"이나 "생수"(living waters)가 뜻하는 것이 무엇인지 명료하게 합니다.
[2] 이사야서의 말씀입니다.

> 가련하고 빈궁한 사람들이
> 물을 찾지 못하여
> 갈증으로 그들의 혀가 탈 때에,
> 나 주가 그들의 기도에 응답하겠다. ……
> 내가 메마른 산에서
> 강물이 터져 나에게 하며,
> 골짜기 가운데서 샘물이 솟아 나게 하겠다.
> 내가 광야를 못으로 바꿀 것이며,
> 마른 땅을 샘 근원으로 만들겠다.
> (이사야 41 : 17, 18)

이 말씀은 주님에 의한 민족들의 구원을 다루고 있습니다. 그들은 진리의 결핍(缺乏)이나 무지(無知)로 말미암아 "가난하고 빈궁한 사람들"이라고 하였습니다. 전혀 진리들이 없는 교회에 있는 자들로부터 진리들을 배우려는 그들의 열망이 "그들이 물을 찾지만, 물을 찾지 못하여 갈증으로 그들의 혀가 탄다"는 말씀에 의하여 기술되었습니다. 여기서 "물"은 진리를 뜻하고, "갈증"은 진리에 대한 열망을 뜻합니다. 주님께서 그들을 가르치실 것이라는 것은 "내가 높은 곳에 강들을 열 것이며, 골짜기들 가운데에 샘들을 열 것이다"(=메마른 산에서 강물이 터져 나오게 하며, 골짜기 가운데서 샘물이 솟아 나게 한다)는 말씀이 뜻합니다. 여기서 "강들을 연다"는 것은 총명을 주는 것을 뜻하고 "벌거벗은 높은 곳들"(=메마른 산)은 내면적인 사람 안에 라는 것을 뜻하고, "골짜기 가운데서"는 외면적인 사람 안에 라는 것을 뜻하고, "샘물이 솟아난다"는 것은 진리들을 가르치는 것을 뜻하고, "광야를 못으로 바꿀 것이며, 마른 땅을 샘 근원으로 만든다"는 전에는 진리의 결핍과, 그것으로 인하여 무지 안에 있던 자들에게 진리의 넉넉함을 뜻하는데, 여기서 "광야"(wilderness)는 거기에 진리가 전혀 없기 때문에 선이 전혀 없는 곳을 뜻하고, "마른 땅"(dry land)은 진리가 없고, 그것으로 인하여 선이 없는 곳을 뜻하고, "못"(=물의 웅덩이)이나 "샘의 근원"(=물의 근원)은 진리의 지식들의 풍부함을 뜻합니다. 이러한 뜻은 "물" "샘들" "샘물들" "강들" "물 웅덩이"가, 여기서는 그것들을 뜻하기 않고, 거기에서 구원이 비롯된 진리의 지식들과 그것의 근원인 총명을 뜻한다는 것을 명확하게 합니다.

[3] 같은 책의 말씀입니다.

> 너희의 하나님께서 복수하러 오신다. ……
> 그가 오시어 너희를 구원하실 것이다. ……
> 뜨겁게 타오르던 땅은 연못이 되고,
> 메마른 땅은
> 물이 쏟아져 나오는 샘이 될 것이다.
> (이사야 35 : 4, 7)

이 말씀 역시 진리들 가운데서 가르침을 받는 민족들의 교육에 관해서 언급하고 있고, 그리고 주님께서 이 세상에 강림하실 때 주님에 의한 그들의 바로잡음(改革)을 뜻하고, "뜨겁게 타오르던 땅은 연못이 되고, 메마른 땅(=갈한 땅)은 물이 쏟아져 나오는 샘이 될 것이다"는 말씀은, 앞의 장절에서 "광야가 못으로 바뀔 것이고, 마른 땅을 샘 근원으로 만들겠다"는 말씀이 뜻하는 것과 유사한 뜻을 가지고 있습니다.

[4] 예레미야서의 말씀입니다.

> 그들이 눈물을 흘리면서 돌아올 것이며,
> 그들이 간구할 때에
> 내가 그들을 인도하겠다.
> 그들이 넘어지지 않게
> 평탄한 길로 인도하여,
> 물이 많은 시냇가로 가게 하겠다.
> (예레미야 31 : 9)

이 장절 역시 이방 사람들에 의한 주님의 영접을 다루고 있습니다. 주님께서 진정한 진리들로 그들을 가르치실 것이라는 것은 "내가 그들도 물 있는 강가에서 바른 길을 걸어가게 하고, 그들이 넘어지지 아니 할 것이다"(=평탄한 길로 인도하여 물이 많은 시냇가로 가게 하겠다)는 말씀이 뜻합니다. 이사야서의 말씀입니다.

> 그들은 배고프거나 목마르지 않으며,
> 무더위나 햇볕도
> 그들을 해치지 못할 것이니,
> 이것은 긍휼히 여기시는 분께서
> 그들을 이끄시기 때문이며,

샘이 솟는 곳으로
그들을 인도하시기 때문이다.
(이사야 49 : 10)

이 말씀은 주님께서 행하시는 이방 사람들의 교육에 관해서 언급하고 있습니다. 진리들의 교육이 "그들을 샘이 솟는 곳으로 인도하신다"는 말씀이 뜻합니다. 여기서 "배고프다"는 것이나 "목마르다"는 것이 뜻하는 것이 무엇인지는 본서 480항을 참조하시고, "무더위와 햇볕"이 뜻하는 것이 무엇인지는 본서 481항을 참조하십시오.

[5] 요엘서의 말씀입니다.

그 날이 오면,
산마다 새 포도주가 넘쳐 흐를 것이다.
언덕마다 젖이 흐를 것이다.
유다 개울마다 물이 가득 차고
주의 성전에서 샘물이 흘러 나와,
싯딤 골짜기에 물을 대어 줄 것이다.
(요엘 3 : 18)

"산마다 새 포도주가 넘쳐 흐를 것이고, 언덕마다 젖이 흐를 것이다. 유다 개울마다 물이 가득 찬다"는 말씀이 뜻하는 것이 무엇인지는 앞서의 설명에서 볼 수 있겠습니다(본서 433[C]항 참조). "주의 성전(=여호와의 집)에서 흘러 나오는 샘물이 싯딤 골짜기에 물을 대어 줄 것이다"는 말씀은 자연적인 사람 안에 있는 지식들이나 앎을 예증(例證)하시는 주님에게서 비롯되는 천계에서 나오는 진리들이 있을 것이라는 것을 뜻합니다.

[6] 시편서의 말씀입니다.

> 땅아, 네 주님 앞에서 떨어라.
> 야곱의 하나님 앞에서 떨어라.
> 주님은 반석을 물웅덩이가 되게 하시며,
> 방위를 샘이 되게 하신다.
> (시편 114 : 7, 8)

여기서 "물웅덩이"나 "샘"은 풍부한 진리들을 뜻하고, 그것에 의하여 교회는 존재합니다. 왜냐하면 "땅아, 주 앞에서(=면전에서) 떨어라"는 말씀은 교회의 시작을 뜻하는데, 그것은 진리들이 그것 안에서 솟아날 때 "진통으로 괴로워한다"고 언급되었기 때문입니다. 여기서 "땅"은 교회를 뜻합니다.

[7] 같은 책의 말씀입니다.

> 주님은,
> 골짜기마다 샘물이 솟아 나게 하시어,
> 산과 산 사이로 흐르게 하시니,
> 들짐승들이 모두 마시고,
> 목마른 들나귀들이 갈증을 풉니다.
> 하늘의 새들도 샘 곁에 깃들며,
> 우거진 나뭇잎 사이에서 지저귑니다.
> (시편 104 : 10-12)

"골짜기들에 샘들을 보낸다"(=골짜기마다 샘물이 솟아 나게 한다)는 것은 성경말씀에서 비롯된 진리들에 의하여 총명을 주는 것을 뜻하고, "산들 사이로 흐른다"(=산과 산 사이로 흐른다)는 것은 진리들이 사랑의 선에서 비롯될 것이라는 것을 뜻합니다.

여기서 "샘들"(the springs)은 성경말씀에서 비롯된 진리들을 뜻하고, "시내"(=개울물·brooks)는 총명에 속한 것들을 뜻하고, "산들"은 사랑의 선을 뜻합니다. 교회의 선 안에 있는 자들의 교육은 "들짐승들에게 마실 것을 준다"(=들짐승들이 모두 마신다)는 말씀이 뜻하고, 진리들을 열망하는 교회에 있는 자들의 교육은 "목마른 들나귀들이 갈증을 푼다"는 말씀이 뜻합니다. 따라서 이와 같은 완벽한 이해는 "하늘의 새들도 샘 곁에 깃든다"(=물가에 자기들의 처소를 가진다)는 말씀이 뜻합니다. "들의 짐승들"(=들짐승들)은 영적인 뜻으로 삶에 속한 선 안에 있는 이방 사람들을 뜻하고, "들나귀들"은 자연적인 진리를 뜻하고, "갈증"(=목마른)은 진리들에 대한 열망을 뜻하고, 그리고 "하늘의 새들"은 이해에서 비롯된 생각들을 뜻합니다.

483[B]. [8] 최고의 뜻으로 "샘"(a fountain)은 신령진리와의 관계에서 주님을 뜻하고, 또는 주님에게서 비롯된 신령진리를 뜻하고, 결과적으로는 성언(聖言·the Word)을 뜻합니다. 이러한 뜻은 아래의 장절들에게서 잘 알 수 있겠습니다. 예레미야서의 말씀입니다.

> 참으로 나의 백성이
> 두 가지 악을 저질렀다.
> 하나는,
> 그들이 생수의 근원인 나를 버린 것이고,
> 또 하나는,
> 그들이 전혀 물이 고이지 않는,
> 물이 새는 웅덩이를 파서,
> 그들의 샘으로 삼은 것이다.
> (예레미야 2 : 13)

여기서 여호와, 즉 주님께서는 자신을 "생수의 근원"(the fountain of living waters)라고 하셨는데, 그것은 성언을 뜻하고, 또는 신령진리를 뜻하고, 결과적으로는 성언을 가리키는 주님 당신을 뜻합니다. 왜냐하면 "그들이 생수의 근원인 나를 버린 것이다"고 언급되었기 때문입니다. "그들이 전혀 물이 고이지 않는 물이 새는 웅덩이를 파서 그들의 샘으로 삼았다"는 것은 거기에 진리들이 전혀 없는 곳인 자기 총명에서 비롯된 교리적인 것을 자기 자신을 위하여 꾸미고, 획책(劃策)하는 것을 뜻합니다. 여기서 "물웅덩이"(=물통·cistern)는 교리적인 것들을 뜻하고, "깨진 물통"(=물이 새는 웅덩이)은 완전히 끌어 안지 못한 교리적인 것들을 뜻하고, "물이 샌다"(=물이 고이지 않는다)는 것은 거기에 진리들이 전혀 없다는 것을 뜻합니다. 이런 것들은 성경말씀에서 비롯되지 않은 교리적인 것들입니다. 다시 말하면 성경말씀을 통해서 주님에게서 오지 않은 것입니다. 왜냐하면 주님께서는 성경말씀을 통하여 가르치시기 때문입니다. 그러나 그런 것들은 자기 총명에서 옵니다. "그들이 생수의 근원을 버렸다"는 것은 이런 것들이 성경말씀을 통해서 주님에게서 온 것이 아니라는 것을 뜻합니다.
[9] 같은 책의 말씀입니다.

주님, 이스라엘의 희망은
주님이십니다.
주님을 버리는 사람마다 수치를 당하고,
주님에게서 떠나간 사람마다
생수의 근원이신 주님을
버리고 떠나간 것이므로, 그들은

땅바닥에 쓴 이름처럼 지워지고 맙니다.
(예레미야 17 : 13)

여기서도 마찬가지로 여호와, 즉 주님께서는 당신 자신을 신령진리로 말미암아 "생수의 근원"이라고 부르셨는데, 그것은 주님에게서 옵니다. "땅에 이름을 쓴다"는 것은 비난받고 혹평받는 것을 뜻합니다(본서 222[B]항 참조).
[10] 시편서의 말씀입니다.

주의 집에 있는 기름진 것으로
그들을 배불리 먹이시고,
주의 시내에서 단물을 마시게 하시니(=주의 기쁨의 강물을 마신다),
주께는 생명 샘이 있습니다.
우리는 주의 빛을 받아(=주의 빛 가운데서)
환히 열린 미래를 봅니다(=우리가 빛을 볼 것이다).
(시편 36 : 8, 9)

"기름진 것"(fatness)은 사랑의 선을 뜻하고, "기쁨의 강물"(=단물)은 그 선에서 비롯된 진리를 뜻하고, "마시게 한다"는 것은 가르치는 것을 뜻합니다. "주께는 생명 샘"(=생명의 원천)은 주님에게 있는, 그리고 그분에게서 비롯된 신령진리를 뜻하는데 그것이 "생명 샘"(=생명의 원천)이 뜻하는 것이기 때문에 "주의 빛 가운데서 우리가 빛을 볼 것이다"고 언급되었습니다. 왜냐하면 "주님의 빛"은 신령진리를 뜻하기 때문입니다.
[11] 스가랴서의 말씀입니다.

"그 날이 오면, 샘 하나가 터져서, 다윗 집안과 예루살렘에 사는 사람들의 죄와 더러움을 씻어 줄 것이다. 그 날이 오면, 내가 이 땅에서 우상의 이름을 지워서, 아무도 다시는, 그 이름을 기억하지 못하도록 하겠다. …… 나는 또 예언자들과 더러운 영을 이 땅에서 없애겠다"(스가랴 13 : 1, 2).

이 장절은 주님의 강림을 다루고 있습니다. 그 때 주님의 나라에 있는 자들이 성경말씀을 이해할 것이라는 것, 다시 말하면 거기에 있는 신령진리를 이해할 것이라는 것은 "그 날이 오면 다윗의 집안과 예루살렘에 사는 사람들에게 터질 하나의 샘"이 뜻합니다. 여기서 "샘"은 성언을 뜻하고, "다윗의 집안과 예루살렘에 사는 사람들"은 주님의 영적인 왕국(=나라)을 뜻합니다. 주님의 영적인 왕국은 신령진리들 안에 있는 천계나 이 땅에 있는 자들에게 있습니다. "죄와 더러움을 씻는다"는 것은 성경말씀에서 비롯된 진리들에 의하여 온갖 악들이나 거짓들의 제거(=옮김)를 뜻합니다. 성경말씀이나 그것 안에 있는 신령진리가 "샘"이 뜻하기 때문에 "그 날이 오면 내가 이 땅에서 우상의 이름을 지울 것이고, 나는 또 예언자들과 더러운 영을 이 땅에서 없애겠다"고 언급하였습니다. 여기서 "우상들"은 그릇된 종교를 뜻하고, "예언자들"은 그릇된 교리를 뜻하고, "더러운 영"은 교리의 거짓들에게서 유입하는 악들을 뜻합니다. 왜냐하면 사람이 종교의 거짓들이나 교리의 거짓들에 따라서 살 때 그는 더러운 영(an unclean spirit)이 되기 때문입니다.

[12] "샘"이 주님에게서 비롯된 신령진리를 뜻한다는 것은 주님께서 친히 요한복음서에서 명확하게 가르치셨습니다. 요한복음서의 말씀입니다.

예수께서 사마리아의 한 동네에 있는 야곱의 우물 곁에 앉아 있을 때 예수께서 사마리아 여자에게 말씀하셨다. …… 예수께서 말씀하셨다. "이 물을 마시는 사람은 다시 목마를 것이다. 그러나 내가 주는 물을 마시는 사람은 영원히 목마르지 않을 것이다. 내가 주는 물은 그 사람 속에서 영생에 이르게 하는 샘물이 될 것이다"(요한 4 : 5-20).

이 말씀은 주님께서 주시는 "물"은 물을 뜻하지 않고, 오히려 신령진리를 뜻한다는 것이 명확합니다. 왜냐하면 사마리아 여자가 마실 물을 길으러 나왔고, 그 물을 마신 사람은 다시 목마르지만, 주님께서 주시는 물을 마신 사람은 목마르지 않다고 언급되었기 때문입니다. "내가 주는 물은 그 사람 속에서 영생에 이르게 하는 샘물이 될 것이다"는 말씀은 그 진리 안에는 생명이 있다는 것을 뜻합니다. 주님께서 그것들을 주셨을 때에 거기에는 진리들 안에 생명이 있다는 것은 바로 위의 단락에서 잘 볼 수 있겠습니다. 주님께서 야곱의 우물가에 앉았을 때 주님께서는 사마리아의 여인에게 이런 것들을 말씀하셨는데, 그 이유는 여기서 "사마리아"를 주님께서는 주님에게서 비롯된 신령진리들을 영접, 수용할 이방 사람들을 뜻하기 때문입니다. 그리고 "사마리아의 여인"은 그런 것으로 이루어진 교회를 뜻합니다. 그리고 "야곱의 우물"은 주님 당신에게서 비롯된 신령진리를, 다시 말하면 성언(聖言·the Word)을 뜻합니다.

[13] 신명기서의 말씀입니다.

그 때에 이스라엘은 안전한 곳에 홀로 거할 것이다(신명기 33 :

28). *3)

이 장절은 이스라엘의 아들에 관한 예언에서 그 예언의 끝맺음에 나오는 말씀입니다. 여기서 "이스라엘"은 성경말씀에서 비롯된 신령진리들 안에 있는 교회를 뜻하기 때문에, 그러므로 "야곱의 우물"이 언급되었는데, 그것은 성언을 뜻하고, 그러므로 또한 성언과의 관계에서 주님을 뜻합니다. 왜냐하면 그분은 그분이 신령진리이시고, 성언(聖言)이시기 때문입니다. 이러한 것은 주님 친히 요한복음서(1 : 1-3, 14)에서 가르치셨습니다. 이 장절이 그 예언의 마지막에 언급되었는데, 그것은 그 예언에서 성언이 다루어졌기 때문입니다. "샘"은 요셉에 관한 아버지 이스라엘의 예언에서도 동일한 뜻을 가지고 있습니다. 창세기서의 말씀입니다.

> 요셉은 열매가 많은 덩굴, 샘 곁에 있는 열매가 많은 덩굴, 그 가지가 담을 덮는다(창세기 49 : 22).

여기서 "샘"은 야곱의 우물을 뜻하는데, 왜냐하면 그 샘을 담고 있는 들판은 그의 아버지가 요셉에게 주었기 때문입니다(요한 4 : 5, 6). "열매가 많은 아들 요셉, 샘 곁에 있는 열매가 많은 아들 요셉"이 뜻하는 것이 무엇인지는 본서 448[B]항을 참조하십시오. "샘"은 역시 성언을 뜻하고, 그리고 "샘들"(=우물들)은 성언에서 비롯된 진리들을 뜻합니다. 시편서의 말씀입니다.

---

*3) 저자의 인용 장절을 직역하였다(역자 주).

"회중 한가운데서 하나님을 찬양하여라.
이스라엘 자손아,
주님을 찬양하여라" 합니다(=너희는 회중 가운데서 하나님, 곧 주를 이스라엘의 샘으로부터 찬양하여라)(시편 68 : 26).

묵시록서의 말씀입니다.

목마른 사람에게는 내가 생명수 샘물을 거저 마시게 하겠다(묵시록 21 : 6).

이사야서의 말씀입니다.

너희가 구원의 우물에서
기쁨으로 물을 길을 것이다.
(이사야 12 : 3)

시편서의 말씀입니다.

내 모든 샘들도 네 안에 있다(시편 87 : 7)*4)

[14] 성경말씀의 대부분의 것들은 역시 반대적인 뜻을 가지고 있기 때문에, 그러므로 "샘"이나 "샘들"도 그 뜻을 지니고 있는데, 반대의 뜻으로 그것들은 거짓들에 속한 교리나 교리에 속한 거짓들을 뜻합니다. 따라서 예레미야서의 말씀입니다.

내가 바빌로니아의 바다를 말리고,

---

*4) 저자의 인용 장절을 직역하였다(역자 주).

> 그 땅의 샘들도 말려 버리겠다.
> (예레미야 51 : 36)

이 장절은 바빌론에 관해서 언급하고 있고, 그것의 "바다"는 한 복합체 안에 있는 거짓들을 뜻하고, "샘"은 거짓의 교리를 뜻합니다.

[15] 호세아서의 말씀입니다.

> 사막에서 동풍이 불어오게 할 터이니,
> 주의 바람이 불면
> 샘과 우물이 모두 말라 버리겠다.
> (호세아 13 : 15)

이 말씀은 에브라임에 관해서 언급하고 있는데, 여기서 그는 성경말씀에 의하여 거짓들을 확증하는 성경말씀의 곡해된 이해를 뜻합니다. 그것의 파괴는 "사막에서 불어오는 동풍, 주의 바람이 샘과 우물이 모두 말릴 것이다"는 말씀이 뜻합니다. "그의 샘"은 그것에서 비롯된 거짓의 교리를 뜻하고, "우물"은 그것의 거짓을 뜻하고, 그리고 "사막에서 불어오는 동풍"은 외적인 감관적인 것들에게서 비롯된 오류들에 의한 그것의 파괴를 뜻합니다. 왜냐하면 그것들이 내적인 것들로 말미암아 예증될 때, 외적 감관적인 것들은 사람의 이해를 파괴합니다. 그 이유는 모든 오류들은 그 근원에서 비롯되기 때문입니다.

[16] 시편서의 말씀입니다.

> 주께서는,
> 주의 능력으로 바다를 가르시고,

바다 위로 솟아오르는 타닌들의 머리를
깨뜨려 부수셨으며,
리워야단의 머리를 짓부수셔서
사막에 사는 짐승들에게 먹이로 주셨으며,
샘을 터트리셔서
개울을 만드시는가 하면,
유유히 흐르는 강물을
메마르게 하셨습니다.
(시편 74 : 13-15)

여기서도 역시 "샘들"이나 "개울들"은 거짓 교리를 뜻하는데, 그것은 자기 총명을 뜻합니다. "유유히 흐르는 강물"(=큰 강들)은 그것에서 확증된 거짓의 원칙들을 뜻하고, "고래들"(=타닌)이나 "리워야단"은 감관적인 사람이나 자연적인 사람에게 속해 있는 지식들(=과학지들)을 뜻하는데, 영적인 사람이 그것들에 닫혀 있을 때 그것에서 모든 거짓은 비롯됩니다. 감관적인 사람이나 자연적인 사람은 사람의 고유속성(=자아)의 중심지입니다. 그러므로 오직 그런 것들에서 이끌어낸 결론들은 사람의 자아(=고유속성)나 자기 총명에 얻은 결론들입니다. 왜냐하면 신령적인 것은 영적인 사람을 통해서 자연적인 사람에게 입류하고, 그리고 영적인 것이 완전히 닫혀 있을 때 신령적인 것은 자연적인 사람에게 들어올 수 없지만, 그러나 영적인 사람은 진리들에 의하여 또는 그것들에 일치하는 삶에 의하여 열리기 때문입니다. "먹이로 리워야단의 머리의 조각들이 주어진 백성이나 사막에 사는 짐승"은 지옥적인 거짓들 안에 있는 자들을 뜻합니다.

484. 하나님께서 그들의 눈에서 눈물을 말끔히 씻어 주실 것

입니다.

이 말씀은 시험들에 의하여 거짓들이 제거된 뒤, 진리의 정동에서 비롯된 축복의 상태를 뜻합니다. 이러한 내용은 거짓들 때문에, 그리고 거짓들에게서 비롯된 마음의 슬픔이나 비통 따위가 제거된 것을 가리키는 "눈에서 눈물을 말끔히 씻는다"는 말의 뜻에서 잘 알 수 있습니다. 그리고 감수(感受)한 온갖 시험들 뒤에 슬픔이나 비통 따위가 소멸되었을 때, 축복은 선에서 비롯된 진리들을 통하여 뒤따르기 때문에, 그러므로 역시 이러한 내용을 뜻합니다. 왜냐하면 천사들은 선에서 비롯된 진리들을 통하여, 또는 진리의 영적인 정동을 통하여 모든 그들의 축복을 향유(享有)하기 때문입니다. 그리고 진리의 영적인 정동은 선에게서 비롯되고, 선은 그것을 형성하기 때문입니다. 이것이 천사들에게 있는 모든 축복의 근원인데, 그것은 주님에게서 발출하는 신령진리는, 일반적으로나 개별적으로나, 천계를 형성하기 때문입니다. 그러므로 신령진리 안에 있는 자들은 천계의 생명(=삶) 안에 있습니다. 결과적으로 영원한 축복 가운데 있습니다.

[2] "눈에서 나오는 눈물"은 거짓들 때문에, 또는 거짓들에게 비롯된 마음의 슬픔이나 비통(悲痛) 따위를 뜻합니다. 그 이유는 "눈"(eye)은 진리의 이해를 뜻하기 때문이고, 그러므로 "눈물"(tear)은 진리의 이해가 전혀 없기 때문에 생기는 슬픔이나 비통 따위를 뜻하기 때문입니다. 결과적으로 거짓들 때문에 생기는 슬픔이나 비통을 뜻하기 때문입니다. "눈물"은 이사야서에서도 동일한 뜻을 가지고 있습니다. 이사야서의 말씀입니다.

주께서 죽음을 영원히 멸하신다.
주 하나님께서 모든 사람의 얼굴에서

눈물을 말끔히 닦아 주신다.
(이사야 25 : 8)

이 말씀은 주님께서 주님의 강림에 의하여 그분으로 말미암아 산 자들에게 있는 악들이나 거짓들이 제거될 것이라는 것과, 그러므로 거기에는 그것들 때문에 그것들로 말미암아 결코 마음의 슬픔이나 비통이 없을 것이라는 것을 뜻합니다. 여기서 "죽음"(死亡)은 악을 뜻하는데, 그것은 영적인 죽음이 그것에서 비롯되기 때문입니다. 그리고 "눈물"은 거짓에 관해서 서술하기 때문입니다.

[3] 여기서 주목하여야 할 것은 "눈물을 흘린다"(shedding tears) 또는 "운다"(weeping)는 것은 거짓들 때문에, 그리고 거짓들로 말미암은 슬픔이나 비통을 뜻하는데, 그러나 "눈물을 흘린다"는 것은 마음의 슬픔을 뜻하고, "운다"는 것은 거짓들 때문에 있는 심정(heart)의 비통을 뜻합니다. 마음의 슬픔(grief of mind)은 진리에 속한 생각이나 이해의 슬픔이고, 심정의 비통(grief of heart)은 선에 속한 정동이나 의지의 비통입니다. 성경말씀은 어디에나 선과 진리의 혼인(=결합)이 있기 때문에, "운다"는 것이나 "눈물"이 성경말씀이 거명되었을 때, 교리의 거짓이나 종교의 거짓 때문에 슬픔이나 비통이라는 낱말들로 표현되었습니다. 여기서 "운다"(weeping)는 것이 심정의 비통을 뜻한다는 것은, "울음"이 심정에서 폭팔하는 사실에서, 그리고 입을 통해서 갑자기 비통이 터진다는 사실에서 잘 알 수 있습니다. 그리고 "눈물을 흘린다"는 것이 마음의 슬픔을 가리킨다는 것은 이런 사실에서, 즉 그것이 생각에서 눈을 통해서 일어난다는 사실에서 잘 알 수 있습니다. 운다는 것이나 눈물을 흘리는 것은 모두 액체(=물)가 모진 것(bitter)이나

통렬한 것(astringent)에서 나오고, 그리고 이런 일은 영계에서 부터 사람의 슬픔이나 비통에 유입하는 것들을 통해서 일어나는데, 영계에서 몹시 쓴 물(bitter water)은 거짓 때문에 진리의 결핍에 대응하고, 결과적으로는 슬픔이나 비통에 대응합니다. 그러므로 진리들 안에 있는 자들은 거짓들 때문에 슬퍼합니다. 이렇게 볼 때 성경말씀에서 "눈물"이나 "운다"는 말이 언급된 이유를 잘 알 수 있겠습니다. 다시 말하면 그것은 성경말씀의 모든 개별적인 것 안에는 선과 진리의 혼인(=결합)이 있다는 것에서 잘 알 수 있겠습니다.

[4] 나는 이것의 확신을 위해 설명 없이, 아래의 장절들을 부가하겠습니다. 이사야서의 말씀입니다.

> 야셀이 울 듯이, 내가 통곡한다.
> 말라 비틀어진 십마의 포도나무를 두고
> 통곡한다.
> 헤스본아, 엘르알레야
> 나의 눈물이 너를 적신다.
> (이사야 16 : 9)

예레미야서의 말씀입니다.

> 내 심령은 숨어서 울고,
> 끝없이 눈물을 흘릴 것이다.
> (예레미야 13 : 17)

같은 책의 말씀입니다.

내가 낮이나 밤이나 울 수 있도록, ……
　　　나의 두 눈을
　　　눈물 샘이 되게 하여 주면 좋으련만!
　　　(예레미야 9 : 1)

애가서의 말씀입니다.

　　　이 도성이 여인처럼
　　　밤새도록 서러워 통곡하니,
　　　뺨에 눈물이 마를 날이 없다.
　　　(애가 1 : 2)

말라기서의 말씀입니다.

　　　너희가 눈물과 울음과 탄식으로
　　　주의 제단을 적셨다.
　　　(말라기 2 : 13)

시편서의 말씀입니다.

　　　눈물을 흘리며 씨를 뿌리는 사람은
　　　기쁨으로 거둔다.
　　　울며 씨를 뿌리러 나가는 사람은
　　　정녕, 기쁨으로 단을 가지고 돌아온다.
　　　(시편 126 : 5, 6)

예레미야서의 말씀입니다.

이제는 울음소리도 그치고,
네 눈에서 눈물도 거두어라.
(예레미야 31 : 16)

같은 책의 말씀입니다.

서둘러 와서,
우리를 도와서 조가를 불러 다오.
우리의 눈에서 눈물이 흘러 내리고
우리의 눈시울에서
눈물이 쏟아지게 하여 다오!
(예레미야 9 : 18)

여기서 우리는 그것이 울음의 소리이기 때문에, 운다는 말 대신에 "조가"(弔歌)를 넣었습니다. 시편서의 말씀입니다.

나는 탄식만 하다가 지치고 말았습니다.
밤마다 짓는 눈물로 침상을 띄우며,
내 잠자리를 적십니다.
(시편 6 : 6)

여기서 "침상을 씻는다"(=띄운다)는 것은 운다(weeping)는 말이 뜻하는데, 그것은 입(mouth)에 속한 것입니다. 그 이유는 탄식하는 것에 관해서 언급하고 있기 때문입니다. 이에 반하여 "잠자리를 적신다"는 것은 눈물과 관계를 가지고 있고, 그래서 그것은 동일한 뜻을 갖습니다. 이들 장절들이 여럿 인용된 것은 성경말씀에서, 특히 예언서들에서 동일한 두 표현들은 쓸데 없는 반복이 아니고, 오히려 하나는 선과, 다른 하나는 진리와 관계를 가지고 있다는 것을 알게 하기 위한 것입니다.

묵시록 해설[6]권 끝

□ **옮긴이 약력**

이 영 근 서강대학교 경상대학 경제학과, 중앙대학교 사회개발 대학원 사회복지학과, 한국 새교회 신학원에서 공부하였으며, 예수교회 목사로 임직한 이후 예수교회 공의회 의장을 역임하였고, 월간「비지네스」편집장, 월간「산업훈련」편집장, 한국 IBM(주) 업무관리부장을 역임하였다. 현재 예수+교회 제일예배당 담임목사이고,「예수+교회」발행인 겸 편집인, 도서출판〈예수인〉대표이다. 역서로는 스베덴보리 지음 〈창세기1·2·3장 영해〉(1993), 〈순정기독교 상·하〉(공역·1995), 〈최후심판과 말세〉(1995), 우스터 지음 〈마태복음 영해〉(1994), 스베덴보리 지음〈천계비의1권〉아담교회·2권 노아교회[1]·3권 노아교회[2]·4권 표징적 교회[1]·5권 표징적 교회[2]·6권 표징적 교회[3]·7권 표징적 교회[4]·8권 표징적 교회[5]·9권 표징적 교회[6]·10권 표징적 교회[7]·11권 표징적 교회[8]·12권 표징적 교회[9]와 13권 표징적 교회[10]·14권 표징적 교회[11]·15권 표징적 교회[12]·16권 표징적 교회[13]·17권 표징적 교회[14]·18권 표징적 교회[15]·19권 표징적 교회[16]·20권 표징적 교회[17]〈천계와 지옥(上·下)〉(공역·1998),〈신령사랑과 신령지혜〉(공역·1999),〈혼인애〉(2000),〈새로운 교회·새로운 말씀〉(공역·2001),〈스베덴보리 신학 총서(上·下)〉(2002),〈영계일기[1]〉(공역·2003),〈영계일기[2]〉공역·2006),〈영계일기[3]〉(공역·2008),〈묵시록해설1]〉(공역·2007),〈묵시록해설2]〉,〈묵시록해설3·4]〉,〈새로운 교회의 시대교리〉(2003)와 저서로는 〈이대로 가면 기독교 또 망한다〉(2001), 성서영해에 기초한 설교집 〈와서 보아라〉[1]·[2](2004)와 [3](2005)과 편찬으로는 〈천계비의 색인·용어 해설잡〉이 있다.

묵시록 해설 [6]
-묵시록 7장 1-17절 해설-

2015년 5월 20일 인쇄
2015년 5월 30일 발행
지 은 이 임마누엘 스베덴보리
옮 긴 이 이 영 근
펴 낸 이 이 영 근
펴 낸 곳 예 수 인

   1994년 12월 28일 등록 제 11-101호
   (우) 157-014
   연락처 · 예수교회 제일예배당 · 서울 강서구 화곡 4동 488-49
   전 화 · 0505-516-8771 · 2649-8771 · 2644-2188
  대금송금 · 국민은행 848-21-0070-108   (이영근)
      우리은행 143-095057-12-008 (이영근)
      우 체 국 012427-02-016134   (이영근)

ISBN 97889-88992-29-6 04230(set)   값 19,000 원
ISBN 97889-88992-66-1